Computerprogramm und Datenbank

Europäische Hochschulschriften
Publications Universitaires Européennes
European University Studies

Reihe II
Rechtswissenschaft

Série II Series II
Droit
Law

Bd./Vol. 3762

PETER LANG
Frankfurt am Main · Berlin · Bern · Bruxelles · New York · Oxford · Wien

Claudia Ohst

Computerprogramm und Datenbank

Definition und Abgrenzung im Urheberrecht

Eine Untersuchung beider Begriffe und ihrer Wechselbeziehung im Urheberrechtssystem der Informationsgesellschaft

PETER LANG
Europäischer Verlag der Wissenschaften

Bibliografische Information Der Deutschen Bibliothek
Die Deutsche Bibliothek verzeichnet diese Publikation in der Deutschen Nationalbibliografie; detaillierte bibliografische Daten sind im Internet über <http://dnb.ddb.de> abrufbar.

Zugl.: Berlin, Humboldt-Univ., Diss., 2003

ISSN 0531-7312
ISBN 3-631-51328-3

www.peterlang.de

Vorwort

Die vorliegende Arbeit ist in den Jahren 2001/02 entstanden. Das Manuskript wurde im Oktober 2002 fertiggestellt und im Wintersemester 2002/03 als Dissertation angenommen. Rechtsprechung und Literatur sind bis zum Frühjahr 2003 berücksichtigt.

Ich möchte mich bei all denen bedanken, die mir die Bearbeitung des vorliegenden Themas ermöglicht und mich in der Fortführung und dem Abschluss der Arbeit bestärkt haben.

Mein Dank gilt vor allem meinem Doktorvater und Erstgutachter Prof. Dr. Artur-Axel Wandtke, der die Entstehung der Arbeit mit nachhaltigem Interesse und großem Engagement gefördert hat, für die Betreuung des Themas, das in mich gesetzte Vertrauen und die gewährte Freiheit bei der Bearbeitung. Mein herzlicher Dank gilt auch Prof. Dr. Christoph Paulus LL.M. für die Erstellung des Zweitgutachtens.

Ich danke Freunden und Familie, die die Entstehung der Arbeit begleitet und mit vielfältigen Anregungen und kritischen Kommentaren zu deren Abschluss beigetragen haben, vor allem Kay Heyne für die Enddurchsicht des Manuskripts.

Besonders herzlich danke ich Michail Bachmann und Renate Ohst, ohne deren immerwährende tatkräftige Unterstützung und unschätzbare Hilfe in jeder Phase des Projekts, die Arbeit in dieser Form nie fertiggestellt worden wäre.

Gewidmet ist die Arbeit Frau Frida Ohst.

Berlin, im Juni 2003 — Claudia Ohst

Inhaltsverzeichnis

Abkürzungsverzeichnis

a.A. Andere Ansicht

a.F. alte Fassung

ABA American Bar Association

ABl. Amtsblatt der Europäischen Gemeinschaften

Abs. Absatz

AfP Archiv für Presserecht

AG Amtsgericht

AGB Allgemeine Geschäftsbedingungen

ALAI Association littéraire et artistique internationale

Alt. Alternative

ARPA Advanced Research Projects Agency

Art. Artikel

B.U.J.Sci. & Tech. L.
Boston University Journal of Science & Technology Law

BB Betriebsberater

Berkeley L. Rev.
Berkeley Law Review

BGB Bürgerliches Gesetzbuch

BGBl. Bundesgesetzblatt

BGH Bundesgerichtshof

BGHZ Entscheidungen des Bundesgerichtshofes in Zivilsachen

BMP Bitmap

BNA Bureau of National Affairs

BR Bundesrat

BR-Drucks.
Drucksache des deutschen Bundesrates

Brooklyn J. Int. L.
Brooklyn Journal of International Law

BSA Business Software Alliance

BT-Drucks.
Drucksache des deutschen Bundestages

Bull. Copyright Soc. U.S.A.
Bulletin. Copyright Society of the U.S.A.

Business L. Rev.
Business Law Review

Business Law.
The Business Lawyer

BVerfG Bundesverfassungsgericht

BVerfGE Entscheidungen des Bundesverfassungsgerichts (Amtliche Sammlung)

bzgl. bezüglich

bzw. beziehungsweise

C.L.R. & Tech. J.
Computer Law Review and Technology Journal

C't C't Magazin für Computertechnik

ca. circa

Cahiers prop. Int.
Les cahiers de propriété intellectuelle

CD Compact Disc

CD-ROM
Compact Disc - Read Only Memory

CERN European Organization for Nuclear Research

CGI Common Gateway Interface

Ch Law Reports: Chancery Division 1991-

CI Computerrecht intern : Praxis des EDV-, Multimedia- und Telekommunikationsrechts

Cir. Circuit

CLSR Computer Law and Security Report

cm Zentimeter

CML Reports
Common Market Law Reports

CML Rev.
Common Market Law Review

Columbia L. Rev.
Columbia Law Review

COM Command

Comp. L. Rev. & Tech. J.
Computer Law Review and Technology Journal

CR Computer und Recht

CRi Computerrecht intern

CRL Richtlinie 91/250/EWG des Rates vom 14. Mai 1991 über den Rechtsschutz von Computerprogrammen

CSS Cascading Style Sheets

CTLR Computer and Telecommunications Law Review

D. Conn. District of Connecticut

d.h. das heißt

Datacom Datacom - Das Management-Magazin für Daten- und Telekommunikation

DB Der Betrieb

DBAIS The Data Base for Advances in Information Systems

DBMS Datenbankmanagementsystem

DBRL Richtlinie 96/9/EG des Europäischen Parlaments und des Rates vom 11. März 1996 über den rechtlichen Schutz von Datenbanken

DBS Datenbanksystem

Dec December

DHTML Dynamic HTML

DIN Deutsches Institut für Normung

DM Deutsche Mark

DMCA Digital Millennium Copyright Act

DOM Document Object Model

DOS Disk Operating System

DRM Digital Rights Management

DSL Digital Subscriber Line

DVD Digital Versatile Disk

EBLIDA European Bureau of Library, Information and Documentation Associations

EG Europäische Gemeinschaft

EGV Vertrag zur Gründung der Europäischen Gemeinschaft

Einl Einleitung

EIPR European Intellectual Property Review

E-Mail Electronic Mail

Endg. endgültig

ENT.LR Entertainment Law Review

etc. et cetera

EU Europäische Union

EuZW Europäische Zeitschrift für Wirtschaftsrecht

evtl. eventuell

EXE Executable

F. Federal Reporter

f. Folgende Seite

F. Supp. Federal Supplement

F. Supp. 2d Federal Supplement, Second Series

F.2d Federal Reporter, Second Series

F.3d Federal Reporter, Third Series

FAZ Frankfurter Allgemeine Zeitung

FDL Free Documentation License

Fed. Federal

ff. Folgende Seiten

Fn. Fußnote

Frankfurt a.M. Frankfurt am Main

FS Festschrift

FSR Fleet Street Reports

FTP File Transfer Protocol

GATT General Agreement on Tariffs and Trade

GIF Graphics interchange format

Gov. Inf. Quarterly Government Information Quarterly

GPL General Public License

GRUR Gewerblicher Rechtsschutz und Urheberrecht

GRUR Ausl. Gewerblicher Rechtsschutz und Urheberrecht - Ausländischer Teil

GRUR Int. Gewerblicher Rechtsschutz und Urheberrecht - Internationaler Teil

H.R. House Bill

Harvard Business Rev.
Harvard Business Review

Hastings Comm/Ent. L. J.
Hastings Communications and Entertainment Law Journal

HFR Humboldt Forum Recht

High Tech. L. J.
High Technology Law Journal

HL House of Lords

HMSO Her (His) Majesty's Stationery Office

Hrsg. Herausgeber

HS Halbsatz

HTML Hypertext Markup Language

http Hypertext Transfer Protocol

i.d.R. in der Regel

i.H.v. in Höhe von

i.S. im Sinne

i.S.d. im Sinne der/s

i.S.v. im Sinne von

ICANN Internet Corporation for Assigned Names and Numbers

IEC International Electrotechnical Commission

IIC International Review of Industrial Property and Copyright Law

IILR International Internet Law Review

IJLI International Journal of Legal Information

InfRL Richtlinie 2001/29/EG des Europäischen Parlaments und des Rates vom 22. Mai 2001 zur Harmonisierung bestimmter Aspekte des Urheberrechts und der verwandten Schutzrechte in der Informationsgesellschaft

Int. J. L. & Inf. Tech.
International Journal of Law and Information Technology

Interact. Comp.
Interacting with Computers

IPA International Publishers Association

IRLCT International Review of Law Computers & Technology

IS Интеллектуальная Собственность

ISO International Organization for Standardization

ISSU International Council of Scientific Unions

ITAA Information Technology Association Of America

ITRB Der IT-Rechtsberater : Informationsdienst für die EDV-, Multimedia- und TK-rechtliche Beratungspraxis.

IuKDG Gesetz zur Regelung der Rahmenbedingungen für Informations- und Kommunikationsdienste

J. Pat. Off. Soc.
Journal of the Patent Office Society

J.O.R.F. Journal officiel de la République française

JEIDA Japan Electronic Industry Development Association

JPEG Joint Photographic Experts Group

JurPC JurPC Internet-Zeitschrift für Rechtsinformatik.

K&R Kommunikation und Recht

KDE K Desktop Environment

KG Kammergericht

KOM Bericht der Kommission der Europäischen Gemeinschaften

KUR Kunstrecht und Urheberrecht

L. Tech. Law Technology

LG Landgericht

LINUX-Magazin
LINUX Magazin - Die Zeitschrift für Linux-Professionals

Ltd. Limited

Marshall J. Comp. & Inf. Law
The John Marshall Journal of Computer & Information Law

medien und recht
Zeitschrift für das Recht der Medien und Werbung

MIDI Musical Instrument Digital Interface

Mitt. Mitteilungen der deutschen Patentanwälte

MMR Multimedia und Recht

MP3 MPEG-1 Layer 3

MPEG Moving Picture Experts Group

MS Microsoft

N.D. Cal. Northern District of California

NJW Neue juristische Wochenschrift

NJW-CoR
Neue juristische Wochenschrift - Computerreport

NJW-RR Neue juristische Wochenschrift - Rechtsprechungsreport

No. Number/Nombre/Номер

Nr. Nummer

o.ä. oder ähnliches

Oct October

OGH Oberste Gerichtshof von Österreich

OLG Oberlandesgericht

Oregon L. Rev.
Oregon Law Review

ÖSGRUM
Österreichische Schriftenreihe zum gewerblichen Rechtsschutz Urheber- und Medienrecht

OTA-Report
Office of Technology Assessment Report

PatG Patentgesetz

PC Personalcomputer

Pittsburgh L. Rev.
Pittsburgh Law Review

PVÜ Pariser Verbandsübereinkunft zum Schutz des gewerblichen Eigentums

qm	Quadratmeter
RBÜ	Revidierte Berner Übereinkunft zum Schutz von Werken der Literatur und Kunst
RDV	Recht der Datenverarbeitung
RegE	Gesetzesentwurf der Bundesregierung
RGSt	Entscheidungen des Reichsgerichts in Strafsachen
RGZ	Entscheidungen des Reichsgerichts in Zivilsachen
RIDA	Revue internationale du droit d'auteur
RIPIA	Revue internationale de la propriété industrielle et artistique
RMUE	Revue du Marché Unique Européen
Rn.	Randnummer
RRR	Rules and Regulations of Russia
RTF	Rich Text Format
Rutgers Comp. & Tech. L. J.	Rutgers Computer & Technology Law Journal
S.	Satz
SCCR	Standing Committee on Copyright and Related Rights
Schutzdauerrichtlinie	Richtlinie 93/98/EWG des Rates vom 29. Oktober 1993 zur Harmonisierung der Schutzdauer des Urheberrechts und bestimmter verwandter Schutzrechte
Sec.	Section
Sept	September
SGML	Standard Generalized Markup Language
SMI	Revue suisse de la propriété intellectuelle
SQJ	Software Quality Journal
SQL	Structured Query Language
Suppl. CP&R	Supplement Computer Praxis und Recht
TCL	The Computer Lawyer
TDG	Gesetz über die Nutzung von Telediensten
TICL	The International Computer Lawyer
Tif	Tagged Image File Format
TRIPs	Trade Related Intellectual Property agreement
TTF	True Type Font
TXT	Text (als Dateikennung)
u.a.	unter anderem
U.S.	United States Reports
U.S.C.Q.	United States Patents Quarterly
u.U.	unter Umständen
u.v.a.	und viele andere
UFITA	Archiv für Urheber-, Film-, Funk- und Theaterrecht
UMTS	Universal Mobile Telecommunication Standard
UNESCO	United Nations Educational, Scientific and Cultural Organization

UrhG Gesetz über Urheberrecht und verwandte Schutzrechte (Urheberrechtsgesetz)

URL Uniform Resource Locator

USA United States of America

UWG Gesetz gegen den unlauteren Wettbewerb

Vand. L. Rev.
Vanderbilt Law Review

Vgl. Vergleiche

WCT WIPO Copyright Treaty

Web-Dok.
Web-Dokument der JurPC

WIPO World Intellectual Property Organization

WIPO-Dok.
Dokument der WIPO

WLR Weekly Law Reports

WML Wireless Markup Language

WMO World Metereological Organisation

WPPT WIPO Performances and Phonograms Treaty

WRP Wettbewerb in Recht und Praxis

WWW World Wide Web

XML eXtensible Markup Language

z.B. zum Beispiel

z.Z. zur Zeit

ZEuP Zeitschrift für Europäisches Privatrecht

ZIP Zeitschrift für Wirtschaftsrecht

ZSR Zeitschrift für schweizerisches Recht

ZUM Zeitschrift für Urheber- und Medienrecht

ZUM-RD
Zeitschrift für Urheber- und Medienrecht - Rechtsprechungsdienst

Einführung in das Thema

„Talking about multimedia and copyright law means looking into the future."[1]

Technik und Wissenschaft haben das Urheberrecht nicht zum ersten Mal überholt. Gutenberg entwickelte den Buchdruck bereits 1445 zu einem Massenphänomen[2], aber ein Urhebergesetz wurde erst 1709 mit dem Act of Anne[3] in England erlassen[4]. Im Informationszeitalter sind es die sogenannten „neuen Medien": Websites, Mailinglisten, E-Mails, Newsgroups, Newsletters, die Liste ist endlos. Sie geben der Informationsverbreitung einen außergewöhnlichen Schub, den es seit der Erfindung des Buchdrucks, mit dem ein neues Zeitalter begann, nicht mehr gegeben hat. Das Urheberrecht wurde im Laufe der Jahrhunderte mit so mancher technischen Entwicklung konfrontiert – z.B. der Photo-, Phono- und Kinematographie – und hat sich mit einigen Verzögerungen immer angepasst[5]. Die Digitalisierung von Informationen ist für Menschen, die sich durch die Umsetzung ihrer schöpferischen Kraft den Lebensunterhalt verdienen, „ein Segen und ein Fluch zugleich"[6], ein Segen, weil ihre Werke allen Menschen schneller und kostengünstiger zugänglich gemacht werden können, ein Fluch aber aus genau denselben Gründen. Das Problem besteht nicht nur in der Tatsache, dass heute für einen Download aus dem Internet unter Umständen Tausende von Kopien anonym und sekundenschnell erstellt werden, während früher meist bekannt war, wann und von wem eine Kopie erstellt wurde, sondern darin, dass ständig neue Werkarten entstehen, die nicht mehr recht in den traditionellen Urheberrechtskatalog passen wollen.

Während sich im konventionellen Bereich die Diskussion auf den Schutz von Listen, Katalogen, Aufzählungen und Tafeln beschränkt, hat z.B. das Internet andere Instrumente: Linklisten, Suchmaschinen, Newsletters sowie Websites, deren

---

[1]Loewenheim 27 IIC 1996, 41.

[2]Der erste große Druck – die 42 zeilige Bibel – entstand allerdings erst 1455.

[3]Interessanterweise wurde es auf Betreiben des Buchhandels eingeführt, der sich über die große Anzahl von raubkopierten Büchern beklagte und die zivilrechtlichen Rechtsmittel für nicht ausreichend hielt (Laddie EIPR 1996, 253) vertiefend zum Act of Anne Ellins 38 ff.

[4]Obwohl der Act of Anne das erste Urheberrechtsgesetz war, wurden bereits im 15. Jahrhundert sogenannte „printing patents" von der englischen Krone für besonders beliebte Bücher vergeben. 1557 wurde der Stationer's Company (heute unter http://www.stationers.org/ erreichbar) eine Monopolstellung bzgl. des Buchdrucks eingeräumt, die vor allem der Zensur diente; es gab auch bereits eine Art Copyrightregister, in das alle Veröffentlichungen eingetragen werden mussten, das auch unter dem Act of Anne weitergeführt wurde (zu Einzelheiten vgl. Ellins 36 ff.). Im Urheberrecht wurden zunächst auch Druckprivilegien vergeben, dann Buch- und Autorenprivilegien; das erste deutsche Gesetz, das über eine beschränkte territoriale Geltung hinausging, entstand erst 1837 – das königlich-preußische Gesetz zum Schutze des Eigentums an Werken der Wissenschaft und Kunst gegen Nachdruck und Nachbildung (Ellins 58 ff.); zur Situation der Künstler im 19 Jhd. vgl. statt vieler Weigel FAZ vom 23. Oktober 2001 BS6.

[5]Bently/Burrell CML Rev. 1997, 1197, 1198; so auch Vivant in: Konzelmann JurPC Web-Dok. 225/2001 Abs. 2.

[6]Federrath ZUM 2000, 804; Larsen/Levine 30 DBAIS 1999, 7.

Schutz analysiert werden muss. Voraussetzung für den Schutz nach dem Urheberrechtsgesetz ist, dass überhaupt eine schutzfähige Leistung im Sinne des Urheberrechts oder des Rechts über verwandte Schutzrechte vorliegt[7]. Die Untersuchung konzentriert sich daher auf die Schutzbereiche der beiden zentralen Werk- bzw. Leistungsinstitute des Urheberrechts der Informationsgesellschaft – der Datenbanken und Computerprogramme.

A. Aktuelle Situation

Die Entwicklung zum Schutz elektronischer Datenbanken und Computerprogramme ist recht unterschiedlich verlaufen. Während Datenbanken bereits seit einiger Zeit als Sammelwerke geschützt werden, stellten Computerprogramme eine völlig neue Werkart dar, die den urheberrechtlichen Schutz erst recht spät erhielt. Eine Harmonisierung zwischen den Rechtsordnungen der Europäischen Union wurde in den 90er Jahren des 20. Jahrhunderts für beide Institute einzeln erreicht, eine Harmonisierung beider Schutzbereiche blieb jedoch bislang aus. In allen Berichten und gesetzgeberischen Vorschlägen wurden Computerprogramme und Datenbanken weitgehend getrennt behandelt. Der Versuch der Trennung führte aber zu fiktiven Differenzierungen, wo faktisch keine solchen vorhanden sind, und zu Widersprüchen, die einer Lösung bedürfen. Das Problem resultiert aus der unvollkommenen Beschreibung der beiden Begriffe und Schutzbereiche, die zu einer ungenauen Einordnung in die Schutzinstitute führt. Ohne eine Präzisierung kann aber auch eine Abgrenzung nicht erfolgen. Viele Phänomene der Informationsgesellschaft bestehen auch aus einer Mischung von Computerprogrammen und Datenbanken. Werden die einzelnen Bestandteile bei einer rechtlichen Betrachtung nicht sauber voneinander getrennt, kommt es aufgrund der unterschiedlichen Schutzinhalte und Schrankenbestimmungen für Datenbanken und Computerprogramme zu unerwünschten Ergebnissen und Rechtsunsicherheit.

B. Gegenstand und Eingrenzung der Untersuchung

Die Vielzahl der Widersprüche macht es unmöglich, sämtliche Aspekte des Schutzes von Computerprogrammen und Datenbanken zu analysieren und entsprechende Lösungen anzubieten. Das Thema dieser Untersuchung musste daher auf einige wesentliche Gesichtspunkte beschränkt werden. Die Ursachen der Widersprüche – die Schutzvoraussetzungen bzw. -gegenstände – stehen dabei im Vordergrund. Schutzinhalt und Schrankenregelungen werden nur in dem Umfang einbezogen, wie ihre Darstellung zum Verständnis der Gesamtaussage erforderlich ist. Die Komplexität und das Verschmelzen von Datenbank und Computerprogramm erfordern – gerade bei computergenerierten Datenbanken – eine möglichst präzise Abgrenzung der Schutzgegenstände. Es wird dabei der Versuch unternommen, die oben genannten Widersprüche aufzulösen.

[7]Vorschläge zum Schutz im Cyberspace bestehen z.B. in der Schaffung eines eigenen Fonds-Systems zur Entschädigung der Urheber (vgl. Mayer HFR 1997, Beitrag 3).

Die Tendenz, die Überwindung der Barrieren der Gestaltungs- und Investitionshöhe schon bei geringen Anzeichen anzunehmen, verstärkt sich. Gerade im Bereich der Computerprogramme und elektronischen Datenbanken kann die Ausbreitung dieses Trends zu erheblichen Einschränkungen der Informationsfreiheit führen. Zwar nimmt letztere in Anbetracht ihrer Bedeutung für die Informationsgesellschaft einen bedeutenden Stellenwert in dieser Untersuchung ein, auf eine zusätzliche verfassungsrechtliche Analyse wird jedoch verzichtet, da diese den Rahmen der Bearbeitung sprengen würde.

Zur Analyse des rechtlichen Schutzes von elektronischen Datenbanken und Computerprogrammen sind auch technische Betrachtungen erforderlich, selbst wenn das Urheberrecht ursprünglich für den Schutz von geistiger Arbeit geschaffen wurde. Technische Erwägungen waren dem Urheberrecht zwar lange Zeit fremd, sind heute aber unabdingbar, da die technische Arbeit die geistige Arbeit nicht mehr ausschließt. Dennoch beschränkt sich die Untersuchung aber vor dem technischen Hintergrund auf urheberrechtliche Lösungen.

C. Ziel der Untersuchung

Ziel dieser Untersuchung ist, einen Beitrag zur Verbindung von Informatik und Recht zu leisten. Rechtliche Regelungen müssen mit technischem Tatsachen untermauert werden. Die zentrale Frage ist, ob das Urheberrecht der Aufgabe, elektronische Datenbanken und Computerprogramme gleichermaßen zu schützen, gerecht werden kann. Den Schwerpunkt der Arbeit bildet deshalb eine Analyse der zentralen Begriffe Datenbank und Computerprogramm im Urheberrecht der Informationsgesellschaft, um bestehende Widersprüche und Möglichkeiten zu deren Lösung aufzuzeigen, ohne den einfachen, zur Überregulierung führenden Weg der Forderung eines neuen Sondergesetzes zu gehen. Fiktive Differenzierungen sind durch Fakten zu belegen. Dazu wird es notwendig sein, vom technischen Standpunkt exakt und detailliert zwischen Computerprogrammen und Datenbanken zu unterscheiden. Eine Legaldefinition des Begriffs der Datenbank findet sich in §§ 4 und 87 a UrhG, sie muss aber zur Auslegung präzisiert werden. Da auf eine Legaldefinition des Begriffs Computerprogramm bewusst verzichtet wurde, eine solche Begriffserklärung dennoch erforderlich ist, wird ein Weg aufgezeigt, um das Computerprogramm juristisch zu definieren. Anhand der Definitionen für Datenbank und Computerprogramm soll der Versuch einer Abgrenzung der beiden Schutzinstitute an den Schnittstellen derselben unternommen werden.

D. Verlauf der Untersuchung

Im ersten Kapitel wird der Begriff des Computerprogramms und seine Rolle in der Informationsgesellschaft und im Urheberrecht beleuchtet. Der gegenwärtige Stand der Auslegung des Begriffs „Computerprogramm“ wird erläutert und das bisherige Verständnis präzisiert und erweitert. Abschließend werden die aktuellen Erscheinungen auf dem Gebiet der Softwaretechnik in Hinblick auf die erweiterte

Definition analysiert. Im zweiten Kapitel wird die Definition der Datenbank sowohl im urheberrechtlichen als auch im leistungsschutzrechtlichen Sinne betrachtet, insbesondere hinsichtlich der Stellung der Datenbanken im Urheberrecht und in der Informationsgesellschaft. Eine Analyse einzelner Datenbankphänomene erfolgt in diesem Kapitel noch nicht, da – wie auch die Grundaussage dieser Untersuchung voraussetzt – eine solche ohne die gleichzeitige Betrachtung der Computerprogramme zwangsläufig fehlerhaft wäre. Im dritten Kapitel werden beide Begriffe schließlich zusammengeführt und auf ihre Wechselwirkung untersucht. Es wird die Gratwanderung unternommen, sie klar voneinander abzugrenzen. Die Ambivalenzuntersuchung erfolgt anhand der von den EU-Richtlinien angeregten Überschneidungen, aber vor allem anhand von Problemfeldern, die bislang vernachlässigt wurden, z.B. computergenerierten Datenbanken, künstlicher Intelligenz und Internetphänomenen. Dabei werden neue Lösungsansätze aufgezeigt, die einerseits de lege lata bereits angelegt sind, andererseits de lege ferenda erst noch verwirklicht werden müssen.

Kapitel 1
Computerprogramme

„For more than a century, the world's wealthiest person has been associated with oil. Now he's a knowledge worker."[8]

Die erste Maschine zur Verarbeitung von Daten – die „Analytical Engine" – wurde bereits 1833 von Charles Babbage entwickelt, der heute als „Vater des Computers" gilt. Mit dieser Maschine sollten digitale Befehle und Daten programmgesteuert verarbeitet werden. Das erste Programm wurde auf Lochkarten gespeichert und von Ada Lovelace, der ersten Programmiererin der Welt, für die „Analytical Engine" programmiert[9]. Vor der Verbreitung des Personalcomputers Anfang der 80er Jahre des 20. Jahrhunderts konnten Programme aufgrund ihrer starken Bindung an die Hardware kaum einzeln verwertet werden. Die damals bestehenden rechtlichen Probleme waren daher zufriedenstellend ausschließlich auf vertraglicher Ebene zu lösen. Der vertragliche Aspekt des rechtlichen Schutzes ist auch heute noch von großer Bedeutung, was eindrucksvoll dadurch dokumentiert wird, dass die Anzahl der Computerlizenzverträge im Vergleich zu allen anderen Patentlizenz- und Know-how-Verträgen in den letzten Jahren deutlich angestiegen ist, so dass bereits ein Drittel dieser Verträge auf Computerlizenzen entfällt[10]. Die Zahlen der raubkopierten Computerprogramme sind hingegen noch immer erschreckend: In manchen Ländern wird Software noch immer zu über 85% illegal kopiert[11]. In Deutschland wurde dagegen ein drastischer Rückgang der Softwarepiraterie verzeichnet, der auf die positiven Wirkungen der CRL zurückzuführen ist[12]. Das Urheberrecht für Computerprogramme wird nicht zuletzt dadurch immer wichtiger, dass Anwendungen einander aus wirtschaftlichen Erwägungen immer ähnlicher werden, denn der Nutzer soll sich nicht immer wieder neu einarbeiten müssen, sondern auf Bekanntem aufbauen können. Die Annahme, der Begriff des Computerprogramms sei inzwischen geklärt[13], ist ein Trugschluss. Dadurch, dass Computerprogramme mittlerweile in allen Lebensbereichen zu finden sind, entstanden und entstehen neue Sprachen, Verwendungsmöglichkeiten und Optionen, die auf ihre Schutzfähigkeit als Computerprogramm untersucht werden müssen. Dieses Kapitel analysiert und präzisiert zunächst den Begriff des Computerprogramms, um nachfolgend Computerphänomene in Hinblick auf den

[8]Thurow Harvard Business Rev. Sept.-Oct. 1997, 95, 96.

[9]Zur Geschichte des Programmierens Louden 37 ff.

[10]Groß Suppl. CP&R 2000, 24.

[11]Vietnam 97%, China 94%, Indonesien und Ukraine 89% und Russland 88% laut 6th Annual BSA Global Software Piracy Study http://www.bsa.org/resources/2001-05-21.55.pdf (28.03.2002).

[12]1990: 78%; 1998: 36% (Moritz/Hütig Suppl. CP&R 2000(1), 2, 12; 1999: 27% (http://www.bsa.de/presseecke/2000/Bs050-08.html); KOM (00) 199 endg.; Nordemann/Goddar/Tönhardt/Czychowski CR 1996, 645, 656 sehen diese Entwicklung hingegen nicht so positiv.

[13]Vgl. zur neueren Rechtsprechung und zu Problemen im Bereich des Schutzes der Computerprogramme: Moritz MMR 2001, 94.

Urheberrechtsschutz aufgrund der vorgeschlagenen Definition einzuordnen.

I. Computerprogramme in der Informationstechnik

Ein Computerprogramm ist – grob formuliert – eine zur Lösung einer Aufgabe vollständige Anweisungsfolge mit allen dazu erforderlichen Vereinbarungen[14]. In Computerprogrammen werden Daten mit Hilfe von Befehlen und Deklarationen in einer Programmiersprache verbunden; sie werden als Dateien gespeichert. Diese Begriffe werden nachfolgend kurz erläutert.

A. Daten und Dateien

Daten sind – rein technisch gesehen – einzelne oder aneinandergereihte Zeichen mit einer Bedeutung, Rohstoffe (Eingabedaten, Argumente, Inputs) und Erzeugnisse (Ausgabedaten, Ergebnisse, Outputs) von Datenverarbeitungsprozessen[15]. Sie können im Programm selbst deklariert oder aber aus externen Quellen stammen. Erforderlich ist, dass die Daten dem System in der richtigen Reihenfolge hinzugefügt werden; Formulare oder Menüs dienen dazu, Eingaben zu strukturieren[16].

Daten zur Verwendung in Computerprogrammen werden in verschiedene Datentypen eingeteilt. Sie können z.B. zur Gruppe „integer" zählen, bei der es sich um ganze Zahlen handelt. „char" oder „string" bezeichnen Buchstabenketten; längere Textdaten können als „text data" deklariert werden. Die genaue Bezeichnung hängt vom verwendeten Programm ab, wobei einige Datentypen wie „integer" sich mittlerweile etabliert haben[17].

Dateien sind Sammlungen von Daten, die im Dateisystem abgelegt werden; sie werden in dieser Form dauerhaft gespeichert und sind mehrfach benutzbar[18].

B. Computersprachen

Zur Übermittlung von Befehlen an den Rechner werden bestimmte Codes benötigt: Programmier- und andere Computersprachen. Zu den Programmiersprachen zählen imperative Sprachen wie Basic, C, Ada[19] und Pascal, logische Sprachen wie Prolog, objektorientierte Sprachen wie Java, funktionale Sprachen wie Lisp und maschinenorientierte Sprachen wie Assembler. Weitere Computersprachen sind Dokumentenbeschreibungssprachen wie HTML[20] und Datenbanksprachen wie die verschiedenen SQL-Dialekte[21]. Im Folgenden werden einige dieser Sprachgruppen näher erläutert.

[14] Zilahi-Szabo: Stichwort Computerprogramm.

[15] Zilahi-Szabo: Stichwort Daten.

[16] Angefangen vom beschränkten Menü eines Geldautomaten bis zum Windows-Desktop.

[17] MySQL z.B. verwendet 27 verschiedene Datentypen.

[18] Wiederhold 2.

[19] Nach Ada Lovelace.

[20] Vgl. in diesem Kapitel III. H. 8. c).

[21] Vgl. in diesem Kapitel III. H. 8. b).

1. Maschinenorientierte Sprachen

Maschinenorientierte Sprachen sind die grundlegenden Programmiersprachen. Zu ihnen zählen der Maschinen- und Assemblercode. Der reine Maschinencode wird in Binärform ausgedrückt; der Assemblercode entspricht dem Maschinencode, verschlüsselt den Binärcode aber durch Symbolik. Beide werden heute aufgrund ihrer Komplexität und Unhandlichkeit meist umgangen, in dem in anderen Programmiersprachen geschrieben und dann per Maschine übersetzt – kompiliert – wird[22]. Vorteil der maschinenorientierten Programmierung ist die höhere Verarbeitungsgeschwindigkeit. Die Annahme, Maschinensprache sei von Menschen nicht lesbar und erfordere deshalb eine Übersetzung[23], ist hingegen unrichtig, denn bis in die Mitte der 80er Jahre wurde fast ausschließlich unmittelbar in Maschinencode programmiert; viele Informatiker dürften diesen wie ihre Muttersprache beherrschen.

2. Objektorientierte Sprachen

Objektorientierte Sprachen sind vor allem deshalb so verbreitet, weil ihre Komponenten unter Wahrung ihrer Unabhängigkeit besonders einfach wiederverwendet werden können[24]. Objektorientierte Sprachen unterstützen bestimmte Konzepte: Klassen zur Definition von Variablen und Methoden sowie Objekte als Instanzen von Klassen[25]. Sie können extern komplett übernommen werden[26]. Objektorientierte Sprachen finden auch bei der Erstellung von Websites Anwendung: Die Sprache Java[27] z.B. ist eine objektorientierte Sprache. Klargestellt sei außerdem, dass Javascript[28] – auch eine objektorientierte Sprache für die Programmierung im WWW – und Java eigenständige Sprachen sind und Javascript kein „Dialekt von Java" ist[29]. Weder Java noch JavaScript benötigen eine lauffähige Online-Verbindung[30]. Hauptsächlich ist Java als Werkzeug für die Erstellung von sogenannten Applets[31] für das WWW bekannt. Javascript wird im WWW für die Erstellung dynamischer Inhalte verwendet[32]: Wenn sich z.B. zwei Frames gleichzeitig verändern, so ist Javascript dafür verantwortlich[33].

---

[22] Broy 403.

[23] So z.B. Axster/Axster BB 1967, 606, 610 ff.; Boehme-Neßler 249; Kröger 278; Skaupy BB 1967, 945, 946; Wandtke/Bullinger/Grützmacher § 69 e Rn. 1, 5.; Weber-Steinhaus 74.

[24] Louden 367.

[25] Broy 247.

[26] Es gibt sogar Klassendatenbanken im WWW, z.B. zu finden unter „Kaffee und Kuchen" http://java.seite.net/ (03.03.2002).

[27] Beispiel für ein kleines Java-Programm entnommen aus Arnold/Gosling 2 im Anhang I. A.

[28] „Kakao und Kekse" http://java.seite.net/ (03.03.2002); vgl. auch im Anhang I. B.

[29] So aber Leistner/Bettinger Beilage CR 12/1999 1, 5; der Gleichklang der Namen Java und Javascript beruht auf einem Fehler der Marketingabteilung der Firma Netscape (http://www.oreillynet.com/pub/a/javascript/2001/04/06/js_history.html (3.3.2002).

[30] So aber Koch 409; Koch GRUR 1997, 417, 419.

[31] Applets sind Minianwendungen, die innerhalb einer Website laufen.

[32] Botto 172.

[33] Vgl. dazu im Anhang I. B.

3. Funktionale Programmiersprachen

Funktionale Programmiersprachen sind Sprachen, für die die Funktionsanwendung das beherrschende Sprachelement ist[34]. Sie setzen sich grundsätzlich aus der Deklaration einer Anzahl von Funktionen und der Angabe eines Ausdrucks, der mit Hilfe dieser Funktion gebildet wird, zusammen. Die funktionale Programmierung hat u.a. folgende Vorteile: Einheitliche Betrachtungsweise von Programmen als Funktionen, Behandlung von Funktionen als Daten und hohe Flexibilität[35]. Verwendet werden funktionale Programmiersprachen vor allem im Bereich der künstlichen Intelligenz und bei Logikanwendungen[36]. Beispiele für funktionale Computersprachen sind Lisp, Gofer und Opal[37].

4. Dokumentenbeschreibungssprachen

Dokumentenbeschreibungssprachen wie HTML und TEXsind keine Programmiersprachen; sie beschreiben lediglich die Struktur und das Aussehen der Dokumente. Verdeutlicht werden soll daher an dieser Stelle, dass ein Zusammenfassen der für die Erstellung von Websites benötigten Sprachen unter einer Überschrift nicht korrekt ist[38]. Zu den hier genannten Dokumentenbeschreibungssprachen, die für das WWW verwendet werden, zählen nur HTML, allenfalls noch CSS – eine sogenannte Style-Sheets-Sprache, wobei HTML auf SGML basiert[39]. Zur Beschreibung von Formaten und Dokumenten in HTML ist kein spezielles Programm erforderlich; eine Bearbeitung ist in jedem beliebigen Editor möglich.

5. Datenbanksprachen

Die Standardsprache zur Erstellung und Interaktion von Datenbanken ist SQL. Den SQL-Standard gibt es in verschiedenen Dialekten für verschiedene Datenbanksysteme, z.B. SQL2, SQL-92, MSQL; Beispiele in dieser Untersuchung beziehen sich immer auf MySQL, wobei mit SQL Tabellen erstellt und geändert werden, die für die Erstellung von Datenbanken erforderlich sind[40]. Die Datenbanksprachen sollen mit den Datenmodellen korrespondieren. Ziel ist, die Zahl der Konzepte so gering wie möglich zu halten und die Gestaltung sprachlich an die Anwendung anzupassen[41].

---

[34] Broy 89.

[35] Louden 437.

[36] Louden 437.

[37] Vgl. im Anhang I. C.

[38] So aber Möhring/Nicolini/Hoeren § 69 a Rn. 7, der von „HTML oder ähnlichen Tools" unter der Überschrift HTML und Java spricht.

[39] ISO-Norm 8879; die für HTML geltenden Betrachtungen in dieser Untersuchung finden auch auf andere auf SGML basierende Sprachen wie XML und WML Anwendung.

[40] Zur Datenbankerstellung mit MySQL vgl. Kapitel 3 V. A.

[41] Blaser/Jarke in: Lockemann/Schmidt 563, 572.

II. Überblick über das Urheberrechtssystem als Instrument zum Schutz von Computerprogrammen

A. Entwicklung des Schutzes von Computerprogrammen

Der urheberrechtliche Schutz von Computerprogrammen war in Deutschland bis 1985 ungeklärt[42]. Das mag zwar verwundern, da schon in den 60er Jahren die Computerprogramme ein nicht zu unterschätzendes Wirtschaftspotential darstellten[43], ist aber mit der Untrennbarkeit von Hard- und Software in diesen Zeiten zu erklären. Der BGH in seinem Urteil vom 9. Mai 1985[44] und der Gesetzgeber in der Urheberrechtsnovelle[45] vom 24. Juni 1985 erkannten schließlich fast gleichzeitig an, dass auch „Programme für die Datenverarbeitung“[46] geschützt werden müssen[47]. Computerprogramme sind seitdem urheberrechtsfähig, mussten allerdings zunächst ausschließlich als wissenschaftliche[48] Sprachwerke den hohen Anforderungen der Gestaltungshöhe genügen[49], wodurch nur ca. 5 - 10% der Programme geschützt wurden[50]. Maßstab war, ob die Gestaltung des Programms das Können eines Durchschnittsprogrammierers deutlich überragte[51]. Computerprogramme stellten – im Gegensatz zu den Datenbanken – eine völlig andere Werkart

[42]Widerstreitende Urteile verweigerten den Computerprogrammen den Schutz (LG Mannheim BB 1981, 1543, das den Computerprogrammen den nötigen geistig-ästhetischen Gehalt absprach) oder nahmen ihn ohne Begründung an (LG Kassel BB 1983, 992); das OLG Nürnberg BB 1984, 1252 erkannte den Schutz an, wenn die Aufgabe mehrere Lösungen und weiten Spielraum lässt, so dass ein Schluss auf die persönliche geistige Schöpfung des Programmierers möglich ist; zum Schutz von berechtigten Interessen war man auf vertragliche Regelungen angewiesen (vgl. statt vieler Lauer BB 1982, 1758, 1759; Kindermann GRUR 1983, 150, 155, der selbst die persönliche geistige Schöpfung bei kommerziellen Programmen in der Regel als gegeben ansah); OLG Karlsruhe GRUR 1983, 300 - Inkasso-Programm.

[43]Vgl. die Beschreibung von 1965 von Ulmer, Programme 6.

[44]BGH GRUR 1985, 1041 - Inkassoprogramm.

[45]BGBl. 1985/I, 1137. Die Urheberrechtsnovelle machte jedoch deutlich, dass der Schutz von Computerprogrammen bereits anerkannt ist und die Aufnahme in das Urheberrechtsgesetz lediglich klarstellende Bedeutung hat (BT-Drucks. 10/3360, 18); vgl. zur Geschichte ausführlich Kortsik 75 ff.; Waltl 43 ff. und Weber-Steinhaus 31 ff.

[46]So der Wortlaut des § 2 Abs. 1 Nr. 1 UrhG bis zur Richtlinienumsetzung (vgl. RegE BT-Drucks. 12/4022, 4).

[47]Kurz danach äußerte sich der BGH auch zur Überlassung von Standardsoftware, wobei jedoch betont wurde, dass aus der Urheberrechtsfähigkeit von Software keine Rückschlüsse auf die zivilrechtliche Situation gezogen werden können, vgl. hierzu BGH ZIP 1987, 1567, 1569; Bartl BB 1988, 2122, 2124; das Weißbuch von 1985 regte die Prüfung eines gemeinschaftlichen Schutzes von Software an (Weißbuch KOM (85) 310 endg., 36).

[48]Zur Frage der Wissenschaftlichkeit von Computerprogrammen vgl. Kortsik 121 ff.; Weber-Steinhaus 79 ff.

[49]BT-Drucks. 10/3360, 18; zur Inkassoprogramm-Entscheidung, ihren Anforderungen und den Reaktionen im Schrifttum vgl. Marly 74 ff.; Ensthaler GRUR 1991, 881 ff.

[50]Diese Rechtsprechung wurde auf das Schärfste kritisiert: Paschke/Kerfack ZUM 1996, 498, der allerdings von 5-20% ausging; Bauer CR 1985, 5, 9; Haberstumpf GRUR 1986, 222; Lehmann CR 1990, 94, 95; Lehmann CR 1991, 150, 151; Katzenberger GRUR 1990, 94, 99.

[51]BGH GRUR 1985, 1041 - Inkassoprogramm; Bormann/Bormann DB 1991, 2641, 2646; Haberstumpf NJW 1991, 2105, 2109; Möhring/Nicolini/Hoeren Vor §§ 69 a Rn. 1.

dar[52]. Dem trug auch die 1991 verabschiedete EG-Richtlinie[53] zum Schutz von Computerprogrammen Rechnung[54]. Die Umsetzung ins deutsche Recht[55] wurde als Achter Abschnitt – Besondere Bestimmungen für Computerprogramme § 69 a ff. UrhG – in das Urheberrechtsgesetz eingefügt[56]. Mit dieser Regelung in einem eigenen Abschnitt wollte der Gesetzgeber vor allem vermeiden, dass aus den Regelungen für Computerprogramme Rückschlüsse auf das „klassiche" Urheberrecht gezogen werden[57]. Kritische Stimmen meinten, eine Neuregelung wäre nicht nötig gewesen, eine Umorientierung hätte im Wege der Auslegung erfolgen können[58]. Der Gesetzgeber hatte jedoch nicht so viel Vertrauen in die Rechtsprechung gesetzt[59], deren Entscheidungen[60] mit der CRL korrigiert werden sollten[61]. Damit wurde ein Stück europäischen Urheberrechts ins UrhG integriert. Bei der Auslegung der Vorschriften ist dieser Hintergrund zu berücksichtigen[62], so dass in diesem Zusammenhang auch von einer pseudohorizontalen Wirkung gesprochen wird[63]. Die DBRL stellt den Zusammenhang zu den Regelungen der CRL dahingehend her, dass deren Vorschriften unberührt bleiben sollen[64]; eine ähnliche Regelung trifft die InfRL[65].

B. Schutzmöglichkeiten für Computerprogramme

Die Einordnung des Schutzes von Computerprogrammen in das Urheberrecht scheint auf den ersten Blick merkwürdig, denn das Urheberrecht schützt im allgemeinen keine technischen Entwicklungen, sondern nur geistige[66]. Dennoch gibt es wohl kaum ein Land auf der Welt, das dem Computerprogramm den Schutz

[52] Zum Problem, ob das Urheberrecht zum Schutz von Computerprogrammen geeignet ist, vgl. in diesem Kapitel II. B.

[53] Zur Entwicklung der CRL vgl. Lehmann GRUR Int. 1991, 327 ff.

[54] Der nun bestehende Schutz ist, wie später der Datenbankschutz, ein Kompromiss zwischen Droit d'auteur und Copyright (vgl. Derclaye EIPR 2000, 7, 9 ff.; Lehmann in: Lehmann 1, 29).

[55] Durch das Zweite Gesetz zur Änderung des Urheberrechtsgesetzes vom 9.6.1993, das am 24.6.1993 in Kraft trat (BGBl. 1993/I, 910).

[56] Zur historischen Entwicklung vgl. Schricker/Loewenheim Vor §§ 69 a ff. Rn. 1 ff.

[57] RegE BT-Drucks. 12/4022, 8; BR-Drucks. 629/92, 13.

[58] Erdmann/Bornkamm GRUR 1991, 877.

[59] RegE BT-Drucks. 12/4022, 7; BR-Drucks. 629/92, 11.

[60] BGH GRUR 1985, 1041 - Inkassoprogramm; BGH CR 1991, 80 - Betriebssystem.

[61] Broy/Lehmann GRUR 1992, 419; Lehmann GRUR Int. 1991, 327, 329; Lloyd 300.

[62] RegE BT-Drucks. 12/4022, 8; BR-Drucks. 629/92, 14.

[63] Meijboom in: Jongen/Meijboom 1, 5.

[64] Vgl. Kapitel 3 II. A.

[65] Vgl. Art. 1 Abs. 2 InfRL.

[66] In dieser Hinsicht starke Kritik von Strömholm GRUR Int. 1989, 15, der die „traditionelle urheberrechtliche Begriffs- und Kategorienwelt" für „sehr stark strapaziert" hält; Christie EIPR 1994, 486, 488, der kritisiert, dass das Typische von Werken, die vom Urheberrecht geschützt werden, nämlich, dass sie an Menschen gerichtet sind, zum Vergnügen oder zur Informationserlangung, dem Computerprogramm fehlt, weil seine Hauptaufgabe darin bestehe, eine Maschine zu kontrollieren; er bezweifelt auch schon die Einordnung in die RBÜ als Sprachwerk; so auch Axster/Axster BB 1967, 606, 611; vereinzelt wird der Schutz vom Computerprogrammen sogar als systemwidrig bezeichnet (Wiebe/Funkat MMR 1998, 69, 71).

des Urheberrechts versagt hätte[67]. Ein Sonderschutz für Computerprogramme wurde mehrfach erwogen und wird auch heute noch vielfach befürwortet[68]. Ein wettbewerbsrechtlicher[69] und ein leistungsschutzrechtlicher Schutz[70] wurde an-

[67]Das geht in vielen Ländern auf die Umsetzung der Bestimmungen der internationalen Verträge und auf den politischen Druck der USA zurück (Dreier in: Lehmann 31, 37 ff.), auch wenn der Urheberrechtsschutz teilweise in separaten Gesetzen verankert ist (z.B. Brazil S.B. 1998); schon im Jahr 1964 erkannte das U.S. Copyright Office die Eintragungsfähigkeit von Computerprogrammen in das Register an und trug drei Programme ein (U.S. Copyright Office GRUR Ausl. 1964, 635; Cary GRUR Ausl. 1964, 623; Lawlor Bull. Copyright Soc. U.S.A. 1963/64, 380; Oman GRUR Int. 1988, 467, 468), geregelt ist die Schutzfähigkeit in 17 U.S.C. § 101. In Großbritannien wurde der CCSA 1985 erlassen, der festlegte, dass Computerprogramme wie Sprachwerke zu schützen sind (Sub-sec 1 (1)); 1988 wurde in Sec. 3 (1) (b) CDPA festgelegt, dass literarische Werke auch Computerprogramme umfassen; bei der Umsetzung der CRL in GB wurde das Originalitätskriterium für Computerprogramme aber nicht implementiert, so dass immer noch die Befürchtung eines überzogenen Schutzes besteht (Gaster CRi 2000, 11, 14). Die Entwicklung bzgl. der Computerprogramme in Frankreich verlief ähnlich wie in Deutschland (Rechtsprechung und Literatur waren auch hier uneins: vgl. Jonquères GRUR Int. 1986, 455, 460; Bertrand 95, 204, der für eine Anpassung des Urheberrechts plädierte; Desbois Rn. 36, der die Arbeit eines Programmierers mit der eines Übersetzers verglich und so zu einer Schutzfähigkeit kam); 1985 wurden Regelungen für Computerprogramme in Art. 45 J.O.R.F. No. 85-660 mit der Voraussetzung des „rapport intellectuel" eingeführt, die mit der europäischen Formel inhaltlich übereinstimmt, so dass eine diesbezügliche Umsetzung, die mit J.O.R.F. No. 94-361 erfolgte, nicht erforderlich war (Dreier in: Dreier/Krasser 14, 18). Über den Schutz von Computerprogrammen in Russland wird in der Literatur bereits seit Anfang der 70er Jahre diskutiert, wobei am Anfang ein Patentschutz, dann eine Spezialregelung und schließlich der Urheberschutz präferiert wurde; bereits unter dem sowjetischen Urheberrechtsgesetz soll nach Ansicht der Literatur ein Schutz möglich gewesen sein, was von der Rechtsprechung nicht geteilt wurde (Gavrilov GRUR Int. 1991, 338, 345). Mit Art. 4 russ.UrhG von 1993 sind Computerprogramme jedoch ausdrücklich für urheberschutzfähig erklärt worden: Art. 7 (1) russ.UrhG ordnet die Computerprogramme als Sprachwerke ein. 1972 begann in Japan die intensive Beschäftigung mit dem Schutz von Computerprogrammen (Zu weiteren Einzelheiten vgl. Rahn GRUR Int. 1984, 217 ff; Pilny GRUR Int. 1988, 26, 27); Während das Kultusministerium für eine Eingliederung in das Urheberrecht plädierte, sprach sich das Wirtschaftsministerium für einen Schutz sui generis aus (Rahn GRUR Int. 1984, 217, 219; Sommer GRUR Int. 1994, 383; vgl. Bauer GRUR Int. 1984, 198.); aufgrund internationaler Entwicklungen erfolgte die Einordnung in Art. 10 Abs. 1 Nr. 10*bis* jap.CL. In Art. 3 (8) chin.UrhG wird die Computersoftware als eigene Werkkategorie als zu schützendes Werk aufgeführt; in der chin.DVO hat die Software noch keinen Platz; ihrem Schutz wurde aber ausschließlich die chin.SoftwareschutzVO gewidmet. Zum Schutz von Computerprogrammen in den europäischen Mitgliedstaaten vgl. Marly 89.

[68]Von 1979 bis 1983 bereitete die WIPO einen Sondervertrag für den Sui-Generis-Schutz von Computerprogrammen vor, dessen Abschluss aufgrund der starken Bevorzugung einer urheberrechtlichen Lösung nicht erfolgte (vgl. Grünbuch 1988 KOM (88) 172 endg., 177); Bauer CR 1985, 5, 12; Chengsi EIPR 1995, 344; Davidson 47 Pittsburgh L. Rev. 1986, 1037, 1071 ff., der eine Verbindung aus Patent-, Urheber- und Geheimnisschutz mit unterschiedlicher „Schutzdauer" für Idee und Ausdruck vorschlägt; Kitigawa GRUR Int. 1985, 173 ff.; König CR 1991, 584; Reichman 94 Columbia L. Rev. 1994, 2432, 2480 ff.; Schneider 150 ff. mit einem Vergleich zum Topographieschutz; Stern 47 Pittsburgh L. Rev. 1986, 1229, der dabei über den Schutz des Programmcodes hinausgehen will; Weber-Steinhaus 77; Wenzel GRUR 1991, 105; Problem bei einem sondergesetzlichen Schutz ist vor allem das Fehlen eines internationalen Schutzsystems.

[69]V. Gamm WRP 1969, 96, 99; zur Untauglichkeit des wettbewerbsrechtlichen Schutzes für Computerprogramme vgl. Marly 57 ff.

[70]Möller ZUM 1990, 65, 68; um auch andere Programme zu schützen, wurde über die Einführung eines Leistungsschutzrechts für Computerprogramme nachgedacht, da selbst nach der Umsetzung der CRL nicht alle Computerprogramme vom Schutz umfasst sind (BT-Drucks. 11/4929, 43 f.).

gedacht, ein Patentschutz vielfach abgelehnt[71], heute wieder überwiegend neben dem Urheberrecht oder sogar ausschließlich favorisiert[72].

Ein Kritikpunkt am urheberrechtlichen Schutz von Computerprogrammen ist, dass nicht die Linguistik, sondern das Verhalten als Ganzes im Vordergrund steht[73]. Diese Charakteristik betrifft jedoch alle wissenschaftlichen Sprachwerke. Der Urheberrechtsschutz wird gerade deshalb als besonders geeignet für Computerprogramme erachtet, weil Bestandteil von Computerprogrammen vielfach beschreibendes und erläuterndes Material ist[74].

Gemäß § 69 a Abs. 3 S. 2 UrhG soll die ästhetische Bewertung eines Computerprogramms außer Acht bleiben, was im Umkehrschluss bedeutet, dass der ästhetische Gehalt eines Computerprogramms durchaus erkannt und damit die Einordnung in das Urheberrecht für gerechtfertigt gehalten wird. Nicht umsonst wird das Programmieren auch als eine Kunst bezeichnet[75], obwohl ihm auch funktionelle Bedeutung zukommt, aber die funktionale Nützlichkeit kann kein Hindernis für

---

[71] U. S. Patentamt in: GRUR Ausl. 1964, 635; Braun BB 1971, 1343, 1345; Brinkhoff 154; Kiesewetter-Körbinger GRUR 2001, 185; Kullmann 57 ff.; Marly 50 ff.; Möhring GRUR 1967, 269, 273; kritisch Rebeiro CTLR 1995, 81, 86; Schölch GRUR 2001, 16 ff.; BGH GRUR 1977, 96 - Dispositionsprogramm; vgl. auch KOM (88) 816 endg.; Eurolinux http://www.eurolinux.org/news/warn01C/ (30.05.2002).

[72] Vgl. RvPcE KOM (02) 92 endg.; Das Europäische Patentamt hatte bereits bis 1997 ca. 20.000 Patente für softwarebezogene Erfindungen erteilt (Liesegang CTLR 1999, 48); BGH GRUR 1992, 430 - Tauchcomputer, der einen Patentschutz für Betriebsprogramme, die eine Datenverarbeitungsanlage einer neuen, nicht naheliegenden Aufgabe zuführen, annimmt; BGH GRUR 2000, 1007 - Sprachanalyseeinrichtung; Barthel 178; Busche Mitt. 2000, 164, 171 subsumiert unter den Begriff „Computerprogramme als solche" nur nichttechnische Computerprogramme; Chisum 47 Pittsburgh L. Rev. 1986, 959; Engel GRUR 1993, 194 ff., der zur Schlussfolgerung kommt, dass Programme, die den inneren technischen Ablauf von Datenverarbeitungsanlagen, unabhängig von der Art der verarbeiteten Daten und dem Inhalt der laufenden Programme, steuern, patentfähig sind; Esslinger/Betten CR 2000, 18, der § 1 Abs. 3 PatG als rechtspolitische Fehlentwicklung bezeichnet; Junker NJW 1993, 824, 827; Glenn 22 Hastings Comm/Ent L.J. 2000, 203, 206 ff., der selbst Kochbücher für patentfähig hält; Kirsch in: Brunnstein/Sint 195, 199; Kloepfer 222; Kortsik 197 f.; Lea ENT.LR 1995, 276; Le Goueff CLSR 1996, 287, 288; Liesegang CTLR 1999, 48; Moritz/Hütig Suppl. CP&R 2000(1), 2, 8; Müller CRi 2000, 17; Nack GRUR Int. 2000, 853, 858, der aus der Sprachanalyseentscheidung auch die Patentierung von Geschäftsmethoden in Computerprogrammen schlussfolgert; Parfomak 21 IIC 1990, 31, 36; Pierson 216; Schiuma GRUR Int. 1998, 852; Sommerlad CTLR 1997 12, 17; Teufel Mitt. 1993, 73; Wenzel GRUR 1991, 105, 108; Wiebe GRUR 1994, 233, 242; unentschlossen: Bundesregierung BT-Drucks. 14/9174; vgl. zur Entwicklung in den USA Maier/Mattson GRUR Int. 2001, 677; in China sind Computerprogramme ebenso nicht patentierbar, was sich – wie im PatG – nur auf Computerprogramme „als solche" bezieht: Werden technische Effekte erzeugt oder eine technische Lösung erarbeitet, soll der Schutz nicht deshalb verneint werden, weil ein Computerprogramm enthalten ist (Furong/Pun CTLR 1999, 172); der Patentschutz in Russland hingegen ist sowohl für Computerprogramme als auch für Algorithmen ausdrücklich ausgeschlossen (Vgl. Art. 4 (3) russ.PatG).

[73] Dreier in: Lehmann 31, 36.

[74] WIPO, Mustervorschriften für den Schutz von Computerprogrammen GRUR Int. 1978, 286, 287 f.

[75] Knuth bereits im Titel: „The Art of Computer Programming" ; Horowitz/Sahni 2, die darauf hinweisen, dass die Kunst des Programmierens auch niemals automatisiert werden kann.

den Schutz der in ihm verkörperten Schöpfungstätigkeit sein[76]. Unzutreffend ist auch das Argument, dass im Gegensatz zu einem Kunstwerk, das jeder anschauen kann, ein Computerprogramm für die meisten verschlossen bleibt[77], denn das Erkennen und Begreifen eines Kunstwerks kann und muss genauso gelernt werden wie das Lesen eines Computerprogramms. Ein Computerprogramm zu betrachten, ist genauso leicht wie das Betrachten eines Kunstwerks, es zu verstehen, genauso schwer. Ein Kunstlaie steht vor einem Werk von Kandinsky wie ein Computerlaie vor dem Ausdruck eines C-Programms. Da Computerprogrammen die ästhetische Komponente nicht abgesprochen werden kann und die Vielfalt des Ausdrucks zu schützen ist und nicht die dahinterstehende Idee, ist es die Aufgabe des Urheberrechts, den Schutz von Computerprogrammen zu gewährleisten.

Weiterführend stellt sich die Frage, ob ein Patentschutz neben dem Urheberrechtsschutz erforderlich und angemessen ist[78]. Der Urheberrechtsschutz für Computerprogramme schließt gemäß § 69 g Abs. 1 UrhG den Patentschutz nicht aus[79]. Ursprünglich galt die Frage nach dem Patentschutz mit der Einführung von § 1 Abs. 2 Nr. 3 PatG als entschieden, da dieser ausdrücklich „Computerprogramme als solche" vom Patentschutz ausnimmt[80]. Dann wurde jedoch die Frage aufgeworfen, was „Computerprogramme als solche" eigentlich sind, und die Diskussion begann von Neuem. Kern des Problems ist es festzustellen, ob Programme den Technikbegriff des PatG erfüllen[81], denn nur dann könnten sie dem Patentschutz zugänglich sein. Technische Schöpfungen i.S.d. Patentgesetzes sind Anweisungen, die mit technischen Mitteln (Mittel der beherrschbaren Naturkräfte oder Einwirkungen auf beherrschbare Naturkräfte) unmittelbar[82] ein auf dem Gebiet der Technik liegendes Ergebnis zur Lösung eines technischen Problems erzielen, wobei das Ergebnis eine unmittelbare Einwirkung auf die Außenwelt ausüben muss[83]. Die Kraft des menschlichen Verstandes zählt dabei nicht zu den Naturkräften, nicht einmal als zwischengeschaltetes Element[84]. Sie ist zudem nicht beherrschbar, da sie offensichtlich nicht von Gesetzmäßigkeiten und Kausal-

---

[76] So schon Bogsch GRUR Ausl. 1959, 2, 3, der – allerdings für die USA – darauf hinweist, dass auch Gegenstände, deren Zweck über die Mitteilung des Kunstwerks hinausgeht, also auch nützliche und praktische Gegenstände, zu schützen sind; v. Gamm WRP 1969, 96, 97; Samson UFITA 56 (1970) 117, 122.

[77] So aber RegE BR-Drucks. 629/92, 13; RegE BT-Drucks. 12/4022, 8.

[78] Dieses Problem kann hier nur angeschnitten werden, da eine detailliertere Betrachtung den Rahmen dieser Untersuchung sprengen würde; zum Stand der Diskussion vgl. Nack GRUR Int. 2000, 853.

[79] So auch Busche Mitt. 2000, 164, 166; Kindermann CR 1992, 658, 664.

[80] Vgl. Benkard/Bruchhausen § 1 Rn. 104.

[81] So statt vieler Brandner GRUR 2001, 883; Eichmann GRUR 2000, 751, 756, der Computerprogramme stets für technisch hält.

[82] Nach der Entscheidung BGH GRUR 2000, 498 - Logikverifikation genügt eine indirekte Beziehung.

[83] BGH GRUR 1969, 672 - Rote Taube.

[84] BGH GRUR 1980, 849, 850 - Antiblockiersystem; BGH GRUR 1977, 96, 98 - Dispositionsprogramm; a.A. BGH GRUR 2000, 498, 501 - Logikverifikation: Auf den unmittelbaren Einsatz von Naturkräften kann verzichtet werden, wenn an ihre Stelle technische Überlegungen treten.

verläufen[85] bestimmt ist. Gerade diese Nichtbeherrschbarkeit ist Voraussetzung für die Individualität des Urheberrechts. Vor diesem Hintergrund erscheint die Diskussion, ob Computerprogrammen Patentschutz gewährt werden kann, bereits entschieden, denn ein Computerprogramm ist lediglich Ausdruck der menschlichen Verstandeskraft, derart geformt, dass sie direkt auf den Computer einwirken kann[86]. Während früher noch argumentiert wurde, dass die Verwendung von Computerprogrammen in einer Erfindung den Patentschutz nicht unbedingt hindern würde[87], wird heute leider schon behauptet, dass die Verwendung eines Computerprogramms in einer festen Hardware eine Erfindung i.S.d. PatG sei. Die Entscheidung „Sprachanalyseeinrichtung" des BGH[88] gibt einen Freibrief für den Patentschutz von Computerprogrammen, solange diese zusammen mit einem Rechner angemeldet werden. Damit käme es auf § 1 Abs. 2 Nr. 3 PatG nicht mehr an, denn patentiert wird die Vorrichtung, nicht das Programm[89]. Eine solche Auslegung ist jedoch mit Art. 1 Abs. 2 Nr. 3 PatG nicht vereinbar[90]: Sie stellt eine Umgehung des Ausschlusses der „Computerprogramme als solche" von der Patentierbarkeit dar.

Da Computerprogramme lediglich die Umsetzung der Algorithmen in eine Programmiersprache sind, würde ein Patentschutz derselben außerdem auf einen Schutz von Algorithmen, Ideen und Grundsätzen hinauslaufen[91]. Computerprogramme können nicht als technische Lösung angesehen werden[92], sie sind Schöpfungen mathematischer Natur bzw. auf dem Gebiet des Denkens[93]. Selbst das U.S. Patent Office hatte den Patentschutz aus diesen Gründen zunächst zuguns-

---

[85] Vgl. BGH GRUR 1969, 672 - Rote Taube; Engel GRUR 1978, 201, 204.

[86] A.A. Beyer GRUR 1990, 399; Wiebe GRUR 1994, 233, 234 f.; ähnlich Kindermann CR 1992, 658, 665), die mit dem Konstrukt „Information als Naturkraft" auch den menschlichen Verstand miteinbeziehen wollen; Zipse Mitt. 1974, 246, der mittels neurophysiologischer Erkenntnisse versucht, die menschliche Verstandeskraft als beherrschbar zu klassifizieren; wäre dem so, müsste das menschliche Denken in seiner Gesamtheit der Technik zugeordnet werden (so auch BGH GRUR 1977, 96, 98 - Dispositionsprogramm), und die Grenze zum Urheberrecht wäre aufgehoben.

[87] Vgl. Dreier/Goldrian/Betten GRUR Int. 1988, 42, 45; BGH GRUR 1977, 96 - Dispositionsprogramm: Die Patentfähigkeit von Computerprogrammen wird idR abgelehnt; BGH GRUR 1980, 849 - Antiblockiersystem, bei dessen Gesamtbetrachtungslehre Computerprogramme patentfähig sein konnten; BGH GRUR 1986, 531 - Flugkostenminimierung; BGH GRUR 1992, 36 - Chinesische Schriftzeichen, bei denen der BGH die Gesamtbetrachtungslehre abschwächte.

[88] BGH GRUR 2000, 1007 - Sprachanalyseeinrichtung; vgl. die Entscheidung der EPA-Beschwerdekammer T 0931/95; vgl. auch Stern CTLR 1995, 12 in einer Anmerkung über die Entscheidung In re Alappat 33 F.3d 1526, 31 USPQ 2d 1545 (Fed. Cir. 1994), in der behauptet wurde, dass der Computer durch das Laden einer neuen Software in den Speicher zu einer neuen Maschine würde.

[89] So Krasser GRUR 2001, 959, 963; a.A. schon Möhring GRUR 1967, 269, 271;

[90] So wohl auch BGH CR 2002, 88, 90 - Zeichenketten, in der sich der X. Senat wieder auf seine Rechtsprechung Logikverifikation, Antiblockiersystem und Dispositionsprogramm bezieht.

[91] Vgl. Kiesewetter-Köbinger GRUR 2001, 185, 191: „Wenn durch das Patentrecht nunmehr die Ideen und Grundsätze geschützt werden sollen, ist dies blanker Hohn gegenüber der Leistung dessen, der diese Ideen und Grundsätze in die Tat umzusetzen vermag."; so auch Schölch GRUR 2001, 16; Ebinger C't 25/2000, 264.

[92] Vgl. Prins in: Elst/Malfliet 159, 166.

[93] U.S. Patent Office GRUR Ausl. 1964, 635.

ten des Urheberrechtsschutzes strikt abgelehnt[94]. Durch ein Programm wird nicht verändernd auf die Eigenschaften des Computers eingewirkt, es sei denn, die Problemlösung erfordert und lehrt einen neuen Aufbau des Computers[95]. Aber auch in diesen Fällen beschränkt sich der Schutz auf den Computer und schließt das Programm selbst nicht mit ein[96]. Im Übrigen würden nur wenige Programme aufgrund der aufbauenden Natur der technischen Neuerungen bei Software dem Patentschutz überhaupt zugänglich sein[97], denn der Patentschutz versucht die Erneuerung des jeweiligen weltweit erreichbaren Stands der Technik zu erreichen, der Urheberrechtsschutz eine Erweiterung des Formenschatzes[98]. Technische Lehren wirkend ändernd, Werke ergänzend[99].

Die Probleme des Urheberrechts sind heute immer mehr Fragen von Rechtspolitik und Praxis[100]. Der durch dieses Recht gewährte Schutz besteht gerade darin, dem Interesse der Allgemeinheit an der Verbreitung und Schaffung neuer Werke und der Förderung von Innovation und Wettbewerb zu dienen[101], und nicht, um die marktbeherrschenden Stellungen der großen Programmhersteller zu schützen[102]. Bereits 1964 wies das U.S. Patent Office auf eine mögliche Missbrauchsgefahr und Unüberschaubarkeit des Patentanspruchs für Software hin[103]. Diese sind beim Patentschutz für Computerprogramme zu hoch[104]. Sie führten bereits zu einigen Absurditäten, man denke hierbei an das One-Click-Patent von Amazon[105] oder die Patentierung des Rades[106]. Letztendlich passen Computerprogramme überhaupt nicht in das Patentsystem, da es ihnen meist an Neuheit und Erfindungshöhe fehlt[107], die für den Patentanspruch erforderlich sind[108]. Ferner sind die Neuerungen in der Computerindustrie oft schon überholt, bevor das Patent für die Firmen

[94]GRUR Ausl. 1964, 635.

[95]BGH GRUR 1977, 96, 98 - Dispositionsprogramm; BGH GRUR 1978, 420, 422 - Fehlerortung; BGH GRUR 1977, 657, 658 - Straken.

[96]BGH GRUR 1977, 657, 658 - Straken; vgl. Kullmann 58.

[97]Samuelson in: Brunnstein/Sint 105, 109, die aus diesem Grund einen „Industrial-Design-Schutz" vorschlägt.

[98]Windisch GRUR 1980, 587, 588.

[99]Windisch GRUR 1980, 587, 588.

[100]Schricker FS Kreile 715.

[101]Wandtke UFITA 123 (1993) 5, 8 f.

[102]Grzeszick MMR 2000, 412, 413; vgl. zu empirischen Untersuchungen zur Nützlichkeit des Patentrechts Marly 15 f.; zu den Nachteilen für die mittelständischen Entwickler vgl. Schmitz C't 16/1999, 72.

[103]GRUR Ausl. 1964, 635.

[104]Vgl. Boyle http://www.law.duke.edu/boylesite/intprop.htm.

[105]US-Patent No. 5, 960, 411; vgl. dazu http://www.gnu.org/philosophy/amazonpatent.html (27.3.2002); vgl. dazu Glenn 22 Hastings Comm/Ent L.J. 2000, 203, 214 f.

[106]Patentierung als „Circular Transportation Facilitation Device" in Melbourne (Cochrane http://www.theage.com.au/news/state/2001/07/02/FFX0ADFPLOC.HTML).

[107]Vgl. statt vieler WIPO, Mustervorschriften für den Schutz von Computersoftware GRUR Int. 1978, 286, 287; Prins in: Elst/Malfliet 159, 166; Marly 53; Art. 2 RvPcE legt deshalb fest, dass die Neuheit sich nicht auf die Technik bezieht (RvPcE KOM (02) 92 endg., 15).

[108]So auch Rebeiro CTLR 1995, 81, 85.

von Vorteil sein kann. Zwar bringt ein Patentschutz den Erfinder in eine günstigere Beweislage als es das Urheberrecht tun könnte[109], wenn der Schutz einmal besteht; bis die Erfindung tatsächlich geschützt ist, ist der Weg jedoch lang und kostspielig, so dass die Befürchtung, dass Innovationen gehemmt und die Kreativität negativ beeinflusst werden[110], berechtigt ist. In manchen Bereichen wie der Genforschung werden als Folge des Patentschutzes wissenschaftliche Informationen nur noch widerwillig ausgetauscht[111]. Das Urheberrecht schützt sofort, und das Problem der Beweislage kann – wie in vielen Staaten[112] – durch eine freiwillige Registrierung gelöst werden.

Zusammenfassend ist festzuhalten, dass ein Urheberrechtsschutz von Computerprogrammen durchaus mit deren Wesen und dem traditionellen Urheberrechtssystem vereinbar ist. Ein Patentschutz ist nur dann möglich, wenn das Computerprogramm einen neuen, erfinderischen Aufbau der zugehörigen Anlage erfordert oder wenn es die Anlage anweist, auf eine neuartige, nicht naheliegende Weise zu funktionieren[113]. Ein Schutz durch das Patentrecht ist dann abzulehnen, wenn das Problem bereits mit Mitteln der Logik lösbar war, ohne dass der Bereich des Technischem erreicht wurde[114]. Eine Änderung des Patentgesetzes ist weder erforderlich noch z.Z. aus rechtspolitischen Gründen wünschenswert[115]. Das Urheberrecht hingegen ist geeignet, Computerprogramme adäquat zu schützen.

C. Internationaler Schutz von Computerprogrammen

In internationalen Verträgen werden Computerprogramme gemäß Art. 2 Abs. 1 RBÜ[116], Art. 10 Abs. 1 TRIPs und Art. 4 WCT geschützt[117]. In Art. 2 Abs. 1 RBÜ werden sie zwar nicht ausdrücklich aufgeführt, aber aufgrund der Klarstellung in TRIPs und WCT, die sich auf die RBÜ beziehen, besteht hieran kein Zweifel mehr. Art. 10 Abs. 1 TRIPs schützt Computerprogramme als Maschinen- oder Quellprogramme, geht jedoch nicht soweit wie § 69 a UrhG, Computerprogramme in jeder Gestalt einschließlich des Entwurfsmaterials zu schützen[118]. In Art. 4

[109] Vgl. Wandtke GRUR 2002, 1, 8.

[110] Vgl. Marly 51 ff.

[111] Schölch GRUR 2001, 16, 17.

[112] Z.B. Brasilien (Art. 3 Brazil S.B. 1998), China (Art. 23 ff. chin.SoftwareschutzVO), Frankreich (J.O.R.F. no. 94-361), Japan (Art. 76bis jap.CL), Russland (Art. 13 russ.CDG); USA (17 U.S.C. § 700).

[113] So schon BGH GRUR 1977, 96, 98 - Dispositionsprogramm.

[114] So schon BGH GRUR 1980, 849, 850 - Antiblockiersystem.

[115] Vgl. dazu Max-Planck/Fraunhofer-Institut, Endbericht Softwarepatentierung 2001; Rebeiro CTLR 1995, 81, 86; Vgl. aber Müller CRi 2000, 17, der eine Anpassung an die US-amerikanische und japanische Regelung für erforderlich hält.

[116] A.A. Soltysinski 21 IIC 1990, 1, 26, der den Schutz von Computerprogrammen nicht mit den Zielen der RBÜ vereinen kann.

[117] Vgl. statt vieler nur KOM (00) 199 endg.

[118] Der Schutz von Computerprogrammen als Teil des TRIPs wurde von vielen Seiten kritisiert (vgl. dazu Correa 25 IIC 1994, 543, 545); zum Verhältnis von TRIPs und dem Patentschutz von Computerprogrammen vgl. Krasser GRUR 2001, 959, 961; Schiuma GRUR Int. 1998, 852 und Art. 5 RvPcE.

WCT findet sich schließlich nur noch eine Klarstellung. Zwar scheint durch die Ergänzung „whatever may be the mode or form“ der Begriff weiter als TRIPs zu sein, letztendlich zeigt aber die Wortwahl „are protected“ und der Vergleich mit der RBÜ, dass die Festlegung lediglich deklaratorischer Natur ist. Bereits durch die CRL wird den Anforderungen dieser Verträge an die Computerprogramme in Deutschland genügt[119].

III. Definition des Computerprogramms im Urheberrechtssystem

„Nicht die Rechenregel, die Idee, die mathematische Formel ist hier Gegenstand des Schutzes, sondern das Gewebe, das den Kern der wissenschaftlichen Werke umlagert.“[120]

Computerprogramme sind zunächst einmal den wissenschaftlichen Werken zuzurechnen[121]. Wegen ihrer „äußeren Form“ werden sie auch als „technische Sprachwerke“ bezeichnet[122]. Teilweise wird behauptet, Theorie und Praxis könnten auf eine Definition verzichten[123]. Angesichts der vielen ungeklärten Fälle ist dem jedoch nicht zuzustimmen[124].

A. Grundlagen des Schutzes von Computerprogrammen

1. Technischer, allgemeinsprachlicher und juristischer Computerprogrammbegriff

Technisch wird ein Computerprogramm als durch eine Turingmaschine darstellbar definiert. Die Turingmaschine ist ein abstraktes, mathematisches Modell für eine universelle Rechenmaschine, die die theoretische Informatik entscheidend geprägt hat. Sie ist ein Automatenmodell, das aus einem (potentiell) unendlichen Band besteht. Dieses Band ist in Felder eingeteilt, von denen jedes ein Zeichen des sogenannten Arbeitsalphabets enthält. Auf diesem Band kann sich ein Schreib-Lesekopf vorwärts und rückwärts bewegen und nur solche Zeichen, auf denen sich der Kopf befindet, können in dem aktuellen Rechenschritt verändert werden, wobei der Kopf sich in einem Rechenschritt maximal um eine Position nach links oder rechts bewegen kann[125]. Ist eine Folge von Anweisungen auf diese Weise darstellbar, handelt es sich technisch um ein Computerprogramm. Nach der Churchschen These sind die WHILE- und GOTO-Berechenbarkeit Äquivalente zur Turing-Berechenbarkeit.

Die juristische Definition eines Computerprogramms ist nicht explizit im Ge-

[119] Vgl. Gaster CRi 2000, 11, 13.
[120] Ulmer, Programme 3.
[121] Schricker/Loewenheim Vor §§ 69 a ff. Rn. 6.
[122] So Broy/Lehmann GRUR 1992, 419, 421; Schricker/Loewenheim § 2 Rn. 117.
[123] Vgl. Dreier/Goldrian/Betten GRUR Int. 1989, 200, 201.
[124] Vgl. in diesem Kapitel III. H.
[125] Schöning 81.

setz festgelegt, mit der Begründung, dass der Begriff sich zu schnell überholt könnte[126]. Diese Vorgehensweise wurde teils mit Ablehnung[127], teils mit Zustimmung[128], betrachtet. Selbst das Europäische Parlament schlug eine Definition vor[129]. In jedem Fall kann aber nicht davon ausgegangen werden, dass das Urheberrecht den Begriff des Computerprogramms immer der jeweiligen technischen Praxis anzupassen hat und es einen auslegungsfähigen, juristischen Begriff für das Computerprogramm nicht gäbe[130]. Die angebliche Nichtdefinierbarkeit des Computerprogramms wird bereits dadurch widerlegt, dass in der Informatik eine gängige Methode zur Bestimmung existiert. Die technische Abgrenzung – die Frage der Darstellbarkeit durch eine Turingmaschine – ist aber juristisch nicht empfehlenswert, vor allem da es sich auch hierbei nur um ein mathematisches Modell handelt. Eine derartige Auslegung führt nicht nur zu Rechtsunsicherheit[131], sondern steht auch im Widerspruch zu der langjährigen juristischen nationalen und internationalen Praxis, die den juristischen Begriff selbständig positiv definiert und auslegt[132]. Auch Erwägungsgrund 7 CRL enthält eine Definition, die allerdings sehr allgemein gehalten ist. Prämisse bei der rechtlichen Betrachtung technischer Phänomene ist zwar die Orientierung an den technisch-realen Gegebenheiten, dennoch müssen die Definitionen in unterschiedlichen Wissenschaften nicht unbedingt identisch sein. Richtig ist daher, den juristischen Begriff eng an den technischen anzulehnen, ihn aber selbständig zu festzulegen.

2. Informationsfreiheit und Computerprogramme

Computerprogramme sind ein wichtiger Baustein für die Übermittlung von Daten und überall, wo Daten übermittelt werden, zu finden[133]. Für das wissenschaftlich-technische Gedankengut, das dem Computerprogramm zugrundeliegt, besteht ein grundsätzliches Freihaltebedürfnis, denn gerade bei Computerprogrammen besteht – mehr als bei anderen Werken – die Notwendigkeit, auf bereits Bekanntem aufzubauen[134]. In diesem Zusammenhang ist auch von einer Sozialgebundenheit des Urheberrechts zu sprechen[135]. Ein Schutz von technischen Lehren könnte auch negative Einflüsse auf die Regelungen des Patentrechts

[126] RegE BT-Drucks. 12/4022, 9; BR-Drucks. 629/92, 17.

[127] Vgl. statt vieler Höller in: Brunnstein/Sint 229.

[128] Vgl. statt vieler Prins in: Elst/Malfliet 159, 174.

[129] ABl. C 231/78: Änderungsvorschlag Nr. 2.

[130] So aber Koch GRUR 2000, 191, 193.

[131] Zu den negativen Auswirkungen der Rechtsunsicherheit beim Schutz von Computerprogrammen vgl. Derclaye EIPR 2000, 56, 57; Marly 17 ff.: insbesondere besteht die Gefahr der Produktpiraterie und Wettbewerbsverzerrung zugunsten wirtschaftlich starker Softwarehersteller.

[132] Vgl. Definitionen unter in diesem Kapitel III. B.; vgl. auch Leistner/Bettinger Beilage CR 12/1999, 1, 17, die den Begriff HTML rein juristisch auslegen; auch BGH CR 2002, 88, 90 - Zeichenketten legt den Programmbegriff i.S.d. PatG ausdrücklich unabhängig vom Verständnis der „Computerfachleute" aus.

[133] Grünbuch 1995 KOM (95) 382 endg., 30.

[134] So auch Longdin Int. J. L. & Inf. Tech. 1997, 249, 250; Marly 12 f.

[135] Vgl. Macciacchini 65.

haben[136]. Wenn technische Lehren, aber auch Ideen und Grundsätze, der Schöpfer von heute geschützt sind, fehlt den Schöpfern von Morgen die Grundlage für ihre Werke[137]. Auch wenn der Schutz von neuen und kreativen Dingen verführerisch klingt und sogar überzeugenderweise den Schutz verdient[138], darf bei allem Enthusiasmus nicht vergessen werden, dass durch die Monopolisierung von Informationen die Innovationen der Zukunft beschränkt werden. Daher ist die Balance zwischen dem Schutz der Autoren und dem Interesse der Allgemeinheit zu erhalten[139].

3. Rechtsnatur

a) Urheber- oder Leistungsschutzrecht

Der Schutz von Computerprogrammen ist urheberrechtlicher Natur, obwohl der Vorwurf eines faktischen Investitionsschutzes im Raum steht, durch den die Gefahr besteht, dass die Interessen der Allgemeinheit vernachlässigt werden[140]. Ein urheberrechtlicher Schutz von Computerprogrammen war vor allem wegen der besonderen Anfälligkeit für Urheberrechtsverletzungen angezeigt[141], denn nur das Urheberrecht kann den Anreiz zur Schaffung neuer Werke mit dem Interesse der Allgemeinheit an der Schaffung und Verbreitung neuer Werke verbinden[142]. Es wird aber auch kritisiert, da Computerprogramme nicht nur auf dem urheberrechtlich traditionellen, individuellen Weg, sondern auch industriell hergestellt werden und zu anderen technischen Teilen (sei es Hard- oder Software) kompatibel sein müssen[143], der Schutz zu einem Investitionsschutz[144] wird. Dabei gerät die Anerkennung des einzelnen Autors in den Hintergrund[145]. Der Schutz der Computerprogramme könnte in der praktischen Umsetzung auch als Leistungsschutz im urheberrechtlichen Gewand bezeichnet werden. Er ist jedoch nicht leistungsschutzrechtlich, sondern urheberrechtlich ausgestaltet; ein Schutz von Fleiß und Mühe erfolgt hier gerade nicht[146]. Auch das Kriterium der „eingesparten Autorenanstrengungen“, das zur Festlegung des Schutzbereiches dienen soll[147], führt zu

[136] Reimer GRUR 1980, 572, 578.
[137] Vgl. auch Boyle http://www.law.duke.edu/boylesite/sold_out.htm (30.05.2002).
[138] Vgl. dazu insbesondere Glenn 22 Hastings Comm/Ent L.J. 2000, 203.
[139] BVerfGE 31, 229, 241; 31, 248, 251; 31, 270, 272 f.; 49, 382, 394, 400; vgl. ausführlich zur Frage der Informationsfreiheit im Urheberrecht Kröger 77 ff.
[140] Vgl. auch Grzeszick MMR 2000, 412 f.; Kröger 40.
[141] RegE BT-Drucks. 12/4022, 8; BR-Drucks. 629/92, 14.
[142] Grzeszick MMR 2000, 412 f.; Wandtke UFITA 123 (1993) 5, 8 f.; a.A. Soltysinski 21 IIC 1990, 1 ff.; Stallman 75 Oregon L. Rev. 1996, 291 ff., die davon ausgehen, dass das Urheberrecht eine Gefahr für die neuen Kommunikationstechniken darstellt.
[143] Vgl. RegE BT-Drucks. 12/4022, 7; BR-Drucks. 629/92, 13.
[144] BT-Drucks. 13/8110, Rn. 4.1; Hoeren GRUR 1997, 866, 873; Ellins 244; Kloepfer 222 f., der von einem Investitionsschutz mit Hilfe des Urheberrechts spricht; vgl. auch Marly, Softwareüberlassungsverträge, Rn. 130; Röttinger FS Dittrich 269, 282.
[145] Vgl. auch Grzeszick MMR 2000, 412 f.
[146] So auch Fromm/Nordemann/Nordemann/Vinck § 69 a Rn. 6.
[147] Marly 146 ff.

einer Art Investitionsschutz. Es wird dabei zwar nicht wie beim einfachen Datenbankschutz nach der wesentlichen Investition des Herstellers gefragt, aber danach, ob der Nachahmer sich durch die Übernahme des Werkes Investitionen erspart hat; eine solche Überlegung ist dem Urheberrecht fremd.

b) Einordnung als Sprachwerk

Die Regelungen der §§ 69 a ff. UrhG stellen gemäß § 69 a Abs. 4 UrhG die leges speciales zum Schutz als Sprachwerk gemäß § 2 Abs. 1 Nr. 1 UrhG dar, wobei dieser Schutz u.a. ergänzend als Urheberpersönlichkeitsrecht wirkt. Auffällig ist die sowohl nationale als auch internationale Einordnung als Sprachwerk[148]. Die gewählte Formulierung, die Computerprogramme nicht lediglich als Sprachwerke, sondern als Werke der Literatur ausweist, schließt die ursprüngliche Zuordnung als wissenschaftliches Sprachwerk aber nicht aus, da der Begriff der Literatur dahingehend mit Art. 2 RBÜ ausgelegt werden muss, der die Werke der Literatur als Werke der Literatur und Wissenschaft definiert. Ihre Ursache hat die Einordnung als Sprachwerk wohl darin, dass für Computerprogramme Wörter und verschiedene Sprachen verwendet werden, auch wenn diese Wörter lediglich zur Steuerung dienen und nicht zur Mitteilung von Gedanken[149]. Dass das Computerprogramm als Adressaten nicht nur den Menschen, sondern auch den Computer aufweisen kann, richtet nicht gegen seine Qualifizierung als Sprachwerk[150], denn viele aktuelle digitale Werke sprechen zunächst den Computer an, bevor der Mensch in den Genuß des Werkes kommt. Das Computerprogramm an sich hat auf den ersten Blick selbst mit Sprachwerken wissenschaftlicher Art nicht viel gemein. Dies wird besonders bei einem Blick auf die binäre Übersetzung des Programms deutlich. Allerdings liegen auch hier bestimmte Regeln vor, nach denen verschiedene Ausdrucksmittel kombiniert werden, so dass noch von einem Sprachwerk im weiten Sinne gesprochen werden kann[151]. Selbst im Vorschlag für die CRL wurde die Zuordnung nicht unkritisch betrachtet, aber aus Gründen der Rechtssicherheit vorgeschlagen[152]. Angesichts der doch eindeutigen rechtlichen Zuordnung kann die geringfügige Entfernung von den realen Gegebenheiten dahingestellt bleiben. Außerdem bietet die Einordnung in die Sprachwerke den Vorteil des internationalen Schutzes und die Vermeidung von Unsicherheiten bei Schaffung einer neuen Werkkategorie[153]. Letztendlich ist Sprache im Urheberrecht sehr weit zu verstehen und umfasst sowohl Natursprachen als auch sinnbildliche Sprache[154]. Sie ist

[148] Vgl. Braun BB 1971, 1343, 1346; Skaupy BB 1967, 945, 946; Cary Bull. Copyright Soc. U.S.A. 1963/64, 362, 364, allerdings in Bezug auf den Begriff „writings".

[149] Axster/Axster BB 1967, 606, 610; a.A. Haberstumpf GRUR 1982, 142, 146, der meint, dass eine Informationsfunktion bzgl. der einzelnen Schritte, die ausgeführt werden können, an eine unbestimmte Anzahl von Personen vorliege.

[150] So schon Köhler 75; a.A. Soltysinski 21 IIC 1990, 1, 12.

[151] Cary Bull. Copyright Soc. U.S.A. 1963/64, 362, 364; Haberstumpf GRUR 1982, 142, 144.

[152] KOM (88) 816 endg.

[153] Vgl. Walter/Walter Software-RL Art 1 Rn. 18.

[154] Kohler 130.

nichts anderes als „der Inbegriff konventioneller Mitteilungssymbole“[155], und unter diesen Sprachbegriff fallen auch Computerprogramme.

4. Inhalt und Schranken des Computerprogrammschutzes

Inhalt und Schranken des Schutzes von Computerprogrammen sind in den §§ 69 b ff. UrhG geregelt. § 69 b UrhG stellt eine Spezialregelung zu § 43 UrhG dar und legt fest, dass die ausschließlichen Nutzungsrechte an Programmen, die von Programmierern im Rahmen von Arbeitsverhältnissen geschaffen werden, dem Arbeitgeber zustehen. § 69 c UrhG geht von einem weiteren Vervielfältigungsbegriff aus, als es § 16 UrhG zulässt[156]. Die Schrankenbestimmungen der §§ 45 ff. UrhG sind auf die Computerprogramme nur bedingt übertragbar. In § 69 d UrhG sind für Computerprogramme eigene Schranken festgelegt: Die Schranke des § 53 UrhG ist bei Computerprogrammen gerade nicht anwendbar, lediglich das Erstellen einer Sicherungskopie – § 69 d Abs. 2 UrhG – ist erlaubt. Einige allgemeine Schranken wie das Zitatrecht sind aber auch auf Computerprogramme anwendbar. Eine Sonderbestimmung wurde für die sogenannte Dekompilierung in § 69 e UrhG vorgesehen[157]. Kompilierung ist die Übersetzung eines Programmcodes einer höheren Programmiersprache in Maschinencode, der dann von der Hardware weiterverarbeitet werden kann. Die Übersetzung wird mittels eines Kompilers – eines Computerprogramms – vorgenommen. Die Dekompilierung, d.h. also die Rückübersetzung aus dem Maschinencode in die höhere Programmiersprache mittels eines Dekompilers, ist jedoch ungleich schwerer. In der Fachliteratur wird, wenn überhaupt, von einer schweren Aufgabe gesprochen oder davon, dass ein Decompiler lediglich den *Versuch* einer Rückübersetzung unternimmt. Eine vollständige Wiederherstellung des ursprünglichen Programmcodes ist dagegen nicht möglich; allenfalls kann die Struktur erkannt werden. Als Minus fällt aber auch die Disassemblierung[158] unter den § 69 e UrhG, wodurch dem Paragraphen ein weiterer Anwendungsbereich eröffnet wird. Der Wortlaut des § 69 e

---

155 Köhler 50.

156 Vgl. Kappes 90 f.; der Vervielfältigungsbegriff des § 16 Urheberrechtsgesetz wurde durch die Umsetzung der InfRL erweitert (vgl. UrhGE).

157 Diese Erlaubnis der Sicherstellung der Interoperabilität war die umstrittenste der CRL (Cohen Jehoram 25 IIC 1994, 821, 832; Haberstumpf CR 1991, 129, 130; Samuelson in: Brunnstein/Sint 105, 110; vertiefend zu den Beratungen, zum Hardware- und BIOS-Problem Schulte CR 1992, 648, 653; Schulte CR 1992, 588 589 ff.); die praktischen Konsequenzen sind sehr weitreichend: Störungen auf dem Computermarkt, Förderung der Entwicklung von Monopolen, Behinderung des technischen Fortschritts bei Nichteinführung der Dekompilation; auf der anderen Seite steht die Besorgnis der Industrie, dass Konkurrenzprodukte so schneller und kostensparender entwickelt werden können (RegE BT-Drucks. 12/4022, 13; BR-Drucks. 629/92, 33; Clayton TICL 2/1994, 10; Lehmann GRUR Int. 1991, 327, 328 Fn. 14); vgl. Pilny GRUR Int. 1990, 431, 436; Pilny 23 IIC 1992, 196, 205; Initiativen zum Grünbuch 1988 KOM (90) 584 endg., 17; eine Änderung durch den Patentschutz ist durch Art. 6 und Erwägungrund 18 RvPcE nicht vorgesehen.

158 Disassemblierung ist eine Sonderform der Dekompilierung. Assemblierung ist die Umwandlung von einem Assemblercode in Maschinencode; eine Rückübersetzung ist relativ unproblematisch, wobei auch hier eine vollständige Wiederherstellung des Originalcodes nicht möglich ist, z.B. können die Kommentarzeilen nicht wieder erzeugt werden.

UrhG weist weitergehend darauf hin, dass der Vorgang, der beschrieben wird, der des Reverse Engineering[159] ist[160].

Der Zweck der Norm – die Möglichkeit zur Herstellung der Interoperabilität, d.h. des Zusammenwirkens verschiedener Produkte unterschiedlicher Hersteller[161] – spricht für eine Auslegung der Vorschrift unter Einbeziehung des Reverse Engineering. Letzteres ist zum Teil bereits durch § 69 d Abs. 3 UrhG umfasst. Dabei ist das Bestreben des Reverse Engineering, die hinter dem Programm liegenden Ideen zu erkennen und nicht die Herstellung der Interoperabilität zu erreichen. Zu diesem Zweck müssen sich Vorgänge des Reverse Engineering auch an § 69 e UrhG messen lassen. § 69 d Abs. 3 und § 69 e UrhG sind nach dem Zweck des Reverse Engineering bzw. der Dekompilierung abzugrenzen; beide technischen Begriffe können jedoch vom Anwendungsbereich unter beide Paragraphen fallen. Zu bedenken ist zwar, dass § 69 e UrhG – wie alle Schrankenbestimmungen – eng auszulegen ist[162], aber § 69 e UrhG bereits über mehrere enge Voraussetzungen verfügt[163], so dass ein Missbrauch nicht zu befürchten ist. Damit sind Dekompilierung, Disassemblierung und Reverse Engineering unter den Voraussetzungen des § 69 e UrhG erlaubt, solange und soweit diese Vorgänge der Herstellung der Interoperabilität dienen.

B. Definitionen

Einige Definitionen verschiedener Rechtsordnungen:

Programme sind eine Summe von Befehlen, die miteinander in logischer Ver-

---

[159] Reverse Engineering (Unter anderem wird dazu auch die Technik der Neuronalen Netze verwendet (Hall in: Hall 3, 18)) ist ein Verfahren zur Analyse eines Produkts, bei dem ein Endprodukt untersucht wird, um mehr über Aufbau, Herstellungsweise und Funktion zu erfahren. Das kann damit verglichen werden, dass anhand archäologischer Funde versucht wird, das Bruttosozialprodukt einer untergegangenen Kultur zu berechnen. Bei einem solchen Verfahren kann es leicht zu Urheberrechtsverletzungen kommen, da der verwendete Objektcode z.B. ausgedruckt und auf andere Weise vervielfältigt werden muss.

[160] Vielfach werden in der Literatur die Begriffe Dekompilierung, Disassemblierung und Reverse Engineering synonym verwandt – vgl. z.B. Hoeren CR 1992, 243, 245; Haberstumpf CR 1991, 129, 130; Bender 47 Pittsburgh L. Rev. 1986, 907, 919 verwendet den Begriff „Reverse Compiling"; Kappes 86 Fn. 127, der Reverse Engineering für die engl. Übersetzung von Dekompilierung hält; Möhring/Nicolini/Hoeren § 69 e Rn. 1; Ernst MMR 2001, 208 räumt ein, dass eine Dekompilierung nur eingeschränkt möglich ist und eine vollständige Rückübersetzung nicht erfolgen kann; Lehmann GRUR Int. 1991, 327, 334; Schulte CR 1992, 648, 653 spricht vom Problem des „Dekompilierens oder Reverse Engineering"; anders Schricker/Loewenheim § 69 e Rn. 6, der das Reverse Engineering richtig als umfassender als das Dekompilieren betrachtet und eine Anwendung des § 69 d in Betracht zieht; selbst im geänderten Vorschlag zur CRL wird vom „Reverse Engineering" gesprochen KOM (90) 509 endg., 4; auch dem Bundesrat schienen die Begriffe Dekompilierung und Interoperabilität wohl unverständlich, denn sie baten, diese Begriffe gegen allgemein verständliche zu tauschen (BR-Drucks. 629/92 (Beschluß), 3).

[161] Vgl. RegE BT-Drucks. 12/4022, 13; BR-Drucks. 629/92, 35; KOM (90) 509 endg., 3.

[162] Vgl. Schricker/Loewenheim § 69 e Rn. 3; Erwägungsgründe 20, 21 CRL.

[163] Vgl. Näheres zu den Voraussetzungen in Schricker/Loewenheim § 69 e Rn. 9 ff.; so ist das komplette Aufbauen des ursprünglichen Codes nicht erlaubt, weil es zur Herstellung der Interoperabilität nicht erforderlich ist (vgl. Meijboom in: Jongen/Meijboom 1, 15 Fn. 62).

knüpfung stehen, von arithmetischen Befehlen, Transportbefehlen und organisatorischen Befehlen einschließlich der wichtigen sogenannten Sprungbefehle[164].

A computer program means an expression, in any language, code or notation, of a set of instructions (whether with or without related information) intended, either directly or after either or both of the following:
(a) conversion to another language, code or notation
(b) reproduction in a different material form;
to cause a device having digital information processing capabilities to perform a particular function[165].

Ein Computerprogramm ist eine Folge von Befehlen, die nach Aufnahme in einem maschinenlesbaren Träger fähig sind zu bewirken, dass eine Maschine mit informationsverarbeitenden Fähigkeiten eine bestimmte Funktion oder Aufgabe oder ein bestimmtes Ergebnis anzeigt, ausführt oder erzielt[166].

Computerprogramme sind eine nach den Regeln der verwendeten Sprache festgelegte syntaktische Einheit aus Anweisungen und Vereinbarungen, welche die zur Lösung einer Aufgabe notwendigen Elemente umfasst[167].

Computer program means the original expression in any form, language or code of a set of instructions which, by virtue of a particular sequence, structure and organization, are intended to make a computer or other device carry out a specific task or function[168].

„Program" means an expression of combined instructions given to a computer so as to make it function and obtain a certain result[169].

A „computer program" is a set of statements or instructions to be used directly or indirectly in a computer in order to bring about a certain result[170].

Diese Definitionen aus der Technik und aus verschiedenen Rechtsordnungen weisen Gemeinsamkeiten und Unterschiede auf. Gemeinsamkeiten der juristischen Definitionen bestehen darin, dass für die Annahme eines Computerprogramms eine Summe von Befehlen vorhanden sein muss. Während die Definition von *Ulmer* es bei dieser Beschreibung belässt[171], fordern die anderen Definitionen

[164] Ulmer, Programme 5.

[165] Sec. 10 (1) austral.CA.

[166] Mustervorschriften für den Schutz von Computersoftware der WIPO GRUR 1979, 306 f.; BGH GRUR 1985, 1041, 1047 - Inkassoprogramm.

[167] DIN 44300, 4.1.9.

[168] Art. 101 mex.CL.

[169] § 2 Abs. 1 Nr. 10*bis* jap.CL.

[170] 17 U.S.C. § 101.

[171] Seine Definition entspricht Programmen, die mit der in den 60er und 70er Jahren überwiegend genutzten Programmiersprache Assembler geschrieben wurden.

zusätzliche Merkmale. Allein die technische Begriffserläuterung der DIN-Norm hält die Problemlösung für erforderlich und spricht von Anweisungen statt Befehlen und erinnert damit stark an den Algorithmus. Diese formal noch gültige, aber veraltete Definition der DIN-Norm ist für die moderne juristische Auslegung unbrauchbar. Die zeitgenössischen juristischen Definitionen fordern hingegen eine Auswirkung auf eine Maschine; die USA, Japan, die WIPO-Vorschriften und der BGH, der sich diesen angeschlossen hat, verlangen zusätzlich ein bestimmtes Ergebnis[172], das von Australien und Mexiko nicht verlangt wird. Deren Definitionen drücken bereits in ihrem Wortlaut deutlich aus, dass sowohl Objekt- als auch Quellcode geschützt sind; das trifft auch auf die US-Definition zu, die dafür jedoch eine andere Wortwahl bemüht. Der Vergleich der Definitionen zeigt, dass trotz internationaler Verträge und weltweiten Schutzes im Rahmen des Urheberrechts weiterhin Unterschiede im Verständnis der Computerprogramme bestehen. Diese Kriterien und Unterschiede werden nachfolgend untersucht.

C. Schutzgegenstand

Grundsätzlich bestehen bei der Frage nach dem Schutzgegenstand bei Computerprogrammen folgende Möglichkeiten: Ausdruck und Idee bzw. Inhalt können – auch in Kombination – geschützt sein, wobei frühere Unklarheiten durch die CRL und den § 69 a UrhG weitgehend beseitigt wurden[173]. Vereinzelt wird ferner vertreten, dass das Programm selbst Schutzgegenstand der §§ 69 a ff. UrhG ist[174]. Regelmäßig wird korrekt darauf abgestellt, dass Ausdruck, Form und Gestalt geschützt werden[175], was sich bereits eindeutig aus dem Wortlaut von § 69 a Abs. 1 und 2 UrhG ergibt. Dabei kann sowohl die innere als auch die äußere Form geschützt werden, wobei sich erstere auf den Stil und die Sätze und letztere auf die Art und Weise der Gedankenfolge bezieht[176]. Die Ideen und Grundsätze, die dem Programm und den Schnittstellen[177] zugrunde liegen, sind gemäß § 69 a Abs. 2 UrhG ausdrücklich nicht geschützt. Der Inhalt, der demnach auch nicht separat geschützt ist, kann in den Ausdruck mit einfließen und dessen „Gewebe"[178] bilden; eine randscharfe abstrakte Trennung ist hier nicht möglich[179]. Der Schutz der §§ 69 a ff. umfasst das Computerprogramm in jeder Gestalt; Voraussetzung ist nur, dass eine solche überhaupt angenommen wurde, sei es als Datei auf der

[172]Dieses Ergebnis wurde von der Definition des Europäischen Parlaments auch verlangt, zumindest sollte eine bestimmte Funktion realisiert werden (ABl. C 231/78).

[173]Vgl. zum Streitstand vor der CRL Waltl 58 ff.

[174]Paschke/Kerfack ZUM 1996, 498, 501.

[175]OLG Karlsruhe GRUR 1994, 726, 729 - Bildschirmmasken; RegE BT-Drucks. 12/4022, 9; BR-Drucks. 629/92, 18.

[176]Vgl. Ahn 31.

[177]Die Schnittstellen stellen Teile des Programms dar und sind bzgl. der urheberrechtlichen Schutzvoraussetzungen nicht anders als andere Programme zu behandeln.

[178]Ulmer, Programme 3; Köhler 52; die Gewebetheorie stammt ursprünglich von Ghiron UFITA 5 (1932) 34, 38.

[179]So auch Waltl 87.

Festplatte oder als Printversion[180].

1. Software und Programm

Bei der Frage nach dem Schutzgegenstand stellt sich zunächst die Frage nach dem Verständnis der verschiedenen Begriffe, die in diesem Kontext verwendet werden: Software, Computerprogramm, Datenverarbeitungsprogramm. Es gibt viele Bezeichnungen, die den Schutzgegenstand des § 69 a UrhG beschreiben können, und nicht alle werden korrekt verwendet. Die Begriffe Datenverarbeitungs- und Computerprogramm sind Synonyme, Computerprogramm und Software hingegen nicht[181]. Der Unterschied zwischen beiden Begriffen liegt darin, dass der Begriff der Software die Dokumentationen und das Begleitmaterial umfasst und das Computerprogramm somit Bestandteil der Software, nicht aber die Software selbst ist[182].

2. Materialien und Hardware

Bei der Softwareherstellung werden, abgesehen vom Schreiben des Programms, noch andere Produkte erstellt, die teils in den Schutzbereich des § 69 a UrhG miteinbezogen sind. Theoretisch können diese nach dem regulären Zeitpunkt ihrer Schöpfung gegliedert werden, wobei verschiedene Phasen, Problemanalyse, Entwurf, Programmierung, Test, Installation und Wartung als Anhaltspunkt dienen.

In den Schutzbereich des § 69 a Abs. 1 letzter HS UrhG gehört dabei nur das Entwurfsmaterial, wenn dadurch die spätere Entstehung eines Computerprogramms zugelassen wird[183], d.h. sowohl zeitlich vor oder während der Erstellung liegt und inhaltlich zum Endprodukt beiträgt. Damit sind Materialien, die in den Phasen vor der Programmierung erstellt werden, geschützt. Dazu zählen Vorstudien, Analysen und in vielen Fällen auch das Pflichtenheft[184]. Ein Pflichtenheft ist die organisatorische bzw. technische Vorgabe zur Erstellung von Software. Zwar wird das Pflichtenheft auch maßgeblich für den Auftraggeber und nicht für die Herstellung der Software geschaffen, aber in ihm wird auch dokumentiert und festgelegt, in welchen Schritten das Programm erstellt wird. Dennoch muss bei der Frage nach der urheberrechtlichen Schutzfähigkeit im Einzelfall differenziert werden, ob das Pflichtenheft der Entwicklung des Programms dient oder lediglich als Vertragsergänzung die Wünsche des Auftraggebers spezifiziert.

In die Phase der Programmierung und Test fallen Zwischenlösungen, die sogenannten Beta-Tests, die auch auf dem Weg zur Endversion zur seiner Erstellung

[180] Schricker/Loewenheim § 69 a Rn. 3.

[181] So aber Horns GRUR 2001, 1.

[182] So auch Grünbuch 1988 KOM (88) 172 endg., 170; Adloff 29; Gaze 7; Haberstumpf in: Lehmann 69, 76 f.; Höller in: Brunnstein/Sint 229, 230; Weber-Steinhaus 10 ff.

[183] RegE BT-Drucks. 12/4022, 9; BR-Drucks. 629/92, 17; vgl. zu den entsprechenden Änderungen in Großbritannien Chalton EIPR 1993, 138.

[184] Vgl. auch Haberstumpf in: Lehmann 69, 79; a.A. Wandtke/Bullinger/Grützmacher § 69 a Rn. 9.

dienen und damit geschützt sind.

Handbücher, Bedienungsanleitungen und Dokumentationen, die in den Phasen Installation und Wartung erstellt werden, sind nicht als Computerprogramm geschützt[185], da sie erst nach Fertigstellung des Programms für den Anwender geschaffen werden, nicht aber zur Herstellung erforderlich sind.

Die Hardware ist unumstritten vom Schutzbereich ausgeschlossen[186], obwohl Programme, die in Hardware integriert sind[187], z.B. Antiblockiersysteme, durchaus geschützt sein können[188].

3. Idee-Ausdruck-Dichotomie

Im Gegensatz zum Patentrecht ist im Urheberrecht nicht die Idee geschützt[189], sondern immer nur ihr konkreter Ausdruck[190], bekannt als Idee-Ausdruck-Dichotomie[191]. In diesem Prinzip drücken sich Ziel und Zweck des Urheberrechts aus: Einerseits sollen Urheber für ihre kreative Arbeit vergütet und der Anreiz für weitere Investitionen geschaffen werden, andererseits sollen Ideen, Grundsätze, Methoden für alle frei verfügbar bleiben, um Fortschritt und Innovation anzuregen. Ein Urheber, der eine Idee in einem Werk vorfindet, kann unter Verwendung einer anderen Ausdrucksform neu formulieren. Ideen können somit nicht durch das Urhebergesetz monopolisiert werden[192], die individuelle Zusammensetzung von abstrakt nicht Schutzfähigem hingegen kann in seiner konkreten Ausgestaltung, aber erst dann, den Schutz des Urheberrechts genießen[193]. Dieser Grundsatz wurde für die Computerprogramme im deutschen Recht erstmals ausdrücklich in § 69 a Abs. 2 geregelt, wohl aufgrund der Erkenntnis, dass eine Vermischung von Idee und Ausdruck bei Computerprogrammen unvermeidlich ist. Die Erfahrungen anderer Rechtsordnungen mit diesem Grundsatz können dabei von Nutzen sein[194], aber auch Überlegungen zu anderen Rechtsinstituten, bei denen es auf die Abgren-

---

185 So auch Loewenheim in: Loewenheim/Koch 269, 272; Möhring/Nicolini/Hoeren § 69 a Rn. 4; Schricker/Loewenheim § 69 a Rn. 5 f.; Wandtke/Bullinger/Grützmacher § 69 a Rn. 13; a.A. Dreier in: Dreier/Krasser 14, 18; Haberstumpf in: Lehmann 69, 79.

186 Vgl. Schricker/Loewenheim § 69 a Rn. 4; wird jedoch Hardware vervielfältigt (Chip), auf der ein Programm in Maschinensprache gespeichert wurde, ist dieses Programm auch vervielfältigt worden. (vgl. dazu auch das zutreffende Urteil des kanadischen Supreme Court GRUR Int. 1991, 304).

187 RegE BT-Drucks. 12/4022, 9; BR-Drucks. 629/92, 17; Erwägungsgrund 7 CRL; vgl. auch Schack Rn. 179; Wand 145.

188 Vgl. BGH GRUR 1980, 849 - Antiblockiersystem.

189 So schon Köhler 34; Ulmer, Programme 3; BT-Drucks. IV/270, 37; BT-Drucks. 10/3360, 18 schon vor der CRL; vgl. auch RegE BT-Drucks. 12/4022, 9; BR-Drucks. 629/92, 18.

190 Dies hat zu Kritik geführt, da argumentiert wurde, dass der wertvollste Teil nicht der Code, sondern die Idee sei (vgl. Kroker EIPR 1997, 247).

191 Zur Erläuterung dieses Begriffes vgl. Schulte CR 1992, 648, 649; zu weit gingen einige Stimmen (Vgl. Laddie/Prescott/Vitoria 2.52; vgl. auch Kohler 128 ff.)

192 BGH GRUR 1987, 704, 706 - Warenzeichenlexika; vgl. auch Kervégant IRLCT 1996, 55, 70; Möhring GRUR 1967, 269, 275; Schricker/Loewenheim § 69 a Rn. 9.

193 Vgl. BGH GRUR 1963, 40 - Straßen - gestern und morgen.

194 Vgl. Drexl 99; Watkin/Rau 27 IIC 1996, 447, 453; Wiebe BB 1993, 1094, 1096; die Idee-Ausdruck-Dichotomie ist z.B. ausdrücklich in 17 U.S.C. § 102 (b) geregelt.

zung zwischen den Ideen und dem Ausdruck ankommt, wie bei § 24 UrhG[195]. Das Prinzip, dass Gedanken und Grundsätze nicht geschützt werden können, könnte durch § 87 a ff. UrhG ausgehöhlt werden, wenn der Begriff der Datenbank zu weit ausgelegt und sein Schutzgegenstand zu weit gefasst wird[196]. Insbesondere bei Computerprogrammen ist zu klären, ob eine nicht schutzfähige Idee oder bereits der schutzfähige Ausdruck dieser Idee vorliegt, denn hier kann es wie bei allen wissenschaftlichen Werken zu kaum unterscheidbaren Grenzfällen kommen.

Eine Abgrenzung über eine Black Box wäre möglich: Was bei einer Analyse des Programms als Black Box erkannt wird, ist Idee, was erst nach interner Analyse sichtbar wird, Ausdruck[197]. Diese Kriterien sind für eine Abgrenzung aber zu unbestimmt, da hier für die subjektive Betrachtung zu viel Spielraum bleibt. Außerdem besteht die Gefahr, dass der Begriff der Idee zu eng ausgelegt wird und nur die Grundkonzeption erfasst.

Eine andere mögliche Abgrenzung trennt zwischen dem Zweck, d.h. der Funktion des Computerprogramms – der Idee, und dem „Rest" – dem Ausdruck[198]. Der dahinterstehende Zweck ist zwar Bestandteil der Idee, die Idee selbst umfasst aber auch Konzepte zur Umsetzung.

Man könnte bei der Abgrenzung darauf abstellen, ob eine hinreichende Anzahl an Alternativen zur gewählten Lösung besteht. Gibt es nur eine Lösung, liegt eine Idee und kein Ausdruck vor[199]. Short-Cuts zum Beispiel können aufgrund dessen, dass nicht genügend verfügbare Tastenkombinationen vorhanden sind, nicht geschützt werden[200]. Grundsätzlich ist ebenso zu schlussfolgern, dass bei Bestehen nur einer möglichen Lösung ein Urheberrechtsschutz ausscheidet[201]. Das besagt auch die sogenannte US-amerikanische Merger-Doktrin: Der Ausdruck, der mit der Idee verschmilzt, ist nur dann gegen die unerlaubte Übernahme geschützt, wenn er hundertprozentig kopiert wird[202]. Selbst wenn die Merger-Doktrin in der

[195] Haberstumpf in: Lehmann 69, 104.

[196] Vgl. dazu Näheres Kapitel 2 III. B. 1. und Kapitel 2 III. B. 3. c) (8).

[197] So Davidson 47 Pittsburgh L. Rev. 1986, 1037, 1082.

[198] Whelan Associates, Inc v. Jaslow Dental Laboratory, Inc 797 F.2d 1222 (3rd. Cir. 1986).

[199] Wuermeling CR 1993, 665, 670; kritisch: Möhring/Nicolini/Hoeren § 69 a Rn. 10; Schulte CR 1992, 648, 649; Wiebe BB 1993, 1094, 1096.

[200] So ergangen in den USA in Manufacturers Technologies, Inc. v. CAMS Inc. 706 F.Supp. 984 (D. Conn. 1989); so im Ergebnis auch Marly 149 allerdings mit dem investitionsschutzrechtlichen Argument, dass hier keine nennenswerten Autorenanstrengungen erspart werden.

[201] Günther CR 1994, 611, 612.

[202] Vgl. Apple Computer, Inc. v. Microsoft Corp., 799 F. Supp. 1006, 1024-25 (N.D. Cal. 1992); in Broderbund Software Inc. v. Unison World Inc. 648 F. Supp. 1127 (N.D. Cal. 1986) war ebenfalls der Programmcode unterschiedlich, die Struktur ähnelte sich jedoch; hier gab es verschiedene Möglichkeiten der Ausgestaltung, so dass ein Urheberrechtsschutz angenommen wurde; in Whelan Associates, Inc. v. Jaslow Dental Laboratory, Inc. 797 F.2d 1222 (3d Cir. 1986) wurde entschieden, dass die Idee zwar nicht schutzfähig, aber der Zweck des Computerprogramms ist und, da die gewünschte Funktion durch verschiedene Mittel erreicht werden kann, ist diese Idee (dieser Weg) als Ausdruck geschützt; sie ist auch in anderen Commonwealth - Staaten weitgehend, aber nicht durchgehend verbreitet (Sookman CTLR 1995, 142, 145 f.); in Artikel 31 Abs. 3 der chin.SoftwareschutzVO wird die aus dem US-amerikanischen Recht bekannte Merger-Doktrin positiv geregelt.

deutschen Gesetzgebung kein Äquivalent findet, werden beide Rechtsordnungen im Ergebnis zu den gleichen Schlussfolgerungen kommen, denn einer Idee, die nur auf eine Weise ausgedrückt werden kann, fehlt es an der persönlichen geistigen Schöpfung i.S.d. § 2 Abs. 2 UrhG bzw. der eigenen geistigen Schöpfung[203]. Auch Parallelen zur „Gewebetheorie" sind festzustellen[204].

Diese Fragen können jedoch nicht pauschal geklärt werden, sie sind wertend im Einzelfall zu analysieren[205]. Eine mögliche Abgrenzung gibt die Entscheidung Computer Associates Int'l v. Altai, Inc.[206]. Hier wurde ein Drei-Stufen-Test zur Trennung von Idee und Ausdruck eingeführt (Abstraction/Filtration/Comparison). Dieser Test abstrahiert zunächst die Grundsätze des Werks, um dann herauszufiltern zu können, aus welchen Ideen, externen Faktoren oder Allgemeingut das Programm besteht: Der evtl. verbleibende Ausdruck kann dann verglichen werden[207]. Das Computerprogramm ist zu abstrahieren, um die verbleibende Individualität des Werkes festzustellen[208]. Die Frage der Abgrenzung ist dabei in zwei Teile aufzuspalten. Zum einen muss das Gemeingut ausgeschlossen werden, da es nicht auf der schöpferischen Leistung eines Urhebers beruht, zum anderen ist die Frage nach dem Freihaltebedürfnis der verkörperten abstrakten Ideen zu stellen, deren Ausdruck zwar geschützt werden darf, die aber selbst frei bleiben müssen, da das Urheberrecht keine Legitimation zur Monopolisierung darstellt. Die Analyse muss den Schwerpunkt der Betrachtung dabei nicht auf die Funktionen des Computerprogramms, sondern auch hierbei auf das Programm selbst setzen[209]. Geschützt sind demnach nur die Elemente eines Computerprogramms, bei denen dem Programmierer genug Spielraum verblieben ist, um seine Individualität zu demonstrieren.

4. Ausdruck-Ergebnis-Dichotomie

Gemäß § 69 a Abs. 2 Satz 1 UrhG werden alle Ausdrucksformen eines Computerprogramms geschützt. Unter dem Ausdruck eines Computerprogramms sind Programmcode und innere Struktur und Organisation zu verstehen[210]. Ob die

[203]So z.B. in BGH GRUR 1981, 352, 355 - Staatsexamensarbeit; BGH GRUR 1984, 659, 660 f. - Ausschreibungsunterlagen; BGH GRUR 1987, 704, 706 - Warenzeichenlexika.

[204]Vgl. Wiebe BB 1993, 1094, 1096.

[205]So auch Möhring/Nicolini/Hoeren § 69 a Rn. 10.

[206]Computer Associates Int'l v. Altai, Inc. 982 F.2d 693 (2d Cir. 1992).

[207]Dieser Test wurde mit der Gewebetheorie verglichen (Wuermeling CR 1993, 665, 668); zur Abgrenzung von Idee und Ausdruck wurde in Richardson v. Flanders and Chemtec ein ähnliches Schema wie in den USA entwickelt (John Richardson Computers Ltd. v. Flanders and Chemtec, Ltd. High Court of Justice (1993) FSR 497); dieser Versuch wurde in der Literatur stark kritisiert (Bull CLSR 1993, 105, 112; Arnold EIPR 1993, 250, 253, vgl. auch Stone/Groves Business L. Rev. 1997, 26, die kritisieren, dass die Differenzierung der CRL zwischen Idee und Ausdruck nicht in das CDPA übernommen wurde)).

[208]Aufgrund der Vielzahl möglicher Abstraktionsebenen (vgl. Macciacchini 25) kann nur eine Einzelfallprüfung erfolgen.

[209]Grewal EIPR 1996, 454, 457.

[210]OLG Düsseldorf MMR 1999, 729, 730 - Baumarkt.de.

Struktur in Zahlen- oder Buchstabenform, auf dem Bildschirm oder auf Papier, in Wort oder Schrift, ausgedrückt wird, ist dabei nicht von Bedeutung. Der Gesetzestext würde hingegen deutlich überdehnt[211], schützte man auch das Ergebnis, d.h. z.B. mit Hilfe von Computern erzeugte Bilder oder Musik. Hierbei handelt es sich nicht um Computerprogramme, sonst wären die Regeln über die Computerprogramme für diese selbst und für alle anderen Werke leges speciales[212]. Aus dem Musikstück, das als MP3 vorliegt, oder dem Film, der als MOV gespeichert ist, kann kein Rückschluss auf den Computercode gezogen werden. Das wird transparent durch die Vorstellung, dass derselbe Bildschirmausdruck mit mehreren Programmcodes erzeugt werden kann[213], abhängig von der verwendeten Programmiersprache und dem individuellen Stil des Programmierers. Während das Programm abläuft, reagiert der Computer auf die Inputsignale und produziert die Outputsignale, die das Ergebnis der Datenverarbeitung darstellen[214]. Dieses Ergebnis des Computerprogramms ist in der Regel das auf dem Bildschirm Sichtbare oder aus Lautsprechern Hörbare nach der Darstellung oder Interpretation durch den Computer. Das Ergebnis ist dem urheberrechtlichen oder leistungsschutzrechtlichen Schutz zugänglich, unabhängig vom Schutz des Computerprogramms[215]. Ausdruck und Ergebnis können wie folgt abgegrenzt werden: Bevor das Computerprogramm durch den Computer oder ein anderes Computerprogramm, z.B. den Compiler, interpretiert oder dargestellt wird, handelt es sich um den Ausdruck. Durch Veränderung und Darstellung des Computers oder eines der Betriebs- oder Anwendungsprogramme entsteht das Ergebnis, das nicht mehr durch § 69 a ff UrhG geschützt ist.

5. Integrierte Werke

In Computerprogramme sind oft andere Werke und Elemente, z.B. Musik, Filme oder Bilder, eingebettet. Teilweise, aber selten werden sie direkt in das Computerprogramm integriert, meist wird lediglich auf sie Bezug genommen, indem die entsprechende Quelle z.B. als URL oder Dateipfad angegeben wird. Diese Werke werden aufgrund ihrer losen Verbindung zu den Computerprogrammen nicht in den Schutz der §§ 69 a UrhG einbezogen[216]. Sie gehören weder zum Programm selbst noch zählen diese Werke zum Entwurfsmaterial, denn durch sie wird die spätere Entstehung des Computerprogramms nicht zugelassen, sondern sie sind

[211] So auch im Ergebnis Fromm/Nordemann/Nordemann/Vinck § 69 a Rn. 3; Koch GRUR 1997, 417, 418 f.; Schack MMR 2001, 9, 12; OLG Düsseldorf MMR 1999, 729, 730 - Baumarkt.de; a.A. OLG Karlsruhe GRUR 1994, 726, 729 - Bildschirmmasken; für die USA mit denselben Überlegungen Derclaye EIPR 2000, 7, 12; Karjala 17 Marshall J. Comp. & Inf. Law 1998, 41, 52, 55, 70.

[212] Fromm/Nordemann/Nordemann/Vinck § 69 a Rn. 3.

[213] Vgl. dazu in diesem Kapitel III. H. 7. c): selbst mit HTML ist das möglich, obwohl HTML als Dokumentenbeschreibungssprache nicht einmal die Möglichkeiten einer Programmiersprache hat.

[214] Vgl. Karjala 17 Marshall J. Comp. & Inf. Law 1998, 41, 55.

[215] Vgl. z.B. Kapitel 3 VIII. A.

[216] So im Ergebnis auch Walter/Walter Software-RL Art 1 Rn. 23, der lediglich auf Wertungswidersprüche hinweist.

schlicht Teile eines Gesamtwerks, dem das Computerprogramm als verbindendes Element dient. Insofern liegen hier im Ergebnis oft sogenannte Multimediawerke vor[217].

D. Befehl und Beschreibung

Voraussetzung für ein Computerprogramm ist, dass Befehle an den Computer gegeben werden. Befehle sind imperative Anweisungen zur Bewirkung einer Reaktion bzw. Ausführung einer Aktion durch den Adressaten, den Computer, oder aber auch Ausführungsanweisungen in einer bestimmten Programmiersprache[218]. Formulierungen, die keine unmittelbare oder zumindest durch einen Compiler mittelbar technische Reaktion hervorrufen können, sind demnach nicht als Computerprogramme zu qualifizieren. Es genügt nicht, wenn lediglich Beschreibungen bzw. Deklarationen vorhanden sind, die einem Bezeichner bestimmte Informationen zuweisen, die der Computer zwar anzeigen kann, die aber keine Zustandsveränderung bewirken. Das unterscheidet Befehle auch von Daten. Bei der Frage, ob eine Summe von Befehlen vorliegt, sind anweisende Elemente von lediglich beschreibenden zu unterscheiden, in dem der Effekt der Elemente auf den Computer untersucht wird. Dabei können die Befehle aus Wörtern, Zahlen, Symbolen oder gestanzten Löchern bestehen; erforderlich ist lediglich, dass die Maschine auf sie reagiert. Diese Reaktion muss von den Befehlen selbst und nicht durch dritte Programme ausgelöst werden. Durch die benutzerfreundlichen Betriebssysteme wird heutzutage der Eindruck vermittelt, dass z.B. jeder Text eine Reaktion auslöst, denn durch den „Doppelklick" auf die entsprechende Textdatei wird dieser bereits angezeigt. In Wirklichkeit weist der Benutzer das Betriebssystem durch den „Doppelklick" aber lediglich an, eine Datei anzuzeigen, das System stellt fest, ob ein bestimmtes Programm mit dieser Dateikennung verknüpft ist, startet ersteres und öffnet die Datei im Programm. „DOC" -Dateien z.B. sind mit MS-Word verknüpft. Wird ein Text demnach in einem Textverarbeitungsprogramm angezeigt, veranlasst letzteres die Darstellung des ersteren; dieses löst selbst keine Reaktion aus, sondern wird lediglich von einem anderen Programm dargestellt.

E. Eingabe-Ausgabe-Postulat

Ziel jedes nicht trivialen Programmes ist die Verarbeitung von Daten[219]. Vereinzelt wird deshalb ein „Maschinenbezug" gefordert[220], d.h. dass eine bestimmte Aktion in einer Maschine ausgelöst und damit eine Wirkung auf einen Rechner ausgeübt wird[221]. Diese Forderung nach dem Maschinenbezug ist jedoch nicht ausreichend, denn zum einen besagt sie nicht mehr als das Vorhandensein von Befehlen, zum anderen wird die Art der Maschineneinwirkung nicht näher spezi-

[217] Vgl. dazu Kapitel 3 VIII. A. 6.

[218] Vgl. auch Computerfachwörterbuch: Stichwort Befehl.

[219] Ollmert 19.

[220] So Koch GRUR 2000, 191, 195.

[221] So Koch GRUR 2000, 191, 195.

fiziert. Offensichtlich genügt nach diesem Kriterium bereits die Eingabenannahme bzw. die Interpretation durch den Rechner. Ein Computerprogramm muss jedoch die Daten auch verarbeiten und somit eine Ausgabe herbeiführen können. Das Erzielen eines Ergebnisses wird richtigerweise auch von den WIPO-Vorschriften und dem BGH gefordert[222]. Somit ist das Kriterium des Maschinenbezugs nicht geeignet, eine Abgrenzung vorzunehmen. Die Datenverarbeitung und die Erzielung eines Ergebnisses ist aber Voraussetzung für das Bestehen eines Computerprogramms. Aus diesem Grund ist zu fordern, dass die Befehle Ein- und Ausgaben enthalten. Es ist ausreichend, wenn das Programm dahingehend eine Ergänzung erlaubt, dass Ein- und Ausgabe möglich sind, denn dem Computerprogramm kann nicht nur deshalb der Schutz verweigert werden, weil der Programmierer es vorgezogen hat, keine Eingaben zu programmieren, ein Input für die Lösung der Aufgabe nicht nötig ist bzw. bereits implizit in das Programm eingebunden wurde. Die Möglichkeit zur Eingabeprogrammierung muss hingegen bestehen. Das bedeutet, dass ein Programm die Fähigkeit besitzen muss, die durch die Eingabe erlangten Daten zu verarbeiten und anschließend auszugeben.

Damit im Zusammenhang stellt sich die Frage, ob sich nach Ablauf des Computerprogramms ein Ergebnis manifestieren muss, wie es z.B. die Definition des 17 U.S.C. fordert. Ein Ergebnis im engeren Sinne kann in Europa jedoch nicht verlangt werden; dafür gibt weder der Gesetzeswortlaut noch die CRL einen Anhaltspunkt. Die Voraussetzung der Datenverarbeitung ergibt sich bei Computerprogrammen aber bereits aus der Natur der Sache, so dass die Ausgabe ein Ergebnis im weiteren Sinne darstellt. Daraus folgt erneut, dass die Ausgabe selbst als Ergebnis des Computerprogramms nicht als solches, sondern nur separat geschützt sein kann.

Erforderlich ist ebenfalls nicht, dass das Computerprogramm Sprungbefehle enthält, obwohl diese nach der technischen Definition von Turing aufgrund der Forderung nach einer Möglichkeit der Rückwärtsbewegung auf dem Band nötig sind. Die Voraussetzung der Schleifen und Variablendeklarationen findet weder im Gesetz noch in den Europäischen Erwägungen eine Stütze; sie ist auch keine „technische Entwicklung", an die die Computerprogrammdefinition angepasst werden müsste, denn Schleifen existierten schon, bevor der urheberrechtliche Schutz von Programmen überhaupt erstmalig diskutiert wurde. In diesem Punkt weicht die juristische Definition daher von der technischen ab. Allerdings kommen beide oft zu demselben Ergebnis, da die Ein- und Ausgabe in der Regel mit Schleifen und Variablendeklarationen realisiert wird.

F. Eigene geistige Schöpfung

Voraussetzung für den Schutz von Computerprogrammen ist das Vorliegen einer eigenen geistigen Schöpfung i.S.d. § 69 Abs. 2 S. 1 UrhG. Vor der Umsetzung der CRL galten in Deutschland für Computerprogramme genauso hohe Anforde-

[222] Vgl. die Definition in diesem Kapitel III. B.

rungen bzgl. der persönlichen geistigen Schöpfung wie für andere wissenschaftliche Sprachwerke[223]. Ein Computerprogramm musste eine deutlich über dem durchschnittlichen Programmierschaffen liegende schöpferische Leistung darstellen, die ihren Niederschlag und Ausdruck in der Auswahl, Sammlung, Anordnung und Einteilung der Information findet[224]. Nach der CRL konnte diese Rechtsprechung nicht mehr aufrechterhalten werden[225], denn Erwägungsgrund 8 CRL, der speziell auf Deutschland gemünzt war[226], wurde in § 69 a Abs. 3 UrhG aufgenommen, so dass für Computerprogramme nicht mehr die Anforderung der persönlichen geistigen Schöpfung i.S.d § 2 Abs. 2 UrhG gilt, obwohl beide Begriffe sich inhaltlich nicht unterscheiden[227]. Jetzt ist ein Computerprogramm geschützt, wenn es eine eigene geistige Leistung darstellt, sofern sie nicht völlig banal ist[228], also lediglich aus einer Aneinanderreihung von Bekanntem und zum Gemeingut gehörenden Material besteht und auch sonst alltäglich ist[229]. Damit bestand jedoch die Gefahr, dass der Schutz übermäßig ausgedehnt wird, dass sogar „jedes vierzeilige BASIC-Programm eines Grundschülers den Schutz des Urheberrechtsgesetzes genießen könnte“[230]. Diese Befürchtung hat sich jedoch nicht bewahrheitet: Die der CRL zeitlich nachfolgenden Urteile[231] haben gezeigt, dass der Schutz sich

[223] BGH GRUR 1985, 1041 - Inkassoprogramm; BGH CR 1991, 80 - Betriebssystem; LG Mannheim BB 1981, 1543 - Urheberrechtsfähigkeit von Datenverarbeitungsprogrammen; vgl. zur persönlichen geistigen Schöpfung § 2 Abs. 2 UrhG allgemein: Kapitel 2 III. C. 4.

[224] BGH GRUR 1994, 39, 41 - Buchhaltungsprogramm (im Rückblick auf die alte Rechtslage).

[225] Haberstumpf GRUR Int. 1992, 715; Junker NJW 1993, 824, 826; Katzenberger GRUR 1990, 94, 99; Kappes 45; Lehmann GRUR Int. 1991, 327, 329; Lehmann CR 1991, 150; Lesshafft/Ulmer CR 1991, 519; v. Lewinski ALAI 1996, 480, 481; Raubenheimer CR 1994, 69, 71; Schricker FS Kreile 715, 718; Steckler EIPR 1994, 293, 296; Teufel Mitt. 1993, 73, 75; Ullmann CR 1992, 641, 642; Wandtke GRUR 2002, 1, 8; Wuermeling CR 1993, 665, 670; die nachfolgende Rechtsprechung BGH GRUR 1994, 39, 40 - Buchhaltungsprogramm wandte sich dann auch von der bisherigen Rechtsprechung ab; LG Oldenburg CR 1996, 217, 219 - Expertensystem; a.A. Hoeren CR 1991, 463, 465; vgl. auch Kortsik 141, der noch strengere Anforderungen als die Inkassoprogrammentscheidung an die persönliche geistige Schöpfung stellt, selbst Überdurchschnittlichkeit reiche nicht aus; im Zuge der Umsetzung mussten 12 der Mitgliedstaaten ihre Anforderungen senken und nur 3 diese erhöhen (KOM (00) 199 endg.).

[226] Cook EuZW 1994, 7, 9; Cohler/Pearson EIPR 1994, 434, 435; Dreier GRUR 1993, 781, 782; Gaster RMUE 4/1996, 55, 62; Vinje EIPR 1995, 361, 365 Fn. 10; in Großbritannien war nur ein Mindestmaß an Originalität erforderlich (vgl. Millard in: Jongen/Meijboom 217, 220), und in Frankreich wurde auch die Mehrzahl der Computerprogramme bereits geschützt (vgl. Michau in: Jongen/Meijboom 59, 61).

[227] Vgl. auch Kapitel 2 III. C. 4. b) (1) (a).

[228] Möhring/Nicolini/Hoeren § 69 a Rn. 16.

[229] Paschke/Kerfack ZUM 1996, 498, 499.

[230] So Hoeren CR 1991, 463, 465.

[231] Z.B. OLG Karlsruhe GRUR 1994, 726 - Bildschirmmasken; OLG Düsseldorf CR 1997, 337 - Dongleumgehung; OLG München CR 1999, 688, 689 - IDE-Fix; OLG Hamburg CR 1998, 332 - Computerspielergänzung auf CD-ROM; OLG Frankfurt CR 1998, 525 - Nutzungsrechte an Software; LG Stuttgart CR 1994, 162 - Public Domain Software.

an der „kleinen Münze“ orientiert[232]. Diese Einschätzung wird von der Literatur geteilt[233], d.h. ein Herausragen aus der Masse des Alltäglichen ist erforderlich[234], nicht aber eine Gestaltungshöhe. Eine Vermutung für den Schutz besteht nicht[235].

Die Theorien von der Erstellung eines Programms (Überlegungen, Flussdiagramm etc.) sind meist nur akademischer Natur. In den meisten Fällen wird zwar nicht planlos programmiert, dennoch entwickeln sich die besten Ideen, die dann Ausdruck des persönlichen Stils sind, häufig erst beim Schreiben des Programms. Außerdem haben sich im Laufe der Zeit verschiedene Programmiermethoden bis hin zum „Extreme Programming“ herausgebildet. Ob nun das Top-Down- oder das Bottom-Up-Verfahren oder eine Mischung aus beiden und weiteren Verfahren verwendet wird, ist nicht von Bedeutung. Eine etappenweise Einteilung der Arbeitsschritte entspricht zwar teilweise noch der Theorie, aber immer seltener der Praxis, und kann somit bei der Beurteilung der Individualität eines geschaffenen Werkes nicht weiterhelfen.

Wie jedes andere Sprachwerk, lässt auch das Computerprogramm dabei einen großen Spielraum. Zwar bestehen gewisse Vorgaben bzgl. Syntax und Semantik, doch eine gewisse Unterschiedlichkeit und damit Individualität ist zwangsläufig, da eine Reihe komplexer Entscheidungen getroffen werden muss, die kein Individuum wie ein anderes treffen würde[236]. Grundlegend für die Frage nach der

[232]Burmeister 69; Paschke/Kerfack ZUM 1996, 498, 499; BGH GRUR 1994, 39 - Buchhaltungsprogramm; KG GRUR 1996, 974 - OEM-Software; OLG Düsseldorf CR 1997, 337, 338 - Dongleumgehung; OLG Karlsruhe NJW 1996, 2583, 2584 - Dongle-Abfrage; OLG Düsseldorf CR 1995, 730 - Shareware-Vertrieb auf CD-ROM; OLG Hamburg ZUM 2002, 558, 560 - CT-Klassenbibliothek; OLG Karlsruhe GRUR 1994, 726, 729 - Bildschirmmasken; LG Mannheim NJW-RR 1994, 1007 - Nachprogrammierung; RegE BT-Drucks. 12/4022, 9.

[233]Vgl. nur Broy/Lehmann GRUR 1992, 419, 421; Cherpillod SMI 1993, 49, 52; Dreier CR 1991, 577, 578; Dreier GRUR 1993, 781, 782; Lehmann GRUR Int. 1991, 327, 329.

[234]OLG Hamburg ZUM 2001, 519, 521 - Faxkarte; a.A. OLG München CR 1999, 688, 689 - IDE-Fix; Fromm/Nordemann/Nordemann/Vinck § 69 a Rn. 6, der selbst die Leistung unterhalb des Durchschnittskönnens für ausreichend hält.

[235]OLG Hamburg ZUM 2002, 558, 560 - CT-Klassenbibliothek; a.A. Barthel 180, der dabei auf die Entscheidung KG GRUR 1996, 974 - OEM-Software verweist, die MS-DOS und „Windows for Worksgroups“ eine Schutzfähigkeit annahm, wobei dies vom Antragsgegner selbst eingeräumt wurde.

[236]Vgl. dazu die empirischen Tests von der TU München, bei der Studenten verschiedene, individuelle, korrekte Programme zur Lösung von Problemen geschrieben haben (abgedruckt und kommentiert bei Waltl 93 ff.).

Individualität[237] ist, ob die Erkenntnisse oder Lehren auf unterschiedliche Weise erläutert oder angewendet werden können, so dass noch Raum für die Entfaltung des persönlichen Stils bleibt[238]. Individualität kann jedoch nicht bereits angenommen werden, wenn das Computerprogramm nur nicht kopiert wurde[239]. Geistige Leistung muss sich in der Formgebung widerspiegeln; die Individualität der mitgeteilten wissenschaftlichen Lehre genügt nicht[240]. Es ist vielmehr erforderlich, dass der Programmierer über die Grenzen der Anwendung der Logik hinaus seine Individualität in das Werk einbringt.

Im Falle des Computerprogramms drückt sich Individualität durch unterschiedliche Möglichkeiten der Programmierung aus, die es dem Programmierer gestatten, seinen persönlichen Programmierstil einzubringen. Dieser besteht nicht bereits in den Leerzeilen, Einrückungen und Variablennamen[241], denn auch hier gibt es Standards und Zweckmäßigkeitserwägungen, denen zu folgen ist. Rein optische Merkmale des Programmcodes wie das mittige Schreiben des „else"-Befehls können noch keine Individualität begründen[242], auch wenn die Strukturierung nicht nur aus funktionellen Gründen, sondern auch aus ästhetischen erfolgt[243]. Kommentare[244] können aber bereits zur Individualität beitragen. Es kann eine Grobunterscheidung zwischen umfangreichen oder weniger umfangreichen Programmen mit mehr oder weniger Spielraum vorgenommen werden[245]. Diese Unterscheidung liegt nicht in einer Beurteilung der Qualität oder Neuheit begründet[246], sondern beruht darauf, dass mit der Anzahl der zutreffenden Entscheidungen diese auch von Individuum zu Individuum anders ausfallen und somit

---

[237] Es ergibt sich die Frage, wie Individualität feststellbar ist. Eine diesbezügliche Vermutung besteht nicht (so auch Kilian/Heussen/Harte-Bavendamm 54 Rn. 24; Ullmann CR 1992, 641, 643; RegE BT-Drucks. 12/4022, 9; BR-Drucks. 629/92, 19, da diese der Systematik des Schutzes des geistigen Eigentums fremd ist); der Kläger muss beweisen, dass er nicht lediglich das Werk eines anderen nachahmt; nur bei ernsthaften Zweifeln ist die Darlegung des Inhalts zu verlangen (RegE BT-Drucks. 12/4022, 10; BR-Drucks. 629/92, 20 f.; OLG München CR 1999, 688 - IDE-Fix). Eine solche Feststellung könnte sich oft schwierig gestalten, da aufgrund von Teamarbeit bzw. der Möglichkeit der Wartung und Veränderung von Computerprogrammen eine Dokumentation nicht wünschenswert ist (so Broy/Lehmann GRUR 1992, 419, 422); gerade aus den genannten Gründen und insbesondere wegen der Wiederverwertbarkeit ist eine Dokumentation aber innerhalb des Programms nicht nur notwendig (vgl. auch Wiederhold 33), sondern gehört zu den Pflichten eines Programmierers; gerade wenn es sich um größere Projekte handelt, muss zumindest in Kommentarzeilen dokumentiert werden, was der Code ausführt, damit ein anderer Programmier, der Nachfolger und sogar derselbe Programmierer zu einem späteren Zeitpunkt sich (wieder) in den Code hineinfindet, um ihn ändern oder auch nur verstehen zu können; wenn der Code jedoch kommentiert wird, ist es ein Leichtes, dort eine Identifizierung hinzuzufügen, um so Beweisprobleme zu vermeiden.

[238] Ulmer, Programme 16.

[239] Fromm/Nordemann/Nordemann/Vinck § 69 a Rn. 6.

[240] So schon OLG Karlsruhe GRUR 1983, 300, 306 - Inkasso-Programm.

[241] So auch Marly 115; a.A. Waltl 200.

[242] Vgl. aber Waltl 207, allerdings in Verbindung mit weiteren Merkmalen.

[243] A.A. Karjala 17 Marshall J. Comp. & Inf. Law 1998, 41, 53.

[244] Vgl. z.B. Zeile 22 des PHP-Programms in im Anhang II. C. 1.

[245] So bereits Ulmer, Programme 17.

[246] A.A. Marly 117.

zum Merkmal für Individualität werden. Eine „while“-Schleife oder eine „for“-Schleife zu verwenden, liegt im Ermessen des Programmierers. Manche Programmierer definieren hauptsächlich Funktionen und rufen diese lediglich im Hauptteil des Programms auf, andere schreiben die gesamten Abläufe in den Hauptteil. Die Möglichkeit, dasselbe Ergebnis auf verschiedenen Wegen zu erreichen, wird z.B. eindrucksvoll mit dem Versuch demonstriert, den DVD-Code nicht nur zu entschlüsseln – das ist schon häufig geschehen – sondern ihn mit einem möglichst kurzen und originellen Programm zu „knacken“[247]. Der Urheberschutz muss aber dann versagt werden, wenn es sich lediglich um die handwerkliche Verbesserung der Details des Programms handelt, ohne dass darin eine originäre Sinnschöpfung zu erkennen ist[248]. Liegt jedoch die handwerkliche Verbesserung in einer Programmoptimierung, d.h. darin, dass die Abläufe zeit- und energiesparender gestaltet werden oder überhaupt nach einem bestimmten System funktionieren, kann ein entsprechender Urheberrechtsschutz möglich sein, da sich auch darin die „Kunst“ des Programmierens widerspiegelt. Die Antwort auf die Frage, was einen guten, kreativen Programmierstil ausmacht, ist, dass es nicht nur um sauberen, einfachen, korrekten und gut dokumentierten Code geht, sondern um die Fähigkeit, ein Problem auf diese Weise zu lösen[249]. Das Schreiben eines seitenlangen und unübersichtlichem Code – sogenanntem Spaghetticode – ist weder originell noch individuell oder kreativ. Dasselbe Problem mit wenigen Codezeilen zu lösen, stellt eine geistige Leistung dar. Aber auch ein umständliches Programm kann individuelle Züge aufweisen[250]. Der Umfang eines Programms ist damit kein Anhaltspunkt für die Kreativität und Leistung, die in ihm steckt. Oft sind es gerade die kurzen Programme, die schutzfähig sind. Eine Verallgemeinerung ist jedoch nicht möglich, ein optimales Programm gibt es nicht[251]. Selbst die Arbeit zweier genialer Programmierer an derselben Problemlösung wird nicht zu demselben Programm führen, denn jedes Ergebnis ist durch individuelle Entscheidungen, z.B. in der Schwerpunktsetzung oder der Optimierung hinsichtlich Rechenzeit, Speicherplatz oder Kosten, bestimmt, aufgrund deren Unvereinbarkeit keine einheitliche Lösung möglich ist[252].

Da die geistige Leistung bei Computerprogrammen oft schon im Konzept liegt, wurde vorgeschlagen, die Leistung in der Konzeptualisierungsphase zu schützen[253]. Das würde jedoch bedeuten, den Schaffensprozess zu weit, jenseits der Grenzen, bei denen ein konkreter, zu schützender Ausdruck angenommen werden kann, nach vorn zu verlagern. Der Schutz muss sich aber weiterhin auf den

---

[247] Vgl. http://www.heise.de/newsticker/data/ghi-11.01.02-000/; http://ask.slashdot.org/article.pl?sid=01/03/06/1954213&mode=nested&tid=153; „42 ways to distribute DeCSS“ http://decss.zoy.org/ (21.7.2002).

[248] So auch Lesshafft/Ulmer CR 1993, 607, 608.

[249] Vgl. Connell http://softwaredev.earthweb.com/sdtech/print/0,,12065_988641,00.html (26.3.2002).

[250] Vgl. das Beispiel von Waltl 206.

[251] So aber Adloff 16.

[252] So auch Köhler 82.

[253] So Hübner GRUR 1994, 883, 885.

Code beziehen, da das Urheberrecht nicht die Idee schützt, sondern nur den konkreten Ausdruck. Ebenso ist der Inhalt, wenn auch selbst nicht schutzfähig, bei der Beurteilung der Individualität im Einzelfall zu berücksichtigen. Keinen Einfluss auf die Urheberschutzfähigkeit hat es[254], wenn ein zunächst neuartiges Programm im Laufe der Zeit durch ähnliche Lösungen naheliegend wird, da es auf den konkreten Ausdruck und nicht auf die Neuartigkeit der Idee ankommt.

Für den Schutz ist es lediglich von Bedeutung, dass mehrere Wege für die Gestaltung eines Computerprogramms beschritten werden konnten und der Urheber einen davon gewählt und gestaltet hat. Eine überdurchschnittliche Programmierleistung wird nicht mehr verlangt.

G. Vorschlag zur Definition von Computerprogrammen

Aus den vorherigen Ausführungen ergibt sich, dass eine juristische Definition nicht nur nötig, sondern auch möglich ist. Es scheint aber geboten, den bisherigen Begriff klarer und aussagekräftiger zu formulieren und vor allem zu ergänzen.

Es wird daher vorgeschlagen, Computerprogramme wie folgt zu definieren:

> **„Ein Computerprogramm ist eine Ansammlung von Befehlen, die nach Aufnahme auf einen maschinenlesbaren Träger bewirkt, dass eine informationsverarbeitende Maschine sowohl Eingaben als auch Ausgaben verarbeiten kann."**

H. Einzelfallanalyse

Im Folgenden werden einige Einzelfälle angesprochen, die dazu beitragen, die vorgeschlagene Definition zu illustrieren, Einzelheiten näher zu beleuchten und die Untersuchungen der Spannungsverhältnissen zu den Datenbanken vorzubereiten[255].

1. Algorithmen

> *A mathematical formula should never be ‚owned' by anybody! Mathematics belongs to God.*[256]

Der Schutz von Algorithmen[257] hat die meisten Nationen beschäftigt und auch Niederschlag in internationalen Verträgen gefunden. Art. 9 Abs. 2 TRIPs und Art. 2 WCT und 17 U.S.C. § 102 (b) schließen den Schutz von mathematischen

[254] A.A. Straub GRUR Int. 2001, 1, 8; OLG München CR 1999, 688, 689 - IDE-Fix, die die statistische Einmaligkeit hier berücksichtigen.

[255] Siehe dazu Kapitel 3.

[256] Knuth, Digital Typefonts 8.

[257] Nach dem Autor des Buches „Rules of restoration and reduction" – Al Khowârizmî (Knuth 1).

Konzepten aus[258], den Ausschluss von Algorithmen haben z.B. Japan[259], China[260] und Russland[261] gesetzlich geregelt. Auch im ursprünglichen Vorschlag der EG-Kommission zur CRL waren die Algorithmen ausdrücklich vom Urheberrechtsschutz ausgenommen[262]. In Deutschland haben sich Rechtsprechung[263] und Literatur[264] weitgehend gegen einen Schutz von Algorithmen gewandt: Die in ihnen verkörperten Ideen und Grundsätze können keinen Schutz genießen[265]; lediglich wenn es um die Art und Weise ihrer Zuordnung zueinander geht, können sie urheberrechtsschutzfähig sein[266]. Man spricht dann von einem „Gewebe von Algorithmen“[267]. *Heymann* plädiert grundsätzlich für eine Schutzfähigkeit des Algorithmus; er geht aber davon aus, dass die Begriffe Algorithmus und Computerprogramm identisch sind[268]. An eine Gleichsetzung ist jedoch allenfalls dann zu denken, wenn ein Algorithmus derart softwarespezifisch ist, dass er in anderer Software keine Verwendung finden kann[269]. *Nordemann/Vinck*[270] wollen den Algorithmus schützen, sofern es sich dabei „um eine Folge von Anweisungen, die den Zweck haben, ein bestimmtes Problem zu bearbeiten“, handelt und diese Anweisungen nicht zum Allgemeingut gehören. Zum einen ist das Kriterium der

---

[258]In den USA gibt es hingegen eine Tendenz zum Patentschutz von Algorithmen (vgl. Stern CTLR 1995, 12).

[259]Art. 10 Abs. 3 jap.CL; vgl. kritisch Noishiki 24 IIC 1993, 200, 214.

[260]In Art. 7 chin.SoftwareschutzVO wird der Schutz von Ideen ausgeschlossen, aber auch der Schutz von Algorithmen ist wie der Schutz von Begriffen, Entdeckungen, Grundsätzen, Regelungsprozessen und Ablaufmethoden ausgeschlossen.

[261]Art. 3 (5) russ.CDG.

[262]Art. 1 Abs. 3 Vorschlag für eine Richtlinie des Rates über den Schutz von Computerprogrammen, KOM (88) 816 endg.; im geänderten Vorschlag (KOM (90) 509 endg., 18) sind die Algorithmen nur noch in den Erwägungsgründen zu finden, weil befürchtet wurde, dass die Ausnahme zu Missverständnissen führen könnte, obwohl der Ausschluss von Algorithmen doch offensichtlich sei (ABl. C 329/4); vgl. auch BT-Drucks. 11/4929, 42; allerdings wurde ein patentrechtsähnlicher Sonderschutz für die Dauer von 20 Jahren angedacht, der jedoch keine allgemeine Zustimmung fand (vgl. Grünbuch 1988 KOM (88) 172 endg., 182 f.).

[263]BGH GRUR 1985, 1041, 1047 - Inkassoprogramm; BGH CR 1991, 80, 85 - Betriebssystem; OLG Frankfurt CR 1986, 13, 19 - Baustatikprogramme; OLG Karlsruhe GRUR 1983, 300, 305 - Inkasso-Programm.

[264]Boehme-Neßler 247; Erdmann CR 1986, 249, 253; Haberstumpf GRUR 1986, 222, 224 ff.; Hoeren in: Jongen/Meijboom 73, 77; Koch GRUR 2000, 191, 195; Kortsik 160 mit der Begründung, es handele sich um eine technische Schöpfung; Kullmann 84; Kreuzer in: Schwerdtfeger/Evertz 167, 187; Lehmann 19 IIC 1988, 473, 476; Lehmann GRUR Int. 1991, 327, 329; Lehmann CR 1996, 2, 3; Lesshafft/Ulmer CR 1991, 519, 522 f.; Möhring/Nicolini/Hoeren § 69 a Rn. 12; Pierson 309 ff.; Pilny GRUR Int. 1990, 431, 437; Pilny 23 IIC 1992, 196, 208; Waltl 84; Zahrnt GRUR 1988, 598; dagegen unklar Kilian/Heussen/Harte-Bavendamm 54 Rn. 19.

[265]So Dreier CR 1991, 577, 578.

[266]So in BGH CR 1991, 80, 85 - Betriebssystem.

[267]Dabei ist umstritten, ob dies nun von der Merger-Doktrin abgeleitet wird oder hier ein eigenes europäisches Konzept vorliegt (Raubenheimer 27 IIC 1996, 609, 617; Wiebe BB 1993, 1094, 1096; Haberstumpf in: Lehmann; Schricker/Loewenheim § 69 a Rn. 8); vgl. in diesem Kapitel III. C. 3.

[268]Heymann CR 1990, 9, 13 ff., die Formel schließt er jedoch auch vom Anwendungsbereich aus.

[269]So auch Ullmann CR 1992, 641, 644, der durch die Übernahme des Algorithmus in einen Klageantrag die nötige Konkretisierung des in Streit stehenden Computerprogramms sieht.

[270]In Fromm/Nordemann/Nordemann/Vinck § 69 a Rn. 5

Bearbeitung eines bestimmten Problems nicht geeignet, die Einschränkung darzustellen, da es ein Merkmal aller Algorithmen darstellt, und zum anderen ist der Begriff des Allgemeinguts unbestimmt und ausfüllungsbedürftig. Zweifellos ist der Algorithmus für das schriftliche Dividieren oder Multiplizieren Allgemeingut, aber wie sieht es z.B. mit dem Standardsortieralgorithmus „Quicksort“[271] aus? Vertreten wird ebenfalls, dass der Algorithmus mitbestimmend für das Programm und somit für die Individualität ist[272]. Erstens vereint ein komplexes Programm aber mehrere Algorithmen und zweitens enthalten die Programme auch Kommentarzeilen und Variablendeklarationen[273]. *Teufel* spricht sich gegen eine Regelung des Schutzes von Algorithmen aus, weil der Unterschied zwischen diesen und den Computerprogrammen zu wenig definiert sei, um präzise abgrenzen zu können, und im Übrigen sei der Algorithmus der Oberbegriff für das Computerprogramm, so dass der Schutz von Algorithmen nicht pauschal ausgeschlossen werden kann[274]. Ferner wird vertreten, dass ein Algorithmus eine dem Programm immanente Rechenregel, eine wissenschaftliche Lehre und deshalb nicht schutzfähig sei[275]. Das ist zutreffend, denn bei Werken der Wissenschaft – so auch dem Computerprogramm – kann die Form und ein Teil des Inhalts geschützt sein, es muss jedoch „ein Ventil offen bleiben, dass das ewige Strömen des Wahren und Nützlichen ermöglicht, indem die freie Behauptung und Anwendung des Wahren und Nützlichen gestattet bleibt...“[276].

Ein Schutz von Algorithmen hätte aus diesem Grund verheerende ökonomische Auswirkungen und würde die Gefahr der Monopolisierung von Informationen verstärken[277]. Der älteste Algorithmus der Welt ist wohl die Konstruktionsbeschreibung zur Errichtung eines gleichseitigen Dreiecks von Euklid[278]. Man stelle sich vor, dieser Algorithmus hätte bis 70 Jahre nach Euklids Tod nicht verwendet werden dürfen. Eine grundlegende – bereits besprochene – Frage stellt sich deshalb bei der Betrachtung von Algorithmen erneut: Die Abgrenzung von Idee und Ausdruck. Da nur der Ausdruck, nicht die Idee eines Computerprogramms geschützt ist, der Algorithmus aber die Idee ist, können Algorithmen nicht urheberrechtlich geschützt werden.

Der erste Schritt zur Lösung des Abgrenzungsproblems besteht darin, den Algorithmus zu definieren. Ein Algorithmus ist eine (definite und) endliche Folge von Schritten zur Lösung eines logischen oder mathematischen Problems mit min-

---

[271] Ein bekanntes Standardsortierverfahren, bei dem die einzelnen Elemente verglichen, ersetzt und so in die richtige Reihenfolge gebracht werden.

[272] Ulmer/Kolle GRUR Int. 1982, 489, 494 f.; a.A. BGH GRUR 1985, 1041, 1047 - Inkassoprogramm.

[273] Kindermann ZUM 1985, 2, 6; das Argument Haberstumpfs (GRUR 1986, 222, 227), viele Algorithmen würden einen komplexen Algorithmus bilden, ist nicht zutreffend, da die Algorithmen in einem Programm auch unabhängig sein können.

[274] Teufel Mitt. 1993, 73, 75.

[275] OLG Karlsruhe GRUR 1983, 300, 305 - Inkasso-Programm; Schricker/Loewenheim § 2 Rn. 77.

[276] Ghiron UFITA 5 (1932) 34, 44.

[277] Vgl. Boyle http://www.law.duke.edu/boylesite/Federalist.htm; Grünbuch 1988 KOM (88) 172 endg.,183.

[278] Vgl. Euklid, Elemente, erstes Kapitel.

destens einer Ausgabe; eine Eingabe ist nicht erforderlich[279]. Der Algorithmus muss auch nicht in einer bestimmten Sprache formuliert sein[280]. Algorithmen sind lediglich die Gedanken, die zur Lösung eines Problems konkretisiert werden[281]. Da Algorithmen in jedem Fall eindeutig definiert werden müssen, wurden Computersprachen und Programme erdacht, bei denen jeder Ausdruck eine spezielle Bedeutung hat[282]. Der Ausdruck eines Algorithmus in einer Programmiersprache wird Programm genannt[283]. Umgekehrt ist ein Algorithmus eine Problemlösungsmethode, die zur Implementierung durch ein Computerprogramm geeignet ist[284]. Wird er in eine bestimmte Programmiersprache gefasst, bezeichnet man ihn nicht mehr als Algorithmus. Durch diese Definitionsklärung kann eine Abgrenzung vergleichsweise einfach erfolgen. Solange ein Algorithmus in einer mathematischen Formel oder verbal ausgedrückt ist, kommt ein Schutz als Computerprogramm nicht in Betracht. Wird der Algorithmus mit Hilfe einer Programmiersprache ausgedrückt, kann das so entstandene Programm in seiner konkreten Form geschützt werden.

Zur Illustration: Wird ein Algorithmus in Pascal ausgedrückt, ist dieser Ausdruck schutzfähig, wird derselbe Algorithmus in C ausgedrückt, liegt keine Urheberrechtsverletzung des ersten Programms oder des Algorithmus vor, es sei denn, das Pascal-Programm wurde als Vorlage für das C-Programm verwendet, denn der Algorithmus ist nicht geschützt. Was auf den einzelnen Algorithmus zutrifft, findet auch für eine Zusammensetzung von Algorithmen Anwendung. Eine Zusammenstellung kann grundsätzlich nicht geschützt werden, bis sie ihren konkreten Ausdruck gefunden hat. Dann ist sogar ein Schutz als Datenbank denkbar[285]. Einerseits sind auf diese Weise wie bei allen anderen Werken Parallelschöpfungen möglich, andererseits ist der konkrete Ausdruck geschützt. Algorithmen sind damit keine Computerprogramme i.S.d. § 69 a ff. UrhG.

2. Programmiersprachen

Ein ähnliches Problem stellt sich bei der Frage, ob Programmiersprachen selbst als Computerprogramme schutzfähig sind. In einigen Ländern wurde diese Schutzfähigkeit ausdrücklich ausgenommen, z.B. in Japan und Russland ist positivgesetzlich festgeschrieben, dass Programmiersprachen keinen Schutz ge-

---

[279]Knuth 4 ff.; Computerlexikon: Stichwort Algorithmus.

[280]A.A. Haberstumpf in: Lehmann 69, 81.

[281]Das wird auch in der juristischen Definition von Laddie/Prescott/Vitoria 2.142 deutlich: „An algorithm is a series of instructions or procedural steps for the solution of a specific problem, existing independently from, and irrespectively of, the language or code in which they will eventually need to be expressed.".

[282]Knuth 5.

[283]Horowitz/Sahni 2.

[284]Sedgewick 4.

[285]Vgl. Kapitel 2 III. B. 2. a).

nießen[286]. Die Meinungen in der deutschen Literatur sind geteilt[287]. Ursprünglich fand sich der Ausschluss der Programmiersprachen in Art. 1 Abs. 3 CRL[288], die Aufnahme scheiterte jedoch daran, dass keine allgemein akzeptierten Definitionen gefunden wurden[289]. Grundsätzlich besteht keine Notwendigkeit, Programmiersprachen den Schutz zu verweigern, nur die in ihnen verkörperten Ideen und Grundsätze können im Interesse der Allgemeinheit keinen Schutz genießen[290]. Ferner liegt die Sichtweise nahe, eine Programmiersprache sei lediglich ein Werkzeug, aber kein Werk und somit nicht schutzfähig[291]. Die Kombination einzelner Elemente einer Sprache kann jedoch schutzfähig sein[292].

Die Unterscheidung zwischen den zugrunde liegenden Ideen und dem konkreten Schema bzw. der konkreten Anwendung ist schwer nachvollziehbar. Deutlicher wird die Abgrenzung, wenn nach den Bestandteilen der Programmiersprache differenziert wird. Eine Programmiersprache ist ein Gefüge bestehend aus dem Regelsystem und dem Compiler oder auch Übersetzer[293], obwohl das Regelsystem oft bereits als Programmiersprache bezeichnet wird. Wer eine Programmiersprache erstellt, schafft zunächst ein neues Regelsystem; darin wird festgelegt, wie Befehle anzuordnen sind. Es handelt sich dabei nur um die Formulierung einer neuen Grammatik, aber nicht um deren Verwendung zur Beschreibung eines Programms. Programmiersprachen unterscheiden sich zunächst durch bestimmte Syntax und Semantik, die der Rechner mit Hilfe eines anderen Programms interpretieren kann[294]. Alle Programmiersprachen, die von einer Turingmaschine erkannt werden, enthalten z.B. Schleifen und Variablendeklarationen. Würde dieser Istzustand geschützt, könnten auf den ersten Blick keine neuen Programmiersprachen geschaffen werden. Wie Algorithmen oder Logik müssen diese Regelsysteme daher frei bleiben[295]. Da aber das Urheberrecht nur den konkreten Ausdruck schützt und die genannten Charakteristika sich durch ihre Syntax unterscheiden,

[286] Art. 10 Abs. 3 jap.CL; Art. 3 (5) russ.CDG; siehe auch für Australien Powerflex Services Pty Ltd and Others v Data Access Corporation, http://www.scu.edu.au/schools/lawj/cyberlaw/datacc2.html (29.3.2002).

[287] Für einen Schutz: Dreier CR 1991, 577, 578; Fromm/Nordemann/Nordemann/Vinck § 69 a Rn. 2; Heymann CR 1990, 9, 15; Moritz GRUR Int. 1991, 697, 701; dagegen: Cichon ZUM 1998, 897, 899; Kreuzer in: Schwerdtfeger/Evertz 167, 187; Lehmann in: Lehmann 1, 8.

[288] KOM (88) 816 endg.; seit dem geänderten Vorschlag ist dieser Grundsatz in den Erwägungsgründen zu finden (KOM (90) 509 endg., 18); vgl. auch BT-Drucks. 11/4929, 42.

[289] Wie bei den Algorithmen wurden auch Missverständnisse und unnötige Debatten befürchtet (ABl. C 329/4); Vgl. auch Sucker CR 1990, 811; laut Moritz GRUR Int. 1991, 697, 701 ist die Urheberschutzfähigkeit dennoch in Art. 1 Abs. 2 CRL zum Ausdruck gekommen.

[290] So Dreier CR 1991, 577, 578; Wandtke/Bullinger/Grützmacher § 69 a Rn. 30.

[291] Heymann CR 1990, 9, 15.

[292] Heymann CR 1990, 9, 15.

[293] Vgl. dazu vertiefend Higman 13 ff.

[294] Z.B. werden in manchen Programmiersprachen Variablen mit einem = deklariert, in anderen mit einem Doppelpunkt, in vielen durch Kombination von beiden :=.

[295] So Lehmann GRUR Int. 1991, 327, 329; Grünbuch 1988 KOM (88) 172 endg., 182; wohl auch Cichon ZUM 1998, 897, 899: hier allerdings für HTML als Computerprogramm, verkennend, dass HTML keine Programmiersprache ist.

verbliebe zwar Spielraum für neue Sprachen, die Möglichkeiten sind aber dennoch begrenzt und dadurch auch das Vorliegen einer eigenen geistigen Leistung, denn das Regelsystem muss später von einer Turingmaschine akzeptiert werden. Einem Regelsystem fehlt außerdem eine essentielle Voraussetzung des Computerprogramms, da weder Ein- und Ausgabe noch Datenverarbeitung möglich sind.

Um mit Hilfe einer Programmiersprache eine Verarbeitung von Daten durch einen Computer zu veranlassen, wird der zweite Teil des Systems - ein Compiler oder Interpreter - benötigt, der das Regelsystem zum Computer in Beziehung setzt. Übersetzer stellen Computerprogramme dar und können auch als solche i.S.d. § 69 a ff. UrhG geschützt werden. In der Übersetzung des Regelsystems für den Computer liegt beim Erstellen des Programmiersprachensystems auch die höhere geistige Leistung. Eine Informationsmonopolisierung ist hier nicht zu befürchten. Zusammenfassend darf geschlussfolgert werden, dass zwar die Programmiersprache selbst in der Form eines Regelsystems nicht als Computerprogramm i.S.d. § 69 a UrhG geschützt werden kann, aber ihr Compiler bzw. Interpreter.

3. Objektcode

Vor einiger Zeit entbrannte ein Streit um die Schutzfähigkeit des Objektcodes[296]. Objektcode ist maschinenorientierter Code[297], alles andere wird als Quellcode bezeichnet. Mittlerweile ist die Schutzfähigkeit von Objektcode anerkannt[298]. Die Argumentation, der Objektcode sei die technische Transformation des Quellcodes und damit lediglich eine maschinelle Schöpfung[299] und deshalb nicht geschützt[300], ist nicht mehr aufrecht zu erhalten[301]. Technisch gesehen entbehrte diese Unterscheidung schon immer jeglicher Grundlage, da bei entsprechenden Kenntnissen des Programmierers eine Programmierung in Objektcode möglich ist und jahrelang ausschließlich so erfolgte, bis höhere Programmiersprachen entwickelt wurden. Im Übrigen hat sich ein Schutz des Objektcodes in den letzten Jahren auch weltweit durchgesetzt[302]. Probleme kann hingegen die Urheberschaft bereiten, da die Übersetzung durch ein Computerprogramm möglich ist[303]. Offensichtlich kann die Urheberschaft am Objektcode nicht dem Programmierer des Compilers zugesprochen werden, sondern muss Hand in Hand mit der Urheberschaft am Quellcode gehen, denn Quellcode und Objektcode sind als zwei

[296] Vgl. dagegen: Schulze GRUR 1990, 103; dafür: König GRUR 1989, 559; Kullmann 85 ff; vermittelnd: Holtzinger GRUR 1991, 366; vgl. auch De Visscher in: Jongen/Meijboom 19, 21; Kortsik 167, der den Objektcode als Vervielfältigungsstück des Quellcodes ansieht.

[297] Vgl. in diesem Kapitel I. B. 1.

[298] Vgl. nur Art. 10 Abs. 1 TRIPs und statt vieler Schricker/Loewenheim § 69 a Rn. 10.

[299] Zu dem Problem der „maschinellen Schöpfungen" ausführlich Kapitel 3 III.

[300] Köhler 85; Kortsik 210; Kullmann 92.

[301] So auch Möhring/Nicolini/Hoeren § 69 a Rn. 5; vgl. auch RegE BT-Drucks. 12/4022, 9; BR-Drucks. 629/92, 18.

[302] USA vgl. Apple Computer, Inc. v. Franklin Computer Corp. 714 F.2d 1240 (1983)) und auch schon durch die Formulierung in 17 U.S.C. § 101 „statements", Australien und die EU vgl. Christie EIPR 1994, 486, 491; Art. 3 chin.SoftwareschutzVO.

[303] Vgl. auch Gaze 137; Laddie/Prescott/Vitoria 2.141.

verschiedene Ausdrucksformen desselben Computerprogramms geschützt[304].

4. Dateien

Mit Ausnahme von ausführbaren Dateien lösen Dateien keine unmittelbaren Reaktionen im Computer aus und können damit keine Programme darstellen. Sie können aber auf andere Weise geschützt werden.

a) Textverarbeitungsdateien und Makros

Textverarbeitungsdateien wie eine „DOC"-Datei unter MS Word oder auch „TXT"- und „RTF"-Dateien sind keine Programme[305]. Sie enthalten lediglich Formatierungsbeschreibungen, aber keine Befehle, denn die technische Reaktion wird vom Textverarbeitungsprogramm ausgelöst. Außerdem sind sie nicht zur Verarbeitung von Daten fähig. Dasselbe trifft auch auf Tex-Dateien zu, die zwar nicht in einem Textverarbeitungsprogramm angezeigt, aber für die fertige Druckansicht compiliert werden müssen. Innerhalb der Word-Anwendung können aber sogenannte Makros programmiert werden, um einen routinierten Ablauf zu automatisieren oder effektiver zu gestalten. Solche Makros werden in vielen Anwendungsprogrammen zu diesem Zweck verwendet. Sie sind auf die Bedürfnisse des jeweiligen Programms abgestimmt und können auch als Programme in Programmen bezeichnet werden. Sie haben alle Eigenschaften von Standardprogrammen, d.h. sie beinhalten eine geordnete Ansammlung von Befehlen und können Ein- und Ausgaben verarbeiten; sie sind Computerprogramme i.S.d. § 69 a UrhG.

b) Musikdateien

Die Frage stellt sich auch, ob Musikdateien wie „MIDI"-, „WAV"- oder „MP3"-Dateien als Musikwerke i.S.d. § 2 Nr. 2 UrhG oder nach den Regeln für Computerprogramme, d.h. nach § 69 a ff. UrhG, geschützt sind. MP3 ist eine Methode zur Komprimierung von Audiodateien[306], der MIDI-Standard dient der Kopplung von Computern und elektronischen Musikinstrumenten; deshalb werden Dateien mit diesen Steuerdaten als MIDI-Dateien bezeichnet. Musikdateien sind ein anderer Ausdruck von Musikwerken, aber nicht von Computerprogrammen; sie stellen nur deren Ergebnis dar. Selbst wenn die Musik nicht im Computer erstellt, sondern lediglich digitalisiert wurde, ändert das nichts an dieser Betrachtung. Ein Schutz gemäß § 69 a ff. UrhG ist demnach nicht möglich[307]. MP3 und MIDI sind nur ein

[304] So wohl auch Höller in: Brunnstein/Sint 229, 230.

[305] So auch Fromm/Nordemann/Nordemann/Vinck § 69 a Rn. 2.

[306] MP3 basiert auf der MPEG-1-Technologie: Näheres zur Funktionsweise unter http://mpeg.telecomitalialab.com/standards/mpeg-1/mpeg-1.htm (30.3.2002).

[307] A.A. wohl Fromm/Nordemann/Nordemann § 16 Rn. 2.

anderes Medium, Musik zu verbreiten, und somit als Musikwerk geschützt[308].

c) *Graphikdateien*

Graphikdateien tragen z.B. die Dateikennung „GIF“, „BMP“, „JPG“ oder „TIF“, um hier nur einige zu nennen. Diese Dateikennungen drücken verschiedene Komprimierungsverfahren und Qualitätsstufen aus, die ihrerseits geschützt sein können[309]. Graphikdateien sind Ergebnisse eines Computerprogramms, aber nicht deren Ausdruck. Werden die Graphikdateien in ein Bildanzeige- oder Bildbearbeitungsprogramm geladen, so kann das angezeigte Bild im Rahmen des § 2 Abs. 1 Nr. 4 oder § 72 UrhG geschützt oder nach dem Geschmacksmusterrecht schützbar sein. Genau wie Musikdateien als Musikwerke und nicht als Computerprogramme geschützt sind, sind auch Graphikdateien keine Computerprogramme[310], da sie das Ergebnis, nicht aber den Ausdruck, des Computerprogramms darstellen.

d) *Help-Texte*

Help-Texte unterscheiden sich nicht von gewöhnlichen Texten auf Papier. Sie können als Sprachwerke gemäß § 2 Abs. 1 Nr. 1 UrhG geschützt sein[311]. Da es bereits am Vorhandensein von Befehlen mangelt, kommt ein Schutz als Computerprogramm nicht in Betracht[312].

5. Fonts

Die beweglichen Lettern haben ausgedient, die Zukunft gehört der digitalen Typographie[313]. Nach einer Entscheidung des LG Köln sollen Fonts, d.h. Schriftarten wie „Times New Roman“ oder „Arial“[314] selbst als Computerprogram-

[308] Vgl. Grunert/Ohst KUR 2001, 25, 30; Hänel JurPC Web-Dok. 245/2000; Freitag in: Kröger/Gimmy 289, 294, der jedoch fälschlicherweise davon ausgeht, dass Musik- und Filmwerke in HTML-Dateien enthalten sein können; in der HTML-Datei befinden sich jedoch lediglich die Hinweise auf den Standort der Musik- oder Filmwerke und nicht diese selbst; Makeen 284; LG München ZUM 2000, 418 f. - MIDI-Files.

[309] Die vom „GIF“-Format verwendete Komprimierung ist durch das US-Patentrecht unter der Nr. 4,558,302 geschützt.

[310] So auch Möhring/Nicolini/Hoeren § 69 a Rn. 3.

[311] Auch ein Schutz als Sprachwerk ist unter dem Aspekt der persönlich geistigen Schöpfung eher fraglich, da Help-Texte rein funktionell Hilfe für ein Anwendungsprogramm bieten, so dass eine alltägliche Gestaltung vorliegt.

[312] So auch Kreuzer in: Schwerdtfeger/Evertz 167, 188; Möhring/Nicolini/Hoeren § 69 a Rn. 3.

[313] Zur Entwicklung der digitalen Typographie Knuth, Digital Typography 3 ff.; „The future of typography depends on the people who know most about creating patterns of 0s and 1s; it depends on mathematicians and computer scientists.“ (Knuth, Digital Typography, 7).

[314] Zur Fontdefinition in LaTeXvgl. Knuth, Texbook 13 ff., 427 ff.

me schutzfähig sein[315]. Rechtlich wie auch technisch ist aber für die Frage der Schutzfähigkeit nach einzelnen Formaten zu differenzieren. Dabei muss zwischen Bitmap- und Outlineschriften unterschieden werden. Bitmap-Schriften sind eigentlich keine Schriftformate, sondern Repräsentationen einer Schrift[316]. Die Erstellung dieser Fonts ist damit vergleichbar, dass Bilder von jedem Buchstaben gemalt und dann abgespeichert werden. Sie sind sehr unflexibel in ihrer Auflösung und Größe und werden deshalb heutzutage nur noch selten verwendet. Diesen Fonts fehlt es gleich an mehreren Voraussetzungen des § 69 a UrhG. Sie stellen erstens keine geordnete Ansammlung von Befehlen dar, sondern definieren lediglich bestimmte Höhen und Breiten sowie die Schriftstärke. Zweitens sind sie Ergebnis, aber nicht Ausdruck eines Computerprogramms, da sie vor Nutzbarmachung durch den Computer interpretiert werden. Bitmap-Fonts fehlt es außerdem an der Fähigkeit, Ein- und Ausgaben zu verarbeiten. Eine Ergänzung zu einer Eingabe ist auch nicht möglich. Die „Bilder" werden vorgefertigt; eine Verarbeitung von Daten kann nicht erfolgen. Bitmap-Fonts können hingegen mit Drucktypen oder anderen Schriftartbeschreibungen verglichen werden, denn nichts anderes sind Fonts, wobei diese Beschreibungen in digitaler Form erfolgen[317]. Deshalb kommt ein Schutz nach § 2 Abs. 1 Nr. 4 UrhG in Betracht. Allerdings wird ein Font selten die Anforderungen der Gestaltungshöhe erreichen[318]: Ein Schutz nach dem Geschmacksmustergesetz und dem Schriftzeichengesetz ist hingegen anzunehmen[319].

Zu den Outline- oder auch skalierbaren Schriften zählen Postscript- und TrueType-Fonts, die heute überwiegend verwendet werden. Diese sind die mathematische Beschreibung einer Schrift, ein Bündel von Instruktionen, flexibel in Größe und Auflösung[320]. Es werden lediglich relative Maße festgelegt, die dann je nach Auflösung des Druckers in absolute umgewandelt werden. Dem Grunde nach handelt es sich auch dabei wieder nur um Beschreibungen, dieses Mal in Form von Algorithmen, die ebenso wie die Bilder nicht dem Schutz als Computerprogramm unterfallen.

Fonts werden aber mit Hilfe von Computerprogrammen, mit Spezialwerkzeugen wie Fonteditioren, Rasterizern oder auch allgemeinen Bildbearbeitungspro-

---

[315]LG Köln CI 2000, 104 - Computerschriften; in den USA erging eine ähnliche Entscheidung in Adobe Systems, Inc. v. Southern Software Inc., CTLR 1998 N-70: in diesem Fall handelte es sich allerdings hauptsächlich um Software zur Erstellung von Fonts, wobei in 37 C.F.R. § 202.1(e) (1998) festgelegt ist, dass „Typefaces" überhaupt nicht urheberschutzfähig sind; dieser Paragraph hat durch das Urteil seine Bedeutung verloren (Mezrich Comp. L. Rev. & Tech. J. Summer 1998, 61).

[316]Cavanaugh 12.

[317]Vgl. ebenso für die Anwendung des CDPA Watts/Blakemore EIPR 1995, 133, 134.

[318]RGZ 76, 339 - Schulfraktur; BGH GRUR 1958, 562 - Candida-Schrift.

[319]Vgl. Brinkhoff 31 ff.; Guether http://www.advokat.de/journal/urheberr/index.phtml?jID=9; Jaeger/Koglin CR 2002, 169, 171 f.; Koch 410; Schmiedel CI 2000, 105; RGZ 76, 339, 344 - Schulfraktur.

[320]Cavanaugh 13.

grammen, erstellt[321]. Diese Anwendungsprogramme sind in der Regel als Computerprogramme geschützt[322]. Sie definieren, wie ein bestimmter Buchstabe oder eine bestimmte Zahl auszusehen hat.

Neben den Anwendungsprogrammen und den Fonts selbst kommen für den urheberrechtlichen Schutz auch die sogenannten Font-Dateien in Betracht, in denen die Informationen für die Fonts gespeichert sind, z.B. für True-Type-Fonts unter Windows die „TTF"-Dateien. Enthält eine solche Datei Hints, ist ein Schutz als Computerprogramm möglich[323]. Hints sind mathematische Instruktionen zur Verbesserung der Qualität und Reduktion von Störungen bei niedriger Auflösung. Sie können für True-Type- und Postscriptfonts erstellt werden. Geschrieben werden diese Instruktionen in einer sogenannten kellerbasierten Programmiersprache. Bei der Darstellung der Schrift muss das Aussehen der Buchstaben aber jedes Mal neu berechnet werden, d.h. der Computer erhält unmittelbar den Befehl zur Verarbeitung der Eingaben und zur Ausgabe. Die Voraussetzungen für ein Computerprogramm sind damit gegeben. Mit manuellem Hinting werden die besten Ergebnisse erzielt[324]. Für das Autohinting, das zwar nicht die Qualität bietet, dafür aber schnell und einfach Ergebnisse erzielt, gibt es wiederum verschiedene Tools, die das Schreiben der Programme übernehmen und damit Computerprogramme selbst generieren[325]. Fonts, die Hints enthalten, werden deshalb auch als „intelligente Schriften" bezeichnet[326].

Fonts als Schrifttypen an sich werden zwar mittels eines Computerprogramms hergestellt, sind jedoch selbst kein Programm i.S.d. § 69 a UrhG; Programme sind hingegen Font-Dateien, wenn sie Hints enthalten.

---

[321] Vgl. zur Erstellung des Buchstaben S mit der Computersprache Metafont: Knuth, Digital Typography 263 ff.

[322] So auch Jaeger/Koglin CR 2002, 169, 173 f.

[323] So auch Brinkhoff 143; Guether http://www.advokat.de/journal/urheberr/index.phtml?jID=9.

[324] Vgl. http://www.will-harris.com/msfont-hint.htm (3.8.2002), wobei es nur wenige Dutzend Programmierer gibt, die diese Technik beherrschen.

[325] Vgl. auch Kapitel 3 III. F. 5.

[326] Brinkhoff 24 ff.

6. Betriebssysteme

Betriebssysteme wie MS-DOS, Windows[327], MacOS und LINUX[328] sind auch ohne Sachverständigenhilfe zweifellos Computerprogramme[329]. Eine Auffassung sah hierin noch Probleme, da das Betriebssystem als eine Einheit mit der Hardware zu betrachten sei[330]. Die Annahme mag vor der Einführung des PC in den 80er Jahren zutreffend gewesen sein, ist aber – zumindest seit der Umsetzung der CRL – nicht mehr von Bedeutung, da selbst Programme, die in die Hardware integriert sind[331], schutzfähig sind. Bei der Frage nach der eigenen geistigen Schöpfung gibt es bei Betriebssystemen keine Schwierigkeiten, da deren Programmierung immer als kreativ und individuell angesehen werden kann[332]. Überlegenswert ist auch ein Schutz als Datenbank, wie im Weiteren noch ausgeführt wird[333].

7. Anwendungsprogramme

Anwendungsprogramme sind – im Gegensatz zu Betriebsprogrammen – Applikationen für den Nutzer, die auf dem Betriebssystem für die bessere Handhabung des Computers sorgen und zusätzliche Möglichkeiten wie Textverarbeitung, Tabellenkalkulationen oder Spiele bieten[334]. Ursprünglich sollte urheberrechtlich zwischen dem Schutz von Betriebssystemen und Anwendungsprogrammen unterschieden werden[335]. Ob diese nun Anwendungsprogramme oder Betriebsprogramme darstellen, ist jedoch eine rein willkürliche Entscheidung, denn die Unterscheidung liegt lediglich in ihrer Funktion[336]. In jedem Fall sind sie als Com-

[327]Egal welche Version, ob noch 3.1, 95 und 98, die noch nicht als Betriebssysteme angesehen wurden, oder NT, 2000 oder XP; die verschiedenen Windows-Versionen haben z.Z. (15.01.2002) einen Anteil von 94% (Quelle: http://www.counterwelt.com/ (15.1.2002)).

[328]Dass LINUX unter die GPL fällt, beeinträchtigt nicht seine Urheberrechtsschutzfähigkeit (vgl. in diesem Kapitel III. H. 9. a)).

[329]Vgl. BGH CR 1991, 80, 82 - Betriebssystem: Selbst nach den zu diesem Zeitpunkt noch sehr hohen Voraussetzungen an die Gestaltungshöhe von Computerprogrammen wurde festgestellt, dass Betriebssysteme diese meist erreichen; KG GRUR 1996, 974 - OEM-Software für die Betriessysteme MS-DOS und Windows for Workgroups; Grzeszick MMR 2000, 412; Schricker/Loewenheim § 69 a Rn. 3; vgl. auch Apple Computer, Inc. v. Franklin Computer Corp. 714 F.2d 1240 (1983): Hier wurde ein Betriebssystem für urheberrechtsschutzfähig erklärt, da es auch um den Schutz einer Abfolge von Befehlen mit verschiedenen Gestaltungsmöglichkeiten geht.

[330]Pilny GRUR Int. 1990, 431, 436; Pilny 23 IIC 1992, 196, 206; das OLG Hamm CR 1989, 592, 594 - Hardware und Betriebssystem ließ diese Frage bewusst offen; vgl. auch Goldstein 47 Pittsburgh L. Rev. 1986, 1119, 1126 ff., der aufgrund von Kompatibilitätsproblemen den Schutz von Betriebssystemen einschränken wollte; dieses Problem wird in § 69 e UrhG erfasst.

[331]Erwägungsgrund 7 CRL; Vgl. auch Raubenheimer CR 1994, 69, 70 Fn. 8.

[332]So schon BT-Drucks. 11/4929, 43, die auch nach den hohen Voraussetzungen des § 2 Abs. 2 UrhG keine Probleme beim Schutz sah.

[333]Vgl. unten Kapitel 3 II. E.

[334]A.A. noch Grünbuch 1988 KOM (88) 172 endg., 170, das davon ausging, dass Anwendungsprogramme nur für professionelle Nutzer geschaffen sind, direkt in den Computer eingegeben werden müssen und bald mit den Betriebsprogrammen verschmelzen werden.

[335]Vgl. BT-Drucks. 11/4929, 43: Eine Unterscheidung zwischen Systemprogrammen, systemnahen Programmen, Anwendungsprogrammen für Großrechner und Anwendungsprogrammen für Kleinrechner sollte eingeführt werden.

[336]So schon BPatG GRUR 1986, 733 – Betriebsprogramm.

puterprogramm anzusehen und genügen in den meisten Fällen auch den Anforderungen der „kleinen Münze". Ein Anwendungsprogramm, z.B. das meist urheberrechtlich geschützt ist, ist ein FTP-Programm, d.h. ein Programm, mit dem das Up- und Downloaden von Dateien durch ein Benutzerinterface erleichtert wird. Weitere Anwendungen werden im folgenden besprochen.

a) Ausführbare Dateien

Ausführbare Dateien haben unter MS-Windows/DOS die Dateikennung „EXE" oder „COM"[337] und können direkt in DOS oder Windows gestartet werden[338], im Gegensatz zu allen anderen Dateien, die zur Öffnung Programme benötigen und somit mangels Befehlseigenschaft selbst nicht als Programme geschützt werden können. Unzweifelhaft sind die sogenannten ausführbaren Dateien Programme, denn sie sind im Kern die Anwendungsprogramme. Durch das Starten einer „EXE"-Datei werden bestimmte Befehle ausgeführt, die zum Starten des gesamten Programms führen; alle anderen Dateien sind lediglich Hilfsdateien, die das Gesamtprogramm anreichern, aber ohne die „EXE"-Datei nicht dem Nutzer zugänglich gemacht werden können. Unter MS-DOS bestanden Anwendungsprogramme zum großen Teil nur aus diesen ausführbaren Dateien. „EXE"-Dateien bestehen aus Maschinencode und sind der compilierte Ausdruck eines Computerprogramms und auch als solches geschützt.

b) Computerspiele

Ein Computerspiel ist ein Anwendungsprogramm und gleichzeitig als ein Gesamtwerk zu betrachten, bestehend aus mindestens einer ausführbaren Datei und vielen Hilfsdateien u.a. Graphik-, Musik-, Textdateien und Spielständen[339]. Daraus ergibt sich, dass das Computerspiel als Gesamtwerk nicht geschützt, sondern dass für den urheberrechtlichen Schutz zwischen den einzelnen Komponenten differenziert werden muss. Die ausführbare Datei selbst ist das Computerprogramm, die Hilfsdateien sind je nach ihrer Natur zu klassifizieren. Da durch den Bezug in der ausführbaren Datei die Hilfsdateien so eng verbunden sind, dass ein technischer Ablauf ohne sie nicht möglich ist, müssen sie in den Schutzbereich des Computerprogramms einbezogen werden. Allerdings können sie auch einem seperaten Schutz unterfallen, wenn z.B. nur die Musik aus einem Computerspiel kopiert wird.

Spielstände, das heisst Dateien, die die persönlichen Daten[340] im Spiel spei-

[337] Möhring/Nicolini/Hoeren § 69 a Rn. 3.

[338] So auch Möhring/Nicolini/Hoeren § 69 a Rn. 3, der allerdings die Feststellung auf die DOS-Ebene beschränkt. Unter Windows gibt es jedoch noch immer „EXE"- und „COM"-Dateien, die sich nicht von den ausführbaren Dateien unter MS-DOS unterscheiden. Der Grund dafür ist, dass Windows aus MS-DOS entwickelt wurde und beide Produkte von Microsoft Inc. sind.

[339] Vgl. zum Schutz von Computerspielen als Datenbank Kapitel 2 III. B. 2. b) (5).

[340] Dazu gehören z.B. Anzahl und Verteilung der gebauten Städte oder Lebenspunkte, Fähigkeiten der Rollen, Geldsummen u.v.a.

chern, sind nach einhelliger und richtiger Ansicht keine Computerprogramme[341], denn sie speichern lediglich Daten, ohne sie selbst verarbeiten zu können. Computerspiele in ihrem Ablauf, d.h. in ihrem Erscheinungsbild, sind als Filmwerke geschützt[342]. Außerdem enthalten die meisten aktuellen Computerspiele komplette Filme als Prolog, Epilog und Zwischensequenzen, die ebenfalls dem Schutz als Filmwerk unterfallen. Problematisch dabei ist aber, dass Computerspiele interaktiv sind, d.h. dass der Spieler den Ablauf des „Films" bestimmt. Allerdings hindert das den Schutz als Filmwerk nicht, da die möglichen Optionen schon vorgegeben sind und vom Spieler nur abgerufen werden[343].

An einem Computerspiel lässt sich daher der Unterschied zwischen Ausdruck und Ergebnis erneut gut illustrieren: Ein Computerspiel, d.h. der Code selbst, ist als Computerprogramm geschützt, die Ausgabe auf dem Bildschirm hingegen als Laufbild gemäß § 94, 95 oder als Filmwerk gemäß § 2 Abs. 1 Nr. 6 UrhG[344]. Die Frage nach der persönlichen geistigen Schöpfung bereitet bei den modernen Computerspielen im allgemeinen keine Probleme.

c) Benutzeroberfläche und „Look and Feel"

Umstritten bei der Frage nach dem Urheberrechtsschutz von Computerspielen war, ob Programm und Spiel unabhängig voneinander zu schützen sind[345]. Ein dogmatisch ähnliches Problem ist immer noch in der Diskussion: Der Schutz von Bildschirmdisplays.

Zur Illustration folgendes Beispiel: Die ubiquitäre MS-Windows-Oberfläche hat eine lange Geschichte. Ursprünglich stammt die graphische Oberfläche von der Firma Xerox Corporation, die dieses Produkt jedoch nicht erfolgreich vermarkten konnte. Die Vermarktung gelang dann Apple Computer, Inc. erst mit dem LISA-Computer, dann mit MacIntosh. Danach wurde eine ähnliche Benutzeroberfläche von Hewlett-Packard, Atari und Microsoft (für Windows) verwendet. Mittlerweile weist auch UNIX mit seiner graphischen Benutzeroberfläche KDE eine ähnliche Struktur auf. Einmal ist der Start-Button links, einmal rechts, einmal die Taskleiste unten, einmal oben. Daran zeigt sich zunächst die Bedeutung von Benutzeroberflächen für den Markt, denn die meisten Nutzer haben sich an ein bestimmtes „Look and Feel" gewöhnt und hätten Probleme bei einer Umstellung. Nicht weiter verwunderlich ist es daher, dass um diese Benutzeroberfläche ein jahrelanger Rechtsstreit entbrannte: Apple verklagte Microsoft und Hewlett

[341] Vgl. OLG Hamburg CR 1998, 332, 333 - Computerspielergänzung auf CD-ROM; OLG Düsseldorf MMR 1999, 602 - Siedler III; Möhring/Nicolini/Hoeren § 69 a Rn. 8.

[342] Dreier GRUR Int. 1988, 476, 478; Schlatter in: Lehmann 169, 183 ff.; Schricker/Loewenheim § 2 Rn. 183.

[343] Schricker/Loewenheim § 2 Rn. 183; OLG Karlsruhe CR 1986, 723, 725 - 1942; OLG Hamburg GRUR 1983, 436, 437 - Puckman.

[344] So auch Schricker/Loewenheim § 69 a Rn. 25; OLG Karlsruhe CR 1986, 723, 725 - 1942; die Begleitmusik kann daneben als Musikwerk § 2 Abs. 1 Nr. 2 UrhG und das Handbuch als Sprachwerk § 2 Abs. 1 Nr. 1 UrhG geschützt sein (Schlatter in: Lehmann 169, 175 ff.).

[345] Vgl. u.a. Dreier GRUR Int. 1988, 476, 478; Schlatter in: Lehmann 169, 183 ff.

Packard[346]. Xerox verklagte Apple[347]. Beide Klagen verliefen erfolglos.

Eng mit einer Benutzeroberfläche verknüpft ist das „Look and Feel". Wenn dieser Begriff auch ursprünglich in einem anderen Kontext verwendet wurde[348], wird unter „Look and Feel" heute weitgehend die Benutzeroberfläche, d.h. das ganze äußere Verhalten eines Computerprogramms, verstanden. Die Bedeutung des „Look and Feel" wächst ständig, da gewohnte Benutzeroberflächen sich besser vermarkten lassen[349]. Um das Verhalten zu kopieren, ist lediglich ein Programm zu testen und das Ergebnis in ein neues Programm zu fassen, das sich dann bzgl. des Programmtextes vollständig vom Originalprogramm unterscheidet. Die Ergebnisse – das Verhalten des Programms – werden jedoch identisch sein[350]. Dabei kann auch nicht vom Reverse Engineering gesprochen werden, da ja nicht das Programm, sondern nur sein Verhalten kopiert werden soll. Wenn das Verhalten aber nicht geschützt wäre, handelte sich um einen urheberrechtlich zulässigen Vorgang. Das „Look and Feel" wird jedoch von den äußeren Umständen stark beeinflusst und lässt kaum Gestaltungsspielraum[351]. Verneint wurde deshalb ein Schutz mit der Argumentation, dass bei der derartigen Angleichung der Bildschirmmasken an einen Standard die individuelle Leistung nicht mehr vorliegen kann[352].

Richtig ist, dass den Benutzeroberflächen kein großer Spielraum bleibt: Es gibt Texteingabefelder, und zur Auswahl dienen Pull-Down-Menüs, Radio-Buttons, Checkboxen und Select-Menüs. Soll nur eine Option ausgewählt werden können, werden Radio-Buttons verwendet. Sollen mehrere Möglichkeiten gleichzeitig wählbar sein, werden Checkboxen oder Select-Menüs zur Realisierung verwendet. Doch auch hier gibt es wenig Spielraum, denn Radio-Buttons und Checkboxen werden dann eingesetzt, wenn die Anzahl der Entscheidungsmöglichkeiten nur gering ist. Bei vielen Möglichkeiten zur Auswahl werden Pull-Down- oder Select-Menüs verwendet. Gerade die Anordnung von Textfeldern und Menüs kann auch eine individuelle Leistung darstellen. Bei Benutzeroberflächen gilt es, die Variante zu finden, die optimal auf die Bedürfnisse des Nutzers eingeht; eine Benutzeroberfläche ist so zu gestalten, dass der Prozess der Dateneingabe mög-

[346] Apple, Inc. v. Microsoft Corp. & Hewlett Packard 35 F.3d 1435 (9th Cir. 1994):In diesem Fall ging es darum, dass das Windows-Design zu über 90% mit dem Design der Benutzeroberfläche von Apple übereinstimmt. Interessanterweise hatte Microsoft für seine ersten Windowsversionen sogar einen Lizenzvertrag mit Apple geschlossen. Das Gericht stellte fest, dass Microsoft kein Feature übernommen hat, das urheberrechtsschutzfähig oder nicht lizenziert war (vgl. auch Lea ENT.LR 1995, 276, 277; Kochinke/Ernestus CR 1990, 753, 762, die in den überlappenden Fenstern lediglich eine technische Neuerung, aber kein urheberrechtsschutzfähiges Element sehen, ebensowenig in der Idee, einen Papierkorb zum Löschen von Daten zu verwenden, da hier auch Vereinheitlichungsbedarf besteht).

[347] Xerox Corporation v. Apple Computers, Inc., 734 F. Supp. 1542 (N.D. Cal. 1990).

[348] Vgl. Schlatter in: Lehmann 169, 202 f.

[349] Bendekgey UFITA 114 (1990) 73, 74.

[350] Samuelson in: Brunnstein/Sint 105, 107.

[351] KG CR 1987, 850, 852 - Kontenrahmen.

[352] Paschke/Kerfack ZUM 1996, 498, 502.

lichst einfach und übersichtlich ist und den Benutzer nicht abschreckt.

Dabei soll allerdings nicht der Eindruck entstehen, dass keine Möglichkeiten zur kreativen und funktionalen Oberflächengestaltung bestehen, nur dass im Zuge der Standardisierung oft von der schöpferischen Gestaltung dieser abgesehen wird[353].

In Deutschland wird der Schutz von Benutzeroberflächen noch mehrheitlich abgelehnt[354], demnächst wird dieses Thema wieder einige Diskussionen auslösen[355]. Nach einem Urteil des OLG Karlsruhe[356] wurde festgestellt, dass eine Benutzeroberfläche[357] als Ausdruck eines Computerprogramms schutzfähig ist[358]. Für einen Schutz als Computerprogramm spricht, dass die Struktur der Oberflächen programmtechnisch vorgegeben ist[359] und der Programmcode sich in der Benutzeroberfläche widerspiegele[360]. Eine solche Argumentation führt jedoch zu weit, da nur der konkrete Ausdruck schutzwürdig sein kann, hier aber die Abstraktionsebene zum Vergleich schon recht hoch angesetzt werden müsste[361], um die Benutzeroberfläche noch als Ausdruck ansehen zu können. Die Behauptung, aus dem Ergebnis des Computerprogramms könne auf dessen innere Struktur und dessen Ausdruck geschlossen werden, ist irreführend[362]. Teilweise wird deshalb angenommen, dass die Benutzeroberfläche eine ergänzende Ausdrucksform des Computerprogramms ist und somit als eigenständiges Werk zu schützen[363], wobei einzelne triviale Elemente wie Pull-Down-Menüs o.ä. nicht schutzfähig sind,

---

[353]Vgl. die Benutzeroberfläche von Bryce http://www.theatlantic.com/unbound/digicult/dc9704/full.htm (3.8.2002).

[354]KG CR 1987, 850, 851 - Kontenrahmen, wobei hier darauf abgestellt wurde, dass das Look and Feel eher nebensächlich, sondern das Programm entscheidend sei; unklar dazu Dreier/Goldrian/Betten GRUR Int. 1989, 200.

[355]Vgl. auch Boehme-Neßler 247; Vivant in: Konzelmann JurPC Web-Dok. 225/2001 Abs. 2.

[356]OLG Karlsruhe GRUR 1994, 726 - Bildschirmmasken, wobei das Problem darin bestand, dass eine Verletzung des Programms selbst nicht nachgewiesen werden konnte; die Übernahme der Benutzeroberfläche hingegen deutlich erkennbar war, so auch schon die Vorinstanz LG Mannheim CR 1994, 627 - Urheberrechtsschutz gegen Nachprogrammierung.

[357]Vgl. zum Schutz als Film-, Sprachwerk, Lichtbild, Text-Graphik-Kombination und graphische Darstellung Schlatter in: Lehmann 169, 204 ff.

[358]So im Ergebnis auch Dixon/Self EIPR 1994, 465, 470; Fromm/Nordemann/Nordemann/Vinck § 69 a Rn. 2; Koch GRUR 1995, 459, 463; Marly 143; Möhring/Nicolini/Hoeren § 69 a Rn. 6; a.A. Günther CR 1994, 611, 612; Grützmacher ITRB 2001, 59, 60; Raubenheimer CR 1994, 69, 70; Schack MMR 2001, 9, 12; Schricker/Loewenheim § 69 a Rn. 7; Wiebe/Funkat MMR 1998, 69, 71; Wiebe in: Spindler/Wiebe 131, 136.

[359]So Möhring/Nicolini/Hoeren § 69 a Rn. 6.

[360]LG Mannheim CR 1994, 627 - Urheberrechtsschutz gegen Nachprogrammierung; a.A. OLG Hamburg ZUM 2001, 519, 521 - Faxkarte.

[361]So auch Günther CR 1994, 611, 613.

[362]LG Mannheim CR 1994, 627 - Urheberrechtsschutz gegen Nachprogrammierung; vgl. Whelan Associates, Inc. v. Jaslow Dental Laboratory, Inc. 797 F.2d 1222 (3d Cir. 1986), wo entschieden wurde, dass der Urheberrechtsschutz auch hinter dem reinen Programmcode noch nicht zu Ende ist: In diesem Fall wurden zwar die Programme in unterschiedlichen Sprachen programmiert, jedoch waren große Teile der Strukturen, Bildschirmausgaben und 5 wichtige Programmroutinen nahezu identisch.

[363]OLG Karlsruhe GRUR 1994, 726, 729 - Bildschirmmasken; Koch GRUR 1995, 459, 465 f.

da hier die schöpferische Qualität fehlt[364]. Überzeugender ist es, der Benutzeroberfläche den Schutz als Computerprogramm zu verweigern. Erstens ist die Benutzeroberfläche das Ergebnis eines Programmablaufs und nicht das Programm selbst[365]. Zweitens kann die Benutzeroberfläche nicht nur durch Kopieren des Computerprogramms, sondern auch durch Abzeichnen vervielfältigt werden[366]. Im Grunde geht es deshalb um das Problem des Nachprogrammierens und nicht um die Vervielfältigung eines Werks[367]. Drittens kann ein und dieselbe Bildschirmdarstellung von verschiedenen Codes herbeigeführt werden[368] – man denke zum Beispiel an unterschiedliche Programmierstile oder auch -sprachen. Das Argument, dass das Design Teil der Entwicklungsleistung des Programmierers ist[369], ist ebenso unzutreffend. Viele professionelle Benutzeroberflächen werden heutzutage von einem Designer entworfen und vom Programmierer umgesetzt. Stammt auch das Design vom Programmierer, hat dieser damit zwei unabhängige Aufgaben übernommen, die problemlos voneinander getrennt werden können. Ferner hat die digitale Welt zwar einige Besonderheiten, jedoch in den meisten Fällen, so auch hier, finden digitale Phänomeme ihr Pendant in der analogen Welt: Eine analoge Benutzeroberfläche ist z.B. ein Formular, und Formulare werden als Sprachwerke oder Sammelwerke geschützt[370].

Ein Schutz von Benutzeroberflächen kommt damit nur unabhängig vom Schutz des darunterliegenden Computerprogramms in Betracht[371]. Das gesamte Verhalten eines Computerprogramms, d.h. das „Look and Feel" kann allerdings danach nicht urheberrechtlich geschützt werden[372]. Wenn gefordert wird, dass Bildschirmoberflächen zu schützen sind[373], dann muss hierfür ein anderes Schutzinstrument gefunden werden; möglich ist ein Schutz als Darstellung wissenschaft-

---

[364]Ahn 66; Koch GRUR 1995, 459, 466; vgl. auch Lotus Development Corp. v. Borland International Inc. (U.S. Court of Appeals for the First Circuit ENT.LR 1995 E-90); hier wurde entschieden, dass die Anordnung eines Menüs nicht urheberrechtsschutzfähig ist, da es sich um eine „method of operation" handelt, die mit der Funktion vermischt („merged") ist; nach dieser Entscheidung konnten Menüs standardisiert und somit leichter für den Nutzer verwendbar gemacht werden (Messineo ENT.LR 1995 E-90).

[365]Günther CR 1994, 611, 612, der dieses zutreffend mit einem Kuchen (Benutzeroberfläche) und dem Rezept (Programm) vergleicht.

[366]Koch GRUR 1991, 180, 182.

[367]Vgl. Günther CR 1994, 611.

[368]So auch Günther CR 1994, 611, 612; Schricker/Loewenheim § 69 a Rn. 7; Soltysinski 21 IIC 1990, 1, 9; OLG Hamburg ZUM 2001, 519, 521 - Faxkarte; selbst bei HTML, das keine Programmiersprache ist, kann unterschiedlich gestaltet werden (vgl. im Anhang III. A.).

[369]So Möhring/Nicolini/Hoeren § 69 a Rn. 6.

[370]RGSt 43, 229, 230 - Vertragsformular; RGSt 48, 331, 333 - Bestellformular; OLG Nürnberg GRUR 1972, 435 - Standesamtliche Formulare.

[371]So auch Raubenheimer CR 1994, 69, 70; vgl. so für Irland auch Clark in: Jongen/Meijboom 115, 123 f.; für Belgien vgl. De Visscher in: Jongen/Meijboom 19, 23.

[372]Ein wettbewerbsrechtlicher Schutz ist unter engen Voraussetzungen denkbar (Vgl. LG Hamburg CR 1989, 697, 698 - Benutzeroberfläche; LG Nürnberg-Fürth CR 1993, 145, 147 - Nachahmung einer Benutzeroberfläche).

[373]So statt vieler Marly 145.

licher oder technischer Art gemäß § 2 Abs. 1 Nr. 7 UrhG[374] oder als sonstiges urheberrechtsfähiges Werk[375]; anzudenken wäre aber vor allem ein Schutz nach dem Datenbankrecht[376].

8. Internet- und Datenbankapplikationen

a) Browser

Ein Browser ist das Werkzeug, um HTML-Dateien darzustellen und so das WWW zu erforschen. Bekannte Beispiele sind der Netscape Navigator, Microsoft Internet Explorer, Mozilla und Opera in verschiedenen Versionen[377]. Besonderheiten bzgl. der rechtlichen Behandlung bestehen jedoch nicht. Browser sind Anwendungsprogramme und somit gemäß § 69 a UrhG schutzfähig[378]. Die Gestaltungshöhe könnte eventuell problematisch sein, da Browser bestimmte Voraussetzungen erfüllen müssen, d.h. sie müssen sich an bestimmte Standards halten, sowohl vom Layout als auch von der Funktionsfähigkeit her, um die jeweiligen Versionen von HTML und andere Webstandards repräsentieren zu können. Da bei Computerprogrammen jedoch die „kleine Münze" genügt, ist der verbleibende Spielraum ausreichend für die Schaffung von individuellen Leistungen. Dass es trotz der Notwendigkeit des Interpretierens von HTML Unterschiede zwischen den Browsern gibt, zeigt sich daran, dass manche Websites nur mit einem bestimmten Browser in einer bestimmten Version angesehen werden können[379]. Dieselben HTML-Standards werden z.B. unterschiedlich dargestellt. Ein Browser ist damit in der Regel gemäß § 69 a ff. UrhG als Computerprogramm geschützt.

b) SQL-Anweisungen

MySQL ist wie alle SQL-Sprachen eine Datenbanksprache[380]. Sie ist standardisiert[381] und mit ihrer Hilfe können Daten in der vom Benutzer gewünschten Form aus einer relationalen Datenbank gefiltert und an die Ausgabedateien weitergegeben werden. Die Behandlung von Datenbankabfragesprachen und den in ihnen geschriebenen Abfragen wird sehr unterschiedlich gesehen. Teilweise werden sie als Computerprogramme gesehen[382], teilweise als Elemente eines Abfra-

[374] So Ahn 61 f.

[375] Wandtke/Bullinger/Grützmacher § 69 a Rn. 14.

[376] Vgl. dazu ausführlich unten Kapitel 3 VIII. A. 6.; zu anderen Möglichkeiten des Schutzes in den USA vgl. Oratz TCL 1/1996, 1)

[377] Zu 90% wird derzeit (Stand: 15.1.2002) der Internet Explorer verwendet (Quelle: http://www.counterwelt.com/ (15.1.2002)).

[378] Vgl. zu Anwendungsprogrammen in diesem Kapitel III. H. 7.

[379] Das spricht zwar gegen den Qualität der Website, aber nicht gegen deren Schutz i.S.d. Urheberrechts: vgl. auch Kapitel 3 VIII. A.

[380] D.h. es ist die in dem DBS MySQL verwendete Sprache.

[381] ISO/IEC-Norm 1989

[382] So Grützmacher 176.

gesystems[383]; aber auch Vergleiche mit Thesauren werden angestellt[384]. SQL-Anweisungen könnten als Hilfselemente auch zu den Datenbanken selbst zählen[385]. Aufgrund der Ähnlichkeit mit dem Schreiben eines Computerprogramms sehen manche Autoren darin zu Recht Schwierigkeiten[386]. SQL-Anweisungen können einzeln direkt in die Eingabeaufforderung eingegeben werden, um Tabellen zu erstellen oder abzufragen. In den meisten Fällen werden sie jedoch in Computerprogramme, z.B. in ein PHP-Programm[387], eingebunden. Eine Trennung einzelner Kommandozeilen in Datenbank und Computerprogramm kann dabei nur als absurd bezeichnet werden. Der Vergleich mit einem Thesaurus oder Indexierungssystem ist aber ebenso wenig zutreffend. Während diese Hilfsmittel einen permanenten Datenbestand aufweisen und auch selbst als Datenbanken bezeichnet werden können, sind SQL-Anweisungen flüchtig und dienen nur der Veränderung einer feststehenden Datenbank; sie enthalten selbst keine Daten, die mit den Angaben in einem Thesaurus vergleichbar wären.

In Betracht zu ziehen ist der Schutz als Computerprogramm[388], denn wie bereits oben erwähnt, werden SQL-Anweisungen in Programme einbezogen und liefern z.B. Daten aus der Datenbank, die durch das Programm weiterverarbeitet werden. Anhand der Beispiele in Kapitel 3 V. A. ist ersichtlich, dass SQL-Anweisungen einzelne übersetzte Imperativsätze sind und somit Befehle darstellen. SQL-Anweisungen selbst können aber nicht immer Daten verarbeiten und oftmals keine Ein- und Ausgaben beinhalten. Allerdings muss auch nicht jede Anweisung diese Voraussetzung erfüllen, es genügt, wenn sie entsprechend ergänzt werden kann. Diese Möglichkeit besteht, denn z.B. können Daten aus Tabellen ausgelesen und verarbeitet werden und das Ergebnis einer dritten Tabelle zugeführt. Grundsätzlich sind damit sogar SQL-Anweisungen als Computerprogramme schutzfähig. Das entspricht auch den informationsgesellschaftlichen Erfordernissen, da die wirtschaftliche Bedeutung der SQL-Anweisungen im Wachsen begriffen ist und oft Kreativität erfordert.

Dennoch ist aufgrund der vielgestaltigen Möglichkeiten eine deutliche Differenzierung vorzunehmen. SQL-Anweisungen können wie in Kapitel 3 V. A. nur kurze knappe Sätze darstellen, die keinerlei Individualität aufweisen und untechnisch mit Links zu vergleichen sind. Ein weiterer Punkt, der gegen einen Schutz von derartigen SQL-Anweisungen spricht, ist, dass die Anweisungen einzeln stehen und dadurch nie ein komplexes Programm bilden können. Die Anzahl der möglichen Anweisungen ist durch Funktion und Syntax äußerst beschränkt. Es gibt eine Anweisung, um Daten aus der Datenbank herauszulesen, eine Anwei-

---

[383] Pattison EIPR 1992, 113, 115.

[384] Groves Business L. Rev. 1997, 59; Angel/Quinn CLSR 1998, 34.

[385] Vgl. Kapitel 3 IV. A.

[386] Worthy/Weightman CLSR 1996, 95, 97; Pattison EIPR 1992, 113, 115.

[387] Vgl. Kapitel 3 V. A.

[388] So Pattison EIPR 1992, 113, 115, der einzelnen Kommandozeilen Urheberrechtsschutz gewähren will.

sung, um Daten hineinzuschreiben, Anweisungen, um Tabellen zu erstellen. Der urheberrechtliche Schutz von einzelnen SQL-Anweisungen hätte zur Folge, dass ganze Dialekte nicht mehr frei verwendet werden könnten. Sie sind daher unter dem Aspekt der Gemeinfreiheit vom Schutz auszunehmen. Es gibt aber auch die Möglichkeit, komplizierte SQL-Anweisungen zu formulieren, sie sogar mit Schleifen zu verbinden[389] und damit den Schutz der „kleine Münze" zu erreichen. Eine Abschwächung ist jedoch dahingehend zu formulieren, dass es hier ausnahmsweise eine optimale Lösung eines Problems geben kann, die dann nach den Grundsätzen der Idee-Ausdruck-Dichotomie als einzige Möglichkeit der Umsetzung einer Idee ungeschützt bleibt.

Zusammenfassend besteht demnach die Möglichkeit des Schutzes von SQL-Anweisungen als Computerprogramme, praktisch bleibt der Schutz auf Einzelfälle beschränkt.

c) HTML-Dateien

Ebenso wie die Textverarbeitungsdateien ist auch die HTML-Datei nicht als Computerprogramm schutzfähig[390]. Zwar kommt es für die Schutzfähigkeit nicht auf die Programmiersprache an, aber HTML ist auch keine Programmiersprache[391]. HTML wird teilweise immer noch als Computerprogramm angesehen, denn der eng begrenzte Gestaltungsspielraum behindert nicht die Qualifikation als Computerprogramm[392], weil die logische Struktur definiert wird, auch wenn das endgültige Layout vom Browser abhängt[393], aber auch aus weiteren Gründen[394].

Gegen die juristische Einordnung von HTML-Dateien als Computerprogramm spricht zunächst die technische Definition, nach der HTML unstreitig eine Dokumentenbeschreibungssprache und keine Programmiersprache ist, denn Sprungbefehle und damit eine Rückwärtsbewegung zu bereits bearbeiteten Feldern wie bei einer Turingmaschine ist nicht möglich. Die technische Einordnung ist aber für den juristischen Begriff nicht zwingend, kann jedoch als Anhaltspunkt dienen[395]. Dass die technische Einordnung von Bedeutung sein soll, zeigt sich deutlich daran, dass bei der Umsetzung der CRL bewusst auf eine Definition des Begriffs verzichtet wurde, da dieser bedingt durch die rasante technische Entwicklung, sehr

---

389 Eine weitergehende Betrachtung erfolgt bei der Frage nach dem Schutz von Stored Procedures unter Kapitel 3 VI.

390 So auch Wandtke/Bullinger/Grützmacher § 69 e Rn. 30; Büchele 34; Ernst MMR 2001, 208, 211 f.; Meeker TCL 10/1997, 10, 16; LG Düsseldorf ZUM-RD 1999, 25 - Links zu Websites Dritter: Hier wird der HTML-Code mit „Informationen über das Aussehen der Web-Sites" beschrieben; a.A. Bechtold ZUM 1997, 427, 428; Christie EIPR 1994, 486, 490 f., der Beschreibungsprachen miteinbeziehen will; für einen Teil der HTML-Datei: Freitag in: Kröger/Gimmy 289, 294; Horns GRUR 2001, 1, 15; Koch GRUR 1997, 417, 418; Kreuzer in: Schwerdtfeger/Evertz 167, 188 Fn. 28.

391 Ernst MMR 2001, 208, 212 sieht ein weiteres Problem darin, dass der Programmierer den Code nicht verstecken könne; darin geht er jedoch fehl, da es möglich ist, die Anzeige zu unterdrücken.

392 So Leistner/Bettinger Beilage CR 12/1999, 1, 17.

393 Fromm/Nordemann/Nordemann/Vinck § 69 a Rn. 2.

394 Horns GRUR 2001, 1, 15.

395 Vgl. in diesem Kapitel III. A. 1.

schnelllebig und an die jeweiligen technischen Entwicklungen anzupassen sei[396].

Außerdem müsste ein HTML-Dokument in der Lage sein, Ein- und Ausgaben zu verarbeiten. Der Browser führt jedoch das HTML-Dokument nicht aus; er stellt es lediglich dar, wie das z.B. auch beim Wordprogramm der Fall ist. Würde man darin ein Computerprogramm sehen, so wäre jeder **Fettdruck** in einem Buch bereits ein Computerprogramm, denn ob der Mensch auf ein Symbol für den Fettdruck klickt oder `<b>Fettdruck</b>`[397] schreibt, ist vom Ergebnis und von der Umsetzung her völlig gleich. Textdateien werden schließlich auch nicht als Computerprogramme angesehen[398], warum dann HTML-Dateien? Nur weil das Schreiben solcher Texte nicht von jedem beherrscht wird? Jede Word-Datei kann einfach als HTML-Datei abgespeichert und in einem Browser angezeigt werden. Als Folge des Schutzes des HTML-Codes müssten zwangsläufig auch Formatvorlagen[399] als Computerprogramme angesehen werden, und – noch weitergehend – wäre jeder Text mit seiner Formatierung ein Computerprogramm, denn HTML gibt nichts anderes an als den Text, nur mit dem Unterschied, dass die entsprechenden Formatierungsanweisungen auf dem Bildschirm im Editor sichtbar sind. Dass diese nicht von § 69 a UrhG erfasst werden, ist unstreitig[400] und richtig: Es überdehnt eindeutig den Gesetzeszweck. Nur die Befehle in ausgedruckter Form oder als Quellcode sollen von §§ 69 a ff. UrhG umfasst sein, nicht aber das durch ein Programm erzeugte Ergebnis[401].

Teilweise wird eine Trennung in Head und Body der HTML-Datei überlegt, wobei nur der Body geschützt sein soll, weil er alle Anweisungen enthalte[402]. Eine solche Unterscheidung ist aus zwei Gründen abzulehnen: Zum einen ist eine HTML-Datei als Ganzes zu betrachten, zum anderen können auch im Head Anweisungen formuliert werden, und das trifft meist sogar zu: Z.B. stehen im Head meistens die Javascript-Prozeduren, die aus dem Body lediglich aufgerufen werden; auch automatische Weiterleitungen werden aus dem Head ausgeführt. Eine solche willkürliche Teilung ist somit abzulehnen.

Ferner wird für den Schutz von HTML-Dateien als Computerprogramm angeführt, es könne keinen Hinderungsgrund darstellen, dass keine Variablendeklaration und keine Wertzuweisungen möglich seien, denn eine Art Variablendeklaration finde durch die Anker statt und eine Wertzuweisung sei – wie bei SQL – nicht erforderlich[403]. Anker hingegen sind keine Variablen, sondern Objekte, die eine direkte Festlegung bestimmter Punkte in der HTML-Datei selbst zulassen, die mittels eines Links direkt angesprochen werden können. Außerdem sind die

[396] Vgl. auch in diesem Kapitel III. A. 1.

[397] Oder in LaTeX (vgl. in diesem Kapitel I. B. 4.) \textbf{Fettdruck}.

[398] Vgl. in diesem Kapitel III. H. 4. a).

[399] Standardmäßig in MS Word die „normal.dot".

[400] Vgl. in diesem Kapitel III. H. 4. a).

[401] So auch Fromm/Nordemann § 69 a Rn. 3; Lehmann/v.Tucher CR 1999, 700, 703; Schricker/Loewenheim § 69 a Rn. 2.

[402] Freitag in: Kröger/Gimmy 289, 294.

[403] So Horns GRUR 2001, 1, 15.

in SQL im Gegensatz zu HTML möglichen[404] Variablendeklarationen und Wertzuweisungen – separat betrachtet – für ein Computerprogramm eine essentielle Voraussetzung zur Eingabe und Ausgabe von Daten und ihre Verarbeitung, ohne die eine Qualifikation als Computerprogramm unmöglich ist.

HTML-Dateien sind somit keine Computerprogramme und nicht gemäß § 69 a ff. UrhG schutzfähig.

d) Links

Links sind keine Computerprogramme, was jedoch nicht darin begründet liegt, dass sie nur einen Befehl ausführen[405], sondern weil sie nur HTML-Formatierungsanweisungen - `<a href=""><a>` -, die vom Browser interpretiert werden, darstellen. Sie sind mit einer Fußnote vergleichbar, die schließlich auch nicht als Computerprogramm geschützt ist. Wenn behauptet wird, Links könnten als Werke geschützt sein, ist damit wohl eher gemeint, dass bei individueller Gestaltung des Links das dazu benutzte Bild oder der Text, nicht aber der Link selbst, geschützt ist. Eine Unterscheidung zwischen verschiedenen Linkzielen ist hier nicht relevant; sie würde sich lediglich bei der Frage auswirken, ob eine Urheberrechtsverletzung vorliegt.

e) E-Mail

E-Mails sind in der Regel Texte, die auf elektronischem Wege verschickt werden. Besonderheiten im Vergleich zu Texten, die per Briefpost verschickt werden, ergeben sich nicht[406], d.h. ein Schutz gemäß § 2 Abs. 1 Nr. 1 UrhG kommt in Betracht, auch wenn das Erreichen der „kleinen Münze" zweifelhaft ist[407]. E-Mails stellen auch nur das Ergebnis eines Computerprogramms dar und nicht seinen Ausdruck; sie enthalten keine Befehle und können keine Daten verarbeiten. Ein Schutz gemäß § 69 a UrhG kommt nicht in Betracht. E-Mails können auch als reine HTML-Mail verschickt werden; dadurch ändert sich die Betrachtung jedoch nicht, da auch HTML-Dateien keine Programme sind[408]. Zusätzlich zum Text besteht die Möglichkeit, den E-Mails sogenannte Attachments, d.h. Anhänge, beizufügen. Attachments können alle Arten von Dateien sein: Computerprogramme, Texte oder Bilder - es sind keine Grenzen gesetzt. Sie sind urheberrechtlich separat zu betrachten, da sie mit der E-Mail allenfalls in einem Sinnzusammenhang stehen, aber keine Einheit mit ihr selbst bilden.

---

[404] Vgl. in diesem Kapitel III. H. 8. b).

[405] So aber Fromm/Nordemann/Nordemann/Vinck § 69 a Rn. 2, der Links grundsätzlich nicht als urheberrechtsrelevant ansieht; vgl. auch BT-Drucks. 13/8110, 14.

[406] Mittlerweile kann sogar schon von einem Nebeneinander von Briefen und E-Mails gesprochen werden, wobei E-Mails aufgrund ihrer Unkompliziertheit immer mehr der Vorrang eingeräumt wird (Hill/Monk Interact. Comp. 13 (2000) 253).

[407] So auch Koch 411.

[408] Vgl. in diesem Kapitel III. H. 8. c).

f) PHP, C, Java und Javascript-Programme

PHP, C, Java und Javascript-Programme werden in der Internet- und Datenbankumgebung häufig verwendet. Eine Auswahl von Programmen mit vier verschiedenen Programmiersprachen kann natürlich nicht das gesamte Spektrum an Möglichkeiten einer Programmierung erfassen, aber das ist auch nicht nötig, denn auf die Art der verwendeten Programmiersprache bei Erstellung eines Programms kommt es nicht an[409]. Weder die technische noch die juristische Definition verlangt eine bestimmte Sprache, Art oder Form der Herstellung.

Programme, die in einer dieser vier exemplarisch herausgegriffenen Programmiersprachen geschrieben wurden, sind urheberrechtlich als Computerprogramme einzuordnen. Die Kompiler[410], die zur Ausführung von Java- oder C-Programmen, nicht aber für Javascript und PHP-Programme, benötigt werden, sind ebenfalls Computerprogramme[411].

Java ist in seiner technischen und rechtlichen Einordnung streng von HTML zu trennen[412]. Im Gegensatz zu HTML handelt es sich bei Java um eine hochentwickelte Programmiersprache, bei deren Programmen in der Regel kein Zweifel an der Urheberschutzfähigkeit als Computerprogramme aufkommen kann. Das bedeutet, dass z.B. Java-Applets Computerprogramme sind[413]. Java wird häufig zur Erstellung von Websites verwendet. Problematisch ist aber – wie bei allen objektorientierten Sprachen – die Verwendung von externen Klassen, denn bei objektorientierten Programmen werden Klassen und Objekte verwendet, die aus sogenannten Klassendatenbanken entnommen werden können. Die Klassendatenbanken, die auch im Internet zu finden sind[414], können in eigene Programme einfach integriert werden. Damit stellt sich das Problem des Schutzes von objektorientierten Programmen in der Form, dass die Individualität des neuen Programms in Frage gestellt werden muss, wenn es lediglich aus bekannten Klassen und Objekten zusammengesetzt wurde[415]. So ergibt sich eine Verlagerung der schöpferischen Hauptleistung auf die konzeptionelle Ebene, den Zeitpunkt vor der Programmimplementierung[416]. Die Frage, ob dann die Individualität gegeben ist, ist im Einzelfall zu entscheiden. Werden Klassen und Objekte lediglich aneinandergereiht, dabei Variablennamen und -deklarationen übernommen, liegt in der Regel eine individuelle Leistung nicht mehr vor. Werden Klassen und Objekte als Vorlage verwendet, um ein eigenes Programm zu verbessern und werden diese dabei an

---

[409] So schon Kohler 146 für Sprachen allgemein.

[410] Vgl. in diesem Kapitel III. A. 4.

[411] Vgl. in diesem Kapitel III. H. 2.

[412] Möhring/Nicolini/Hoeren § 69 a Rn. 7 fasst diese jedoch unter dem Begriff „moderne Programmiertechniken" zusammen.

[413] Grützmacher ITRB 2001, 59, 60.

[414] Z.B. unter http://javaboutique.internet.com/ (03.03.2002) oder unter http://java.seite.net/ (03.03.2002).

[415] Zur Frage, ob objektorientierte Programme durch das Zusammensetzen als Datenbanken oder Sammelwerke geschützt werden können vgl. Kapitel 3 II. B.

[416] So schon Koch GRUR 2000, 191, 192; diese Ebene ist oft nicht zeitlich, sondern nur logisch vorgelagert.

das eigene Programm angepasst und intern oder extern eingebunden, ist meist eine eigene geistige Schöpfung und somit ein Schutz gemäß § 69 a UrhG gegeben.

Die Klassen oder Objekte könnten jedoch auch für sich urheberrechtlichen Schutz genießen. In Betracht kommt ein Schutz gemäß § 2 Abs. 1 Nr. 7 UrhG als Darstellung wissenschaftlicher oder technischer Art[417] oder ein Schutz als Computerprogramm selbst. Dabei kommt es vor allem darauf an, ob die einzelnen Komponenten bereits geeignet sind, Ein- und Ausgaben zu verarbeiten. Da aber lediglich von Bedeutung ist, dass die Komponenten für die Verarbeitung von Ein- und Ausgaben ergänzt werden können, wird in der Regel ein Schutz möglich sein[418]. Diese Lösung entspricht auch urheberrechtlichen Schutzwürdigkeitserwägungen, da die Erstellung mehrfach verwendbarer Klassen und Objekte in der Regel eine höhere schöpferische Leistung beweist als deren Implementierung. Allerdings muss im Einzelfall den Klassen, die Grundlagen verkörpern, aus Gründen des Freihaltebedürfnisses der Urheberrechtsschutz versagt bleiben, ebenso wie den Methoden objektorientierter Programmierung[419].

g) DHTML

DHTML[420] ist dynamisches HTML. Das bedeutet jedoch nicht, dass es sich um eine neue Sprache oder etwa eine Erweiterung von HTML handelt. DHTML ist ein Schlagwort, unter dem verschiedene Programmiertechniken zusammengefasst werden, die dazu dienen, Websites interaktiv und dynamisch zu gestalten. Bestandteile von DHTML sind HTML und CSS[421], aber auch Javascript[422]. Durch die Kombination von HTML – der statischen Komponente – und Javascript – der dynamischen Komponente – entstehen dynamische Inhalte. Der Unterschied zu einer HTML-Datei mit Elementen von Javascript besteht darin, dass bei DHTML die Struktur der Website unmittelbar geändert werden kann, ohne dass die Seite neu geladen werden muss; das ist sonst nicht möglich. Bei der Feststellung, ob es sich um eine HTML- oder DHMTL- Datei handelt, muss auf den Quellcode zurückgegriffen werden, denn DHTML-Seiten können die gleiche Dateikennung wie HTML-Seiten haben. Für DHTML haben sich mehrere Standards herausgebildet, die aber leider nicht von allen Browsern interpretierbar sind[423]. Dateien, die mittels DHTML erstellt wurden, enthalten eine Sammlung von Befehlen; Ein- und Ausgaben können programmiert werden. Somit handelt es sich bei Dateien, die mittels DHTML programmiert wurden, um Computerprogramme i.S.d. § 69 a ff. UrhG. Allerdings können auch – wie bei objektorientierten Sprachen – einzelne

[417] So Koch GRUR 2000, 191.

[418] Anders Koch GRUR 2000, 191, 197, der lediglich darauf abstellt, ob der Maschinenbezug besteht: zur Ungeeignetheit dieses Merkmal vgl. bereits in diesem Kapitel III. D.

[419] So auch Koch GRUR 2000, 191, 200.

[420] Vgl. dazu auch „Milch und Zucker“ http://dhtml.seite.net/ (03.03.2002).

[421] Ein kurzes Beispiel für CSS findet sich in den Zeilen 6 - 8 von Beispiel 5 vgl. im Anhang III. E.

[422] Vgl. im Anhang I. B.

[423] Vgl. zu dem Problem und DOM und weiteren Standards http://www.netzwelt.com/selfhtml/dhtml/modelle/dom.htm (01.04.2002).

Komponenten zusammengesetzt werden, schließlich ist in DHTML Javascript – eine objektorientierte Sprache – integriert. Das führt dazu, dass – wie bei objektorientierten Sprachen – auf die individuelle Eigenleistung des Programmierers zur Feststellung der eigenen geistigen Schöpfung besonderen Wert gelegt werden muss, da eine Übernahme von Leistungen Anderer ohne Probleme möglich ist. Im Gegensatz zu HTML-Dateien sind DHTML-Programme i.S.d. § 69 a UrhG geschützt.

9. Die „freien" Programme

Sogenannte „freie" Programme bereiten dem Urheberrechtler dogmatisch und rechtspolitisch Probleme, denn der volle Urheberrechtsschutz ist vom Urheber nicht gewollt. Entweder soll das geschaffene Programm vollkommen frei vertrieben werden können und das Urheberrecht inklusive Urheberpersönlichkeitsrecht aufgegeben, oder die Programme werden unter bestimmten, (zunächst) nicht finanziellen Bedingungen weitergegeben. Die erstere Konstruktion ist dogmatisch nicht möglich, denn der Urheber kann auf sein Urheberrecht nicht verzichten, die zweite auf den ersten Blick unverständlich, denn das Urheberrecht möchte vorrangig einen finanziellen Ausgleich für die geistige Leistung des Urhebers bei der kulturellen Weiterentwicklung der Gesellschaft bereitstellen, und dieser Ausgleich ist vom Programmierer so nicht gewollt.

a) Open-Source-Programme

Given enough eyeballs, all bugs[424] *are shallow*[425].

Die sogenannten Open-Source-Programme sind Programme, die einen offenen Quellcode besitzen. Dieses Konzept wurde vom Programmierer Richard Stallmann 1983 in seinem Manifest der freien Programme formuliert[426]. Das berühmteste Beispiel ist LINUX[427]. Das Erfolgsrezept besteht darin, dass der Quellcode frei im Netz zugänglich ist und jeder Nutzer Verbesserungsvorschläge machen und seine Erfahrungen mit einfließen lassen kann. Ein bekannter Vergleich[428] geht davon aus, dass die herkömmliche Erstellung eines Programms dem Bau einer Kathedrale unter einer zentralen Aufsicht gleicht, die Programmierung eines freien Programms hingegen der Selbstorganisation eines Basars. Dadurch wurde LINUX in den vergangenen Jahren nicht nur schnell, sondern auch zu einem äußerst stabilen Betriebssystem weiterentwickelt, das weltweit von immer

[424] Unter „bugs" versteht man ungewollte Fehler in Programmen.

[425] Linus' Law: Raymond, http://tuxedo.org/\symbol{126}esr/writings/cathedral-bazaar/cathedral-bazaar/ (03.03.2002).

[426] Stallmann, „GNU-Manifest" http://www.gnu.org/gnu/initial-announcement.html (03.03.2002).

[427] LINUX wurde vom finnischen Informatik-Studenten Linus Torvalds initiiert; zur Geschichte mit Kopie seines mittlerweile berühmten Postings in einer Newsgroup, mit dem alles begann: http://www.linux.org/people/linus_post.html (02.04.2002).

[428] Raymond, http://tuxedo.org/\symbol{126}esr/writings/cathedral-bazaar/cathedral-bazaar/ (03.03.2002).

mehr Nutzern, u.a. dem Deutschen Bundestag, dem Giganten Windows vorgezogen wird[429]. Mittlerweile haben andere Hersteller, z.B. Netscape Inc. mit dem populären Netscape Navigator nachgezogen und ihr System unter die freie Lizenz gestellt.[430].

Diese Erfolgsstory könnte somit als Widerlegung der Urheberrechtstheorie angesehen werden[431]. Die Motivation besteht nicht in finanziellen Anreizen, sondern in der intellektuellen Herausforderung, im Spaß an der Problemlösung und der Bestätigung und Anerkennung der Mitprogrammierer[432]. Das ändert jedoch nichts an der urheberrechtlichen Schutzfähigkeit von Open-Source Software, da diese nicht vom Verwendungszweck abhängig ist[433]. Das Gegenteil ist der Fall: Die Open-Source-Software ist meist unter Lizenzen gestellt, von denen die bekannteste die GNU-GPL[434] ist[435]. Der Quellcode ist dabei frei zugänglich, die kommerzielle Nutzung mit Dienstleistungen im Umfeld des Programms und auch mit der Lizenzierung eines Programms, das auf dem freien Quellcode basiert, erlaubt[436]. Ein solches Programm steht gemäß Art. 2 b) GPL auch wieder unter der GPL. Es kann verändert und ergänzt werden, aber nur, wenn die veränderte Form auch mit ihrem Quellcode „frei" ist. Das Urheberpersönlichkeitsrecht hat aber weiterhin zumindest in Bezug auf die Namensnennung Bedeutung; gemäß Art. 2 a) GPL müssen bei Änderungen Name und Datum vermerkt werden. Die GPL ist mit deutschem Recht vereinbar[437], sie stützt sich auch auf das Urheberrecht[438]. Eine andere Betrachtungsweise, nämlich die, dass die Lizenz nicht nötig wäre, wenn es kein Urheberrecht für Computerprogramme gäbe, ist nicht überzeugend, da die Möglichkeit des Urheberrechtsschutzes für z.B. Nischenprodukte in jedem Fall erhalten bleiben muss[439]. Einige Differenzen zwischen der GPL und dem Urheberrecht ergeben sich bei den Dokumentationen. Während der Code, die Schnittstellendefinitionen und die Skripts von der GPL umfasst sind, trifft das nicht auf die Dokumentation zu, die jedoch von § 69 a UrhG und evtl. auch ge-

---

[429] Vgl. z.B. FAZ vom 7.1.2002; nicht nur das Betriebssystem LINUX, sondern auch seine Nebenprodukte, z.B. Magazine, Maskottchen TUX u.v.a., haben den deutschen Markt erobert.

[430] Metzger/Jaeger GRUR Int. 1999, 839, 848.

[431] So vgl. auch mit gleichnamigem Titel der Aufsatz von Grzeszick MMR 2000, 412ff.

[432] A.A. Marly 14, der davon ausgeht, dass solche Motivationen keinen hinreichenden Anreiz für Softwarehersteller bieten können und technischer Fortschritt nur von kommerziellen Produkten ausgehen könne.

[433] So auch Koch CR 2000, 273, 275.

[434] http://www.gnu.org/copyleft/gpl.html (02.04.2002).

[435] Einen Überblick über die verschiedenen Lizenzen gibt http://www.gnu.org/licenses/license-list.html (02.04.2002).

[436] Die GPL gilt auch für Patentrechte (vgl. Metzger LINUX Magazin 7/2001, 74 ff.).

[437] So auch Grzeszick MMR 2000, 412; Metzger/Jaeger GRUR Int. 1999, 839, 843, die annehmen, dass durch die GPL einfache Nutzungsrechte an jedermann gemäß § 31 Abs. 1, 2 UrhG eingeräumt werden und die Bedingungen der GPL als auflösende Bedingungen i.S.d. § 158 Abs. 2 BGB anzusehen sind; Art. 9 der GPL hingegen ändert nichts daran, dass neue Nutzungsarten nicht umfasst sind.

[438] Dreier CR 2000, 45.

[439] So auch Grzeszick MMR 2000, 412, 417; Koch CR 2000, 273, 280f.

mäß § 2 Abs. 1 Nr. 1 UrhG geschützt wird; dies führte zu einer Regelungslücke in der GPL[440], die aber mittlerweile durch die FDL gefüllt ist[441]. So gesehen sind die freien Programme oder die Open-Source-Programme keine Widerlegung des Urheberrechts; sie stellen auch kein „Problem" dar. Sie sind lediglich eine sich selbst regelnde, mit dem Urheberrechtssystem vereinbare, innovative Form mit neuer, bedeutender Anreizfunktion zur Schaffung und Verbreitung von Werken.

b) Public Domain, Freeware, Shareware

Von Open Source abzugrenzen ist die sogenannte Public Domain. Grundsätzlich bedeutet dieser Begriff, dass das geschaffene Werk der Allgemeinheit gehören soll. Das wird teilweise dahingehend eingeschränkt, dass ein freier Gebrauch nur für den privaten Bereich erlaubt ist[442]. Eine solche Einschränkung ist jedoch dem Begriff nicht zu entnehmen, so dass Public-Domain-Software urheberrechtlich von vornherein als nicht geschützt gelten soll[443]. Diese Konstruktion ist – wie bereits erwähnt – dogmatisch nicht zu begründen, da der Urheberrechtsschutz einfach entsteht und gemäß § 29 S. 2 UrhG nicht übertragbar ist. In der Public Domain befinden sich damit lediglich Computerprogramme, die gemäß § 5 UrhG als amtliche Werke anzusehen sind, die in der Praxis nicht vorkommen oder Programme von Autoren, die vor mehr als 70 Jahren verstorben sind, was angesichts der erst kurzen programmtechnischen Entwicklung ebenfalls kaum verkommen kann, so dass – zumindest vom deutschen Standpunkt – eine Public Domain von Computerprogrammen nicht existiert. Der Begriff der Public Domain ist im deutschen Recht daher als Lizenzvereinbarung auszulegen[444].

Bei der Freeware hingegen will der Autor lediglich, dass sein Werk frei verbreitet wird[445]. Bei der Shareware darf das Werk eine Zeit lang ohne Lizenzzahlung getestet werden, meist für 30 Tage und teilweise unter Beschränkung der Funktionen. Dann muss eine Registrierung und/oder Bezahlung erfolgen. Die Begriffe Public Domain und auch Free- und Shareware sind lediglich Ausdruck für eine bestimmte vertragliche Vereinbarung zur Übertragung von Nutzungsrechten[446]; als Computerprogramme i.S.d. § 69 a UrhG sind sie wie Open-Source-Programme geschützt.

---

[440] Koch CR 2000, 273, 275.

[441] http://www.gnu.org/licenses/fdl.html.

[442] LG Stuttgart CR 1994, 162 - Public Domain Software.

[443] So OLG Stuttgart CR 1994, 743, 744 - Public Domain Software; OLG Frankfurt CR 1989, 905 - PAM-Crash.

[444] Vgl. OLG Stuttgart CR 1994, 743 - Public Domain Software; LG Stuttgart CR 1994, 162 - Public Domain Software; Haberstumpf in: Lehmann 69, 153 ff. und Kreuzer in: Schwerdtfeger/Evertz 167, 234.

[445] Zur Motivation vgl. in diesem Kapitel III. H. 9. a).

[446] Vgl. zu den einzelnen vertraglichen Bestimmungen Ahn 170 ff.; Haberstumpf in: Lehmann 69, 153 ff. und Kreuzer in: Schwerdtfeger/Evertz 167, 234.

IV. Kapitelzusammenfassung

Wird die vorgeschlagene Definition, verbunden mit den Einschränkungen des Schutzgegenstandes, auf die besprochenen Einzelfälle angewendet, ergibt sich folgendes Bild:

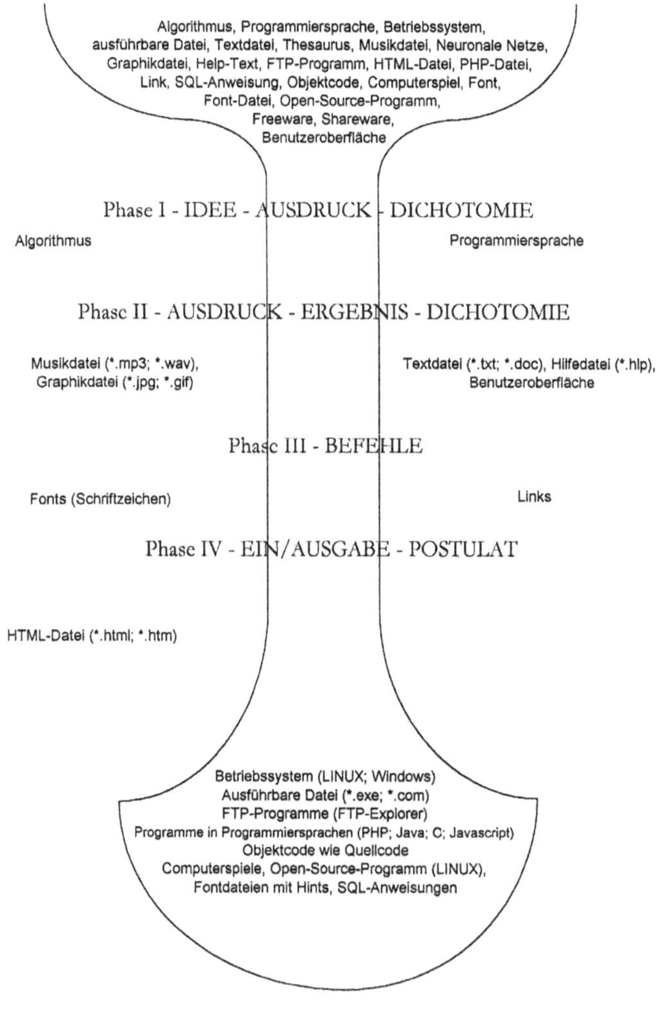

Der Schutz der verbleibenden Gegenstände ist, in Abhängigkeit vom Vorliegen der „eigenen geistigen Schöpfung“ grundsätzlich möglich.

Kapitel 2
Datenbanken

„Most people take the definition of a database no further than, ‚If it's electronic and has data in it, then it's a database.'"[447]

Die Geschichte der Datenbanken begann bereits beim Buchdruck[448]. Durch die Entwicklung des Computers hielten die elektronischen Datenbanken Einzug. Computer wurden zunächst nur in Banken und auf Flughäfen eingesetzt, denn sie waren noch viel zu kostspielig und platzraubend. Anfang der 80er Jahre wurde der Personalcomputer[449] eingeführt und bahnte sich den Weg - wie Jahre zuvor der Fernseher - in den Privatbereich der Menschen. Datenbanken in unterschiedlichstem Formen sind heute aus Alltag und Beruf nicht mehr wegzudenken[450]. Das beginnt mit dem vertrauten Telefonbuch und endet bei komplexen Fachdatenbanken. Ob beim Onlineshopping oder zur reinen Informationsvermittlung, kommerziell, beruflich oder privat, zu beliebigen Themen kann man im Internet[451] oder auch in firmeninternen Intranets Datenbanken finden. Informationen werden immer mehr als handelbare Ware eingestuft[452]. Der Wirtschaftsfaktor Datenbank hat in den letzten Jahren erheblich an Bedeutung gewonnen. Viele Datenbankdienste sind seit der DBRL schon wieder als veraltet anzusehen[453], neue Datenbankformen sind entstanden[454].

Mit dem Aufkommen der digitalen Technik wurden sämtliche elektronischen Ansammlungen und Anordnungen zunächst zu den Sammelwerken gerechnet[455]. Dieses Konzept änderte sich mit Umsetzung der DBRL. Unterschieden wird nun zwischen Werken, die den vollen urheberrechtlichen Schutz genießen, und einfachen Datenbanken, die den Investitionsschutz erhalten. Beispiel für den Umgang mit der neuen Technologie ist die Digitalisierung, deren Behandlung auch im deutschen Recht zu Unklarheiten geführt hat[456]. Dabei stellt die Digitalisierung lediglich den Übergang in ein neues Medium dar und entzieht sich - als Vorgang - der

---

447 Bull CLSR 1998, 295.

448 So auch Kübler 19.

449 Über 96% aller z.Z. benutzten Computer weltweit sind PCs (Quelle: Computer Industry Almanac Inc. http://www.c-i-a.com/200107cu.htm (31.01.2002)).

450 Vgl. beispielhaft die Datenbank am BGH: Berge NJW-CoR 1997, 34; Paefgen CR 1994, 65 zu den rechtlichen Besonderheiten und der wachsenden Bedeutung des Datenbankmarketing; in Westeuropa werden 33% aller Datenbanken produziert (WIPO-Dok. SCCR/7/2).

451 Vgl. z.B. http://www.thebighub.com/ (03.03.2002): eine Datenbank, in der man Datenbanken suchen und finden kann.

452 KOM (92) 24 endg., 5.

453 KOM (92) 24 endg., 7 ff.

454 Vgl. z.B. die Internetphänomene Kapitel 3 VIII.

455 Hillig ZUM 1992, 325 f.; Hübenett GRUR 1992, 664; Fromm/Nordemann/Vinck 8. Auflage § 4 Rn. 1; Katzenberger GRUR 1990, 94, 99 f.; Hackemann ZUM 1987, 269, 270; Röttinger ZUM 1992, 594, 600 ff.

456 Vgl. statt vieler Pilny CTLR 1995, 88, 90, der davon ausgeht, dass für digitale Formen ein Sui-Generis-Schutz erfolgen muss.

urheberrechtlichen Betrachtung[457]. Verwendungsmöglichkeiten aufgrund der Digitalisierung können zwar neue Nutzungsarten sein[458], die Werke an sich ändern ihren Status als Datenbanken durch die Digitalisierung nicht[459].

Einzelfälle werden in diesem Kapitel nicht besprochen, da die Einordnung elektronischer Datenbanken nur im Zusammenhang mit Computerprogrammen erfolgen kann.

I. Datenbanken in der Informationstechnik

Eine Datenbank ist eine systematische Ordnung zur Speicherung von Daten, eine zentrale Datenbasis, auf die berechtigte Anwender zugreifen können[460]. Sie kann auch als elektronischer Datenschrank für eine Sammlung von digitalen Daten bezeichnet werden[461]. Datenbanken werden im Gebiet Datenbanksysteme, einem der ältesten Teilgebiete der Informatik, behandelt. An eine funktionierende Datenbank sind bestimmte Anforderungen zu stellen, denn sie soll der Speicherung und Verwaltung großer Datenbestände dienen. Die Speicherung der Daten muss dauerhaft und vor unberechtigtem Zugriff geschützt sein. Anfragen und Aktualisierungen müssen möglich sein[462]. Es muss für den Endnutzer auch die Möglichkeit bestehen, auf verschiedene Datenbanken gleichzeitig zuzugreifen, und in jedem Fall muss die Datenbank zur Nutzung mit bestimmter Anwendungssoftware gekoppelt werden können[463]. Die Daten in einer Datenbank können beliebig geändert, gelöscht und neu hinzugefügt werden, dennoch sind sie persistent, d.h. sie werden dauerhaft gespeichert, und sind nicht flüchtig wie z.B. Ausgaben auf dem Bildschirm. Der Aufbau einer Datenbank kann recht zeitaufwendig sein und muss vorher gut geplant werden; Änderungen in der Struktur sind später schwer zu integrieren.

A. Datenbanksystem und Datenbankmanagementsystem

Um die Funktionsweise einer Datenbank zu verstehen, ist es erforderlich, die Begriffe Datenbanksystem und Datenbankmanagementsystem einzuordnen. Selbst bei Technikern kommt es hier zur Begriffsverwirrung, da das sogenannte DBMS häufig als „die Datenbank" bezeichnet wird. Ein Datenbanksystem besteht aus Software, dem Datenbankmanagementsystem und einer gewissen Anzahl von Datenbanken. Ein DBMS ist ein Programm, das im Hauptspeicher des Rechners

---

[457] Die Digitalisierung stellt aber keine neue Technik dar, sondern lediglich in ihrer weiten Verbreitung liegt etwas Neues; aufgrund der neuen Technik darf kein Verzicht auf die Prinzipien des Urheberrechts erfolgen (Rapport Sirinelli 57 und 103 ff.).

[458] Z.B. das Internet; vgl. auch Wandtke/Bullinger/Wandtke/Grunert § 31 Rn. 49.

[459] Eine Debatte über die Änderungen durch die Möglichkeit der Digitalisierung und darüber, ob digitale Werke anders zu schützen sind, hat es z.B. in China nicht gegeben. Dort werden sie wie traditionelle Werke geschützt (Guo GRUR Int. 2001, 1011, 1012; Lin MMR 2000, 405, 408).

[460] Zilahi-Szabo: Stichwort Datenbank.

[461] Date 2.

[462] Vossen 4.

[463] Vossen 5.

abgelegt ist und unter der Kontrolle des Betriebssystems ausgeführt wird; es fungiert als Schnittstelle zwischen Benutzern und Datenbank und kann im allgemeinen sogar mehrere Datenbanken gleichzeitig verwalten[464]. Eine wesentliche Funktion des DBMS besteht darin, den Nutzer des Anwendungsprogramms von Details im Hardwarebereich abzuschirmen[465], so dass sich die Architektur der Datenbank für ihn ganz einfach darstellt. Das DBMS ist der wichtigste Bestandteil eines Datenbanksystems. Es kann auf verschiedenen Plattformen laufen und mit verschiedenen Programmiersprachen funktionieren; seine Herstellung reicht von Universitätsentwicklungen über Forschungsprojekte bis hin zu kommerziellen Vorhaben[466]. Die Nutzer einer Datenbank können wie folgt unterschieden werden: Zum einen der Programmierer, der das DBMS und die Datenbank selbst programmiert, dann der Datenbank-Administrator, der die Datenbank verwaltet und wartet, und schließlich der Endnutzer[467].

B. Datenbankmodelle

Ein Datenbankmodell ist eine abstrakte, abgeschlossene, logische Definition von Objekten und Operatoren, die zusammen ein abstraktes Konstrukt bilden, mit dem der Nutzer umgehen kann[468]. Es gibt in der Informatik verschiedene Modelle dafür, wie die Konzeption einer Datenbank umgesetzt werden kann. Die einzelnen Phasen der Datenbankerstellung verlaufen theoretisch folgendermaßen: Zunächst müssen die Anforderungen der Nutzer ermittelt werden, woraufhin ein konzeptioneller Entwurf erstellt werden kann. Danach kann zwischen verschiedenen DBMS und DBS gewählt werden. Darauf folgt der logische Entwurf eines Datenbankschemas, angepasst an das gewählte Datenbankmodell, der physische Entwurf und die Implementierung. Während die ersten drei Punkte nur die technische und organisatorische Vorauswahl betreffen, beschäftigen sich die drei letzteren Punkte bereits mit der Anordnung der in der Datenbank enthaltenen Elemente.

Es gibt unterschiedliche Datenbankmodelle: Das Netzwerk-, das hierarchische, das objektorientierte und das relationale Modell, wobei die beiden ersteren völlig veraltet sind. Kurz erläutert werden sollen hier nur die beiden noch tatsächlich verwendeten Modelle.

1. Objektorientiertes Modell

Eine objektorientierte Datenbank besteht aus Objekten, die Instanzen der im Datenbankschema definierten Klassen bilden[469]. Objekte bestehen aus einem Wert und einer Reihe von Methoden; sie können Informationen nach außen liefern und

[464]Vossen 9.

[465]Date 8.

[466]Zand/Collins/Caviness DBAIS 1/1995, 14, 17 ff.

[467]Date 9.

[468]Date 14.

[469]Dittrich in: Rechenberg/Pomberger 885; das Prinzip ist dasselbe wie bei objektorientierten Sprachen: vgl. Kapitel 1 I. B. 2.

sind unterscheidbar[470]. Dieses Modell erlaubt den Aufbau komplexer Strukturen und die Verwendung der Objekte in anderen Programmen[471]. Objektorientierte DBMS sind z.B. Gemstone, AVANCE, Objectstore, EXODUS u.v.a[472]. Oft haben diese Datenbanken einen relationalen Unterbau[473]. Sehr häufig werden in ihnen Multimedia-Daten gespeichert.

2. Relationales Modell

Das heute am häufigsten genutzte Modell[474] ist das der relationalen Datenbanken. Dieses Modell unterstützt einfache Beschreibungssprachen, was wohl der Hauptgrund für seinen Erfolg ist[475]. Auf das relationale Modell werden die folgenden Ausführungen beschränkt, da es heute fast ausnahmlos von Datenbankentwicklern verwendet wird und auch im Internet am häufigsten anzutreffen ist. Es ordnet die Daten in Tabellen an und verknüpft diese bei Anfrage an die Datenbank. Technisch formuliert, bestehen die Tabellen aus einer Anzahl sogenannter Relationen, die Mengen von Tupeln sind. Dieses System wird unten anhand eines Beispiels ausführlich erläutert[476].

C. Warum Datenbanken?

Worin bestehen nun die Vorteile von Datenbanken? Welche Gründe bewegen den Nutzer, sie den konventionellen Datenablagemethoden vorzuziehen? Warum steigt ihre wirtschaftliche Bedeutung von Jahr zu Jahr? Folgende Faktoren spielen dabei eine entscheidende Rolle:

- Die Daten können besser vor unerwünschtem Zugriff oder zufälligen Verlusten gesichert werden.
- Die Daten können von verschiedenen Personen zur gleichen Zeit abgerufen oder bearbeitet werden.
- Auf die Daten in der Datenbank kann schnell und mit Hilfe von Suchroutinen gezielt zugegriffen werden. Auch mehrstufige Suchen können programmiert werden.
- Auch bei einer großen Anzahl von Datensätzen ist die Funktionalität gesichert.
- Es erfolgt eine zentrale Kontrolle der Daten. Diese Art von Kontrolle ist auf dem Papier nicht möglich.

[470] Dittrich in: Rechenberg/Pomberger 885.

[471] Zu weiteren Vorteilen von objektorientierten Datenbanken vgl. auch Zand/Collins/Caviness DBAIS 1/1995, 14, 15.

[472] Einen Vergleich zwischen den DBMS bieten Zand/Collins/Caviness DBAIS 1/1995, 14, 17 ff.

[473] Z.B. IRIS, POSTGRES und Starburst.

[474] Vorgestellt 1970 von E. Codd; vgl. dazu Piattini/Calero/Genero SQJ 9/2001, 79, 82.

[475] Ullman 43.

[476] Vgl. Kapitel 3 V.

- Datenbanken sind kompakt, d.h. sie ersetzen Stapel von Papier.
- Datenbanken können Daten viel schneller beschaffen oder aktualisieren als ein Mensch.
- Änderungen erfordern nur einen geringen Programmieraufwand.
- Bei Datenbanken sind die Informationen zu jeder Zeit und oft auch von jedem Ort erreichbar und aktuell.
- „Mechanical tasks are always better done by machines.“[477]

II. Überblick über das Urheberrechtssystem als Instrument zum Schutz von Datenbanken

Datenbanken in Form von künstlerischen Zusammenstellungen werden schon seit Jahren - zu Recht - vom Urheberrecht als Sammelwerk geschützt. In letzter Zeit sind die reinen Informationssammlungen immer mehr in den Vordergrund geraten, und es stellt sich die Frage, ob das Urheberrecht oder die verwandten Schutzrechte auch für diese Art von Sammlungen das geeignete Schutzinstrument darstellen. Einerseits wird behauptet, ein Investitionsschutz sei nicht nötig, da die Ansprüche aus Wettbewerbs- und Deliktrecht genügend Schutz bieten[478], andererseits sei ein Investitionsschutz erforderlich, weil anderenfalls die Nachfrage nach datenbankartig organisierten Informationsdiensten das Angebot bei weitem übersteige[479]. Datenbanken werden auch als die „Supermärkte der Zukunft für die Produkte geistiger Kreativität“ bezeichnet[480]. Häufig wurde der urheberrechtliche Schutz von Datenbanken damit begründet, dass auch Computerprogramme urheberrechtlich geschützt seien[481]. Aus diesem Grund werden in manchen Ländern Computerprogramme und Datenbanken gemeinsam in Sondergesetzen geschützt[482]. Das Verständnis von Datenbanken hat sich im Laufe der Jahre gewandelt und ist auch lokal unterschiedlich. Bevor die nach dem deutschen Urheberrechtsgesetz geltenden Regelungen analysiert werden, soll ein kurzer Überblick über die Entwicklung der Begriffe und ihren Schutz gegeben werden.

A. Entwicklung des Schutzes von Datenbanken

Das Weißbuch von 1985[483] setzte die Harmonisierung des Urheberrechts auf die Prioritätenliste. Im darauffolgenden Grünbuch von 1988[484]. wurde aber lediglich festgestellt, dass Datenbanken, die in Form von Büchern oder Disketten

[477] Date 15.
[478] Vgl. Samuelson http://www.arl.org/info/frn/copy/psamlet.html.
[479] Flechsig ZUM 1997, 577.
[480] KOM (92) 24 endg., 3.
[481] Vgl. Whitfield Committee in: Merkin 206.
[482] Vgl. Fußnote 1191.
[483] Weißbuch KOM (85) 310 endg.
[484] Grünbuch 1988 KOM (88) 172 endg.

vermarktet werden, wie digitale Tonaufnahmen geschützt werden können; spezifische Maßnahmen seien verfrüht; ein Schutz von Zusammenstellungen nicht urheberrechtlich geschützten Materials wurde angedacht[485]. Heftige Kritik musste sich das Grünbuch von Seiten der Literatur gefallen lassen[486]. Da es einen industriepolitischen Ansatz vertrat und die Rechte der traditionellen Schöpfer vernachlässigte, wurde es als das „Urheberrecht ohne Urheber" bezeichnet[487]. Aufgrund dieser Kritik wurden 1990 die Initiativen zum Grünbuch vorgelegt[488], in welchen auch das Ziel, eine Richtlinie zum Schutz von Datenbanken zu erlassen, festgelegt wurde. Die Schutzbedürftigkeit von Datenbanken wurde erkannt, die Überlegungen zum Sui-Generis-Schutz jedoch stark kritisiert[489]. Das Grünbuch von 1995[490] und die Initiativen hierzu[491] versuchten, sich den Problemstellungen der Informationsgesellschaft anzunähern und wurden dahingehend als positiv bewertet[492]. 1996 folgte schließlich als konkrete Maßnahme die DBRL, die den Schutz von Datenbanken europaweit harmonisieren sollte. Die DBRL trägt sowohl dem Copyright-System[493] als auch dem Droit d'auteur-System Rechnung[494] und findet ihre Wurzeln im nordischen Katalogrecht[495].

Vor der Umsetzung der DBRL wurde der Begriff der „Datenbank" im deutschen Urheberrechtsgesetz nicht erwähnt. Datensammlungen konnten allenfalls dann geschützt sein, wenn sie eine persönliche geistige Schöpfung und somit ein Werk im Sinne des § 2 UrhG als organisiertes Werk oder § 4 UrhG als Sammelwerk darstellten[496]. Nach dem UrhG nicht schutzfähige Datensammlungen konnten sich vor dem 1.8.1998 in den Fallgruppen der sklavischen Nachahmung und

[485] Grünbuch 1988 KOM (88) 172 endg., 215 f.

[486] Vgl. Lehmann GRUR Int. 1991, 327; Schack ZUM 1990, 59, 61 f.; Schricker GRUR 1992, 242; Schippan 136 f.; Wandtke in: Adrian/Nordemann/Wandtke 113, 116; anders Kappes 79, der die Einseitigkeit des Grünbuchs darauf zurückführt, dass die Herausgeberin die Generaldirektion Binnenmarkt und Industrie war, wohingegen die Generaldirektion Information, Kommunikation und Kultur auch die Interessen der traditionellen Urheber berücksichtigte.

[487] Loewenheim GRUR Int. 1997, 285.

[488] Initiativen zum Grünbuch 1988 KOM (90) 584 endg.

[489] Vgl. Initiativen zum Grünbuch 1988 KOM (90) 584 endg., 18 ff.

[490] Grünbuch 1995 KOM (95) 382 endg.

[491] Initiativen zum Grünbuch 1995 KOM (96) 568 endg.

[492] Vgl. Morgan CTLR 1995, 179 f., wobei hier besonders die Bedeutung der Erkenntnis als internationales Problem des Urheberrechts für die Entwicklung des Internet hervorgehoben wird; Watson CTLR 1995, 170 ff.

[493] Vertreter des Copyright-Systems in Europa sind Irland und Großbritannien (Zur Geschichte des englischen Copyright vgl. Laddie EIPR 1996, 253; zu Irland vgl. Clark in: Jongen/Meijboom 115).

[494] Ellins 260; Gaster Rn. 464; Loewenheim GRUR Int. 1997, 285, 292; nach Perritt/Rustad Gov. Inf. Quarterly 2000, 403, 408 war Sinn und Zweck die Verhinderung einer ähnlichen Entscheidung wie Feist.

[495] Vgl. vertiefend Bensinger 100f.

[496] Vgl. dazu Mehrings 114 ff.

unmittelbaren Leistungsübernahme lediglich und auch nur in seltenen Fällen[497] auf § 1 UWG[498] oder Vertrag[499] stützen. Das galt für nichtelektronische wie für elektronische Datenbanken[500]. Der Schutz von Datenbanken hat sich durch die Umsetzung der DBRL in vieler Hinsicht geändert, sowohl theoretisch als auch praktisch[501]. Lange Zeit wurde versucht, verschiedene Kriterien für einen erweiterten Schutz von Datenbanken zu entwickeln. Einigkeit herrschte darüber, dass ohne eine gewisse Schöpfungshöhe kein Datenbankschutz vorgesehen werden sollte, wobei die Anforderungen an Datenbanken bezüglich der Originalität nicht allzu hoch anzusetzen seien[502]. Die Schaffung eines Schutzes sui generis wurde mehrheitlich in Hinblick auf die große Bedeutung der „Berner Konvention als Garant eines international anerkannten einheitlichen Schutzes für Datenbanken" abgelehnt[503], obwohl auch erkannt wurde, dass ein Investitionsschutz für Datenbanken durchaus notwendig ist[504]. Die Einführung des Sui-Generis-Schutzes von Datenbanken durch die Richtlinie 96/9/EG über den rechtlichen Schutz von Datenbanken vom 11. März 1996[505] war und ist umstritten. Da in der RBÜ und anderen internationalen Abkommen ein solcher Schutz nicht verankert ist[506], gilt er lediglich europaweit. Ursprünglich war geplant, die allgemeinen Regelungen zum Datenbankschutz als § 69 h bis l einzufügen[507], was jedoch auf Empfehlung des Ausschusses für Bildung, Wissenschaft, Forschung, Technologie und

---

[497] Vgl. OLG Frankfurt a.M. NJW-CoR 1996, 386 - Tele-Info; LG Hamburg CR 1994, 476 - Wettbewerbsschutz für Datenbanken: Hier wurde sowohl der Schutz als Sammlung nach dem geltenden UrhG als auch der wettbewerbsrechtliche Schutz abgelehnt; in der Entscheidung BGH GRUR 1999, 923 - Tele-Info-CD wurde dieser Fall nach Umsetzung der DBRL dann der Schutz der neuen §§ 87 a ff. UrhG zugestanden.

[498] Heinrich WRP 1997, 275, 278 ff.

[499] KOM (92) 24 endg., 4.

[500] Vgl. v. Lewinski ALAI 1996, 480; in Großbritannien hingegen wurden Datenbanken bereits umfangreich geschützt. In Frankreich galten ähnliche Maßstäbe wie in Deutschland. Schon vor 1998 waren Datenbanken geschützt, jedoch lediglich Auswahl und Anordnung der Daten und nicht die Daten selbst (Piette-Coudol/Bertrand 140.). Allerdings wurde auch hier eine persönliche geistige Schöpfung verlangt: Einer chronologischen Liste aller französischen Weine basierend auf Produktionsregion und Vintage wurde z.B. der Schutz verwehrt (WIPO-Dok. SCCR/1/INF/2).

[501] Zu einigen praktischen Änderungen vgl. auch Hackemann CR 1998, 510, 514.

[502] Vgl. in diesem Kapitel III. C. 4. a).

[503] Zu weiteren Gründen der Ablehnung vgl. Hackemann CR 1991, 305, 308; Hoebbel CR 1993, 12, 13; Kritik auch von Vivant in: Konzelmann JurPC Web-Dok. 225/2001 Abs. 3, der kritisiert, dass kein absolutes Recht mit einem eigenen Wert geschaffen wurde, sondern lediglich versucht wird, Interessen auszugleichen, was ohne den theoretischen Unterbau besser möglich wäre. Vor allem habe der Hersteller nur ein schützenswertes Interesse an einer Lizenzgebühr und nicht an einem Ausschlussrecht.

[504] Hackemann CR 1991, 305, 308.

[505] Die Regelungen wurden vom deutschen Gesetzgeber mit einer Gesamtregelung der multimedialen Informationsdienste mit dem IuKDG am 22.7.1997 umgesetzt (BGBl. 1997/I, 1870); Art. 3-6 DBRL in den ersten Teil des UrhG integriert; Art. 7 bis 11 DBRL als sechster Abschnitt in das UrhG eingefügt; zur historischen Entwicklung der Richtlinie vgl. Gaster Rn. 1 ff. und zu den Umsetzungsverpflichtungen anderer Staaten vgl. Gaster in: Weber/Hilty 35, 36 ff.

[506] Vgl. dazu in diesem Kapitel II. C. 1.

[507] RegE BR-Drucks. 966/96, 15; RegE BT-Drucks. 13/7385, 13.

Technikfolgenabschätzung geändert wurde. Das Datenbankwerk wurde als Unterfall des Sammelwerks in § 4 Abs. 2 UrhG geregelt, der Sui-Generis-Schutz in die §§ 87 a ff. UrhG eingefügt[508]. Ob die Integration in das bestehende Urheberrechtsgesetz[509] nun angemessen ist oder die Schaffung eines Datenbankschutzgesetzes[510] besser gewesen wäre, mag dahingestellt bleiben[511]. Grund für die Integrierung in das Urheberrechtsgesetz war, dass auch ein urheberrechtlicher Schutz mit der Richtlinie eingeführt wurde (§ 4 Abs. 2 UrhG) und beide Schutzinstrumente im selben Gesetzeswerk geregelt werden sollten. Die Eingliederung hinter § 87 UrhG erfolgte aufgrund der konzeptionellen Nähe zum Schutz der Funksendungen[512].

Die Mitgliedstaaten waren bei der Umsetzung der DBRL nur hinsichtlich der Zielsetzung gebunden, in der Wahl der Form und Mittel jedoch frei[513]. Als „Stück europäischen Urheberrechts"[514] müssen die Normen aber richtlinienkonform ausgelegt werden. Das bedeutet, dass sowohl Wortlaut als auch Erwägungsgründe der DBRL bei der Auslegung ebenso wie die deutsche Gesetzesbegründung berücksichtigt werden müssen[515]. Bei der deutschen Gesetzesbegründung kann sowohl auf die Begründung der endgültigen Fassung[516] als auch, soweit sich keine Widersprüche ergeben, auf die Begründung des ursprünglichen Regierungsentwurfs[517] zurückgegriffen werden. Bestritten wird die Notwendigkeit der richtlinienkonformen Auslegung beim Sammelwerk[518]. Das Sammelwerk wurde aber durch das IuKDG dahingehend erweitert, dass nun auch Daten und Elemente Bestandteile von Sammelwerken sein können. Diese Erweiterung beruht jedoch nicht auf der DBRL, da deren Vorschriften mit dem Datenbankwerk hinreichend umgesetzt wurden. Da sich das Datenbankwerk aber auf das Sammelwerk bezieht und eine europawidrige Auslegung von § 4 Abs. 1 UrhG sich auch zwangsläufig auf

---

[508] BT-Drucks. 13/7934, 43.

[509] So Flechsig ZUM 1997, 577, 590; Kappes ZEuP 1997, 654, 673.

[510] So der Vorschlag von Lehmann NJW-CoR 1996, 249.

[511] Gaster meint, dass durch die Trennung von Sammelwerk, Datenbankwerk und Datenbank an die Grenzen des europarechtlich Zulässigen gegangen wurde (vgl. Gaster CR 1997, 717, 720; Gaster Rn. 49 ff.). Deutlich überschritten habe diese Grenze aber Schweden, indem der Begriff Datenbank nicht einmal verwendet wurde und lediglich die Formulierung „ähnliche Erzeugnisse, in denen eine große Menge von Daten zusammengestellt worden sind" in § 49 Schwedisches UrhG Eingang gefunden hat. (Gaster in: Weber/Hilty 35, 43); vgl. zu den einzelnen Lösungsansätzen bei der deutschen Umsetzung Grützmacher 464, der vorschlug, einen neuen Teil zwischen dem ersten und zweiten Teil des Urheberrechtsgesetzes einzufügen mit der Überschrift „Besondere Bestimmungen für die Rechte an besonderen Informationswerken." ; vgl. auch Koch ZUM 2001, 839 zu den Umsetzungsmängeln bzgl. der Onlineübermittlung.

[512] RegE BR-Drucks. 966/96, 43; RegE BT-Drucks. 13/7385, 41.

[513] Vgl. Art. 249 Unterabsatz 3 EGV; vgl. z.B. zur Umsetzung von Art. 5 DBRL Gaster Rn. 285; Kappes ZEuP 1997, 654, 661 f.

[514] Vgl. schon zu den Computerprogrammen RegE BT-Drucks. 12/4022, 8.

[515] Schricker/Loewenheim § 4 Rn. 30.

[516] BT-Drucks. 13/7934.

[517] RegE BT-Drucks. 13/7385; Stellungnahme des BR in RegE BR-Drucks. 966/96.

[518] Schricker/Loewenheim § 4 Rn. 4.

§ 4 Abs. 2 UrhG auswirken würde und im übrigen eine einheitliche Auslegung gewollt war, muss auch das Sammelwerk an den Vorschriften der DBRL gemessen werden können.

2001 wurde schließlich die Richtlinie zur Anpassung des Urheberrechts an die Informationsgesellschaft erlassen. Mit der InfRL sollten die Vorgaben der WIPO-Verträge WCT und WPPT umgesetzt werden, neue Schrankenregelungen und der Schutz gegen die Umgehung technischer Schutzmaßnahmen festgelegt werden[519]. Erwägungsgrund 20 InfRL verdeutlicht den Bezug der Informationsgesellschaft zur Computer- und Datenbankrichtlinie. Die InfRL sieht nun verschiedene Regelungen vor, die in gleichem Maße für alle urheberrechtlich geschützten Werke, aber auch für den Datenbankschutz gemäß § 87 a UrhG gelten soll[520].

B. Investitionsschutz von Datenbanken

Ausgangspunkt für den Vorschlag, Datenbanken sui generis zu schützen, war eine Analyse der nationalen Schutzmechanismen für elektronische Datenbanken[521]. Da eine Abschottung des europäischen Marktes gegen den internationalen Wettbewerb eine Verschlechterung auf vielen Gebieten zur Folge hätte[522], können solche wichtigen Fragen wie der Investitionsschutz von Datenbanken nicht rein national oder europäisch betrachtet werden. Das Urheberrecht und die verwandten Schutzrechte spielen in der Wirtschaft eine immer größere Rolle; nationale Grenzen werden durch die neuen Technologien zunehmend irrelevant, sowohl auf der Verwerter- als auch auf der Nutzerseite[523]. Insbesondere bei Internetdatenbanken führen die unterschiedlichen Schutzanforderungen zu einem Schutzsplitting, das die einheitliche Verwertung zumindest erschwert, wenn nicht sogar ausschließt[524]. Jede Maßnahme zur Lösung dieses Problems bliebe unvollständig, ohne einen geeigneten Schutz auf internationaler Ebene[525]. Aus diesem Grund wird für eine Lösung der neu auftretenden Probleme immer ein globaler Ansatz zu wählen sein[526]. Durch die DBRL wurde der Investitionsschutz von reinen Informations-

[519] Vgl. zur deutschen Umsetzung ReferentenE und UrhGE

[520] Von der Änderung des Vervielfältigungsbegriffes ist lediglich der Begriff des § 16 UrhG betroffen; die Regelungen des § 69 c und 87 b UrhG bleiben davon unberührt (Kröger CR 2001, 316, 317 Fn. 20.); auch das Recht der öffentlichen Wiedergabe wurde erweitert (Erwägungsgrund 24 InfRL), so dass sie nun alles umfasst, was nicht der Verbreitung materieller Vervielfältigungsstücke dient (Kröger CR 2001, 316, 318). Erwägungsgrund 33 InfRL hält fest, dass Caching und Vorgänge, die das Browsen ermöglichen, unter die Schrankenregelung fallen sollen, sofern dabei die Informationen nicht modifiziert werden; Kapitel 3 enthält die Harmonisierung des Schutzes gegen die Umgehung von technischen Schutzmaßnahmen, wobei die Geltung für sui generis geschützte Datenbanken ausdrücklich miteingeschlossen ist, ohne einen Einfluß auf die spezielleren Vorschriften der CRL zu haben (Vgl. Erwägungsgrund 50 InfRL).

[521] Grünbuch 1988, KOM (88) 172 endg., Kapitel 6.

[522] Stellungnahme zum Weißbuch der EG-Kommission über den Binnenmarkt, 2.

[523] Vgl. so bereits die Initiativen zum Grünbuch 1988 KOM (90) 584, endg., 2; Rapport Sirinelli 105; vgl. Dreier GRUR Int. 1995, 840, 842; Wandtke GRUR 2002, 1 ff.

[524] Koch ITRB 2001, 22, 23.

[525] Initiativen zum Grünbuch 1995 KOM (96) 568 endg., 3.

[526] Vgl. Initiativen zum Grünbuch 1988 KOM (90) 584, endg., 4.

sammlungen zwar im Urheberrecht fixiert, international ist die Diskussion aber noch immer lebendig[527].

1. Schutz von nichtkreativen Datenbanken

Die nordischen Staaten hatten bereits vor der DBRL einen Schutz für nichtkreative Sammlungen und waren somit das Vorbild für den Sui-Generis-Schutz[528]. Einige Länder haben einen ähnlichen Schutzstandard entwickelt, wie er durch die DBRL vorgegeben wird. Hierbei ist insbesondere Mexiko zu nennen, das außerhalb von Europa das einzige Land mit einem kodifizierten Datenbankschutz für nichtkreative Datenbanken ist[529]. In Indien erging allerdings eine Entscheidung, dass eine Kundenliste als Datenbank geschützt sei[530]. Auch in Australien ergehen des öfteren Urteile, bei denen der Organisationsaufwand im Vordergrund steht und nicht die Originalität[531]. Russland wird demnächst einen Entwurf für den Schutz von nichtkreativen Datenbanken vorlegen, was auf den europäischen Einfluss zurückzuführen ist[532].

2. Aufhebung des Schutzes nach Bestehen

In den USA, wo 60% aller Datenbanken produziert werden[533], bestand einst ein Schutz für nichtkreative Datenbanken. Einen Investitionsschutz gab es zwar in den USA genau genommen nie, denn es war schon immer Originalität für

[527] Auch wenn Afrika, Südamerika, Asien und Osteuropa zusammen nur 4,1% des Datenbankmarktes bestimmen (WIPO-Dok. SCCR/7/2); vgl. zum Schutz von Datenbanken weltweit WIPO-Dok. DB/IM/2 und WIPO-Dok. DB/IM/3 und 3 Add.

[528] Vgl. Zum nordischen Recht insbesondere Bensinger 3 ff.; zum schwedischen § 49 UrhG Karnell GRUR Int. 1999, 329 ff.; elektronische Datenbanken wurden von keinem Mitgliedsstaat ausdrücklich geschützt (KOM (92) 24 endg., 15).

[529] WIPO-Dok. DB/IM/2; WIPO-Dok. SCCR/8/3; (Article 108 mex.CL: „Databases that are not original shall nevertheless be protected during a period of five years for the exclusive use of the person who developed them" ; zu den Entwicklungen in Mexiko vgl. Schmidt CRi 2001, 31).

[530] Burlington's Home Shopping Pvt. Ltd v. Rajnish Chibber and Another am 20. Oktober 1995 am High Court von Delhi ENT.LR 1995, E-159; allerdings erging auch eine Gegenentscheidung bezüglich eines Law Reports: Eastern Book Company & Ors. v Navin J. Desai & Anr. (WIPO-Dok. SCCR/7/5).

[531] Vgl. Kortas 118 ff., insbesondere 136 ff. mit Beispielen, bei denen der Organisationsaufwand beim Zusammenstellen von Datensammlungen deren Schutzfähigkeit mitbegründet hat.

[532] Aufgrund dessen, dass die Russische Föderation kein Mitglied der EU ist, hat sie die DBRL noch nicht umgesetzt; allerdings existieren zwei Abkommen zur Gewährleistung des immaterialgüterrechtlichen Gemeinschaftsstandards, (Art. 54, Anhang 10 des Abkommens über Partnerschaft und Zusammenarbeit, Abl. L 327/97 und Art. 18, Anhang IV des Interrimsabkommens über Handel und Handelsfragen, Abl. L 247/95). Die digitale Werkform wird eigens erwähnt. Als Voraussetzung für den Schutz des Werkes gilt Unbekanntheit und Originalität. Die Datenbanken betreffenden Gesetze sind das russ.UrhG und das russ.CDG. Bestandteile von Datenbanken können auch Daten und Elemente sein (Nikiforov in: Brunnstein/Sint 214, 218); dahingehend stimmt das russische Gesetz schon einmal mit der DBRL überein. Datenbanken werden in Art. 1 (1) russ.CDG als „совокупность данных" (Zusammenstellung von Daten) bezeichnet, dies kann jedoch nicht dazu führen, den darin enthaltenen Werken den Schutz als solche zu verwehren (Gyertyánfy FS Kreile 257, 267); es sind nur elektronische Datenbanken erfasst. Wie im deutschen Recht ist nicht der Inhalt schutzfähig, sondern die Auswahl und Anordnung.

[533] WIPO-Dok. SCCR/7/2.

den Schutz erforderlich, was negativ in 17 U.S.C. § 103 (a), § 102 zum Ausdruck kommt, aber die Auslegung des Originalitätsbegriffes war großen Schwankungen ausgesetzt, so dass ein solcher Schutz faktisch bestand. Die damals geltende „Sweat-of-the-Brow"-Lehre[534] besagt, dass bereits Fleißarbeit für die Annahme des Urheberrechtsschutzes genügt; Originalität sei zwar erforderlich, aber diese wird bereits durch die wesentliche Investition erreicht[535]. Nach der „Subjective-selection"-Lehre wird eine minimale Kreativität und Individualität bei der Auswahl verlangt, die auf subjektiven Kriterien beruht[536], ähnlich verlangt die „Arrangement"-Lehre[537] eine minimal kreative Leistung in der Anordnung der Daten für die Datenbank. Eine klare Absage an die „Sweat-of-the-Brow"-Lehre zugunsten der „Subjective-selection"-Lehre wurde durch die „Feist-Entscheidung"[538] des Supreme Court 1991 erteilt. Danach reichen Arbeit und Mühe nicht für den urheberrechtlichen Schutz aus, sondern eine gewisse Originalität ist erforderlich[539]. Nach den §§ 87 a ff. UrhG wäre die Sammlung von

[534] Diese geht auf die Entscheidung des Second Circuit of Appeals zurück: Juweler's Circular Publishing Co. v. Keystone Publishing Co., 281 F. 83 und beinhaltet, den Investitionsschutz ähnlich der Regelung der DBRL; bestätigt in: Leon et al. v. Pacific Telephone & Telegraf Co., 91 F.2d 484 ff. (9th Circuit 1937); The New York Times Co. v. Roxbury Data Interface, 194 U.S.P.Q. 371 ff. (District Court of New Jersey 1973); Der Grundsatz geht auf John Locke zurück (Locke 305 ff.), der sich die Frage stellte, wie Eigentum ursprünglich entsteht und zu der Antwort gelangte, dass es die Arbeit ist, die aus Allgemeingut Eigentum macht: „Whatsoever then he removes out of the State that Nature hath provided, and left it in, he hath mixed his Labour with, and joyned to it something that is his own, and thereby makes it his Property. It being by him removed from the common state Nature placed it in, it hath by this Labour something annexed to it, that excludes the common right of other man.", wird aber auch Laurence Sterne in: „The Life and Opinions of Tristram Shandy, Gentleman" (1759-1767) zugeschrieben: „The sweat of a man's brow, and the exudations of a man's brain, are as much a man's property as the breeches upon his backside." (Band III Kapitel 35).

[535] Vgl. Leaffer ALAI 1996, 501, 507.

[536] Adventures in Good Eating, Inc. v. Best Places to Eat, Inc. 131 F.2d 809 ff. (7th Circuirt 1942); Eckes v. Card Prices Update, 736 F.2d 859 ff. (1984).

[537] Financial Information Inc. v. Moody's Investor's Service, 1 U.S.P.Q. 2d 1279 ff. (2nd Circuit 1986); Southern Bell Telephone and Telegraph Company v. Associated Telephone Directory Publisher, 756 F.2d 801 ff. (11th Circuit 1985); West Publishing Co. v. Mead Data Central, 799 F.2d 1219 ff. (1986).

[538] Feist Publications, Inc. v. Rural Telephone Service Co., 499 U.S. 340, (1991); GRUR Int. 1991, 933 ff.: Kläger im Ausgangsverfahren und Beklagte im Revisionsverfahren vor dem U.S. Supreme Court war Rural Telephone Service Company, Inc. Diese hatte im Rahmen ihrer gesetzlichen Verpflichtung als staatlich zugelassene Telefongesellschaft „Weiße Seiten" im Verbund mit „Gelben Seiten" und einem Vorwort an ihre Teilnehmer ausgegeben. Die Beklagte im Ausgangsverfahren und Revisionsklägerin Feist Publications Inc. erstellte überregionale Telefonbücher, wobei sie sich von den regionalen Telefongesellschaften wie Rural regelmäßig Lizenzen einräumen ließ. Rural verweigerte die Lizenzeinräumung. Feist Publications Inc. verwendete das Telefonverzeichnis von Rural (1309 Einträge in dem 46878 Einträge umfassenden Verzeichnis von Feist stammten von Rural) dennoch in seinen „Weißen Seiten" (Dies konnte nachgewiesen werden, da die Feist Publikation auch 4 fiktive Teilnehmer enthielt, die Rural erfunden hatte, um sich vor unberechtigtem Kopieren zu schützen).

[539] The selection, coordination, and arrangement of Rural's white pages do not satisfy the minimum constitutional standards for copyright protection... In preparing its white pages, Rural simply takes the data provided by its subscribers and lists it alphabetically by surname. The end producer is a garden-variety white pages directory, devoid of even the slightest trace of creativity.

Feist unproblematisch geschützt gewesen[540]. Obwohl die „Sweat-of-the-Brow"-Lehre bereits zum Copyright Act 1909 im Widerspruch stand, da die Bindung des Urheberrechts an die schöpferische Tätigkeit hier missachtet wird[541] und mit dem Copyright Act von 1976 gar nicht mehr vereinbar war[542], scheint diese Entscheidung das amerikanische Urheberrecht aus den Fugen gerissen zu haben[543]. Der Effekt der „Feist-Entscheidung" wurde durch nachfolgende Urteile teilweise bestätigt[544], teilweise abgemildert[545]. Seit der Abschaffung des „Sweat-of-the-Brow"-Datenbankschutzes versuchen die US-amerikanischen Gerichte über komplizierte Konstrukte - meist über das Trade Secret Law oder über das Tort Law - wieder zum Schutz des Datenbankherstellers zu kommen[546]. Sonst verbleibt den Datenbankherstellern kein Schutz mehr[547] als die Möglichkeit des vertragsrechtlichen Datenbankschutzes[548]. Datenbankhersteller versuchen seit der Feist-Entscheidung urheberrechtsgeschützte Werke in ihre Datenbanken zu integrieren, um so die potentiellen Verletzer abzuschrecken, da diese erst die geschützten von den ungeschützten Teilen trennen müssten[549]. Die EU hat durch ihre im globalen Maßstab recht einseitige Regelung des Schutzes von Datenbanken andere Staaten in Zugzwang gebracht. Von dem seit dem 19. Jahrhundert üblichen Prinzip der Inländergleichbehandlung wurde zugunsten einer Gegenseitigkeitsklausel bzgl.

540 Vgl. dazu BGH GRUR 1999, 923 - Tele-Info-CD.

541 Das stellte u.a. der U.S. Supreme Court in 18 U.S.P.Q. 2d, 1275, 1281, Telephone Service Company Inc. fest, wobei dies bereits 1918 in International News Service v. Associated Press, 248 U.S. 211 (1918) dargelegt wurde.

542 Gesetzgeberisch sollte der Streit geschlichtet werden, in dem im 17 U.S.C. von 1976 die Definition von compilations aufgenommen wurde. Obwohl darin klar zum Ausdruck kam, das eine gewisse Originalität gefordert wurde, hielt der Theoriestreit an, ja die Vertreter der „Sweat-of-the-Brow"-Doktrin schienen das Gesetz zu ignorieren (Hoebbel 254 f.; Hoebbel GRUR Int. 1991, 936, 937); das Gesetz hat demnach nichts zur Klärung des Problems beigetragen. Im US-amerikanischen Copyright Law wurden zunächst „compilations" geschützt, wenn der Datenbankhersteller in die Erstellung der Datenbank investiert hatte (Bull CLSR 1998, 295, 298).

543 Zur Feist-Entscheidung wird bis heute äußerst kontrovers diskutiert: Jeder Aufsatz zum amerikanischen Datenbankrecht beginnt mit der Entscheidung des Supreme Court und seinen Auswirkungen (vgl. statt vieler nur Brown TCL 1/1997, 17, 18, der vom „Feist-Virus" spricht, gegen den Europa sich durch die DBRL „geimpft" habe und Gorman 18 Rutgers Comp. & Tech. L. J. 1992, 731), wogegen Samuelson (http://www.arl.org/info/frn/copy/psamlet.html) meint, die Entscheidung sei so gut wie bedeutungslos gewesen, da schon immer so entschieden wurde.

544 Bellsouth Advertising & Publishing Crop. v. Donnelley Information Publishing , Inc. 999 F.2d 1444, 28 U.S.P.Q. 2d (BNA) 1001 (11th Circuit): die Anordnung wurde als zu gewöhnlich empfunden.

545 Key Publications Inc. v. Chinatown Today Publishing Enterprises Inc. 945 F2d 509 (2nd Circuit 1991), wo entschieden wurde, dass das Feist-Urteil für die Gelben Seiten der New Yorker Chinesisch-Amerikanischen Gemeinde nicht anwendbar sei, allerdings stellte das Gericht trotz Schutzes der Datenbank keine Verletzung des Urheberrechts fest, da zwar ca. 75% der Daten übernommen wurden, aber diese - statt in 260 Kategorien - wie beim Kläger nur in 28 Kategorien eingeteilt wurden; somit lag eine neue Anordnung vor; vgl. auch CCC Information Services Inc. v. MacLean Hunter Market Reports Inc. 44 F.3d 61 (2nd Cir. 1994).

546 Vgl. z.B. Keck/Goode Business Law. 2001, 513, 525 ff. und auch Kapitel 3 VIII. H.

547 U.S. Patent and Trademark Office Report; vgl. Auch die Entscheidung Warren Publishing v. Microdos Data Corp., 115 F.3d 1509 (11th Circuit).

548 Vgl. Zum vertragsrechtlichen Datenbankschutz Kübler 194 ff; Stone/Pernick TCL 2/1999, 17, 18 ff.

549 Bull CLSR 1998, 295, 299.

des Sui-Generis-Schutzes abgewichen, um die anderen Nationen zu veranlassen, nun einen Investitionsschutz für Datenbanken einzuführen[550]. Solche Gegenseitigkeitsklauseln stoßen heute wie damals auf vielfache Kritik[551]. Insbesondere können diese Maßnahmen dazu führen, dass es aufgrund des Zeitdrucks, z.B. im Fall von zeitlich begrenzten Gegenseitigkeitsklauseln wie bei den Halbleitergesetzen, zu schnellen und unüberlegten Gesetzgebungsverfahren kommt, die einfach das erste Modell übernehmen[552]. Eine Gesetzesänderung wird in den USA seit langem propagiert, denn eine Benachteiligung der amerikanischen Datenbankhersteller durch die Gegenseitigkeitsklausel war vorprogrammiert[553]. Zur Zeit bestehen keine Ansätze eines Sui-Generis-Rechtsschutz für Datenbanken de lege ferenda[554]. In den letzten Jahren wurde jedoch eine Reihe von Vorschlägen zur Lösung der Datenbankkrise gemacht[555]. 1996 wurde von Carlos Moorhead ein Kongreßentwurf erarbeitet, um Datenbanken auch Investitionsschutz zu geben[556], der auf Ablehnung stieß. Im 105. Kongreß legte der Abgeordnete Coble einen Entwurf vor[557], der aus zeitlichen Gründen nicht mehr Gesetz wurde[558]. Der Entwurf wurde in der Literatur unterschiedlich angesehen, einerseits als Schritt in die rich-

550 Mitte der 80er Jahre hatten die USA auf ähnliche Weise die Industrienationen dazu gebracht, Gesetze zum Schutz von mikroelektronischen Halbleitererzeugnissen zu erlassen (USA: Semiconductor Chip Protection Act of 1984, Public Law No. 98-620, November 1984; das entsprechende deutsche Gesetz zum Schutz von Halbleitern wurde am 22.10.1987 verabschiedet; BGBl. 1987/I, 2294).

551 Cook EuZW 1994, 7, 13; Kappes ZEuP 1997, 654, 666 f.; Reichman/Samuelson 50 Vand. L. Rev. 1997, 51, 96; Rosler 10 High Tech. L. J. 1995, 105, 122 f.; Wiebe Int. J. L. & Inf. Tech. 2000, 139, 143; Cornish EIPR 1988, 99.

552 Kappes ZEuP 1997, 654, 667.

553 Austin 30 L. Tech. 1997, 1, 27; Band/Gowdy http://www.dlib.org/dlib/june97/06band.html (06.06.2002); Brown TCL 10/1997, 1, 6; Gaster CR 1999, 669; Keck/Goode Business Law. 2001, 513, 536; Nycum TCL 8/1997, 12, 15; Powell TICL 3/1994, 11, 17; Raubenheimer TICL 8/1994, 10, 11; Roßnagel/Heitland UrhG Einl Rn. 16 Tanenbaum TCL 2/1998 14, 18; Valente TCL 7/2000, 20; vgl. zur ähnlichen Lage der Schweiz Kübler 317 f.; vgl. auch Vinje EIPR 1995, 361, 367.

554 Bond CLSR 1997, 401, 402; Koch ITRB 2001, 22, 23; Raubenheimer TICL 8/1994, 10, 11.

555 Obwohl auch behauptet wird, eine Datenbankkrise existiere nur durch die Bürokraten in der Europäischen Kommission (Samuelson http://www.arl.org/info/frn/copy/psamlet.html).

556 H.R. 3551: Die Definition von Datenbanken erinnert sehr an die Definition der DBRL, wobei diese Definition sogar noch weiter ist (kritsch zu dem Entwurf Nycum TCL 8/1997, 12, 15; Reichman/Samuelson 50 Vand. L. Rev. 1997, 51, 103 ff., die den Gesetzesvorschlag noch schärfer kritisieren als die DBRL, da hier nicht einmal Schrankenregelungen vorgesehen waren).

557 H.R. 2652: Der Entwurf wurde angenommen und mit kleineren Änderungen dem Senat vorgelegt (durch die Integration des Vorschlags als fünftem Titel in den DMCA); in Section 1201 (Introduced to the house) wird ein Schutz für Sammlungen statuiert, die mit erheblichen Geld- oder anderen Ressourcen gesammelt, geordnet oder erhalten werden; er enthält, anders als das europäische Schutzmodell, eine Beschränkung auf kommerziell genutzte Datenbanken; bzgl. der Daten, die in einer Datenbank gesammelt werden können, enthält der Entwurf keinerlei Einschränkungen; es zählt nur, dass die Elemente in systematischer Weise angeordnet sind (Section 1204 I); die Beschränkung auf den Schutz kommerzieller Datenbanken blieb auch in der zweiten Fassung (Reported to the House) . Daran änderte sich auch in der dritten Fassung (Passed by the House) und in der vierten Fassung (House Bill Referred to a Senate Committee) nichts.

558 Der fünfte Titel wurde dabei aus dem DMCA durch den Vorsitzenden des Justizausschusses wieder herausgenommen, wobei Coble dem unter der Bedingung zustimmte, das er seinen Gesetzesvorschlag in der nächsten Periode wieder einbringen könne (vgl. Kübler 203).

tige Richtung, andererseits aber auch als übertrieben und übermäßig schützend. Ein reiner Misappropriation-Schutz wurde gefordert, wenn ein Schutz überhaupt nötig sei[559]. 1999 gab es gleich mehrere gegenläufige Gesetzgebungsansätze. Der neuerliche Vorschlag von Senator Coble entsprach weitgehend seinem Vorschlag der 105. Kongressperiode[560]. Hier sollte ein Hybrid aus dem Intellectual Property und dem Tort Law/Unfair Competition Law entstehen[561]. Senator Hatches Vorschlag war eine Mischung aus dem Entwurf von Coble und einem Vorschlag[562] von Nutzergruppen[563] und basiert auf einem wettbewerbsrechtlichen Ansatz. Senator McCain ging es in seinem Gesetzesentwurf[564] lediglich um den Schutz von Börseninformationen[565]. Ein weiterer Vorschlag[566] stützt sich noch mehr auf die Misappropriation-Prinzipien als der Vorschlag von Coble. Er beschränkt sich auf Echtzeitdaten und verlangt nicht einmal eine wesentliche Investition. Dennoch wurde dieser Gesetzesentwurf nicht so stark angegriffen wie H.R. 354, da seine Anwendung sehr beschränkt ist[567].

In der aktuellen 107. Kongressperiode hat es bislang keinen neuerlichen Gesetzesentwurf gegeben[568]. Die „Database Data Coalition" versucht die Diskussion aufrechtzuerhalten, hebt die Notwendigkeit eines solchen Schritts hervor und drängt auf einen neuen Vorschlag[569].

[559] Samuelson http://www.arl.org/info/frn/copy/psamlet.html.

[560] H.R. 354: Vgl. Cobles Statement unter http://www.techlawjournal.com/cong106/database/19990119.htm (03.03.2002); Valente TCL 7/2000, 20, 21 ff.

[561] Da hier Rechte an Informationen entstehen könnten, wurde der Entwurf vielfach abgelehnt. Schutzgegenstand ist eine Informationssammlung, die eine wesentliche Investition verkörpert. Zusätzlich fordert der Entwurf jedoch noch den Nachweis der Schädigung des Datenbankherstellers; die Definition ist weitgehend die eines Datenbankwerks oder einer Datenbank i.S.d. UrhG. Der Entwurf wurde von vielen Seiten begrüßt, aber auch von ebenso vielen Seiten strikt abgelehnt (vgl. Singer MMR 10/2000 VI.) und sogar für verfassungswidrig gehalten (Benkler http://www.law.berkeley.edu/journals/btlj/articles/15_2/benkler/benkler.htm).

[562] The Database Fair Competition and Research Promotion Act.

[563] Perkins EIPR 2000, 366, 367 Fn. 19.

[564] Trading Information Act S 95 IS.

[565] Perkins EIPR 2000, 366, 367 Fn. 19; diese Börseninformationen sind selbst nach deutschem Recht nicht schützbar: Vgl. OLG Hamburg ZUM 1999, 849 - Börsendaten.

[566] H.R. 1858: u.a. von Tom Bliley im Repräsentantenhaus eingebracht.

[567] Benkler http://www.law.berkeley.edu/journals/btlj/articles/15_2/benkler/benkler.htm hält diesen Entwurf für evtl. verfassungsgemäß, d.h. der Schaden wäre relativ gering.

[568] In Georgia scheiterte der Georgia Database Protection and Economic Development Act of 2001 http://www.legis.state.ga.us/Legis/2001_2/fulltext/sb214.htm (10.9.2002).

[569] Blevins an die Abgeordneten der 107. Kongressperiode in: http://www.arl.org/info/letters/db_blevins.html (03.03.2002); vgl. WIPO-Dok. SCCR/7/10.

3. Kein Schutz von nichtkreativen Datenbanken

Die meisten Staaten haben sich bisher gegen einen Schutz von nichtkreativen Datenbanken entschieden. China[570], Korea[571], Japan[572] und Russland[573] stehen diesem Schutz jedoch positiv gegenüber[574].

C. Internationaler Schutz von Datenbanken

1. Schutz nach RBÜ, TRIPs und WCT

Sammelwerke werden gemäß Art. 2 Abs. 5 RBÜ wie Werke der Literatur oder Kunst geschützt. Ungeklärt dabei ist jedoch, ob das in den Sammlungen enthal-

---

[570] Gerade bei den Datenbanken gibt es noch Lücken, d.h. das chin.UrhG hat den Schutz von Datenbanken bislang noch nicht vorgesehen. Artikel 14 chin.UrhG sieht den Schutz des Sammelwerks vor, und die chin.DVO hat in Art. 5 (11) Regelung, die eine Zusammenstellung schützt (Lin MMR 2000, 405, 410). Insbesondere fehlt aber eine Regelung, dass auch Sammlungen von Daten oder Elementen geschützt sein können (Gao GRUR Int. 1993, 120, 122; Gao 24 IIC 1993, 475, 478.). In Hinblick darauf, dass die Lücke zu TRIPs dennoch zu schließen ist, muss das chin.UrhG ergänzt werden (a.A. Pendleton EIPR 1998, 325, 326, der davon ausgeht, dass China den TRIPs-Standard bis auf die Durchsetzung erfüllt); dazu trägt auch eine revidierte Fassung bei, nach der auch Datenbanken geschützt werden können (Guo 31 IIC 2000, 526, 528). Der Begriff der Zusammenstellung erinnert an den Begriff des Sammelwerks; es entspricht auch den Originalitätsanforderungen von Art. 2 und 3 chin. UrhG; eine ähnliche Entscheidung wie Feist erging auch in China (Wang Jiming v. Chinese Encyclopedia Publishing (vgl. Pun 28 IIC 1997, 347, 359.)); hier hatte der Kläger 5000 Einträge für ein Verzeichnis von Verteilern Chinesischer Bücher, Zeitungen und audio-visueller Werke erstellt; das Verzeichnis des Beklagten enthielt 4000 dieser Einträge; obwohl das Gericht annahm, das diese Einträge tatsächlich kopiert worden waren, versagte es dem Kläger den Schutz, da seine Sammlung nicht genügend Kreativität auswies und somit keine Urheberrechtsverletzung stattfinden konnte. vgl. WIPO-Dok. SCCR/7/10: Eine gemeinsame Linie zum Schutz nichtkreativer Datenbanken gibt es z.Z. nicht; vgl. zu den Auswirkungen auf China insbesondere WIPO-Dok. SCCR/7/6.

[571] Im November 2001 wurde ein entsprechender Gesetzesentwurf eingebracht (WIPO-Dok. SCCR/7/10).

[572] Vor 1995 wurden Datenbanken nur als Sammelwerke geschützt, dann fügte man die Datenbanken als neue Werkkategorie ein. Der Datenbankhersteller wird gemäß Art. 12*bis* jap.CL geschützt, wobei eine systematische Zusammenstellung und eine gewisse Schöpfungshöhe erforderlich sind und eine Digitalisierung von vorhandenen Informationen nicht geschützt ist. Gemäß § 2 Abs. 1 Nr. 10-3 jap.CL ist eine Datenbank eine Ansammlung von Informationen wie Abhandlungen, Zahlenwerten oder Diagrammen etc., welche systematisch so aufgebaut ist, dass sie mit Hilfe von Computern durchsucht werden kann. Daran erkennt man bereits, dass hier nur elektronische Datenbanken unter diesen Begriff fallen. Als Werke werden Datenbanken gemäß § 12 - 2 jap.CL dann geschützt, wenn sie eine gewisse Schöpfungshöhe aufweisen. Die Rechte der in den Datenbanken enthaltenen Werke werden nicht berührt. Ein wettbewerbsrechtlicher Schutz besteht (Heath GRUR Int. 1995, 843, 848). Das Kultusministerium schlug 1995 vor, angrenzende Schutzrechte für die Digitalisierung und auch für Datenbanken, die keine Schöpfungshöhe aufweisen, zu schaffen (Vgl. Heath GRUR Int. 1995, 843, 848 f.). Japan setzt sich auch international für den Datenbankschutz ein (vgl. Hohagen GRUR Int. 1998, 54)), hat aber bislang keinen Schutz für nichtkreative Datenbanken und kann aufgrund der wenigen Fälle vor Gericht auch noch nicht einschätzen, wieweit der Copyright-Schutz reicht (WIPO-Dok. SCCR/1/INF/2).

[573] Vgl. in diesem Kapitel II. B. 1.

[574] Zum Schutz in der Schweiz vgl. Kübler 251 ff. und Cherpillod SMI 1993, 49; Weber UFITA 132 (1996) 5, 11, 29.

tene Material bereits urheberrechtlich geschützt sein muss[575], und ob auch elektronische Datenbanken erfasst sind[576]. Beide Aspekte sind eng miteinander verknüpft. Teilweise wird vertreten, dass elektronische Datenbanken keinen generellen Schutz genießen sollen, weil sie meist aus nicht geschützten Elementen bestehen[577]. Einerseits gehören sie derselben Kategorie wie Sammelwerke an[578], andererseits sind die Datenbanken in Art. 2 RBÜ nicht genannt; diese Liste ist aber nicht abschließend[579]. Die Annahme, die Voraussetzung der Auswahl und Anordnung sei nur für Ausfertigungen auf dem Papier, nicht aber für elektronische Datenbanken konzipiert[580], trifft ebenfalls nicht zu. Obwohl der Schutz hier geringer scheint als bei Art. 5 WCT und Art. 10 Abs. 2 TRIPs, sind von der RBÜ bereits „alle Arten von originellen Sammlungen", d.h. auch elektronische Datenbanken von ungeschützten Daten umfasst, was sich aus Art. 2 Abs. 5 iVm Art. 2 Abs. 1 RBÜ ergibt[581].

Die Einordnung von Datenbanken in die Kategorien des Art. 2 Abs. 5 RBÜ wurde innerhalb der WIPO und in der Uruguay-Runde des GATT diskutiert[582]. Die Vorschriften der RBÜ werden jedoch auch bei TRIPs respektiert[583]. TRIPs geht im Ergebnis eindeutig vom weiten Datenbankbegriff aus[584]: Datenbanken

575 Bejahend Barta/Markiewicz FS Beier 343, 345 Fn. 7; Grützmacher 149; unentschieden Haude in: Brunnstein/Sint 139, 141; unklar Katzenberger GRUR Int. 1995, 447, 465; Lehmann CR 1996, 2, 3; Reinbothe GRUR Int. 1992, 707, 710, der Art. 10 Abs. 2 TRIPs lediglich als Klarstellung auffasst, d.h. dass auch nicht schutzfähige Elemente Bestandteile einer Sammlung sein können; verneinend Röttinger ZUM 1992, 594, 597.

576 Beutler ENT.LR 1996, 317, 326, der zwar an der Brauchbarkeit der Kriterien für elektronische Datenbanken zweifelt, den Schutz an sich jedoch nicht in Frage stellt; Pohler 56; Ubertazzi GRUR Int. 1985, 294, 296.

577 Grützmacher 149 f., der einen Schutz über Art. 2 Abs. 1 erwähnt, jedoch auch diesen ablehnt; Dreier GRUR Int. 1992, 739, 744;

578 Ubertazzi GRUR Int. 1985, 294, 296.

579 WIPO-Dok. DB/IM/2.

580 Beutler ENT.LR 1996, 317, 326; Katzenberger GRUR Int. 1995, 447, 465. Interessanterweise schützt die englische Fassung der RBÜ Sammlungen nur dann, wenn Auswahl und Anordnung vorliegen; in der französischen Fassung steht „oder", d.h. ein alternatives Vorliegen genügt (Gaster Rn. 162). Die Festlegung des „Auswahl und Anordnung"- Kriteriums wird angesichts von interaktiven, digitalen Anwendungen kritisiert (Beutler ENT.LR 1996, 317, 326).

581 Gervais 81f.; RegE BR-Drucks. 966/96, 44; RegE BT-Drucks. 13/7385, 39, die davon ausgehen, dass die Schutzfähigkeit bei § 4 UrhG, Art. 10 Abs. 1 TRIPs und auch bei der RBÜ dieselben Voraussetzungen gelten; WIPO-Dok. DB/IM/2.

582 Ergebnis der Uruguay-Runde (Zu den Gründen, warum TRIPs Teil der Uruguay-Runde ist vgl. Bail in: Hilf/Oehler 139 ff., wobei ein wichtiger Grund darin besteht, dass der Nord-Süd-Konflikt in der GATT-Runde nicht so stark ausgeprägt ist wie bei den diplomatischen Konferenzen der WIPO, da hier jeder für sich allein verhandelt; vgl. auch Katzenberger GRUR 1995, 447; von den Entwicklungsländern wurde u.a. auch gefordert, dass die WIPO die ausschließliche Zuständigkeit für Vereinbarungen über das geistige Eigentum haben solle (Bail in: Hilf/Oehler 139, 141; zur Anwendbarkeit in der EG bzw. dem TRIPs als EG-Recht vgl. Drexl GRUR Int. 1994, 777 ff.).

583 Vgl. Gervais 81; Reinbothe in: Hilf/Oehler 149, 150; d.h. die materiellrechtlichen Bestimmungen der RBÜ in der Pariser Fassung sollen Anwendung finden, wobei auch die urheberpersönlichkeitsrechtlichen Bestandteile umfasst sind.

584 Gaster in: Dittrich 15, 18; Katzenberger GRUR Int. 1995, 447, 465; Köhler ZUM 1999, 548, 551; Lehmann CR 1996, 2, 3; Reinbothe GRUR Int. 1992, 707, 710.

nach Art. 10 Abs. 2 TRIPs sind Zusammenstellungen von Daten oder sonstigem Material, gleichviel, ob in maschinenlesbarer oder anderer Form, die aufgrund der Auswahl oder Anordnung ihres Inhalts geistige Schöpfungen bilden. Daten oder sonstiges Material dürfen Inhalt sein; Daten selbst werden auch von TRIPs nicht geschützt[585]. Die TRIPs- Definition geht damit weiter als die Definition der DBRL, da die Daten nicht einzeln zugänglich sein müssen[586]. Elektronische Datenbanken sind gemäß Art. 10 Abs. 2 TRIPs ausdrücklich umfasst[587], da eine Klarstellung erforderlich war[588]. TRIPs beschränkt vor allem darauf und geht nicht so weit wie die DBRL, einen Sui-Generis-Schutz von Datenbanken zu statuieren[589].

WCT wurde schließlich als Zusatzprotokoll zu Bern geplant, um dessen Regelungen an das digitale Zeitalter anzupassen[590]. Aufgrund der Tatsache, dass WCT ein Sonderabkommen i.S.d. Art. 20 RBÜ darstellt, darf er keinen geringeren Schutzumfang als dieses beinhalten[591]. Art. 5 WCT schützt „Compilations of data or other material in any form" und geht damit auch von einem weiten Datenbankbegriff aus[592], wobei von dem Begriff „Collections" abgesehen[593] und begrifflich nicht der RBÜ, sondern TRIPs gefolgt wurde. Da Datenbanken in jeder Form geschützt werden, sind davon sowohl traditionelle als auch elektronische Datenbanken und auch evtl. zukünftige Formen umfasst[594]. Gefordert wird auch hier die geistige Schöpfung, so dass nichtschöpferische Datenbanken nicht dem Schutz von Art. 5 WCT unterfallen[595]. Der spätere ausdrückliche Schutz von Datenbanken im WCT diente lediglich der Klarstellung, um den diesbezüglichen Streit zu beenden[596]. Da WCT sich nur auf den Urheberrechtsschutz bezieht, hindert es die Vertragsstaaten nicht, einen weitergehenden Schutz sui generis zu schaffen[597]. Der deklaratorische Charakter wird in der „Vereinbarten Erklärung" betont und kommt vor allen in der Formulierung „compilations of data *are* protected" zum Ausdruck[598]. Soweit stimmt WCT in seiner Formulierungen wieder mit der RBÜ überein[599].

585 Schricker/Katzenberger Vor §§ 120 ff. Rn. 21.

586 Gervais 82.

587 Vgl. auch Flechsig ZUM 1997, 577, 579; Gaster in: Wachter GRUR Int. 1995, 860, 867; Worthy EIPR 1994, 195, 197.

588 Katzenberger GRUR Int. 1995, 447, 465; Reinbothe GRUR Int. 1992, 707, 710; Reinbothe ZUM 1996, 735, 737.

589 Reinbothe ZUM 1996, 735, 737; Worthy EIPR 1994, 195, 196.

590 Dixon/Hansen EIPR 1996, 604.

591 Vgl. Art. 1 Abs. 1 und 2 WCT.

592 Köhler ZUM 1999, 548, 551.

593 V. Lewinski CR 1997, 438, 442; Dixon/Hansen EIPR 1996, 604, 608: diese begriffliche Unterscheidung hat jedoch keine Auswirkungen (ein Unterschied ohne eine Unterscheidung).

594 Rosenblatt CLSR 1997, 307, 308.

595 Hayes CLSR 2000, 363, 374; Koch ITRB 2001, 22, 23; Koch ZUM 2001, 839, 840.

596 So auch Hoeren CR 1992, 243, 246.

597 V. Lewinski/Gaster ZUM 1997, 607, 620; Grützmacher 157 geht davon aus, dass bereits WCT einen zweigleisigen Schutz wie die DBRL gewährt.

598 Im Gegensatz zur Formulierung in TRIPs : „shall be protected".

599 Vgl. auch Reinbothe/Martin-Prat/v. Lewinski EIPR 1997, 171, 175.

International werden elektronische Datenbanken als Zusammenstellungen von beliebigem Material umfassend geschützt. Voraussetzung ist jedoch in allen drei Verträgen das Vorliegen einer in der Zusammenstellung liegenden geistigen Schöpfung.

2. Treaty on Intellectual Property in Respect of Databases

Über die Ergänzung von TRIPs um einen Sui-Generis-Schutz von Datenbanken wurde immer wieder spekuliert[600]. Seit 1995 befindet sich dieser Punkt auf der Tagesordnung der Sachverständigenausschüsse[601]. Auf mehreren Sitzungen wurde versucht, die konträren Positionen zu vereinen. Gleichzeitig mit WCT und WPPT stand 1996 noch ein dritter Vertrag zur Verhandlung an[602]: Treaty on Intellectual Property in Respect of Databases[603]. Aus verschiedenen Gründen wurde aber über den Entwurf nicht debattiert[604]. Statt dessen wurde eine Resolution angenommen[605], die weitere Arbeiten an einem Entwurf empfahl. Bis Mitte 2003 fanden ein „Information Meeting on Intellectual Property in Databases"[606] und neun Sitzungen[607] des Ständigen Ausschusses der Mitgliedstaaten für das Urheberrecht und die verwandten Schutzrechte (SCCR) statt.

---

600 Vgl. nur Brown TCL 1/1997, 17, 21; Gervais 81; Govoni/Gasser in: Hilty 235, 246 f.; Lloyd 374 f.; Reinbothe/Martin-Prat/v. Lewinski EIPR 1997, 171, 175; Wiebe Int. J. L. & Inf. Tech. 2000, 139, 151; vgl. auch Initiativen zum Grünbuch 1995 KOM (96) 568 endg., 30.

601 V. Lewinski/Gaster ZUM 1997, 607, 621.

602 WIPO-Dok. CRNR/DC/6 http://www.wipo.org/eng/diplconf/6dc_all.htm (03.03.2002).

603 Im Februar 1996 legte die EG und - aufgrund einiger Bedenken gegenüber diesem Vorschlag (US Patent and Trademark Office Report) - im Mai die USA einen Vorschlag zum Sui-Generis-Schutz von Datenbanken vor. Der Entwurf der Union orientiert sich - natürlich - an der DBRL, der Entwurf der USA am Moorhead Bill (H.R. 3551), der Vorschlag von Jukka Liedes ist vermittelnder Natur und geht auch von einem „substantial investment" aus.

604 Zum einen genossen die beiden anderen Verträge WCT und WPPT politische Priorität und waren im Übrigen eher verhandlungsreif, zum anderen waren die USA aufgrund des Moorhead Bill (H.R. 3551) gerade in einer heftigen Diskussion und zum Abschluss eines Vertrages nicht bereit (vgl. Kemper in: Weber/Hilty 27, 31). Letztendlich waren es auch Zeitprobleme, die den Vertrag im Entwurfsstadium beließen (Rosenblatt CLSR 1997, 307).

605 WIPO-Dok. CRNR/DC/100; in der Empfehlung wird das Wissen um die Bedeutung der Datenbanken und auch um die gegenüberstehenden Interessen der Datenbankhersteller und der Nutzer für den freien Informationszugang zum Ausdruck gebracht.

606 17.9.-19.9.1997: Der dort zu diskutierende Vorschlag sollte auch den Inhalt von Datenbanken schützen (Meyer CLSR 1998, 14, 16). Jedoch war durch die Zielsetzung und durch die Bezeichnung als „Informationstagung" die Bedeutung und die Dringlichkeit des Sui-Generis-Schutzes herabgestuft worden (Kemper in: Weber/Hilty 27, 32), obwohl die rege Beteiligung (Sachverständige aus 93 WIPO-Mitgliedstaaten und der EG-Kommission sowie Vertreter von 10 zwischenstaatlichen und 53 nichtstaatlichen Organisationen (WIPO-Dok. DB/IM/6)) das Interesse an diesem Thema beweist. Eine Einigung konnte jedoch lediglich dahingehend erzielt werden, dass die klärungsbedürftigen Fragen zusammenzufassen seien, um dann zu ihnen Stellung zu beziehen (WIPO-Dok. DB/IM/6; WIPO-Dok. DB/IM/7 - mit ausführlichem Fragenkatalog; WIPO-Dok. SCCR/1/INF/2; WIPO-Dok. SCCR/1/INF/3).

607 1. Sitzung vom 2. bis 10. November 1998; 2. Sitzung vom 4. bis 11. Mai 1999; 3. Sitzung 16. bis 20. November 1999; 4. Sitzung am 11., 12. und 14. April 2000; 5. Sitzung vom 7. bis 11. Mai 2001; 6. Sitzung vom 26. bis 30. November 2001; 7. Sitzung vom 13. bis 17. Mai 2002; die 8. Sitzung vom 4. bis 8. November 2002; die 9. Sitzung vom 23. bis 27. Juni 2003.

3. Interessen bei einem Investitionsschutz von Datenbanken

Die Schwierigkeit bei einen Entwurf für den internationalen Schutz von Datenbanken sui generis liegt darin, dass die EU - als Vorreiter - es der internationalen Rechtsgemeinschaft geradezu unmöglich gemacht hat, allzuweit von der DBRL abzuweichen. Indes muss ein international einheitlicher Schutz getroffen und durchgesetzt werden können, der alle Interessen angemessen berücksichtigt. Folgende Punkte sind einzubeziehen:

a) Informationsfreiheit

- Uneingeschränkter freier Informationsaustausch muss zum Schutz von Mensch und Umwelt ermöglicht werden[608].
- Unerlässlich ist auch in Hinblick auf Wissenschaft und Ausbildung der Zugang zu Informationen[609].
- Für ein schnelleres Wachstum des Informationsmarktes ist der uneingeschränkte Fluss der Informationen erforderlich[610].

b) Datenbankhersteller

- Anreizfunktion zur Schaffung und Erhaltung von Datenbanken[611]
- Ungenügender Schutz durch Wettbewerbs- (nicht für nichtkommerzielle Entnahme von Datenbankteilen) und Patentrecht[612]
- Besserer Schutz der verletzlichen elektronischen Datenbanken[613]
- Schutz von vollständigen Datenbanken
- Harmonisierung des Rechts zur besseren Rechtsdurchsetzung

[608] Die WMO betonte, dass in Bezug auf den Schutz von Menschenleben etc. der Austausch gewisser Daten, z.B. von meteorologischen und umweltbezogenen Daten uneingeschränkt bleiben müsse (Observations submitted by the WMO, WIPO-Dok. DB/IM/4); vgl. schon für die DBRL Heinz GRUR 1996, 455, 458; WIPO-Dok. SCCR/7/5; WIPO-Dok. SCCR/7/3; Band/Gowdy http://www.dlib.org/dlib/june97/06band.html (06.06.2002).

[609] Gerade auch Erwägungsgrund 14 InfRL betont wieder die Wichtigkeit der Lehre; vgl. auch WIPO-Dok. DB/IM/6; Observation presented by UNESCO, WIPO-Dok. DB/IM/5; erhebliche Kritik kam auch von verschiedenen wissenschaftlichen Organisationen: ISSU, JEIDA, EBLIDA, ITAA, die ebenso wie die WMO beklagten, dass die „scientific community" nicht genug gehört worden sei und dass ein freier Informationsaustausch bleiben müsse (Hohagen GRUR Int. 1998, 54, 55); WIPO-Dok. SCCR/7/4; Lipton EIPR 2003, 139, 144.

[610] Simson Brooklyn J. Intl. L. 1994, 729, 758 f.; Sherry/Tyson http://www.house.gov/judiciary/41118.htm (02.05.2001).

[611] Thurow Harvard Business Rev. Sept.-Oct. 1997, 95, 99.

[612] Reiling B. U. J. Sci. & Tech. L. 9 3/1997, 1, par. 20; http://www.infoindustry.org/ppgrc/prdoc001.htm (03.03.2002).

[613] Sherry/Tyson http://house.gov/judiciary/41118.htm (02.05.2001).

*c) **Anforderungen der Informationsgesellschaft***

- Globalisierung[614]
- Harmonisierung des Rechts
- Lokale Unabhängigkeit der Informationen durch Digitalisierung[615]
- Ausbreitung des Internet[616]

*d) **Berechtigte Interessen der Entwicklungsländer***

- Notwendigkeit der Erlangung von Informationen zur Weiterentwicklung ohne Zahlung hoher Lizenzgebühren[617]
- Bewahrung des kulturellen Erbes[618]

*e) **Rechtssicherheit***

- Problem der Auslegung des Begriffes „substantial"[619] und anderer unbestimmter Rechtsbegriffe.
- Ungleicher Schutz durch die Gegenseitigkeitsklausel der DBRL[620]

*f) **Lösungswege***

Verschiedene Alternativen zum Datenbankschutz sind möglich:

- Selbstregulierung[621]
- Technischer Schutz[622]

614 WIPO-Dok. SCCR/7/3; Band/Gowdy http://www.dlib.org/dlib/june97/06band.html (06.06.2002).

615 Die EG-Kommission betont, dass ein Schutz von Datenbanken insbesondere im Zusammenhang mit WCT und WPPT unbedingt erforderlich sei, da die Werke mittels Datenbanken in die elektronischen Netze geraten (vgl. Hohagen GRUR Int. 1998, 54).

616 http://www.base.com/gordoni/thoughts/wipo-db.html (03.03.2002); WIPO-Dok. SCCR/7/3.

617 V. Lewinski CR 1997, 438, 443; Hohagen GRUR Int. 1998, 54; Kemper in: Weber/Hilty 27, 34; Pacón GRUR Int. 1995, 875; WIPO-Dok. DB/IM/2; WIPO-Dok. DB/IM/3; WIPO-Dok. DB/IM/4; WIPO-Dok. DB/IM/5; WIPO-Dok. SCCR/1/INF/2; WIPO-Dok. SCCR/7/5; WIPO-Dok. SCCR/7/4; die Argumente der Entwicklungsländer gegen den Schutz des geistigen Eigentums haben den Hintergrund, dass die Verschärfung des Nord-Süd-Konflikts befürchtet wird und sich durch den Schutz der Zugang zu Spitzentechnologien verteuert (Pacón GRUR Int. 1995, 875).

618 WIPO-Dok. SCCR/7/3; WIPO-Dok. SCCR/7/2.

619 Vgl. WIPO-Dok. DB/IM/7; WIPO-Dok. SCCR/1/INF/2; WIPO-Dok. SCCR/7/3 und die Ausführungen unter in diesem Kapitel III. B. 3.

620 WIPO-Dok. SCCR/7/3; Vgl. in diesem Kapitel II. B. 2.

621 Das Argument von *Heath*, dass in Asien ohnehin 95 - 99% der Computerprogramme kopiert würden und somit der Zugang zu den Informationen sich selbst regulieren würde (Heath GRUR Int. 1996, 1169, 1176), ist zwar nicht von der Hand zu weisen, sollte jedoch kein Argument sein, wenn es um die Begründung einer rechtlichen Regelung geht (auch das Argument, dass Rambo und Terminator keine kulturelle Bedeutung besitzen, mag zutreffen, doch diese Entscheidung kann den Entwicklungsländern nicht abgenommen werden, in dem ihnen der Zugang dazu erschwert wird.).

622 Vgl. WIPO-Dok. SCCR/2/INF/2; WIPO-Dok. SCCR/7/3.

- Wettbewerbsrechtlicher Schutz[623]
- Urheberrechtlicher Schutz mit niedrigen Originalitätsanforderungen[624]
- Sui-Generis-Ansatz der DBRL[625]

Eine Selbstregulierung durch den Markt ist ein zu unsicherer Faktor, der hier außer Betracht bleiben muss. Bei den Lösungen über den technischen Schutz darf nie vergessen werden, dass dieser auch überwindbar ist und immer wieder überwunden wird, so dass es bislang keinen sicheren technischen Schutz gibt[626]. Ein urheberrechtlicher Schutz versagt gerade dann, wenn auf Vollständigkeit angelegte Datenbanken zu betrachten sind; in diesem Fall verhindern selbst niedrige Originalitätsanforderungen den Schutz. Einzig und allein überlegenswert erscheinen die beiden zuletzt genannten Lösungen - ein Schutz über das Wettbewerbsrecht und der Sui-Generis-Schutz. Beide Wege können aber für sich gesehen auch nicht befriedigend im Sinne der Berücksichtigung aller Interessen sein. Der wettbewerbsrechtliche Schutz kann keinen Schutz für nichtkommerzielle Datenbanken bieten[627]. Im Übrigen kennen noch nicht einmal alle Staaten einen wettbewerbsrechtlichen Schutz[628], oder dieser basiert lediglich auf unsicherer Rechtsgrundlage und bietet daher keine Rechtssicherheit[629]. Eine andere Möglichkeit besteht darin, ein Kopieren und Nachahmen grundsätzlich zu erlauben, wobei sichergestellt werden muss, dass der Urheber angemessen entschädigt wird[630]. Diese Ansicht ist jedoch zu weitgehend, da dann auch die kommerzielle Verwertung einer privaten Datenbank ohne weiteres zustimmungsfrei wäre und der Hersteller damit auch der Freiheit beraubt werde, über die Verwendung bzw. Nichtverwendung seiner Datenbank zu entscheiden. Ein Investitionsschutz für Datenbanken ist erforderlich, wobei deutlicher als in der DBRL Wert darauf gelegt werden sollte, einen Schutz nur bei wirklich wesentlichen Investitionen zu gewähren[631]. Darüber hinaus sind weitgehende Schrankenregelungen zum Schutz von Freiheit in Wissenschaft und Ausbildung zu treffen. Informationen müssen in jeder Hinsicht frei bleiben, um den so wichtigen wissenschaftlichen Austausch zu gewährleisten. Die Lösung

[623] Observation presented by UNESCO, WIPO-Dok. DB/IM/5; WIPO-Dok. SCCR/7/6.

[624] Ausschöpfung der bisherigen urheberrechtlichen Möglichkeiten, bevor eine Neuregelung geschaffen wird: WIPO-Dok. SCCR/2/INF/2.

[625] EU; baltische Staaten (WIPO-Dok. SCCR/1/INF/2); ABA; IPA.

[626] Auch die Lösung des DMCA - nach diesem Gesetz saß ein Programmierer 3 Wochen in Haft, der einen angeblich sicheren, aber offensichtlich trivialen Code (ROT 13) knackte (http://yro.slashdot.org/article.pl?sid=01/07/18/1136244\&mode=thread\&tid=93) - erscheint nicht gangbar, da es zur Aufspürung von Sicherheitslücken zumindest möglich sein muss, diese, sofern gefunden, an den Hersteller weiterzuleiten; vgl. aber § 95 a UrhG.

[627] Vgl. International News Service, Inc. v. Associated Press 248 U.S. 215 (1918); Information Industry Association (Hohagen GRUR Int. 1998, 54, 55).

[628] WIPO-Dok. SCCR/1/INF/2.

[629] WIPO-Dok. SCCR/7/4.

[630] Vivant in: Konzelmann JurPC Web-Dok. 225/2001 Abs. 4.

[631] Vgl. zum Begriff der Wesentlichkeit in diesem Kapitel III. B. 3.

über (Zwangs-)Lizenzen berücksichtigt die Interessen der Wissenschaft nicht angemessen[632]. Die UNESCO schlug vor, eine Art Austauschmarkt zu etablieren: Wissenschaftler sollten im Austausch für ihre Beteiligung an den Produktionskosten und der Datenübermittlung den Zugang zu allen Datenbanken haben[633]. Damit sind auch die Entwicklungsländer weitgehend abgesichert. Nichtsdestoweniger sollten zusätzlich großzügige Übergangsfristen für diese Länder geregelt werden. Grundsätzlich könnte man sich an den bereits gestaffelten Fristen des TRIPs orientieren[634]; weiter auszudehnen sind diese allerdings nicht, da die Entwicklungsländer durch TRIPs schon Gelegenheit hatten, sich weitgehend anzupassen. Diese Variante erscheint durchführbar, da eine zufriedenstellende Lösung aufgrund der rapiden technischen Entwicklung schnell gefunden werden muss. Eine weitere Verhärtung der Standpunkte, führt auf die Dauer zu gar keinem Schutz von Datenbanken. Diese Regelung ist ebenso für die Europäische Union denkbar, da eine positivgesetzliche Änderung allenfalls bei den Schrankenregelungen erforderlich werden könnte. Auch dem Bestreben der USA auf freien Informationszugang wird hiermit genüge getan. Im Übrigen ist hervorzuheben, dass ein hohes Schutzniveau, wie es der Sui-Generis-Schutz bietet, sowohl für den Urheberrechtsschutz als auch für die technische Entwicklung von Vorteil ist[635].

III. Definition der Datenbank im Urheberrechtssystem

Der Sui-Generis-Schutz von Datenbanken ist in § 87 a UrhG, der urheberrechtliche Schutz in § 4 UrhG festgelegt. Bei letzterem können Datenbanken als Sammelwerke i.S.d. § 4 Abs. 1 oder als Datenbankwerke i.S.d. § 4 Abs. 2 UrhG geschützt sein[636]. Der Begriff der Datenbank wurde in DBRL und in § 87 a und § 4 Abs. 2 UrhG weitgehend identisch formuliert und muss auch einheitlich ausgelegt werden. Diese Notwendigkeit ergibt sich nicht nur aus der ähnlichen Formulierung der heutigen Fassung, sondern auch aus der Tatsache, dass der ursprüngliche Regierungsentwurf in § 69 h einen einheitlichen Begriff für die Datenbank festgelegt hat, der sowohl für den urheberrechtlichen Schutz der Datenbank als auch für den Leistungsschutz gelten sollte[637]. Durch die Änderung sollten lediglich „problematische terminologische Prägungen wie 'urheberrechtliche Ausdrucksform einer Datenbank'" vermieden, nicht aber eine inhaltliche Abweichung vor-

[632] Sherry/Tyson http://house.gov/judiciary/41118.htm (02.05.2001).

[633] Observation presented by UNESCO, WIPO-Dok. DB/IM/5; Lipton EIPR 2003, 139, 144 dagegen schlägt vor, Datenbanken zu registrieren und einen Apparat zu ihrer Verwaltung zu schaffen, um u.a. den freien Informationsaustausch zu gewähren.

[634] Für Entwicklungsländer 5 Jahre (Art. 65 Abs. 2) und für unterentwickelte Länder 10 Jahre (Art. 66 Abs. 1), dabei ist auch wieder darauf Rücksicht zu nehmen, dass nur dort eine Durchsetzung der gewerblichen Schutzrechte gefordert werden kann, wo auch die allgemeine Rechtsdurchsetzung funktioniert (Art. 41 Abs. 5), wobei diese Fristen teilweise als zu kurz kritisiert wurden (Pacón GRUR Int. 1995, 875, 876).

[635] Vgl. dazu Govoni/Gasser in: Hilty 235, 237; WIPO-Dok. SCCR/8/8.

[636] Zur Abgrenzung vgl. in diesem Kapitel III. C. 2.

[637] Vgl. RegE BR-Drucks. 966/96, 15.

genommen werden[638]. Somit entspricht der einheitliche Datenbankbegriff dem Willen des Gesetzgebers. Der Begriff der Datenbank wird in dieser Untersuchung als kleinster gemeinsamer Nenner übergreifend verwendet.

A. Grundlagen des Schutzes von Datenbanken

1. Technischer, allgemeinsprachlicher und juristischer Datenbankbegriff

Die klassische Datenbank[639] versteht sich im allgemeinen als elektronische Sammlung von Daten. Hierin zeigt sich schon der erste Unterschied zur juristischen Definition, bei der auch die nichtelektronischen Formen dem Datenbankbegriff genügen. Der technische Begriff der Datenbank hilft in der Jurisprudenz nur bedingt weiter. Im Grunde sind der technische und der juristische Begriff sogar grundsätzlich verschieden, da sie von einem ganz anderen Ansatz ausgehen, was nicht gravierend ist, solange die beiden Begriffe im jeweiligen Gebiet klar definiert sind und der juristische Begriff nichts technisch Unmögliches verlangt[640]. Probleme ergeben sich bei der Feststellung des juristischen Datenbankbegriffs deshalb, weil auch der umgangssprachliche Begriff anders definiert wird, in dem er eine Datenbank als eine technische Anlage, in der große Bestände an Daten zentral gespeichert sind, definiert[641]. Dieser dritte Datenbankbegriff spricht vor allem die Hardware an. Die allgemeinsprachliche Fassung ist im juristischen Bereich noch weniger brauchbar als die technische Definition; von einer Anlage ist hier überhaupt keine Rede. Ausgehend von der allgemein verwendeten Sprache, können Datenbanken allenfalls als Sammlungen von Daten angesehen werden; Sammlungen von urheberrechtlich geschützten Werken sind hiervon nicht erfasst[642]. Deshalb wurde in der juristischen Fachliteratur auch vielfach der Begriff Datenbank vermieden und auf den sehr treffenden Begriff „computergestützte Informationssammlung" ausgewichen[643]. Nach der Umsetzung der DBRL wurde der Begriff der Datenbank offiziell in die deutsche Rechtssprache eingeführt, so dass eine Abkehr von diesem Begriff nicht mehr möglich ist.

Im Vergleich zum technischem Begriff ist der juristische viel weiter gefasst.

---

638 BT-Drucks. 13/7934, 42.

639 Dem Begriff der Datenbank wurde früher der Begriff der Datenbasis vorgezogen (vgl. Initiativen zum Grünbuch 1988 KOM (90) 584 endg., 18); beide Begriffe können allgemeinsprachlich synonym verwendet werden; der Gesetzgeber hat sich für den Begriff der Datenbank entschieden; kritisch Raubenheimer TICL 8/1994, 10, der den Begriff der Datenbank weiter versteht und hier die Computerprogramme miteinschließt.

640 In dieser Hinsicht mag Gaster CR 1997, 669, 673 Recht haben, dass sich der Informatiker damit trösten kann, dass nicht dieselben Definitionen verwendet werden, allerdings führt diese Begriffsverwirrung im ersten Moment zu Protesten unter den Informatikern und zu falschen Auslegungen der Rechtswissenschaftler; das gleiche Problem der Unterschiedlichkeit der technischen und rechtlichen Begriffe fällt z.B. auch beim Fehlerbegriff bei Software auf, vgl. dazu Redecker CR 1993, 193, der auch die sorgfältige Trennung der beiden Begriffe für unabdingbar hält; vgl. auch Kapitel 1 III. A. 1.

641 Brockhaus: Stichwort Datenbank.

642 Kappes ZEuP 1997, 654, 657.

643 Vgl. Kappes ZEuP 1997, 654, 657; Mehrings 124; Grünbuch 1988 KOM (88) 172 endg., 209.

Das liegt vor allem daran, dass für die technische Datenbank die elektronische Form unabdingbar ist, im juristischen Sinne Datenbanken aber durchaus nichtelektronische Formen annehmen können, was schon beim Datenbegriff deutlich wird. Daten im juristischen Sinne sind beliebige Angaben oder Einzelgegebenheiten, die aus Beobachtung oder Erfahrung gewonnen werden, wobei im Vordergrund die Beschreibung von Sachverhalten steht[644]. Daten an sich sind nicht in irgendeiner Weise geschützt. Die Bewahrung der Möglichkeit der nichtelektronischen Form von Datenbanken wurde ausdrücklich durch die DBRL[645] und die deutsche Rechtsprechung[646] geklärt. Für die Bestimmung des juristischen Datenbankbegriffs kann demnach Folgendes festgehalten werden: Der juristische Begriff muss unabhängig vom allgemeinsprachlichen und technischen Datenbankbegriff bestimmt werden. Technik und allgemeiner Sprachgebrauch können allenfalls als Anhaltspunkte dienen. Ihre Kenntnis ist jedoch erforderlich, um den juristischen Begriff nicht wirklichkeitsfern zu gestalten und auszulegen.

2. Informationsfreiheit und Datenbanken

„... That ideas should freely spread from one to another over the globe, for the moral and mutual instruction of man, and improvement of his condition...“[647]

Das Recht zum Schutz von Datenbanken muss dort seine Grenzen finden, wo es für jedermann unmöglich wird, Informationen zu nutzen, nur weil sie in einer Datenbank gespeichert sind[648]. Die Informationsfreiheit ist ein neben der Meinungsfreiheit selbständiges Recht, das die freie Information aus allgemein zugänglichen Quellen sichert, wenn diese zur allgemeinen Informationsverschaffung technisch geeignet und dazu bestimmt sind[649]. Rechtsnormen, die den Informationszugang regeln, sind grundrechtsbeschränkend[650]. Handlungen wie das Lesen eines Buches oder das Hören von Musik sind anerkannt urheberrechtlich unbedeutend, denn sie greifen nicht in vom Gesetz geschützte Bereiche ein[651]. Hintergrund, warum Informationen noch nie vom Urheberrecht geschützt waren,

---

644 Roßnagel/Heitland UrhG § 4 Rn. 22.

645 Vgl. dazu Gaster in: Dittrich 15, 17.

646 BGH GRUR 1999, 923, 925 - Tele-Info-CD; OLG Dresden ZUM 2001, 595 - Ausschreibungsblatt.

647 So Thomas Jefferson zitiert in: Graham v. John Deere Co. 383 U.S. 1 (1966).

648 Diesen Grundsatz, dass immer genug in der „Public Domain“ verbleiben muss, kann man schon bei John Locke finden (Locke 306): „For this Labour being the unquestionable Property of the Labourer, no man but he can have a right to what that is once joyned to, at least where there is enough, and as good left in common for others.“.

649 Dieses Prinzip ist weltweit anerkannt: Vgl. Kapitel 1 III. A. 2. und auch BVerfGE 27, 71, 83; BT-Drucks. IV/270, 37; Katzenberger GRUR 1990, 94, 98; BGH GRUR 1987, 704, 706 - Warenzeichenlexika; USA: Harper & Row, Publishers Inc. v. Nation Enterprises, 471 U.S. 539 (1985); Feist Publications, Inc. v. Rural Telephone Service Co., 499 U.S. 340 (1991); GRUR Int. 1991, 933 ff.; Kervégant IRLCT 1996, 55.

650 BVerfGE 90, 27.

651 Vgl. statt vieler Mehrings 107.

ist, dass sie als Bausteine für neue Werke gebraucht werden[652]. Gerade bei wissenschaftlichen Werken bilden die Informationen ein „einheitliches System, das sich im Laufe der Jahrhunderte fortschreitend verändert"[653]. Wenn Wissen im Verborgenen gehalten wird, können künftige Generationen nicht darauf aufbauen. Aber auch Ideen können nicht vollkommen frei bleiben, weil sich das sogar als Innovationshemmnis auswirken kann[654]. Zwar muss das Grundwissen frei sein, aber nicht die Produkte, die daraus entwickelt werden[655]. Deshalb können Informationen auch mittelbar über die Form, in der sie dargestellt werden, geschützt sein[656]. Die Schutzfähigkeit von Werken ist die Ausnahme, Gemeinfreiheit ist die Regel[657]. Gesetzlich normiert wurde die Nichtschützbarkeit von Ideen im Zusammenhang mit Computerprogrammen in § 69 a Abs. 2 UrhG[658]. Kartellrechtlichen Bedenken[659] - Monopolisierung von Informationen - kann dadurch begegnet werden, dass wettbewerbsrechtliche Vorschriften vom Datenbankrecht unberührt bleiben[660] und Art. 81 EGV eingreift[661]. Ob damit die Gefahr eines Informationsmonopols gebannt ist, bleibt zweifelhaft. Eine mögliche Monopolisierung von Informationen ist auch international ein recht häufig genanntes Argument, um den Rechtsschutz von Datenbanken sui generis abzulehnen[662]. Gerade in der Entwicklung zur Informationsgesellschaft ist das Grundrecht auf Informationsfreiheit so wichtig, dass es sich nicht darauf beschränken darf, die Verfügbarkeit von Informationen aus allgemein zugänglichen Quellen zu gewährleisten[663]. Die Freiheit des Ausdrucks und der Information ist ein wichtiges Instrument zur Weiterent-

[652] Samuelson http://www.arl.org/info/frn/copy/psamlet.html.

[653] Ghiron UFITA 5 (1932) 34, 43; a.A. Haberstumpf in: Lehmann 69, 107 mit der Behauptung, naturwissenschaftliche Erkenntnisse seien nicht in der Natur vorgegeben.

[654] Wasser und Luft sind frei, aber Luft- und Wasserverschmutzung zeigen, dass mit freien Gegenständen nicht immer sorgsam umgegangen wird (Vergleich von Thurow Harvard Business Rev. Sept.-Oct. 1997, 95, 101).

[655] Thurow Harvard Business Rev. Sept.-Oct. 1997, 95, 102.

[656] Mehrings 109.

[657] Vgl. Hoeren GRUR 1997, 866, 870; Stallman 75 Oregon L. Rev. 1996, 291, 295.

[658] Auch fast alle anderen Staaten haben ähnliche Regelungen bzw. haben in ihrer Rechtsprechung dem Ausdruck verliehen: Vgl. 17 U.S.C. § 102 (b); Supreme Court of Canada GRUR Int. 1991, 304, 305; Supreme Court of South Africa GRUR Int. 1983, 674, 675; Art. 7 chin.SoftwareschutzVO; Jonquères GRUR Int. 1986, 455, 457; Arrondissementsrechtsbank te's-Hertogenbosch GRUR Int. 1983, 669; anders in Großbritannien, wo ein solcher Schutz angedacht wurde: Zu den Problemen in Zusammenhang mit dem White Paper vgl. Birkinshaw Gov. Inf. Quarterly 2000, 419 ff.; außerdem kennt das englische Recht noch die Verteidigung des „Public Interest" gegen eine Klage wegen Urheberrechtsverletzungen (vgl. vertiefend Sayal ENT.LR 1995, 263, 264 ff.).

[659] So Flechsig, ZUM 1997, 577, 590 f., der eine Regelung der freien Entnahme von Informationen für bestimmte Kreise befürwortet.

[660] Vgl. Erwägungsgrund 47 DBRL.

[661] Vgl. Immenga/Mestmäcker/Emmerich 263.

[662] Vgl. in diesem Kapitel II. C. 3.

[663] Sporn ZUM 2000, 537, 540, der noch weiter betont, dass Informationen und Bildung nicht zum Luxusgut werden dürfen, wobei sich jedoch daraus auch keine aktive Pflicht zum Handeln für den Staat ergibt.

wicklung von Kunst und Wissenschaft[664]. Deshalb muss das Datenbankrecht mit dem Interesse an einem freien Informationsfluss in Einklang gebracht werden[665]. Wesentlich höher als in Deutschland wird in den USA auch das Recht auf Kommunikationsfreiheit bewertet, die besonders im Internet als das am besten geeignete Medium zur Informationsverbreitung geschützt wird[666]. Dort kann nicht einmal ein Gesetz erlassen werden, das „Eigentum" an Daten und Ideen statuiert, da dies gegen das Erste Amendment der US-amerikanischen Verfassung - das Recht auf freie Rede - verstößt[667].

Das Spannungsverhältnis bei Datensammlungen besteht darin, dass auf der einen Seite Fakten nicht geschützt werden, auf der anderen Seite aber Sammlungen von Fakten durchaus schutzfähig sind. Der Grund für diese Unterscheidung liegt im Verständnis des Urheberrechts und in der Frage, warum Daten nicht schutzfähig sind[668]. Ein Werk muss Originalität besitzen, d.h. es muss eine individuelle Schöpfung sein, ein Mindestmaß an Kreativität aufweisen und von einem Autor herrühren. Gerade dies triff auf Fakten nicht zu, da diese nur wiedergegeben werden.

Auch wenn das Problem der Informationsfreiheit contra Werkschutz vorrangig ein Problem der Schrankenregelungen ist[669], so wird durch immer geringere Anforderungen an den Werkbegriff und den Begriff der wesentlichen Investition das Problem verschärft[670]. Da es im wissenschaftlichen Bereich weniger Darstellungsmöglichkeiten gibt als z.B. im literarischen, könnten zu niedrige Schutzanforderungen dazu führen, dass Inhalte monopolisiert werden und das Urheberrecht eine Art Patenteffekt hätte[671].

---

[664]Beschränkungen der Ausdrucksfreiheit führen so manchmal zu absurden Begründungen, um die Aufführung eines Werkes zu unterbinden: so wurde eine (nicht jugendfreie) Version der Geschichte Jesu mit der Begründung verboten, das Urheberpersönlichkeitsrecht der Autoren - der Evangelisten - sei dadurch verletzt worden (Cohen Jehoram EIPR 1984, 3, 6).

[665]RegE BR-Drucks. 966/96, 42; RegE BT-Drucks. 13/7385, 40.

[666]Vgl. dazu die Ausführungen von Determann 498 ff.; Benkler http://www.law.berkeley.edu/journals/btlj/articles/15_2/benkler/benkler.htm.

[667]Perkins EIPR 2000, 366, 368; seit Graham v. John Deere Co. (383 U.S.1 (1966)); dies wurde auch in der „Feist-Entscheidung" (Fußnote 538) bestätigt) steht fest, dass die „Intellectual Property Clause" die Macht des Kongresses dahingehend beschränkt, dass Ausschließlichkeitsrechte an Informationen nicht geschaffen werden können (Benkler http://www.law.berkeley.edu/journals/btlj/articles/15_2/benkler/benkler.htm), es sei denn der Informationsaustausch wird mehr angeregt als beschnitten. *Perritt/Rustad* fordern die Europäer und US-Amerikaner dazu auf, die Auswirkungen der DBRL und entsprechender US-amerikanischer Gesetzgebungsvorhaben einzudämmen, um die Freiheit der Information nicht zu beeinträchtigen (Perritt/Rustad Gov. Inf. Quarterly 2000, 403).

[668]Vgl. dazu auch Feist Publications, Inc. v. Rural Telephone Service Co., 499 U.S. 340 (1991).

[669]Vgl. Wandtke GRUR 2002, 1, 5 f.; vgl. ausführlich Kröger 117 ff.

[670]Vgl. dazu LG Köln 28 O 180/02 - Deutsche Bahn.

[671]Kappes 47; erhöhte Anforderungen an die geistige Schöpfung könnten deshalb erforderlich sein: Vgl. BGH GRUR 1984, 659, 661 - Ausschreibungsunterlagen; BGH GRUR 1986, 739, 741 - Anwaltsschriftsatz; BGH GRUR 1987, 704, 706 - Warenzeichenlexika; BGH GRUR 1993, 34, 35 - Bedienungsanweisung; Burmeister 71; a.A. Schricker/Loewenheim § 2 Rn. 88; vgl. dazu auch in diesem Kapitel III. C. 4.

3. Rechtsnatur

a) *Sui-Generis-Datenbanken - §§ 87 a ff. UrhG*

Das deutsche Recht kannte bis zur Einführung der §§ 87 a ff. UrhG nur Urheber und Leistungsschutzberechtigte. Bilden die Inhaber des neuen Sui-Generis-Rechts nun eine dritte Gruppe oder können sie einer der obengenannten Gruppen zugeordnet werden? Grundsätzlich besagt schon der Name sui generis, dass dieses Recht nicht in vorhandene Strukturen eingegliedert werden kann, d.h. dass hier auf europarechtlicher Ebene ein Sonderrechtsschutz vorliegt[672]. Teilweise wird das Sui-Generis-Recht als rechtlicher Hybrid bezeichnet, nicht Patent, nicht Urheberrecht, nicht Geheimnisschutz[673]. Dem nationalen Gesetzgeber stand es aber bei der Umsetzung frei, die Datenbanken entweder in das bisherige Rechtssystem zu integrieren oder ein Spezialgesetz zu erlassen.

(1) VERGLEICH MIT DEM URHEBERRECHT Streng zu trennen ist das Sui-Generis-Recht zunächst vom Urheberrecht, mit dessen Grundsätzen es nichts gemein hat, außer der Aufgabe, eine geistige Leistung zu schützen. Das Urheberrecht schützt die schöpferische Leistung, das Sui-Generis-Recht die investive. Somit unterscheiden sich beide Formen grundlegend, und das Sui-Generis-Recht unterfällt weder dem Urheberrecht und noch der RBÜ[674].

(2) VERGLEICH MIT DEM WETTBEWERBSRECHT Vor der Umsetzung der DBRL waren Datenbanken auch nach § 1 UWG geschützt[675]. In der ursprünglichen Fassung der Richtlinie war der Sui-Generis-Schutz - damals noch Recht gegen unlautere Auszüge - mit deutlichen wettbewerbsrechtlichen Zügen ausgestattet[676]. In seiner endgültigen umgesetzten Fassung hingegen enthält der Datenbankschutz lediglich eine entfernte Parallele zum Wettbewerbsrecht[677], nämlich den Begriff der wesentlichen[678] und den Schutz der wirtschaftlichen In-

[672]So auch Gaster Rn. 470; Lehmann NJW-CoR 1996, 249, 251; Wiebe CR 1996, 198, 202; europarechtlich konnte hier kein Leistungsschutzrecht geschaffen werden, da im Copyrightsystem die Unterteilung in Urheberrechte und Leistungsschutzrechte nicht existiert; da der deutsche Gesetzgeber in der Umsetzung jedoch frei war, hätte er das Sui-Generis-Recht als Leistungsschutzrecht, wettbewerbsrechtlich ausgestalten oder es als Sonderrecht belassen können.

[673]Reichman 94 Columbia L. Rev. 1994, 2432, 2493; Samuelson in: Brunnstein/Sint 105, 114.

[674]Ullmann FS Brandner 507, 521; Raue/Bensinger MMR 1998, 507.

[675]Vgl. in diesem Kapitel II. A.

[676]Katzenberger ZUM 1992, 332, 336 f.; Reichman/Samuelson 50 Vand. L. Rev. 1997, 51, 81; v. Gamm GRUR 1993, 203, 204; vgl. zur Geschichte vertiefend Bensinger 112; der neue Schutz sollte auch nicht der PVÜ unterfallen (Raue/Bensinger MMR 1998, 507; vgl. zur PVÜ Bensinger 113 Fn. 599).

[677]Für die Einordnung ins Wettbewerbsrecht v. Gamm GRUR 1993, 203, 204; Groves Business L. Rev. 1998, 255; Milbradt CR 2002, 710, 711; Ullmann FS Brandner 507, 521; Wuermeling NJW-CoR 1996, 183; 184.

[678]Vgl. Sambuc Rn. 469 ff.

vestition[679]. Der Sui-Generis-Schutz von Datenbanken ist, im Gegensatz zum relativ ausgestalteten Wettbewerbsrecht, als absolutes Recht[680] angelegt, obwohl eine wettbewerbsrechtliche Umsetzung vielfach als wünschenswert betrachtet wurde[681]. Er umfasst auch die private Verwendung, im Gegensatz zum erforderlichen Wettbewerbsverhältnis von Konkurrenten im Wettbewerbsrecht. Beim Schutz nach § 1 UWG müssen zu der Verletzungshandlung noch weitere Umstände hinzukommen wie z.B. der Bruch eines Geschäftsgeheimnisses[682] oder die Tatsache, dass der Hersteller um die Früchte seiner Arbeit gebracht wurde, so dass der Schutz entfällt, sobald Amortisation eingetreten ist[683]. Nach dem UWG entfällt der Schutz, wenn das Produkt in geänderter Form einem anderen Kundenkreis zugänglich gemacht wird[684], wohingegen diese Kriterien für den Sui-Generis-Schutz nicht von Bedeutung sind. Im Gegensatz zum Wettbewerbsrecht ist das Sui-Generis-Recht übertrag- und lizenzierbar; es schützt von Anfang an und nicht erst - wie das Wettbewerbsrecht - wenn die Verletzung erfolgt ist. Vorrangiges Ziel des Wettbewerbrechts ist es, die Lauterkeit des wettbewerblichen Verhaltens und die Freiheit des Wettbewerbs zu schützen[685]. Mit dem Wettbewerbsrecht hat das Sui-Generis-Recht gemein, dass es vor ungewollten Marktstörungen schützt[686]. Das Wettbewerbsrecht und die Regelungen der §§ 87 a ff. UrhG unterscheiden sich weiterhin darin, dass das UWG Verjährungsregeln und der Datenbankschutz in § 87 d UrhG eine Schutzdauer hat, die § 87 a ff. UrhG im Gegensatz zu § 1 UWG nicht subsidiär sind. Das Wettbewerbsrecht bleibt vom neuen Schutz unberührt[687]. Zusammenfassend kann festgestellt werden, dass die §§ 87 a ff. UrhG mit dem Wettbewerbsrecht nicht mehr gemein haben als die Basis, wirtschaftliche Freiheit zu schützen.

---

[679] Vgl. Gloy/Greuner § 2 Rn. 18, der als vorrangigen Schutzzweck die Freiheit des Wettbewerbs sieht; Haude in: Brunnstein/Sint 139, 144; Weber UFITA 132 (1996) 5, 9; vgl. auch Erwägungsgrund 64 DBRL.

[680] Ellins 268; Berger GRUR 1997, 169, 172; Fromm/Nordemann/Hertin Vor §§ 87 a-e Rn. 5, der die Unterstrafestellung durch § 108 Abs. 1 Nr. 8 UrhG wegen der Unbestimmtheit der Rechtsbegriffe für verfassungswidrig, weil gegen Art. 103 Abs. 2 GG verstoßend, ansieht; Grützmacher 472; Hornung 93 ff.; Möhring/Nicolini/Decker § 87 b Rn. 1; Kappes 276 für ein Ausschließlichkeitsrecht und zur Frage, ob der Erlass eines solchen in die Kompetenz der EU fällt; Wiebe 202; Heinrich WRP 1997, 275, 282; Bensinger 113; Schricker/Vogel §§ 87 a ff. Rn. 20 ff; für ein absolutes, aber kein Ausschließlichkeitsrecht Kübler 136 ff; Kappes ZEuP 1997, 654, 665, der vor allem aus den Erwägungsgründen 39 und 42, bei denen von Handlungen durch Benutzer oder Konkurrenten gesprochen wird, argumentiert.

[681] So wohl auch Kappes 288; Kappes ZEuP 1997, 654, 668 f.; Wuermeling CR 1996, 414, 415; Wuermeling NJW-CoR 1996, 183, 184.

[682] Hackemann CR 1998, 510, 511.

[683] BGH GRUR 1986, 895, 896 - Notenstichbilder.

[684] Hackemann CR 1998, 510, 511.

[685] Gloy/Greuner § 2 Rn. 12 ff.

[686] Haude in: Brunnstein/Sint 139, 145.

[687] Ursprünglich sollte die Unberührtheitsklausel in Umsetzung von Art. 7 Abs. 4 DBRL in § 87 a Abs. 6 UrhG ausdrücklich geregelt werden. In der endgültigen Fassung entfiel diese selbstverständliche Regelung (vgl. RegE BT-Drucks. 13/7934 und BR-Drucks. 966/96, 48).

(3) VERGLEICH MIT DEN VERWANDTEN SCHUTZRECHTEN Das Sui-Generis-Recht hat auch Gemeinsamkeiten mit den verwandten Schutzrechten[688]. Dafür spricht der Wortlaut von Erwägungsgrund 5 DBRL. Leistungsschutzrechte bzw. verwandte Schutzrechte haben gemein, dass sie nicht auf einer schöpferischen Leistung beruhen, was auch auf das Sui-Generis-Recht zutrifft. Wie die Bezeichnung „verwandte Schutzrechte“ oder „Neighboring Rights“ nahe legt, gehen diese auf ein vorbestehendes Werk zurück, das interpretiert oder übertragen wird[689]; sie sind also „Nachschöpfungen“[690]. Auf ein vorbestehendes Werk kann bei den §§ 87 a ff. UrhG jedoch nicht zurückgegriffen werden, denn die Leistung ist die Erstellung der Datenbank. Nun könnte man auf die §§ 85, 87, 95 UrhG verweisen, die sich als verwandte Schutzrechte nicht mit einem schutzfähigen Werk beschäftigen, sondern Sondertatbestände mit wettbewerbsrechtlichem Bezug darstellen[691]. Tatsächlich sind schon diese Leistungsschutzrechte ein reiner Investitionsschutz[692]. In gewissem Sinne könnte man sie sogar als eine Art Datenbank begreifen. Schutzdauer und Schutzinhalt sprechen für eine Einordnung in das System der verwandten Schutzrechte[693]; die Schrankenregelungen des § 87 c UrhG sprechen dagegen. Selbst dass die Schutzdauer nicht wie bei den meisten verwandten Schutzrechten 50 Jahre zählt, ist kein Argument gegen eine deratige Einordnung, denn es gibt auch Ausnahmen, z.B. gemäß § 70 Abs. 3 UrhG beim Schutz wissenschaftlicher Ausgaben. Dass der einfache Datenbankschutz nicht durch die internationalen Abkommen für verwandte Schutzrechte[694] gewährt ist, spricht auch nicht gegen die Einordnung als Leistungsschutzrecht, denn ein internationaler Schutz sollte durch die Erforderlichkeit von Gegenseitigkeitsklauseln gerade vermieden werden[695]. Bei verwandten Schutzrechten ist nur selten ein persönlichkeitsrechtlicher Schutz vorgesehen[696]; in den §§ 87 a ff. UrhG gibt es

[688]Deshalb für eine Einordnung als verwandtes Schutzrecht z.B. Bensinger 116, die zutreffend kritisiert, dass eine solche Einordnung noch nichts nütze, solange sie nicht zur Anwendbarkeit bestimmter Normen führt; Leistner GRUR Int. 1999, 819, 825; Möhring/Nicolini/Ahlberg § 4 Rn. 3; Rehbinder Rn. 412; Roßnagel/Heitland UrhG Einl Rn. 21; Vogel ZUM 1997, 592, 594; Hoeren CR 1994, 390, 395; Kortas 221; Haude in: Brunnstein/Sint 139, 145; Kappes 286, der allerdings noch über die Umsetzung ins deutsche Recht spekuliert; Berger GRUR 1997, 169, 172; Walter/v. Lewinski Datenbank-RL Vor Art 7 Rn. 9; Wandtke GRUR 2002, 1, 5; Weber UFITA 132 (1996) 5, 29 f.; Loewenheim GRUR Int. 1997, 285, 291; Flechsig ZUM 1997, 577, 589 f; Haberstumpf GRUR 2003, 14, 25.

[689]Vgl. dazu Rehbinder Rn. 394.

[690]Fromm/Nordemann/Hertin Vor § 70 Rn. 1.

[691]Schricker/Vogel § 85 Rn. 10.

[692]Vgl. Schricker/Vogel § 85 Rn. 1, 10 ff.; Schricker/v. Ungern-Sternberg § 87 Rn. 14; Schricker/Katzenberger § 95 Rn. 3, die alle vom Schutz einer organisatorisch oder unternehmerischen Leistung sprechen.

[693]So auch Walter/v. Lewinski Datenbank-RL Vor Art 7 Rn. 9.

[694]Z.B. Internationales Abkommen über den Schutz der ausübenden Künstler, der Hersteller von Tonträgern und der Sendeunternehmen vom 26. Oktober 1961 (Rom-Abkommen).

[695]So auch Walter/v. Lewinski Datenbank-RL Vor Art 7 Rn. 10.

[696]Z.B. § 72 für Lichtbildhersteller, § 83 für ausübende Künstler.

keinen derartigen Schutz. Verwandte Schutzrechte schützen jede Investition[697], das Datenbankrecht nur wesentliche Investitionen. Unterschiedliche Schutzvoraussetzungen bei den Leistungsschutzrechten sind jedoch nichts Ungewöhnliches. Insbesondere die Nähe zum Recht der Tonträgerhersteller nach § 85 UrhG verdeutlicht das[698]. Die systematische Stellung, d.h. die Einordnung hinter § 87 UrhG und in den Teil „Verwandte Schutzrechte", spricht ebenfalls dafür, ein verwandtes Schutzrecht anzunehmen. Daraus resultiert, dass das Datenbankenrecht gemäß § 87 a ff. UrhG den verwandten Schutzrechten zuzuordnen ist.

(4) SYSTEMBRUCH? Fraglich ist, ob hier ein Systembruch[699] vorliegt. Auffällig ist, dass im Laufe der Zeit die Leistungsschutzrechte immer mehr in den Vordergrund geraten[700]. Auch das deutsche Urheberrecht hat mit einer Vielzahl von Leistungsschutzrechten eine Basis nicht nur zur Aushöhlung des Urheberrechtsschutzes geschaffen, sondern auch die Tore weit dafür geöffnet, dass immer mehr Produkte geschützt werden, die nicht auf geistigem Schaffen, sondern auf organisatorischer und vor allem austauschbarer Tätigkeit beruhen[701]. Obwohl es beim klassischen Urheberrecht auf die persönliche geistige Schöpfung ankommt und beim Datenbankherstellerrecht auf die Investition, so haben beide etwas Grundlegendes gemein, und zwar den Schutz geistiger Arbeit. Die Schutzfähigkeit der Datenbank richtet sich auch weiterhin nach urheberrechtlichen Kriterien - hier die Auswahl und Anordnung. Ob der Schutz dann tatsächlich eintritt, ist abhängig von der Investitions- und nicht von der Gestaltungshöhe. Darin ist jedoch noch kein Systembruch zu sehen. Richtig ist, dass dieser Schutz eher auf Copyrightgrundsätzen beruht als auf denen des Droit d'auteur[702]. Diese Schutzform wird von vielen urheberrechtlichen Systemen vorgesehen, ansonsten müsste man bereits den Schutz des Leistungsschutzberechtigten und den Schutz von Computerprogrammen, der in der Praxis auch schon oft reiner Investitionsschutz ist[703], als Systembruch klassifizieren. Im Übrigen kennt das UrhG bereits in §§ 85, 87 und 95 einen Investitionsschutz für eine hochwertige technische und wirtschaftlich Leistung und einen Schutz, der nicht nur an urheberrechtliche Werke anknüpft, so dass dieser dem Urheberrecht nicht mehr fremd ist. Ein Vergleich mit einem Herausgeber nachgelassener Werke ist möglich[704]. Kritisiert wird vor allem der fehlende unmittelbare Bezug zum geschützten Werk bei den einfachen Datenban-

[697] Schricker/v. Ungern-Sternberg § 87 Rn. 14; Schricker/Vogel § 85 Rn. 10; Schricker/Katzenberger § 95 Rn. 3.

[698] Diese Nähe wurde bereits im Grünbuch 1988, KOM (88) 172 endg., 214 festgestellt.

[699] So Wandtke GRUR 2002, 1, 5.

[700] Als der Sui-Generis-Schutz in Frankreich umgesetzt wurde (Art. L. 341-1 CPI), gab es auch Bedenken, ob der Droit d'auteur-Schutz nicht durch immer mehr Leistungsschutzrechte ausgehöhlt würde (Gaster CRi 2000, 38 ff.).

[701] Vgl. dazu auch Hilty UFITA 124 (1994) 85, 127 Fn. 139.

[702] Vgl. Möller ZUM 1990, 65, 69.

[703] Vgl. Kapitel 1 III. A. 3. a).

[704] Vogel ZUM 1997, 592, 594; IuKDG-Komm/Figge/Krämer Vorbemerkung UrhG Rn. 74.

ken[705]. Dieses Fehlen besteht bei den §§ 85, 87 und 95 UrhG seit ihrer Einführung 1965 und war auch beabsichtigt. Bei der Herstellung von Tonträgern oder Sendungen von geschützten Werken konnten die Unternehmen vor 1965 ihr Recht vom Recht der ausübenden Künstler ableiten, aber die betreffende Gesetzesänderung wurde insbesondere für die Aufnahmen von Tiergeräuschen und Naturereignissen eingeführt, bei denen der Bezug zu einem Werk fehlt[706]. Im Übrigen reicht der Leistungsschutz nie soweit wie der Urheberrechtsschutz, sowohl bezüglich des Inhalts als auch seiner Schranken. Ein vernünftiger Ausbau des Leistungsschutzes ist eher zur Problemlösung geeignet[707] als die Ausweitung des Urheberrechts, die dieses nur verwässern würde[708].

(5) FAZIT Für die Umsetzung des Schutzrechtes sui generis für Datenbanken in das UrhG wurde der Weg der verwandten Schutzrechte gewählt. Aus diesem Grund ist die Bezeichnung als Sui-Generis-Recht für die §§ 87 a ff. UrhG nun auch unpassend, da kein Sonderschutz besteht. Als Bezeichnung wird daher Investitionsschutz für Datenbanken oder der Begriff des Schutzes einfacher Datenbanken gewählt. Für den Schutz im europäischen oder internationalen Kontext wird weiterhin bevorzugt der Begriff des Sui-Generis-Schutzes verwendet, da die dogmatische Einordnung bewusst offen geblieben ist und auch bleibt.

b) Sammel- und Datenbankwerke - § 4 UrhG

Durch die DBRL hat sich an der urheberrechtlichen Rechtsnatur des Sammelwerks nichts geändert. Da es sich bei dem Datenbankwerk um einen Unterfall des Sammelwerks handelt[709], folgt es auch dessen Rechtsnatur. Sammel- und Datenbankwerke sind damit unumstritten urheberrechtlicher Natur.

4. Inhalt und Schranken

Gegenstand dieser Untersuchung sind die Schutzvoraussetzungen und nicht der Inhalt des Datenbankrechts. Dennoch soll zum Verständnis ein kurzer Überblick über die Regelungsgegenstände gegeben werden.

a) Investitionsschutz

Datenbankhersteller ist derjenige, der das organisatorische und wirtschaftliche Risiko trägt, das mit dem Aufbau einer Datenbank verbunden ist[710]. Bezüglich der Urheberschaft bei unselbständigen Tätigkeiten hatten die Mitgliedstaaten ein Wahlrecht[711]. Die deutsche Gesetzgebung hat sich dahingehend entschieden, kei-

[705] Wandtke GRUR 2002, 1, 5.
[706] BT-Drucks. IV/270, 95, 97.
[707] Vgl. Dietz in: Mauhs ZUM 1990, 62, 64.
[708] So auch Schack ZUM 1990, 59, 62.
[709] Vgl. in diesem Kapitel III. C. 2.
[710] Schricker/Vogel § 87 a Rn. 28.
[711] Vgl. Erwägungsgrund 29 DBRL.

ne ähnliche Regelung wie in § 69 b UrhG zu schaffen, sondern nur die natürliche Person Datenbankhersteller sein zu lassen[712].

Gemäß § 87 b Abs. 1 UrhG hat der Datenbankhersteller das ausschließliche Recht zur Vervielfältigung, Verbreitung und öffentlichen Wiedergabe[713] eines wesentlichen Teils der Datenbank. Der unwesentliche Teil einer Datenbank kann ebenfalls geschützt sein, wenn Handlungen einer normalen Auswertung entgegenlaufen oder aber berechtigte Interessen des Datenbankherstellers unzumutbar beeinträchtigt werden. Zunächst ist durch diese Unterscheidung die Freiheit der Recherchemöglichkeit in Datenbanken gewährleistet, so dass die Monopolisierungsgefahr gebannt scheint. Allerdings hat die Rechtsprechung gezeigt, dass eine Beeinträchtigung der Interessen des Datenbankherstellers bei Vorliegen eines unwesentlichen Teils bereits sehr früh angenommen wird[714], obwohl der Wortlaut „unzumutbar" eher für eine strenge Auslegung spricht. Aus diesem Grund muss die Auslegung des Begriffs „wesentlicher Teil" noch einmal überdacht werden[715].

Die Schrankenregelungen für Datenbanken sind in § 87 c UrhG festgelegt. Sie gelten für die Datenbank in ihrer Gesamtheit und für wesentliche Teile der Datenbank[716]. Im Grunde ähnelt der Katalog den §§ 45 ff. UrhG. Der Schutz für Datenbanken, die mit elektronischen Mitteln zugänglich sind, wird jedoch dahingehend beschränkt, dass eine private Vervielfältigung wie in § 53 UrhG nicht gestattet ist. Damit wird der besonderen Verletzlichkeit von elektronischen Datenbanken Rechnung getragen. Die Vervielfältigung zum Wissenschafts-, Unterrichts- und Behördengebrauch sowie zu Zwecken der öffentlichen Sicherheit ist erlaubt. Eine Vervielfältigung zum privaten Gebrauch ist nicht erlaubt, wenn die Elemente mit Hilfe elektronischer Mittel zugänglich sind. Die Schutzdauer beträgt gemäß § 87 d UrhG lediglich 15 Jahre[717] nach Veröffentlichung, hilfsweise Erstellung[718], der Datenbank. Tatsächlich ist diese Frist jedoch nicht so kurz wie es scheint, da

[712] Problematisch ist die Bestimmung des Datenbankherstellers daher bei Arbeitsverhältnissen (Dannecker K&R 1999, 529, 534; so auch Körber in: Klingner ZUM 1997, 649, 651; Berger GRUR 1997, 169, 172); überwiegend wird die Regelung des § 43 UrhG als ausreichend betrachtet (Vogel in: Klingner ZUM 1997, 649, 651; RegE BT-Drucks. 13/7385, 43; Kappes ZEuP 1997, 654, 660).

[713] Zu den Begriffen der Vervielfältigung, Verbreitung und öffentlichen Wiedergabe vgl. u.a. Möhring/Nicolini/Decker § 87 b Rn. 3 ff.; Schricker/Vogel § 87 b Rn. 10 ff.; Für den Datenbankhersteller ist im Internet von besonderer Bedeutung, ob das sogenannte Framing das Recht der Vervielfältigung betrifft (vgl. dazu Burmeister 80 ff.: Der Framer selbst begeht danach keine Verletzungshandlung, da er die Vervielfältigung lediglich vorbereitet; der Nutzer hingegen vervielfältigt die geframete Website).

[714] Vgl. z.B. OLG Hamburg ZUM 1999, 849, 852 - Börsendaten, wo die Annahme eines unwesentlichen Teils sogar verneint wurde, da ein Datensatz durch einen Link zu einem anderen Datensatz führe.

[715] Vgl. in diesem Kapitel III. B. 3. c) (7).

[716] Möhring/Nicolini/Decker § 87 c Rn. 1; Schricker/Vogel § 87 c Rn. 7.

[717] Allerdings wurde vorgeschlagen, die Schutzdauer auf 50 Jahre zu erhöhen (Cook EuZW 1994, 7, 11; Garrigues EIPR 1997, 3 f.)

[718] Schricker/Vogel § 87 d Rn. 2.

durch eine wesentliche Neuinvestition die Schutzfrist erneut zu laufen beginnt[719] und auf diese Weise unbegrenzt währen kann.

b) Urheberrechtlicher Schutz

Inhaber des Schutzrechts ist derjenige, der die erforderliche persönliche geistige Schöpfung durch Auswahl und Anordnung erbracht hat[720]. Für Inhalt und Schranken finden - wie bei den Werken gemäß § 2 UrhG - die Regelungen der §§ 15 ff. und §§ 45 ff. UrhG Anwendung. Einer gesonderten Betrachtung bedarf es damit grundsätzlich nicht. Lediglich einige Ausnahmen für Datenbankwerke, z.B. § 53 Abs. 5 UrhG, der Abs. 1 und Abs. 2 Nr. 2 - 4 für elektronische Datenbankwerke ausnimmt, wurden geregelt.

B. Investitionsschutz

Zunächst werden Gegenstand und Voraussetzungen des Schutzes der einfachen Datenbanken erläutert.

1. Schutzgegenstand

Besondere Uneinigkeit herrscht bezüglich des Schutzgegenstandes. Der Konflikt entstand dadurch, dass weder die DBRL noch ihre Umsetzung den Schutzgegenstand genau definieren, sondern ihn widersprüchlich darstellen, wodurch ein Schutz der Informationen, der Investition oder der Datenbank als Sammlung in Betracht kommt.

a) Schutz von Informationen

Vereinzelt wird der Schutzgegenstand des einfachen Datenbankschutzes in den in der Datenbank enthaltenen Informationen gesehen[721]. Dabei wird nicht verkannt, dass Erwägungsgrund 45 DBRL deutlich besagt, dass kein Schutz von Daten oder Fakten erfolgen soll, sondern es wird lediglich behauptet, der Datenbankschutz würde zu einem faktischen Schutz von Informationen führen. Schließlich könne eine Datenbank nur dann aufgebaut werden, wenn die Daten dafür legal erworben werden können, aber gerade dieses werde durch den Sui-Generis-Schutz unterbunden[722]. In gewissen Sinne kann dem beigepflichtet werden, denn tatsächlich muss mit der Informationsverwertung nach der Einführung der §§ 87 a ff. UrhG vorsichtiger umgegangen werden, um keine Rechte zu verletzen. Das führt jedoch rein rechtlich nicht zu einem Schutz der Information. Jede beliebige Einze-

---

[719] Möhring/Nicolini/Decker § 87 d Rn. 5; Schricker/Vogel § 87 a Rn. 25; a.A. Fromm/Nordemann/Hertin Rn. 2 f., der eine Erneuerung nur in Ansehung des neuen Teils versteht.

[720] Schricker/Loewenheim § 4 Rn. 20, 40 ff.

[721] Chalton EIPR 2001, 296, 299 f.; Reichman/Samuelson 50 Vand. L. Rev. 1997, 51, 89, 92; Tanenbaum TCL 2/1998, 14, 18.

[722] Reichman/Samuelson 50 Vand. L. Rev. 1997, 51, 89.

linformation kann verwertet werden, sofern sie nicht bereits ein geschütztes Werk darstellt oder dabei gegen andere Vorschriften verstoßen wird. Das Datenbankherstellerrecht greift hier nicht einschränkend ein. Zwar gibt Erwägungsgrund 38 DBRL darüber Auskunft, dass aufgrund der Digitaltechnik der Hersteller auch die Neuzusammenstellung der Daten gefährdet ist, dieser Gefahr wird aber bereits dadurch begegnet, dass auch unwesentliche Teile nicht vervielfältigt werden dürfen, wenn diese Handlungen systematisch erfolgen und den Hersteller beeinträchtigen.

Der Schutz der Information wird auch damit begründet, dass hier ein Äquivalent zur Idee-Ausdruck-Dichotomie nicht vorgesehen ist[723]. Ein Schutz der Information sei auch deshalb angemessen, da sonst eine Datenbank ungeschützt wäre, bei der die Informationen nicht direkt, sondern mittels einer anderen Quelle übernommen und evtl. anders angeordnet wurden[724]. Gegen diese Auffassung spricht, abgesehen von der Gefahr einer Monopolisierung der Daten, dass der Datenbank auch dann der Schutz gewährt werden soll, wenn die Daten bereits in einer anderen Datenbank enthalten waren[725]. Das würde bedeuten, dass Daten, sobald sie in irgendeiner Datenbank gespeichert sind, nicht mehr verwendbar wären bzw. eine Verwendung gegen das Datenbankherstellerrecht verstoßen würde[726]. Dagegen spricht aber, dass die Entnahme einzelner Daten - eines unwesentlichen Teils - grundsätzlich nicht gegen das Datenbankherstellerrecht verstößt, sondern nur die Übernahme der gesamten Datenbank oder eines wesentlichen Teils der Datenbank (§ 87 b UrhG). Ein Schutz von Informationen, wie er nach der Richtlinienfassung teilweise angenommen wurde, findet in den §§ 87 a ff. UrhG keinerlei Bestätigung. Schutzgegenstand sind damit nicht die einzelnen Informationen.

b) Schutz des Inhalts oder der Investition in die Datenbank

In der Literatur haben sich weiterhin verschiedene Meinungen zum Schutzgegenstand herausgebildet, vom Schutz der Investition bis zum Schutz der Datenbank in den unterschiedlichsten Variationen und Formulierungen. Zusammenfassend werden folgende Ansichten vertreten: Der Inhalt der Datenbank[727], die Datenbank in der Auswahl und Anordnung ihres Inhalts mit dem dazugehörigen elektronischen Material[728], der Inhalts als Leistungsergebnis[729], die Datenbank als Gesamtheit des unter wesentlichen Investitionen gesammelten, geordneten und einzeln zugänglich gemachten Inhalts als immaterielles Gut[730], die Datenbank

[723] Reichman/Samuelson 50 Vand. L. Rev. 1997, 51, 89.

[724] Chalton EIPR 2001, 296, 299 f.

[725] Kappes ZEuP 1997, 654, 669; WIPO-Dok. SCCR/1/INF/2.

[726] So z.B. nach bisherigem britischen Recht vgl. Laddie/Prescott/Vitoria 2.65.

[727] Berger GRUR 1997, 169, 172; Bensinger 108 ff.; Cornish ALAI 1996, 435, 439; Dannecker K&R 1999, 529, 534; Karnell GRUR Int. 1999, 329, 330; Lloyd 367; Tonninger 87.

[728] Dreier GRUR Int. 1992, 739, 740.

[729] Grützmacher 329 f., der sich dabei nur auf die DBRL bezieht und eine stärkere Beachtung der Investition durch die §§ 87 a ff. in Betracht zieht.

[730] Schricker/Vogel § 87 a Rn. 10; Vogel ZUM 1997, 592, 596; OLG Hamburg ZUM 1999, 849, 852 - Börsendaten; LG München 7 O 6910/01 - Newsclub III.

nicht in ihrer Gesamtheit, sondern in ihren wesentlichen Teilen, wenn sie eine Investition erfordert[731], die Investition als wahrnehmbares Substrat[732] und die Datenbank als solche[733].

Den Schutz lediglich als „Datenbank als solche" festzulegen, ist viel zu ungenau und gibt keinen Aufschluss über den wirklichen Schutzgegenstand. Aufschluss über den Schutzgegenstand gibt aber der gleichnamige Artikel 3 DBRL. Dieser legt als Schutzgegenstand die Datenbank in ihrer Auswahl und Anordnung fest. Das bestätigt auch Erwägungsgrund 15 DBRL, der ausdrücklich darlegt, dass die Struktur der Datenbank geschützt wird. Ebenso beziehen sich auch Erwägungsgründe 35, 39 und 58 DBRL auf die Auswahl und Anordnung und die Struktur der Datenbank[734]. Allerdings bezieht sich dieser Schutzgegenstand nur auf den urheberrechtlichen Schutz und nicht auf den investiven. Für einen einheitlichen Schutzgegenstand spricht der deutsche Regierungsentwurf, der den Begriff der Datenbank einheitlich sieht[735]. Andererseits stellt auch die Gesetzesbegründung fest, dass eindeutig eine Dualität der Schutzgegenstände besteht und diese durch die DBRL zwingend vorgegeben ist[736]. Eine einheitliche Auslegung bezüglich des Schutzgegenstandes ist somit nicht vorzunehmen.

Schutzgegenstand könnte auch der Inhalt der Datenbank sein. Dafür spricht Art. 7 Abs. 1 DBRL, der besagt, dass der „Inhalt" einer Datenbank nicht entnommen werden darf. Allerdings wird der Begriff Inhalt wahlweise mit verschiedenen Bedeutungen belegt. Das wird besonders anhand von Art. 7 Abs. 4 S. 2 und 3 DBRL deutlich. Satz 2 stellt fest, dass andere Rechte am Inhalt der Datenbank unberührt bleiben und meint, dass die Datenbank als solche z.B. auch urheberrechtlich oder anderweitig geschützt werden kann. Satz 3 sagt genau dasselbe aus, nämlich dass die Rechte am Inhalt der Datenbank unberührt bleiben, meint aber die Rechte an den einzelnen Elementen. Art. 7 DBRL ist somit widersprüchlich und kann bei der Frage nach dem Schutzgegenstand nicht weiterhelfen.

Dass der „Inhalt der Datenbank" geschützt sein soll, bezieht sich auf die europäische Formulierung, die die Entnahme und Weiterverwendung des Inhalts verbietet[737]. Die deutsche Umsetzung hingegen verwendet in ihrer endgültigen Fassung diese Begriffe nicht mehr, sondern operiert mit den im deutschen Urheberrechtsgesetz üblichen Begriffen Vervielfältigung, Verbreitung und öffentliche Wiedergabe (§ 87 b Abs. 1 UrhG) und bezieht sich dabei auf die Datenbank selbst oder auf einen wesentlichen Teil derselben, nicht aber auf deren Inhalt[738]. Auch

---

[731] Gaster Rn. 475; Koumantos RIDA 171 (1997) 79, 117; Kübler 137; Vogel ZUM 1997, 592, 596.

[732] Hornung 110 ohne Begründung; wohl auch Haberstumpf GRUR 2003, 14, 25; Hoeren 133; Leistner 148 f.; kritisch Panhaleux für das französische Recht GRUR Int. 2000, 800, 802; Wiebe CR 1996, 198, 202.

[733] Zahrt 43.

[734] Vgl. auch Vogel in: Klingner ZUM 1997, 649.

[735] Vgl. RegE BT-Drucks. 13/7385, 45; RegE BR-Drucks. 966/96, 47.

[736] BT-Drucks. 13/7934, 42.

[737] Vgl. Berger GRUR 1997, 169, 172.

[738] Vgl. dazu BT-Drucks. 13/7934, 44.

im nordischen Katalogrecht, an dem sich die Richtlinie orientiert hat, besteht der Schutz nicht am Inhalt, sondern an der Sammlung[739].

Für eine Trennung von Datenbank und Inhalt spricht auch § 87 a Abs. 6 RegE[740], der zwar nicht in den endgültigen Gesetzestext übernommen wurde, aber nur weil die Regelung allgemeinen Rechtsgrundsätzen entspricht und keiner Umsetzung bedurfte[741].

Im Übrigen wird argumentiert, dass schon deshalb der Inhalt geschützt sein müsste, weil das Sammeln der Informationen und nicht ihre Strukturierung die Investition erfordert[742]. Diese Annahme ist jedoch unbegründet, denn die Daten sind in vielen Fällen schon vorhanden, und außerdem erfordert das Sammeln der Daten zu einem Datenhaufen meist nicht so hohe Investitionen wie das Strukturieren. Erst durch das Anordnen wird der Datenhaufen nutzbar, aus dem Datenhaufen wird die Datenbank. Im übrigen beweist auch der Wortlaut des § 87 a UrhG, dass der Schwerpunkt der Datenbank auf der Anordnung liegt, denn im Gegensatz zum Sammelwerksbegriff in § 4 Abs. 1, in dem von „Auswahl oder Anordnung" die Rede ist, sieht die Datenbankdefinition nur die Anordnung vor[743]. Den Inhalt der Datenbank zu schützen, würde letztendlich auf den Schutz der Information hinauslaufen. Die Abgrenzung würde nur aufgrund der Wesentlichkeit erfolgen[744], die jedoch einen unbestimmten Rechtsbegriff darstellt, dessen Auslegung noch immer problematisch ist, worauf im nachfolgenden noch eingegangen wird[745]. Die Freiheit der Information von einem solchen Begriff abhängig zu machen, gefährdet sie und führt zu erheblicher Rechtsunsicherheit. Gegen den Schutz des Inhalts sprechen somit gewichtige Argumente.

Der Wortlaut des § 87 a Abs. 1 S. 1 UrhG spricht dafür, die Investition in den Schutzgegenstand mit einzubeziehen. Der Regierungsentwurf legt die wesentliche Investition sogar ausschließlich als Schutzgegenstand fest, macht jedoch die Einschränkung, dass es sich um die Investition des Datenbankherstellers handeln muss[746]. Dagegen wird angenommen, dass die Investition selbst dann nur mittelbar geschützt wäre[747] und Schutzvoraussetzung und Schutzgegenstand zu trennen wären[748]: Schutzvoraussetzung ist die Investition, Schutzgegenstand die Datenbank selbst. Ein systematischer Vergleich mit dem ähnlich gestalteten Datenbank-

---

739 Vgl. Bensinger 110 f., die dennoch für einen Schutz des Inhalts plädiert.

740 RegE BT-Drucks. 13/7385, 13.

741 RegE BR-Drucks. 966/96, 48.

742 So Bensinger 110.

743 Das bedeutet jedoch nicht, dass bei der Datenbank auf die Auswahl völlig verzichtet wird (vgl. in diesem Kapitel III. B. 2. c) (1)), das Gewicht liegt jedoch auf der Anordnung.

744 So Bensinger 111.

745 Vgl. in diesem Kapitel III. B. 3.

746 RegE BT-Drucks. 13/7385, 45.

747 So auch Koumantos RIDA 171 (1997) 79, 117, der insofern zutreffend annimmt, dass die Investition darüber indirekt geschützt ist.

748 So wohl auch Berger GRUR 1997, 169, 171 f., der erst erläutert, dass eine Datenbank geschützt ist, die eine wesentliche Investition erfordert und dann als Schutzgegenstand den Inhalt beschreibt.

werk lässt diese Schlussfolgerung nicht zu, da es hier vorrangig auf die Auswahl und Anordnung ankommt[749]. Die Systematik gebietet daher, als Schutzgegenstand der einfachen Datenbank die Zusammenstellung von Elementen anzunehmen, deren Auswahl und Anordnung eine wesentliche Investition erfordern. Diese Definition steht sowohl in Einklang mit dem Wortlaut von § 87 a UrhG und der DBRL als auch mit der Systematik des Urheberrechts und den Zielen der Richtlinie.

Es bleibt die Frage, ob die Gesamtheit der Datenbank geschützt wird oder nur wesentliche Teile. Gegen den Schutz der Gesamtheit spricht, dass der Schutz des unwesentlichen Teils der Datenbank ausgenommen wurde[750]. Unwesentliche Teile der Datenbank bleiben jedoch nicht völlig schutzlos, denn auch ihre Entnahme ist bei Vorliegen zusätzlicher Voraussetzungen nicht gestattet. Für § 87 b Abs. 1 S. 2 UrhG müsste in diesem Fall ein anderer Schutzgegenstand bestimmt werden als für Abs. 1 S. 1. Gegen die Beschränkung auf die wesentlichen Teile der Datenbank spricht auch, dass der Schutzgegenstand dann nicht konkret bestimmt werden kann, sondern erst durch Auslegung im Einzelfall ermittelt werden muss. Ebenso würden die anderen Merkmale des Schutzgegenstandes ihren Bezugspunkt verlieren, denn was wäre unter der Auswahl und Anordnung eines wesentlichen Teils zu verstehen? §§ 87 a ff. UrhG sind mit ihrer Systematik eindeutig: § 87 a UrhG legt als Schutzgegenstand die gesamte Datenbank fest und § 87 b UrhG unterscheidet bei den Rechten des Datenbankherstellers zwischen wesentlichen und unwesentlichen Teilen. Rechtssicherheit und nicht zuletzt auch der Wortlaut von Art. 7 DBRL und § 87 a UrhG sprechen damit dafür, die Datenbank als Gesamtheit zu schützen.

Schutzgegenstand ist damit die gesamte Zusammenstellung von Elementen, deren Auswahl und Anordnung eine wesentliche Investition erfordern.

2. Begriff der Datenbank

Der Begriff der Datenbank wurde erst mit Umsetzung der DBRL in das deutsche Recht eingeführt. Die Datenbank im Rahmen eines Sui-Generis-Recht zu schützen, war erforderlich, da es im Zeitalter des digitalen Kopierens sehr viel schneller möglich ist, Daten zu vervielfältigen, denen es in ihrer Auswahl und Anordnung an Originalität mangelt und die dementsprechend nach dem Urheberrecht nicht geschützt wären.

Eine Datenbank ist gemäß § 87 a Abs. 1 S. 1 UrhG eine „Sammlung von Werken, Daten oder anderen unabhängigen Elementen, die systematisch oder methodisch angeordnet und einzeln mit Hilfe elektronischer Mittel oder auf andere Weise zugänglich sind und deren Beschaffung, Überprüfung oder Darstellung eine nach Art und Umfang wesentliche Investition erfordert". Zur begrifflichen Bestimmung und zur Frage, welche Kriterien für die Erfüllung des Datenbankbe-

[749] Vgl. für das Sammelwerk BGH GRUR 1992, 382, 384 - Leitsätze; Haberstumpf Rn. 104 und auch Art. 3 DBRL.

[750] So Erwägungsgrund 49 DBRL; Gaster Rn. 492.

griffs erforderlich sind, gibt der Wortlaut des Gesetzes wenig Aufschluss[751]. Um den größtmöglichen Harmonisierungseffekt zu erreichen, wurde der Begriff der Datenbank wörtlich der Richtlinie entnommen, so dass bei einer richtlinienkonformen Auslegung auch auf die Erwägungsgründe zurückgegriffen werden kann[752].

Das Gesetz geht von einem weiten Datenbankbegriff aus[753]. Geschützt werden öffentlich zugängliche, private, wissenschaftliche und kommerzielle Datenbanken[754]. Eine Begrenzung auf nicht vertrauliche Daten[755] erfolgt nicht. Auch staatliche Datenbanken werden geschützt, denn die bloße Verpflichtung zum staatlichen Handeln, zu deren Erfüllung diese Datenbanken dienen, muss sie nicht in jedem Fall vom Schutz ausnehmen[756]. Eine Unterscheidung zwischen statischen und Realzeitdatenbanken wird nicht vorgenommen[757].

a) Bestandteile von Datenbanken

Da Datenbanken auf Zusammenstellungen von Werken, Daten bzw. Elementen basieren, muss zunächst untersucht werden, welche Anforderungen an diese Bestandteile gestellt werden.

(1) WERKE Werke können Bestandteile von Datenbanken sein. Gemeint sind damit Werke im Sinne des Urheberrechts[758]. Erwägungsgrund 17 DBRL weist noch einmal ausdrücklich darauf hin, dass jegliche Art von Werken erfasst ist und nicht nur literarische, künstlerische oder musikalische. Einzelne Werke, ob Musik- Sprach- oder Filmwerke können zwar Bestandteile einer Datenbank sein, aber nie selbst eine Datenbank darstellen[759]. Besonderheiten ergeben sich bei der Bestimmung des Werkbegriffs nicht.

(2) DATEN Daten können Bestandteile von Datenbanken sein. Eine Beschränkung auf Bestandteile aus Literatur, Kunst und Wissenschaft besteht nicht[760]. Diese Erweiterung des ursprünglichen Sammlungsbegriffs geht nicht zuletzt auf die diesbezügliche Klarstellung in Art. 10 Abs. 2 TRIPs und Art. 5 WCT zurück[761]. Die Ausdehnung auf Daten ist nun auch im deutschen Recht nor-

---

751 So auch Köhler ZUM 1999, 548, 551.

752 Vgl. in diesem Kapitel II. A.

753 Fromm/Nordemann/Hertin § 87 a Rn. 1.

754 Tountopoulus CR 1998, 129, 131.

755 So Tountopoulus CR 1998, 129, 130.

756 Tountopoulus CR 1998, 129, 132; vgl. aber zu Datenbanken, die aus amtlichen Werken bestehen in diesem Kapitel III. B. 2. a) (4).

757 So schon Initiativen zum Grünbuch 1988 KOM (90) 584 endg., 19.

758 Hornung 74, der zusätzlich noch auf eine Harmonisierung mit Art. 2 Abs. 5 RBÜ hinweist; ebenso Bensinger 124; Grützmacher 168.

759 So Flechsig ZUM 1997, 577, 580; anders BGH GRUR 1984, 730, 733 - Filmregisseur.

760 So noch beim Schutz des Sammelwerks (vgl. v. Gamm § 4 Rn. 6).

761 KOM (93) 464 endg., 5; ABl. C 288/14; Ob bereits durch die RBÜ Daten als Bestandteile von Datenbanken in Betracht kommen, ist umstritten; vgl. dazu in diesem Kapitel II. C. 1.

miert[762]. Der Begriff der Daten kann hier aus dem technischen Sprachgebrauch übernommen werden. Nach DIN-Norm sind Daten „Gebilde aus Zeichen oder kontinuierliche Funktionen, die aufgrund bekannter oder unterstellter Abmachungen eine Information darstellen, vorrangig zum Zweck der Verarbeitung oder als deren Ergebnis“[763]. Damit sind jedoch nicht Sachverhalte an sich gemeint, sondern individuelle Angaben zu wirklichen oder fiktiven Phänomenen, die zur weiteren Bearbeitung durch den menschlichen Geist geeignet erscheinen; es können Messergebnisse oder Zahlen oder auch Abbildungen sein[764]. Beispiele für den Begriff „Daten“ bringt § 2 Abs. 1 TDG: „Zeichen, Bilder und Töne“ . Sie unterscheiden sich von Sprachwerken lediglich dadurch, dass die persönliche geistige Schöpfung fehlt[765].

(3) ELEMENTE Elemente sind z.B. Fotografien, Bilder und Aufzeichnungen, die weder die nötige persönliche geistige Schöpfung besitzen, um selbst ein Werk zu sein, noch die notwendigen Voraussetzungen für den Datenbegriff erfüllen. Dieser „Auffangbegriff“ soll dazu dienen, dass alle Arten von Elementen, die tatsächlich gesammelt werden können, auch datenbankfähig im juristischen Sinne sind. Damit ist der Weg frei zum Schutz von multimedialen Werken[766]. Es gibt keine Beschränkung auf Video- oder Audioelemente. Auch eine Beschränkung auf beschreibende Elemente unter Ausschluss von anweisenden Elementen wie im nordischen Recht findet nicht statt[767]. Selbst gemeinfreie Gegenstände können in Datenbanken zusammengestellt werden[768]. Im Übrigen können sogar Datenbanken Elemente von anderen Datenbanken sein[769]. Durch diesen „offenen Elementbegriff“ wird die Definition der Datenbank natürlich sehr weit, da sich hinsichtlich der möglichen Bestandteile keinerlei Restriktionen ergeben. Ein Name oder ein Ausstellungsstück in einem Museum, eine Briefmarke oder ein Binärcode, ein Musikstück oder eine Zeichnung, alle können Elemente einer Datenbank sein. Daher muss dieses Ergebnis durch die anderen Voraussetzungen wieder eingeschränkt werden.

---

[762]Auch wenn nicht nur Werke, sondern auch Beiträge Bestandteile der Sammelwerke sein konnten (v. Gamm § 4 Rn. 1).

[763]DIN 44300 2.1.13.

[764]Roßnagel/Heitland UrhG § 4 Rn. 22; IuKDG-Komm/Krämer § 4 UrhG Rn. 2; abzugrenzen ist von den Fakten, deren sprachliche Repräsentation die Daten sind.

[765]IuKDG-Komm/Krämer § 4 UrhG Rn. 2.

[766]Vgl. auch Downing IRLCT 1996, 41, 44, der dazu ausführt, dass der Schutz eines einzelnen Rechts weitaus besser geeignet ist, den Datenbankhersteller zu schützen, als ihm eine Reihe von Rechten am multimedialen Inhalt zu geben; auch Köhler ZUM 1999, 548, 552; für Multimediawerke ebenfalls bejahend Wiebe/Funkat MMR 1998, 69, 74; so schon Initiativen zum Grünbuch 1988 KOM (90) 584 endg., 18.

[767]Vgl. hierzu Bensinger 129.

[768]Vgl. Grünbuch 1988 KOM (88) 172 endg., 212.

[769]Beispiele von Datenbanksammlungen findet man unter http://www.thebighub.com/ (03.03.2002), http://www.allinonesearch.com/ (03.03.2002), http://internet-datenbanken.de/ (03.03.2002).

(4) AMTLICHE WERKE Ausgehend vom „offenen Elementbegriff" können alle Werke, Daten und Elemente sammlungsfähig sein. Dieser Begriff würde damit auch die Möglichkeit umfassen, Zusammenstellungen amtlicher Werke, die gemäß § 5 UrhG vom Urheberrechtsschutz ausgeschlossen sind, über den einfachen Datenbankschutz zu schützen[770]. Grundsätzlich gilt die Regelung des § 5 UrhG sowohl für urheberrechtliche als auch leistungsschutzrechtliche Werke[771]. Im Falle der Datenbanken muss jedoch die DBRL in die Auslegung miteinbezogen werden. Art. 6 Abs. 2 d) DBRL sieht vor, dass die Mitgliedstaaten Ausnahmen vom Urheberrecht, die traditionell von ihrem innerstaatlichen Recht geregelt werden, auch für den Datenbankschutz vorsehen können. Ein urheberrechtlicher Schutz als Datenbankwerk kommt damit auch bei richtlinienkonformer Auslegung nicht in Betracht[772], denn eine Anpassung an die nationalen Rechtsordnungen ist diesbezüglich in Art. 6 DBRL vorgesehen. Ein leistungsschutzrechtlicher Schutz gemäß § 87 a UrhG ist jedoch anzudenken, denn für diesen in Art. 7 DBRL geregelten Schutz gilt Art. 6 DBRL nicht[773], und § 87 c UrhG soll die Schranken für den einfachen Datenbankschutz abschließend regeln[774]. Unklar ist aber zunächst, ob diese Regelung tatsächlich eine Ausnahme zu einer zustimmungsbedürftigen Handlung[775] oder eine Beschränkung des Schutzgegenstandes[776] darstellt. Für die erste Auslegungsmöglichkeit spricht die systematische Stellung in Art. 6 DBRL; in diesem Fall wäre diese entsprechend den Schrankenbestimmungen eng auszulegen[777]. Für die letztere spricht die Formulierung, die die Freistellung als Ausnahme vom Urheberrecht ansieht; diese Auslegung entspricht auch der Absicht des Richtliniengebers[778]. Die enge Auslegung der Schrankenbestimmungen muss demnach hier nicht erfolgen. Der abschließende Charakter des § 87 c UrhG für die Schranken ist daher auch kein Argument gegen den Ausschluss des Schutzes amtlicher Datenbanken.

Allerdings könnte ein Ausschluss amtlicher Werke beim einfachen Datenbankschutz eine disharmonisierende Wirkung haben[779]. Diese Wirkung wurde aber bereits von der DBRL in Kauf genommen, denn sie bezieht sich in der Ausnahme

[770] Im Ergebnis den Schutz bejahend: Schricker/Vogel § 87 b Rn. 25; Wandtke/Bullinger/Thum § 87 a Rn. 72; OLG Dresden ZUM 2001, 595, 597 - Ausschreibungsblatt; OHGH 4 Ob 17/02g; ablehnend: Fromm/Nordemann/Nordemann § 5 Rn. 9; Gaster Rn. 611; Möhring/Nicolini/Ahlberg § 5 Rn. 21; Möhring/Nicolini/Decker Vor §§ 87 a ff. Rn. 9; Walter/v.Lewinski Datenbank-RL Art 6 Rn. 38.

[771] BGH GRUR 1999, 923, 926 - Tele-Info-CD.

[772] Haller FS Dittrich 163, 172; so auch in Bezug auf Sammlungen ohne Bezug zur DBRL Schricker/Katzenberger § 5 Rn. 63.

[773] Vgl. nur Gaster Rn. 611.

[774] So OLG Dresden ZUM 2001, 595, 597 - Ausschreibungsblatt.

[775] So Fromm/Nordemann/Nordemann § 5 Rn. 9; Schricker/Vogel § 87 b Rn. 25; OLG Dresden ZUM 2001, 595, 597 - Ausschreibungsblatt.

[776] So Gaster Rn. 408; Walter/v.Lewinski Datenbank-RL Art 6 Rn. 38.

[777] So Fromm/Nordemann/Nordemann § 5 Rn. 9; OLG Dresden ZUM 2001, 595, 597 - Ausschreibungsblatt.

[778] Gaster Rn. 408; Walter/v.Lewinski Datenbank-RL Art 6 Rn. 38.

[779] Schricker/Vogel § 87 b Rn. 25; OLG Dresden ZUM 2001, 595, 597 - Ausschreibungsblatt.

auf die jeweiligen innerstaatlichen Regeln, die bezüglich der amtlichen Werke europaweit verschieden sind[780]. Auch die RBÜ macht keine Vorgaben, sondern überlässt den Schutz amtlicher Werke den einzelnen Staaten.

Ferner sind wirtschaftliche Interessen des Staates nicht von Bedeutung, ebensowenig wie die Erhaltung der Zuverlässigkeit öffentlicher Register[781], denn den Staat trifft eine besondere verfassungsrechtliche Verpflichtung, auch weiterhin für die freie Informationsverbreitung zu sorgen[782], und die Legitimationswirkung wird durch den freien Informationsaustausch nicht berührt. Das Allgemeininteresse an der freien Veröffentlichung amtlicher Werke muss zwingend auch im Investitionsschutzrecht für Datenbanken berücksichtigt werden[783]. Im Übrigen spricht auch der einheitliche Datenbankbegriff[784] für eine einheitliche Regelung dieser Bestimmung[785]. Im Ergebnis sind auch Zusammenstellungen amtlicher Werke wie diese selbst nicht vom einfachen Datenbankschutz erfasst.

(5) AUTOMATISCH ANFALLENDE DATEN Datenbanken im Internet können auch ohne bewusste Anordnung und Suche von Daten entstehen; sie „fallen automatisch an“. Solche Daten sind Nebenprodukte der eigentlichen Datenproduktion. Fraglich ist, ob auch diese Daten Bestandteile einer Datenbank im juristischen Sinne sein können. Aufschluss darüber gibt Erwägungsgrund 13 DBRL, der Sammlung und Zusammenstellung als Synonyme verwendet und so deutlich macht, dass lediglich etwas Zusammenhängendes entstehen muss, die Art und Weise der Erlangung ist für die Eignung der Daten für die Datenbank jedoch nebensächlich[786]. Im Übrigen sind auch Daten als Nebenprodukte Ergebnis einer gezielten Suche, die nicht auf das Finden der automatisch anfallenden Daten gerichtet war. Grundsätzlich bestehen keine Einschränkungen bezüglich der Gewinnung der Daten. Ob die Daten automatisch anfallen oder nicht, kann aber einen Einfluss auf die Anordnung oder die Höhe der Investition haben.

(6) MINDESTANZAHL VON ELEMENTEN Es erhebt sich die Frage, ob eine Mindestanzahl von Elementen zur Bildung einer Datenbank erforderlich ist. Zum einen geht es um Elemente, die in beliebigen Variationen frei angeordnet werden können, zum anderen um Tabellen und damit relationale Datenbanken, die zwar schon erstellt, aber noch nicht mit Elementen gefüllt sind. Grundsätzlich hat sich die Kommission nicht auf eine bestimmte Zahl festgelegt[787]. Teilweise wird angenommen, es sei eine beträchtliche Anzahl erforderlich, sonst wäre der Begriff

[780] Zu den einzelnen europäischen Regelungen vgl. Gaster Rn. 615 ff.

[781] So aber Schricker/Vogel § 87 b Rn. 25.

[782] Gaster Rn. 613.

[783] So auch Fromm/Nordemann/Nordemann § 5 Rn. 9; Haller FS Dittrich 163, 173; Möhring/Nicolini/Decker Vor §§ 87 a ff. Rn. 9.

[784] Vgl. in diesem Kapitel III.

[785] So auch Gaster Rn. 614; Haller FS Dittrich 163, 173 Fn. 49; Möhring/Nicolini/Ahlberg § 5 Rn. 21.

[786] So auch Grützmacher 168.

[787] KOM (92) 24 endg., 44; KOM (93) 464 endg., 3.

der Wesentlichkeit der Investition nicht erfüllt[788]. Diese Argumentation greift jedoch schon auf die Schutzwürdigkeit der Investition vor und kann nicht geeignet sein, die Frage nach der Anzahl der Daten in einer Datenbank zu klären. Im Übrigen wurde sie nach einem Änderungsvorschlag des Europäischen Parlaments[789] verworfen, da durch die Formulierung Auslegungsprobleme und dadurch Konflikte mit TRIPs und WCT entstehen könnten[790]. Bei der Bestimmung des Begriffs der Sammlung kann auf den allgemeinen Sprachgebrauch zurückgegriffen werden[791]. Zweifellos ist daher festzustellen, dass ein Element zur Bildung einer Datenbank nicht genügt, denn dann gäbe es keine Anordnungsmöglichkeiten. Kritisch ist jedoch, ob zwei Elemente für die Annahme einer Datenbank genügen können. Auch diese Frage muss verneint werden, weil bei zwei Elementen schon rein sprachlich nicht von einem Sammeln die Rede sein kann[792]. Zwei Elemente können auch kaum auf verschiedene Weise angeordnet werden, es sei denn die Anordnung ist auf eine Erweiterung ausgelegt[793]. Bei drei Elementen hingegen besteht die Möglichkeit einer unterschiedlichen Anordnung, denn die Elemente können hintereinander angeordnet oder untereinander verknüpft sein. Die Frage nach der Schutzfähigkeit kann erst bei der Untersuchung der systematischen Anordnung oder der Investitionshöhe beantwortet werden. Die Aussage, eine bestimmte Mindestanzahl lasse sich nicht feststellen[794], muss deshalb dahingehend konkretisiert werden, dass keine Mindestanzahl festgelegt werden kann, bei der von einer systematischen Auswahl und Anordnung zu sprechen ist. Die Frage nach der tatsächlichen Anordnungsmöglichkeit darf auch nicht mit der Frage verwechselt werden, ob durch Auswahlmöglichkeiten Raum für die individuelle Gestaltung verbleibt, denn auf diese Frage kommt es bei einer Datenbank gemäß § 87 a UrhG nicht an. Somit sind mindestens drei Elemente für eine Datenbank erforderlich.

Im zweiten Fall ist zu klären, ob das Vorliegen der Strukturen ohne Eintragungen in die Datenbank genügt. Dieses Problem kann jedoch erst im Gesamtzusammenhang mit den relationalen Datenbanken besprochen werden[795].

(7) VORBESTEHEN DER ELEMENTE Datenbanken können aus bereits bestehenden oder auch aus eigens für sie geschaffenen Elementen zusammengestellt werden. In letzterem Fall würden die Bestandteile nicht mehr nur ausgewählt und angeordnet, sondern auch generiert werden, wobei diese Vorgänge evtl. sogar simultan ablaufen. Daraus ergibt sich die Frage, ob auch eigens für die Daten-

788 So Hornung 73.

789 ABl. C 194/144.

790 ABl. C 288/14.

791 RGZ 128, 102, 105 - Schlagerlieder-Bücher.

792 Vgl. Brockhaus: Stichwort Sammlung; im Ergebnis so wohl auch Köhler ZUM 1999, 548, 552; Walter/v.Lewinski Datenbank-RL Art 1 Rn. 15.

793 So Köhler/Arndt 130.

794 So auch Möhring/Nicolini/Decker § 87 a Rn. 1.

795 Vgl. Kapitel 3 V. B. 1.

bank generierte Elemente genügen können. Ein Vorbestehen der Elemente kann nicht zum Erfordernis der Datenbank gemacht werden, da ein beträchtlicher Teil von Datenbanken damit ausgeschlossen würde, z.B. solche, die aus Zusammenfassungen von Volltexten bestehen. Dazu gehören u.a. Lexika[796] und Rechtsprechungsübersichten[797].

(8) IMMATERIALITÄT DER ELEMENTE Mögliches Ausschlusskriterium für Datenbanken könnte sein, dass die Bestandteile der Datenbank immateriell sind[798], d.h. unkörperlich, geistig, unstofflich, also in elektronischer Form. Dieser Gedanke stützt sich noch auf den ersten Richtlinienentwurf, der nur den Schutz elektronischer Datenbanken vorsah[799]. In der endgültigen Fassung wurde hiervon jedoch abgewichen, so dass auch nichtelektronische Datenbanken umfasst sind[800], was weitgehend auf Art. 10 Abs. 2 TRIPs und Art. 5 WCT zurückzuführen ist[801]. Die Sinnlosigkeit einer solchen Unterscheidung zeigt sich u.a. darin, dass sämtliche Werke, Daten und Elemente nicht nur körperlich fixiert, sondern auch digitalisiert, d.h. immateriell gemacht werden können. Jeder körperliche Gegenstand kann bereits im Computer dargestellt werden[802], und jeder im Computer erzeugte Gegenstand lässt sich auch nachbauen, so dass die Frage bezüglich der Immaterialität lediglich eine Frage des Mediums ist[803]. Das bedeutet, dass die Substanz, ob materiell oder immateriell, für den Datenbankbegriff irrelevant ist.

In Rechtsprechung[804] und Literatur[805] ist umstritten, ob auch Printmedien als Datenbanken geschützt werden. Obwohl unanim anerkannt wird, dass auch nichtelektronische Datenbanken geschützt sind[806], wird aus Erwägungsgrund 13 DBRL entnommen, dass Zusammenstellung, Speicherung und Zugang mittels technischer Methoden erfolgen muss und damit zwar nichtelektronische Daten-

[796] So auch Bensinger 123, die als Argument anführt, dass die DBRL nach dem Vorbild des nordischen Katalogrechts geschaffen wurde, welches ebenfalls diesen Unterschied nicht macht; Hilty in: Hilty 437, 447.

[797] Ob die Generierung von Daten unter den Investitionsbegriff des § 87 a fällt, wird in diesem Kapitel III. B. 3. d) (1) erläutert.

[798] Vgl. Melichar CR 1995, 756 ff; vgl. Schricker/Vogel § 87 a Rn. 5.

[799] Art. 1 Abs. 1, KOM (92) 24 endg.

[800] Vgl. auch Fromm/Nordemann/Hertin § 87 a Rn. 2; Gaster in: Dittrich 15, 17; Leistner CI 1999, 141, 143; Leistner 31 IIC 2000, 950, 956; so auch eindeutig Erwägungsgrund 14 DBRL; RegE BR-Drucks. 966/96, 44; RegE BT-Drucks. 13/7385, 42.

[801] Wiebe CR 1996, 198, 201; Tountopoulus CR 1998, 129, 131; vgl. in diesem Kapitel II. C. 1.

[802] Ein Beispiel dieser (nahezu) Perfektion bietet der Science-Fiction Film „Final Fantasy", in dem nicht einmal mehr Schauspieler zum Einsatz kamen, auch diese sind rein digital generiert.

[803] Dass nicht nach dem Medium unterschieden werden darf, wurde schon in den Initiativen zum Grünbuch 1988 KOM (90) 584 endg., 20 festgestellt.

[804] Dafür: BGH GRUR 1999, 923, 925 - Tele-Info-CD; OLG Dresden ZUM 2001, 595 - Ausschreibungsblatt.

[805] Vgl. Fromm/Nordemann/Hertin § 87 a Rn. 5, der aus Erwägungsgrund 13 und 14 schließt, dass zwar auch nichtelektronische Datenbanken dem Schutz unterfallen, aber keine Printmedien; so wohl auch Kreuzer in: Schwerdtfeger/Evertz 167, 213; für die Einbeziehung vgl. u.a. Combeau RIPIA 1996, 158; Downing IRLCT 1996, 41.

[806] Vgl. RegE BT-Drucks. 13/7385, 42; ABl. C 288/14.

banken, aber keine Printmedien, dem Schutz unterfallen[807]. Diese Auslegung reflektiert auch der allgemeinsprachliche Begriff der Datenbank. Wie bereits oben dargelegt[808], entsprechen sich der juristische, technische und allgemeinsprachliche Begriff der Datenbank keineswegs, so dass aus dem allgemeinen Verständnis der Datenbank keine Schlussfolgerungen gezogen werden können. Auch wenn die §§ 87 a ff. UrhG als Immaterialgüterrecht den geistigen Gehalt, das Immaterielle, das der Datenbank zu Grunde liegt und sie wie ein Gewebe umgibt und schützt, so können die Bestandteile der Datenbank nichtsdestoweniger auch materielle Gegenstände sein. In dieser Hinsicht schränkt der Gesetzgeber die Eigenschaften von Datenbankelementen nicht ein. Würde man der Ansicht folgen, dass auch nichtelektronische Datenbanken geschützt seien, aber keine Printmedien, so wäre der Anwendungsbereich hier darauf beschränkt, dass materielle Elemente elektronisch verbunden sind. Beispiele wären Leiterplatten und Computernetze. Die Anwendbarkeit auf derartige Einzelfälle zu beschränken, lag weder in der Intention des Gesetzgebers noch in der des Richtliniengebers, der Datenbanken aller Art umfassend schützen wollte. Außerdem sollte mit der Erweiterung auf den Schutz der nichtelektronischen Datenbanken die Anwendung der Normen vereinfacht werden[809]; eine Ausnahme der Printmedien würde dies aber erschweren. Erwägungsgrund 13 DBRL ist daher als ein Relikt aus dem ersten Richtlinienentwurf zu betrachten, bei dem nur elektronische Datenbanken dem Schutz zugänglich sein sollten. Printmedien sind demnach auch gemäß §§ 87 a ff. UrhG geschützt.

(9) GEISTIGER GEHALT Bei Bestandteilen eines Sammelwerks gemäß § 4 UrhG war und ist ein geistiger Gehalt[810] bzw. eine zumindest nichtschöpferische Gestaltung[811] erforderlich. Das bedeutet, dass eine Verbindung beliebiger, nicht geistiger Gegenstände, wie z.B. ein Briefmarkenalbum, keine Datenbank darstellen kann[812]. Doch auch wenn die Gesetzesbegründung davon ausgeht, dass der urheberrechtliche Teil der DBRL auf das UrhG nur klarstellende Wirkung hat[813], kann die Erweiterung auf die Elemente nicht einfach übergangen werden. Elemente tragen nicht notwendigerweise geistigen Gehalt in sich, und sonstiges Material in jedweder Form sollte in der Zusammenstellung als Datenbank geschützt werden. Bei der Auslegung sind aber die Ziele von DBRL und §§ 87 a ff. UrhG zu berücksichtigen. Erwägungsgründe 3, 9, 10, 12, 47 DBRL und die Ziele der deutschen Umsetzung[814] verdeutlichen, dass der neue Schutz für Informations-

[807] Fromm/Nordemann/Hertin § 87 a Rn. 5.

[808] Vgl. in diesem Kapitel III. A. 1.

[809] ABl. C 288/14.

[810] Schricker/Loewenheim § 4 Rn. 6.

[811] Möhring/Nicolini/Ahlberg § 4 Rn. 13; IuKDG-Komm/Krämer § 4 Rn. 3; Korn FS Dittrich 187, 193.

[812] Haberstumpf GRUR 2003, 14, 18; Dreidimensionale Gegenstände sollten ohnehin nie vom Datenbankschutz umfasst werden (KOM (92) 24 endg., 44).

[813] RegE BT-Drucks. 13/7385, 39.

[814] Vgl. RegE BT-Drucks. 13/7385; BT-Drucks. 13/7934.

sammlungen im weiteren Sinne gelten soll. Schutzvoraussetzung ist damit aber, dass die Elemente - wenn auch im weiteren Sinne - Träger von Informationen sein müssen und nicht nur für sich selbst stehen dürfen. Nach § 87 a UrhG muss den Bestandteilen der Datenbank ein gewisser geistiger Gehalt innewohnen. Briefmarkenalben, Münzsammlungen und dergleichen kommen als Datenbank daher nicht in Betracht.

(10) FAZIT Bestandteile von Datenbanken können Werke, Daten und Elemente sein. Mindestens drei Elemente sind grundsätzlich für das Bestehen einer Datenbank erforderlich. Durch den „offenen Elementbegriff" können die Bestandteile der Datenbank auch automatisch entstehen oder für die Datenbank eigens generiert werden. Eine Feststellung, ob sie unter den Werkbegriff oder den Datenbegriff fallen, ist somit obsolet, da der Elementbegriff beide umfasst. Für den Datenbankbegriff ebenso unwichtig ist die Feststellung, ob es sich um materielle oder immaterielle Elemente handelt und ob diese elektronisch oder nichtelektronisch miteinander verbunden sind. Auch für Zusammenstellungen, die wegen ihrer Investition geschützt werden, ist aber nichtdestoweniger ein geringer geistiger Gehalt der Elemente erforderlich. Zusammenstellungen amtlicher Werke sind nicht geschützt.

b) Unabhängigkeit

Der Begriff der Unabhängigkeit wurde erst recht spät in den Richtlinienwortlaut eingefügt[815] und sollte aufgrund der Aufnahme von audiovisuellen Werken deutlich die Filmwerke aus dem Anwendungsbereich nehmen[816]. Das Merkmal der Unabhängigkeit soll jedoch nicht auf diesen Ausschluss beschränkt bleiben. Negativ definieren lässt sich der Begriff darüber, dass eine narrative Struktur ausgeschlossen ist, wenn die Elemente einen sinnbildenden Zusammenhang haben. Durch den Ausschluss von literarischen und Filmwerken deutet Erwägungsgrund 17 DBRL an, dass einheitliche Ausdrucksformen ausgeschlossen sein sollen. Das betrifft auch reine Audiowerke wie z.B. MIDI-Files[817]. Eine Gleichartigkeit der Elemente in der Datenbank muss hingegen nicht bestehen. Das lässt sich damit begründen, dass die Auswahl und Anordnung eine vom Stoff der Elemente völlig unabhängige Schöpfungshandlung ist[818]. Der Weg für den Schutz von Multimediawerken ist damit frei.

(1) GESONDERTE VERWERTBARKEIT DER ELEMENTE Ein Kriterium für die Feststellung der Unabhängigkeit von Elementen könnte ihre gesonderte Verwertbarkeit darstellen, die auch in der Abgrenzung von Sammelwerk und Mitur-

[815] ABl. C 288/14.

[816] So Beutler ENT.LR 1996, 317, 324; Chalton EIPR 1998, 178; Combeau RIPIA 1996, 158, 159; Wiebe in: Spindler/Wiebe 131, 133; Worthy/Weightman CLSR 1996, 95, 97.

[817] LG München ZUM 2000, 418, 422 f. - MIDI-Files.

[818] Möhring/Nicolini/Ahlberg § 4 Rn. 16.

heberschaft bei einem einheitlichen Werk weiterhilft[819]. Bei einem Sammelwerk liegt kein einheitliches, sondern ein neues Werk vor, dessen persönliche geistige Schöpfung durch die Auswahl und Anordnung von einzelnen Elementen bestimmt wird, die sich jedoch gesondert verwerten lassen. Bei der Miturheberschaft i.S.v. § 8 UrhG können die Elemente nicht gesondert verwertet werden. Verwertung wird hier so definiert, dass sich die Anteile an dem Werk aus dem gemeinschaftlichen Werk herauslösen lassen, ohne dass sie dadurch unvollständig oder ergänzungsbedürftig werden. Denkbar ist, dass die Elemente auch wieder auf andere Weise Verwendung finden[820]. Eine gesonderte Verwertbarkeit ist dann unmöglich, wenn die einzelnen Beiträge nicht unterscheidbar sind[821]. In so einem Fall können sie auch für unabhängig gehalten werden. Die tatsächliche Verwertungsmöglichkeit, die für die Unabhängigkeit nicht gegeben sein muss, wird auch bei der gesonderten Verwertbarkeit i.S.d. § 8 UrhG nicht gefordert[822]. Für eine ähnliche Auslegung der Begriffe spricht, dass die gesonderte Verwertbarkeit als Abgrenzung zu den Sammelwerken gebraucht wird und die Begriffe Datenbank und Sammelwerks bezüglich der Unabhängigkeit identisch sind. Somit kann die Abgrenzung der gesonderten Verwertbarkeit eine Basis für die Auslegung des Begriffs der Unabhängigkeit bilden. Ausreichend, um den Kern der Unabhängigkeit zu erfassen, ist sie sicher nicht.

(2) RASTERBESTIMMUNG Ein Problem bei der Bestimmung der Unabhängigkeit besteht in der Betrachtungsebene. Abstrakt gesehen sind die Elemente einer Datenbank nie unabhängig, da die einzelnen Bestandteile eines Textes - die Buchstaben - nicht unabhängig sind. Genauso verhält es sich bei einem Bild, dessen einzelne Pixel erst das Gesamtwerk ergeben. Aus diesem Grund ist eine Rasterbestimmung, die die Datenbank in ihre Elemente aufteilt, zunächst notwendig, um dann die Unabhängigkeit bestimmen zu können; die Rasterbestimmung erfolgt anhand der Zusammenfassung der kleinsten Sinneinheiten, d.h. der kleinsten Einheiten[823], die für sich genommen eine Bedeutung haben, was sich auch aus dem Ausschluss von literarischen Werken etc. durch Erwägungsgrund 17 DBRL ergibt. Das birgt natürlich die Gefahr, dass diese Einheiten so groß gefasst werden, bis die dann entstehenden Elemente tatsächlich unabhängig voneinander sind. Daher muss bei dieser Rasterbestimmung die kleinstmögliche Variante gefunden werden, bei der die Einteilung einen Sinn ergibt.

Auf der anderen Seite kann eine solche Einteilung dazu führen, dass kleinere Einheiten bereits einen Sinn ergeben, obwohl erst eine größere Einheit dem

819 Wandtke/Bullinger/Thum § 87 a Rn. 9; Wiebe/Funkat MMR 1998, 69, 74; Wiebe in: Spindler/Wiebe 131, 133.

820 Schricker/Loewenheim § 8 Rn. 5.

821 Schricker/Loewenheim § 8 Rn. 6.

822 Wandtke/Bullinger/Thum § 8 Rn. 8.

823 So auch Bensinger 128; Problem aufgeworfen in Hoebbel in: Lehmann 1015, 1018; Dreier in: Becker/Dreier 140, der fragt, ob eine Ansammlung von Pixeln eine Datenbank, ein Computerprogramm oder eine Vervielfältigung eines Photos sei.

Zweck der Datenbank gerecht wird. Beim Adressbuch z.B. würde bereits ein Nachname einen Sinn ergeben und wäre so die kleinste Sinneinheit. Der Zweck der Datenbank liegt aber in der Zuordnung zu den Adressen, so dass nur die gesamte Adresse (mit Nachnamen) die zu betrachtende Sinneinheit und damit ein Element ergibt. Bei der Rasterbestimmung ist demnach der Zweck der Datenbank zu berücksichtigen.

Zu erwägen wäre, die einzelnen Elemente so zu betrachten, wie der Datenbankhersteller sie als Einheit eingegeben bzw. angeordnet hat bzw. wie sie als Einheit auf der Bildschirm- oder Papieroberfläche zu erkennen sind[824]. Diese Betrachtungsweise mag bei Printmedien geeignet sein, bei elektronischen Datenbanken hingegen sagt das Aussehen der Bildschirmoberfläche nichts über die Unabhängigkeit der darauf erscheinenden Elemente aus. Die Sachlage kann am ubiquitären Windowsprinzip veranschaulicht werden: Unbestimmt viele Fenster von unterschiedlichen, unabhängigen Programmen können gleichzeitig geöffnet sein, auf der Bildschirmoberfläche stellen sich diese jedoch als Einheit dar. Da unterschiedliche Kriterien bei elektronischen und nichtelektronischen Datenbanken keinerlei gesetzliche Grundlage haben, sondern eine Gleichbehandlung angestrebt wurde[825], kann die einheitliche Ansicht bei der Bestimmung der Unabhängigkeit nicht weiterhelfen. Zusammenfassend ist festzustellen, dass die Datenbank unter Berücksichtigung des mit der Datenbank verfolgten Zwecks in ein Raster von kleinstmöglichen Sinneinheiten aufzuteilen ist.

(3) OBJEKTBEZUG UND SCHWERPUNKT DER DARSTELLUNG Von Bedeutung erscheint die Frage, ob die Abhängigkeit der Elemente innerhalb der Datenbank betrachtet werden sollte oder das Verhältnis zwischen einem Element und der Gesamtheit[826]. Bezugspunkt sind zunächst die Elemente, aber auch Werke und Daten müssen als Bestandteile von Datenbanken unabhängig sein[827]. Diese Schlussfolgerung lässt sich sowohl mit dem deutschen Wortlaut der DBRL und §§ 4, 87 a UrhG („Werke, Daten oder *andere* unabhängige Elemente“) als auch mit dem etwas anders gefassten englischen Wortlaut („collection of independent works, data or other materials“) begründen. Die Unabhängigkeit der Datenbank als Gesamtheit zu überprüfen, hätte auch wenig Aussagekraft, da die Datenbank immer abhängig vom Bestand ihrer Elemente ist. Allerdings stellt sich die Frage, ob eine Abhängigkeit der Elemente gerade über die Beziehung zur Datenbank als Gesamtheit veranschaulicht werden kann. Durch die Tatsache, dass die Elemente eine Bedeutung für die Datenbank haben, besteht eine Verbindung zwischen ihnen. Einerseits sollen die Elemente unabhängig sein, andererseits wird die Schutzwürdigkeit der Datenbank gerade durch die Verknüpfung der Elemente begründet. In der Auswahl und Anordnung liegt aber der Mehrwert der Kompi-

[824]Vgl. Dreier GRUR Int. 1992, 739, 745.

[825]ABl. C 288/14.

[826]Vgl. Chalton EIPR 1998, 178, 179.

[827]So auch Bensinger 128 Fn. 662; Grützmacher 170; Möhring/Nicolini/Decker § 87 a Rn. 2.

lation. Durch die Anordnung sollen die Elemente in einen Kontext gebracht werden, der ihren Ausdruck steigert, d.h. der Wert der Zusammenstellung soll größer sein als der kumulative Wert der einzelnen Elemente. Dieser Ansatz beruht zwar teilweise auf urheberrechtlichen Überlegungen, die dem Investitionsschutz nicht zugänglich sind, der Begriff der Datenbank jedoch ist sowohl in der Richtlinie als auch in ihrer Umsetzung einheitlich zu betrachten. Um den Konflikt Unabhängigkeit trotz kompilatorischen Mehrwerts zu lösen, ist wie folgt zu differenzieren: Sind die einzelnen Elemente in ihrem Ausdruck so aneinander gekoppelt, dass der Gesamtwert bis hin zur Funktionsunfähigkeit der Datenbank beeinträchtigt wird, sobald ein beliebiges Element fehlt, kann eine Unabhängigkeit der Elemente nicht mehr vorliegen. Wird allerdings die Ausdrucksfähigkeit der Elemente durch ihre Anordnung lediglich gesteigert, ohne dass darauf der Schwerpunkt des Gesamtbildes liegt, kann von einer Unabhängigkeit gesprochen werden.

Bei einer Adressdatenbank z.B. sind die Adressen voneinander unabhängig; wird eine Adresse entfernt, können die anderen noch abgerufen werden, d.h. auch für die Gesamtheit der Datenbank ist das Fehlen einer Adresse ohne Belang; Unabhängigkeit ist gegeben.

Es kommt also grundsätzlich auf die Unabhängigkeit der Elemente untereinander an. Ein Rückschluss auf ihre Unabhängigkeit kann aus einem einfachen Test gezogen werden: Wird ein Element aus der Datenbank entnommen und bleibt die Datenbank auch nach der Entnahme genauso funktionsfähig, liegt Unabhängigkeit vor.

(4) LOGISCHER AUFBAU DER ELEMENTE Eine funktionelle Abhängigkeit darf zwischen den Elementen nicht bestehen. Fraglich ist, ob die Elemente überhaupt logisch aufeinander aufbauen dürfen[828]. Werden Elemente nach einem bestimmten Prinzip angeordnet, lässt sich ein logischer Zusammenhang nicht vollständig vermeiden. Daher ist in jedem Fall zu differenzieren. Stehen die Elemente in einem logischen Kontext, muss das nicht unbedingt Abhängigkeit bedeuten. Kann jedoch aus zwei Elementen in logischer Überlegung auf das dritte oder weitere geschlossen werden, ergibt sich die Überlegung, ob dieser logische Zusammenhang auch dann hergestellt werden könnte, wenn eines der beiden Ausgangselemente fehlt. Gebietet die Logik auch in diesem Fall einen Rückschluss auf die weiteren Elemente, liegt dennoch Unabhängigkeit vor. Kann ein solcher Schluss nicht mehr gezogen werden, sind die Elemente abhängig und können somit in ihrer Gesamtheit keine Datenbank bilden.

(5) FAZIT Unabhängigkeit der Elemente bedeutet, dass die Elemente zum einen als Bestandteile der Datenbank, zum anderen als selbständige Ausdrucksformen, bestehen können. Gut vergleichen lässt sich die Unabhängigkeit mit ei-

[828] So aber Bensinger 128 Fn. 664.

nem Buch[829]: Einzelne Kapitel sind abhängig voneinander, eine Kurzgeschichtensammlung ist unabhängig, selbst wenn dieselben Figuren auftauchen, es sei denn, die Geschichten sind wiederum miteinander durch Querverweise verbunden.

Auch anhand der Computerspiele kann das Konzept der Unabhängigkeit verdeutlicht werden, denn diese bestehen aus vielen verschiedenen zusammengesetzten Elementen: Audioübertragungen, Daten, Filmen, Bildern und Computerprogrammen, die potentiell eine Datenbank darstellen könnten. Alle diese Elemente benötigt das Computerspiel aber essentiell, um funktionieren zu können. Ohne jedes einzelne Element fehlt dem Gesamtwerk nicht nur der äußere Eindruck der Gesamtheit, sondern das Spiel kann nicht in der gleichen Weise gespielt werden, weil nur das Ensemble alle Informationen bietet, die zum funktionsgemäßen Gebrauch benötigt werden. Fehlen z.B. die Daten, ist das Spiel unbrauchbar.

Die Unabhängigkeit wird wie folgt festgestellt: Zunächst werden die Bestandteile der Datenbank anhand ihrer kleinsten Sinneinheiten unter Berücksichtigung des Zwecks der Datenbank zusammengefasst, wobei es nicht darauf ankommt, dass sie Elemente desselben Typs sind. Danach wird überprüft, ob die Funktionsfähigkeit der Datenbank in Frage gestellt ist, wenn ein beliebiges Element entfernt wird bzw., ob aus einem Element Rückschluss auf ein weiteres gezogen werden kann. Ist einer dieser beiden Tests positiv, kann nicht mehr von Unabhängigkeit gesprochen werden. Bleibt jedoch die Funktionsfähigkeit der potentiellen Datenbank erhalten und besteht kein zwingend logischer Zusammenhang zwischen den Elementen, ist Unabhängigkeit gegeben.

c) *Systematische und methodische Anordnung*

Systematische und methodische Anordnung bedeutet eine nach objektiven, für Dritte nachvollziehbaren Kriterien vorgenommene Anordnung. Dieses Kriterium soll den bisher recht weit gefassten Datenbankbegriff einschränken. Für die Begriffe systematisch[830] und methodisch[831] ist eine Abgrenzung weder erforderlich noch nötig, da sie meist zusammen vorliegen und auch keine unterschiedlichen Rechtsfolgen nach sich ziehen[832].

(1) AUSWAHL § 87 a UrhG legt nicht - wie § 4 Abs. 1 UrhG - die Auswahl und Anordnung als Voraussetzung fest, sondern verlangt lediglich, dass die Elemente angeordnet sein müssen. Auch § 4 Abs. 2 UrhG verlangt vom Wortlaut her keine Auswahl. Folglich wäre die Auswahl der Elemente für die Frage nach der Investition und so letztendlich den Schutz von Datenbanken nicht von Belang[833]. Dennoch ist das Erfordernis der Auswahl in den § 87 a UrhG hineinzulesen. Diese Ergänzung ergibt sich zum einen daraus, dass ausdrücklich die Investition in die

---

[829]Chalton EIPR 1998, 178.

[830]Brockhaus: Stichwort systematisch: Nach einem System vorgehend, methodisch, planvoll.

[831]Brockhaus: Stichwort Methode: Ein nach Gegenstand und Ziel planmäßiges Verfahren.

[832]So auch Bensinger 133.

[833]So Bensinger 132; Möhring/Nicolini/Ahlberg § 4 Rn. 10.

Beschaffung der Daten von Bedeutung ist und damit auch die Arbeiten vor der Anordnung der Elemente. Zum anderen muss der weitgehend identisch formulierte Begriff der Datenbank in § 87 a und § 4 Abs. 2 UrhG einheitlich ausgelegt werden. Diese Notwendigkeit ergibt sich nicht nur aus der ähnlichen Formulierung der heutigen Fassung, sondern auch aus der Tatsache, dass der ursprüngliche Regierungsentwurf in § 69 h einen einheitlichen Begriff für die Datenbank festgelegt hat, der sowohl für den urheberrechtlichen Schutz der Datenbank als auch für den Leistungsschutz gelten sollte[834]. Da sich nun beim Datenbankwerk das Erfordernis der Auswahl aus der Unterordnung zum Begriff des Sammelwerks ergibt[835], ist aus der einheitlichen Auslegung zu folgern, dass auch für die Datenbank gemäß § 87 a UrhG eine systematische Auswahl als Voraussetzung nicht fehlen darf. Für eine Datenbank gemäß § 87 a UrhG ist somit die systematische oder methodische Auswahl und Anordnung erforderlich.

(2) TRIVIALE PRINZIPIEN Datenbanken können komplizierten, aber auch einfachen Prinzipien folgen. Einigen Standarddatenbanken liegen sogar äußerst triviale Anordnungen zugrunde, bei denen Zweifel an einer systematischen Anordnung bestehen können. Fest steht, dass „bloße Datenhaufen"[836] ebenso wenig geschützt sind wie eine lediglich umgestaltete Materialwiedergabe[837] oder eine zufällige Anordnung[838], wohingegen eine alphabetische Anordnung genügen soll[839]. Auch numerische und chronologische Anordnungen sind denkbar[840]. Diese Auslegung scheint zu weit gefasst, da dann jede Liste - eine Schülerliste (alphabetisch), ein Lebenslauf (chronologisch) oder ein Einkaufszettel (nach Geschäften oder Art der Lebensmittel) eine Datenbank darstellen würde. Die Trivialität könnte noch auf die Spitze getrieben werden, in dem auch eine Liste, die nach dem Würfel-Prinzip angeordnet wurde, genügt. Tatsächlich erforderlich ist eine zumindest planmäßig strukturierte Anordnung[841]. Bei elektronischen Datenbanken liegt diese durch die Verwendung eines Abfragesystems regelmäßig vor; wenn Datenmengen lediglich sequentiell durchsucht werden, genügt das den Anforderungen an eine Datenbank jedoch nicht[842]. Die Forderung nach einer planmäßigen Struktur schließt die Prinzipien des Alphabets, der Numerik und der Chronologie nicht aus. Auch bei diesen trivialen Prinzipien wird man nicht abstreiten können, dass es sich um systematische und methodische Anordnungen handelt. Hingegen dürfte die Investition bei einer derartigen Anordnung geringer sein und eher auf die Auswahl der Elemente entfallen.

834 Vgl. RegE BR-Drucks. 966/96, 15.
835 BT-Drucks. 13/7934, 43; a.A. Möhring/Nicolini/Ahlberg § 4 Rn. 10.
836 Flechsig ZUM 1997, 577, 580.
837 BGH GRUR 1982, 37, 39 - WK-Dokumentation.
838 So auch Bensinger 133; Holyak/Torremans 174; Kaye EIPR 1995, 583.
839 Vgl. LG Köln CI 2000, 6 - Linkliste; Leistner 31 IIC 2000, 950, 956.
840 So Möhring/Nicolini/Decker § 87 a Rn. 9; Schricker/Vogel § 87 a Rn. 6.
841 So auch Fromm/Nordemann/Hertin § 87 a Rn. 4.
842 So auch Fromm/Nordemann/Hertin § 87 a Rn. 4.

(3) SUBJEKTIVE KRITERIEN Bezüglich der Subjektivität der Anordnung stellen sich folgende Fragen: Erstens: Muss die Methode erklärbar sein? Zweitens: Muss die Methode für jedermann erkennbar sein? Drittens: Muss die Methode für jedermann verständlich sein? Teilweise werden diese Fragen bejaht, d.h. die Methode muss objektiv, logisch und für Dritte nachvollziehbar sein. Das bedeutet, jedes nach den gewählten Ordnungskriterien erfasste Element gehört an eine bestimmte Stelle, ohne dass noch subjektive Elemente des Erstellers einfließen können. Dabei ist die Ordnungsmethode selbstverständlich subjektiv gewählt, danach ist grundsätzlich keine subjektive Entscheidung mehr möglich[843]. Somit wären Sammlungen, die nach rein subjektiven Kriterien ausgewählt wurden, wie Märchensammlungen oder Sammlungen „Alles, was mir gefällt“, grundsätzlich ausgeschlossen. Subjektive Kriterien bei der Auswahl können auch das Zusammenpassen oder die Wichtigkeit von Elementen sein. Die Begründung für ihren Ausschluss lautet, dass hier die Auswahl und nicht die Anordnung im Vordergrund steht[844]. Wie bereits oben besprochen, ist auch die Auswahl der Elemente von Bedeutung.

Die eigentliche Frage, die sich hier stellt, ist, ob eine subjektive Auswahl und Anordnung einer systematischen oder methodischen widersprechen oder ob beide vereinbar sind. Eine systematische Auswahl und Anordnung setzt begriffsnotwendig ein System voraus, eine methodische Anordnung, eine Methode. Der Mehrwert der Datenbank, der geschützt werden soll, wäre nur durch solche objektiven Kriterien erreichbar[845]. Die einheitliche Auslegung des Datenbankbegriffs in § 4 Abs. 2 und § 87 a UrhG verdeutlicht aber, dass die Beschränkung auf objektive Kriterien nicht gefordert wird. Durch die Voraussetzung der persönlichen geistigen Schöpfung bei Datenbankwerken wird Kreativität und Individualität gefordert, die durch die Einschränkung auf die objektive Auswahl und Anordnung empfindlich gestört würde[846]. Wenn bei Datenbankwerken eine subjektive Auswahl zur Schutzfähigkeit beiträgt, kann sie bei Datenbanken nicht wegen Subjektivität ausgeschlossen sein. Obwohl die Kreativität bei der einfachen Datenbank keine Schutzvoraussetzung darstellt, können subjektive Einteilungen aufgrund der einheitlichen Auslegung auch hier nicht ausgeschlossen werden. Für die Einbeziehung von subjektiven Kriterien spricht auch Ziel und Zweck der DBRL und der deutschen Umsetzung, Datenbanken umfassend zu schützen.

(4) ZUFÄLLIGE ODER PLANMÄSSIGE ZUSAMMENSTELLUNG Meist besteht von vornherein ein bestimmtes Anordnungsschema. Die Frage ist, ob ein solches Schema vorhanden sein muss oder ob das Schema sich erst im Zuge der Zusammenstellung entwickeln kann. Grundsätzlich spricht nichts gegen die letztere Möglichkeit. Allerdings besteht die Gefahr, dass in willkürlich angeordnete

843 So Bensinger 133 Fn. 680.
844 So Bensinger 133.
845 So Bensinger 134.
846 Vgl. auch BT-Drucks. 13/7934, 43 spricht von einer kreativen Auswahl bei Datenbankwerken.

Sammlungen nachträglich eine Anordnung hineininterpretiert wird. Da der Wortlaut jedoch davon ausgeht, dass die Elemente angeordnet „sind“, und nicht davon, dass sie angeordnet „werden“, ist anzunehmen, dass es lediglich auf den Ist-Zustand der Sammlung ankommt und nicht darauf, wie diese Anordnung zustande gekommen ist. Eine planmäßige Zusammenstellung wäre damit nicht erforderlich[847]. Andererseits muss die Anordnung vorrangig systematisch und methodisch sein, und diese Notwendigkeit bedingt vom Wortlaut her ein planmäßiges Vorgehen bei der Zusammenstellung der Datenbank. Eine zufällige Anordnung ist nach dem Wortlaut des § 87 a UrhG somit abzulehnen[848].

(5) ANORDNUNG BEI ELEKTRONISCHEN DATENBANKEN Bei elektronischen Datenbanken sind die Daten meist anders angeordnet als der Endnutzer sie wahrnimmt. Die Daten können in Form von Tabellen aneinandergereiht sein, wobei - nicht nur bei umfangreichen Tabellen - ein Ausdruck dieser Tabellen nicht sehr aussagekräftig wäre[849]. Eine systematische Anordnung liegt hier bereits vor; sie muss sogar gegeben sein, denn auch ein Computerprogramm benötigt zum Finden der relevanten Daten entsprechende Logik und Methodik. Es könnte argumentiert werden, dass diese Logik, Methodik, Systematik lediglich für die Maschine verständlich ist. Dabei darf nie vergessen werden, dass die Logik nicht von der Maschine stammt, sondern mittelbar vom Programmierer - einem Menschen[850]. Schließlich muss der Programmierer auch die Abfrage programmieren, um die Daten für die Anzeige auf dem Bildschirm nutzbar zu machen. Die Frage, ob der Schutz der Datenbank daran scheitert, dass die Daten in ungeordneter Form auf dem Speichermedium liegen[851], ist somit nicht richtig gestellt, denn auch auf dem Datenträger liegen sie geordnet, wenn auch nicht auf den ersten Blick erkennbar. Läge ein „bloßer Datenhaufen“ vor, wäre der Computer nicht in der Lage, die Daten aufzufinden. Es kommt vielmehr darauf an, ob die systematische Anordnung auf dem Speichermedium oder die Anordnung, die der Nutzer letztendlich sieht, betrachtet werden muss und ob es schadet, wenn beide Methoden unterschiedlich sind und vielleicht dadurch ein Schutz zweier verschiedener Datenbanken in Betracht kommt. Teilweise wird angenommen, dass es völlig unerheblich ist, in welcher Form - geordnet oder ungeordnet - die Daten auf dem Datenträger gespei-

---

[847] So wohl auch Möhring/Nicolini/Ahlberg § 4 Rn. 17.

[848] LG Frankfurt a.M. ZUM-RD 2002, 94, 96 - Pharmazeutische Datenbank; AG Rostock ZUM-RD 2002, 31, 32 - Linksammlung; Fromm/Nordemann/Hertin § 87 a Rn. 4; so auch schon zum Sammelwerk BT-Drucks. IV/270, 38; RGZ 128, 102, 106 - Schlagerlieder-Bücher.

[849] Vgl. hierzu ausführlich Kapitel 3 V.

[850] Zur Frage, ob dies auch für die persönliche geistige Schöpfung genügt, vgl. Kapitel 3 III.

[851] So aber Hornung 74; vgl. auch KG NJW-RR 2000, 1495 - Ticketverkauf; Beutler ENT.LR 1996, 317, 324; Grützmacher 171 kommt der eigentlichen Frage hingegen schon näher mit der Feststellung, dass es auf die Anordnung auf der logischen Ebene ankommt; Bensinger 132 lässt es für die systematische Anordnung genügen, wenn ein systematischer und methodischer Zugriff auf die Daten möglich ist - dies kann jedoch auch zu weit führen, vgl. in diesem Kapitel III. B. 2. c) (7).

chert sind; entscheidend sei die Anordnung, die sich für den Nutzer darstellt[852]. Wie sieht es aber mit dem Schutz von Datenbanken aus, deren Interface noch nicht programmiert ist, d.h. von Datenbanken, bei denen zwar Struktur und Inhalt komplett sind, ihre Ausgabe jedoch nicht fertig programmiert ist. Fehlt der Datenbank deshalb der Schutz, weil das dazugehörige Computerprogramm noch nicht erstellt wurde? Diese Überlegung erscheint nicht nur absurd, sie widerspricht auch der strikten Trennung von Datenbank und Computerprogramm, die sowohl in der DBRL als auch bei ihrer Umsetzung ins deutsche Recht verfestigt wurde. Aus diesem Grund kann die Lösung nur darin liegen, dass sowohl die systematische Anordnung auf dem Speichermedium als auch die Anordnung, wie sie sich dem Nutzer darstellt, relevant ist. Da beide Anordnungen auf denselben Daten beruhen, der Ausdruck einer Datenbank geschützt und das logische Konzept beiden Anordnungen gemein ist, werden sie auch nur als eine Datenbank geschützt. Zur Begründung der systematischen Anordnung kann wahlweise die Anordnung auf dem Datenträger oder die Anordnung für den Nutzer herangezogen werden[853].

(6) INTERAKTIVE ANWENDUNGEN Problematisch sind interaktive Anwendungen, bei denen der Nutzer die Anordnung selbst bestimmt[854], denn diese wird hier nicht durch den Datenbankersteller vorgegeben, sondern erst bei Benutzung der Datenbank selbst hergestellt. Durch die Struktur der Datenbank oder durch die ihr zugrunde liegenden Computerprogramme sind aber Einschränkungen vorhanden, eine völlig freie Anordnung gibt es nicht. Dieses Problem lässt sich durch die Anwendung des Vorgesagten leicht lösen, denn es liegt nur scheinbar eine interaktive Auswahl vor; die Auswahlmöglichkeiten wurden bereits vorher festgelegt. Beim Schutz des Computerspiels als Filmwerk wird ähnlich argumentiert, nämlich dass die Vorauswahl bereits getroffen wurde und die endgültigen Bewegungen sich nur noch im Rahmen der Programmierung halten[855]. Bei einigen interaktiven Anwendungen gibt jedoch der Nutzer tatsächlich Auswahl und Anordnung überwiegend selbst vor[856]. In diesen Fällen ist die Anordnung dennoch systematisch, der Hersteller der Datenbank kann aber der Nutzer selbst sein.

(7) BITS UND BYTES AUF DEM DATENTRÄGER Im Rahmen der vorangegangen Diskussion könnte der Gedanke aufkommen, dass ja auch Bits und Bytes, Datenstrukturen etc., d.h. alle auf einem Speichermedium befindlichen Elemente, systematisch angeordnet sind, denn der Computer findet sie. Dem ist entgegenzuhalten, dass die Situation bei elektronischen Datenbanken und der hier dargestellten Möglichkeit grundsätzlich verschieden ist. Während bei der elektronischen

[852] KG NJW-RR 2000 1495, 1496 - Ticketverkauf; Beutler ENT.LR 1996, 317, 324; Erwägungsgrund 21 DBRL.

[853] Vgl. auch Austin 30 L. Tech. 1997, 1, 16.

[854] So Beutler ENT.LR 1996, 317, 326; Beutler CLSR 1997, 319, 321.

[855] Vgl. Schlatter in: Lehmann 169, 184.

[856] Vgl. Kapitel 1 III. H. 7. b).

Datenbank die Daten bewusst vom Datenbankhersteller auf dem Datenträger angeordnet wurden, legt der Computer die Bits auf dem Speichermedium so ab, dass sie wiedergefunden werden. Dieses System kann aus verschiedenen Gründen jedoch nicht dazu dienen, die Systematik für eine Datenbank zu begründen. Das Verfahren besteht darin, intern an einer bestimmten Position die „Aufenthaltsorte" der anderen Daten zu notieren; das ist kein logisches System, sondern der Aufbau eines Inhaltsverzeichnisses, welches, vergleicht man das Konzept mit einem Buch, auch nicht dazu führt, dass dieses geschützt ist. Außerdem wechseln die systematischen Anordnungen ständig, d.h. dieselben Daten liegen selten immer an ein und derselben Stelle. Erforderlich für den Begriff einer Datenbank ist jedoch eine permanente Anordnung; eine zufällige Anordnung genügt nicht[857]. Schließlich muss eine solche Prinzipienanerkennung am Rechtsgedanken der InfRL scheitern, die rein technische Speicherungen - z.B. Caching und Browsing[858] - für nicht urheberrechtlich relevant erklärt. Eine systematische Anordnung im Sinne des Urheberrechts kann die reine Anordnung auf einem Speichermedium nicht erfüllen; hierfür ist eine konkrete, permanente Anordnung erforderlich.

(8) PERMANENTE ANORDNUNG Wie oben bereits festgestellt wurde, ist eine permanente Anordnung erforderlich und eine flüchtige Festlegung im Computer nicht genügend. Davon zu differenzieren ist eine relativ flüchtige Speicherung, die durch einen Computer für einen bestimmten Zweck für kurze Zeit generiert wird. Das betrifft insbesondere Ergebnislisten von Suchmaschinen oder Anzeigenmärkten im Internet[859] sowie Realzeitdatenbanken[860]. Um auch computergenerierte Datenbanken nicht von vornherein nahezu vollständig vom Anwendungsbereich auszuschließen und einen umfassenden Schutz zu gewährleisten, genügt es für die Beständigkeit der Datenbank bereits, wenn die Anordnung vom Nutzer wahrgenommen und ausgewertet werden kann. Ebenso können Datenbanken nicht deshalb vom Schutz ausgeschlossen werden, weil sie nur für den sofortigen oder einmaligen Gebrauch bestimmt sind[861], da auch diese Einschränkung zum Ausschluss der genannten Datenbankformen führen und damit dem weiten Datenbankbegriff widersprechen würde.

(9) FAZIT Wie bei den Sammelwerken kommt es auch bei den Datenbanken nicht nur auf die systematische Anordnung an, sondern ebenso auf die Auswahl der Elemente. Dabei kann auch nach trivialen Prinzipien ausgewählt und angeordnet werden, d.h. die alphabetische oder chronologische Anordnung ist möglich. Erforderlich ist eine planvolle und nicht zufällige Anordnung; dennoch kann auch nach subjektiven Kriterien ausgewählt werden. In jedem Fall muss die Anordnung

[857] Vgl. in diesem Kapitel III. B. 2. c) (2).
[858] Erwägungsgrund 33 InfRL.
[859] Dazu vertiefend Kapitel 3 VIII. B. 4. und Kapitel 3 VIII. G.
[860] Vgl. KOM (92) 24 endg., 25 f.
[861] So aber Krähn 141.

permanent sein; eine flüchtige Festlegung genügt nicht.

d) Einzelzugänglichkeit

Um den Anforderungen an eine Datenbank zu genügen, müssen die unabhängigen Elemente einzeln zugänglich sein[862]. Es ist denkbar, dass der Begriff der Einzelzugänglichkeit dahingehend zu verstehen ist, dass ein gemeinschaftlicher, öffentlicher Zugang mehrerer Personen ausgeschlossen sein soll[863]. Diese Annahme wird jedoch in keiner Weise durch den Wortlaut gestützt. Einzelzugänglichkeit bezieht sich nicht auf die gleichzeitige Zugangsmöglichkeit einzelner Personen, sondern auf die einzelne Zugänglichkeit der Daten. Diese nähere Bestimmung des Datenbankbegriffs führt wieder zu Definitionsschwierigkeiten, da z.B. bei elektronischen Datenbanken davon ausgegangen wird, dass jedes einzelne Bit technisch zugänglich ist[864], wohingegen sich bei nichtelektronischen Datenbanken die Frage erhebt, auf welche Weise die Daten ermittelt werden können. Deshalb wird hier darauf abgestellt, dass einzelne Daten auch tatsächlich einzeln erfasst werden. Bei multimedialen Werken kommt es widerum darauf an, dass die Elemente für den Nutzer einzeln zugänglich sind[865].

(1) FUNKTION Aus der Tatsache, dass die Richtlinie ursprünglich auf elektronische Datenbanken begrenzt werden sollte, könnte geschlussfolgert werden, dass das Kriterium der Einzelzugänglichkeit lediglich klarstellt, dass nur elektronische Datenbanken unter die Richtlinie fallen[866] und damit nach heutigem Verständnis obsolet ist. Der Begriff der elektronischen Datenbanken wird in der DBRL unterschiedlich definiert. Während Art. 1 Abs. 2 DBRL lediglich festlegt, dass die Daten mit elektronischen Mitteln zugänglich sein sollen, stellt Erwägungsgrund 13 DBRL als weitere Merkmale einer elektronischen Datenbank die elektronische Zusammenstellung und Speicherung dar. Der Anwendungsbereich erfasst auch künftige Speichertechnologien, ob biologische, elektrooptische oder chemische[867]. Da nun Datenbanken in jeglicher Form erfasst sind, sowohl nach der DBRL als auch nach § 4 und § 87 a ff. UrhG, kann eine Unterscheidung dahingestellt bleiben[868]. Das Kriterium der Einzelzugänglichkeit wäre nach der neuer Fassung und in der deutschen Umsetzung überflüssig. Da aber auch Printmedien einzeln zugänglich sein können, hätte dieses Kriterium ohnehin nicht zur Unterscheidung zwischen elektronischen und nichtelektronischen Medien beitragen können. Deshalb kann die Funktion der Einzelzugänglichkeit nicht in der Ab-

[862]Für eine Sammlung (und somit für § 4 Abs. 1 UrhG) ist dieses Kriterium nicht erforderlich, vgl. unten.

[863]So Koumantos RIDA 171 (1997) 79, 98.

[864]So auch Grützmacher 172.

[865]Gaster CR 1997, 669, 673.

[866]So Bensinger 135 f.

[867]Hornung 75; Grützmacher 173.

[868]Vgl. aber Bensinger 137.

grenzung zwischen elektronischen und nichtelektronischen Datenbanken gesehen werden.

Teilweise wird angenommen, dass digitale Datenbanken durch die Einzelzugänglichkeit von anderen digitalen Werken abzugrenzen seien[869]. Diese Funktion erfüllt jedoch schon das Kriterium der Unabhängigkeit. Auch der Ausschluss einheitlicher Filmwerke[870] war nicht beabsichtigt, denn diese sind z.B. durch Standbilder einzeln zugänglich.

Aus der Zielsetzung der Richtlinie kann aber entnommen werden, dass die Produktion von verlässlichen Informationsmanagementsystemen angeregt werden sollte[871]. Bei Datenbanken, deren Daten nicht einzeln zugänglich sind, wäre das Ziel der DBRL und des § 87 a UrhG nicht erreicht, denn die Daten wären nicht unmittelbar verwendbar, sondern müssten erst erneut zusammengesucht werden. Gerade die Einzelzugänglichkeit erlaubt das Maß an Selektivität, die eine Datenbank wertvoll macht[872]. Dass bedeutet, dass durch das Kriterium der Einzelzugänglichkeit sichergestellt werden soll, dass auf die Elemente der Datenbank unmittelbar zugegriffen werden kann. Durch die deutsche Umsetzung in § 4 UrhG findet die Einzelzugänglichkeit noch eine zusätzliche Aufgabe, die Abgrenzung zwischen Sammel- und Datenbankwerk[873].

(2) BEGRIFFSBILDUNG Einzelzugänglichkeit ist die Möglichkeit zur gezielten sinnlichen Wahrnehmbarkeit. Während es bei der Unabhängigkeit auf die innere, logische Beziehung zwischen den Elementen ankommt, muss bei der Einzelzugänglichkeit darauf abgestellt werden, ob die Elemente auch äußerlich voneinander zu trennen sind, d.h. ob sie getrennt wahrgenommen werden können.

Es stellt sich des weiteren die Frage, für wen die Einzelzugänglichkeit bei elektronischen Datenbanken bestehen muss, für den Nutzer oder für den Computer[874]. Für den Computer gibt es kein Bit Information, das für ihn nicht einzeln zugänglich ist. Das würde bedeuten, dass für alle digitalen Informationen das Erfordernis der Einzelzugänglichkeit gegeben wäre, auch für digitale audiovisuelle Werke[875]. Es bedeutet ferner, dass der Begriff der Einzelzugänglichkeit auch auf alle rein technischen Vorgänge ausgedehnt werden kann, die rechtlich nicht von Bedeutung sind, wie das auch die Richtlinie zur Informationsgesellschaft darstellt. Erforderlich ist daher, dass die Elemente dem Nutzer einzeln zugänglich sind. Dabei muss nicht immer auf den Endnutzer abzustellen sein; es kann ebenso genügen, wenn die Datenbank dem Programmierer oder dem Datenbankadministrator sinn-

869 So Bensinger 132.

870 Worthy/Weightman CLSR 1996, 95, 97.

871 Vgl. Erwägungsgrund 10 DBRL.

872 Vgl. dazu auch Grünbuch 1988 KOM (88) 172 endg., 206.

873 Vgl. in diesem Kapitel III. C. 2.

874 Für die Einbeziehung des Computers Bensinger 131, die dies damit begründet, das diese Unterscheidung dem nordischen Katalogrecht, an das die DBRL angelehnt ist, fremd ist.

875 Dagegen ebenso Bensinger 130.

lich wahrnehmbar ist[876], wenn dieser der bestimmungsgemäße Nutzer der Datenbank ist. Dies richtet sich nach dem Zweck der Datenbank, wobei lediglich der Computer als Adressat ausscheidet.

(3) PRINTMEDIEN Die Suche mit dem menschlichen Auge erfüllt bereits das Kriterium der Zugänglichkeit[877]. Das heißt, dass auch Printmedien einzeln zugänglich sein können. Technische Gerätschaften sind nicht unbedingt erforderlich. Bei Printmedien, z.B. einem Literaturverzeichnis, kommt es darauf an, dass nicht die gesamte Liste durchsucht werden muss, um einen bestimmten Namen zu finden. Es muss vielmehr eine gezielte Suche möglich sein. Bei einem Literaturverzeichnis lässt sich das entweder durch alphabetische Auflistung der Namen erreichen[878] oder durch Einteilung der Literatur in verschiedene Kategorien, z.B. Zeitschriften, Monographien, Beitragswerke etc. Weitere Möglichkeiten bei Datenbanken im allgemeinen sind optische Hervorhebungen, Tabellen oder andere bestimmte vereinbarte Systeme. Letztendlich lässt sich feststellen, dass alle Methoden, die die Auffindung der Daten erleichtern, die Einzelzugänglichkeit ermöglichen. Ebenso wie audiovisuelle Werke sind jedoch auch Sprachwerke im allgemeinen nicht einzeln zugänglich. Zwar sind die Buchstaben und Wörter einzeln zugänglich, jedoch ist der gesamte Text durchzulesen, und daran ändert auch ein Inhaltsverzeichnis nichts, und die Schutzwürdigkeit kann nicht durch das Medium bestimmt werden, denn dann müssten auch audiovisuelle Werke, sobald sie auf Papier dargestellt sind (z.B. in Form von Noten), einzeln zugänglich sein.

(4) DATENBANKEN MIT ABFRAGE- UND INDEXIERUNGSSYSTEMEN Indexierungssysteme[879] erleichtern die Abfrage bei komplexen Datenbanken. Beim Index werden durch den Menschen oder ein Computerprogramm bestimmte Begriffe ausgewählt und dann gespeichert, um sie im Folgenden leichter abfragen zu können; das ist vergleichbar mit der Erstellung eines Stichwortverzeichnisses. Bei Websites wird dieser Vorgang teilweise durch beliebige Wörter, die in die `<meta>`-Tags geschrieben werden, realisiert. Ferner gibt es die Möglichkeit der Volltextsuche mit Hilfe von Computerprogrammen. Bei Datenbanken mit Abfragesystemen ist die Frage nach der Einzelzugänglichkeit leicht zu beantworten: Sie wird in allen Fällen vorliegen, denn die einzige Funktion eines Abfragesystems besteht darin, die Daten einzeln zugänglich zu machen. Es stellt sich lediglich die Frage, ob eine solche mittelbare Suche nach den Daten unter den Begriff der Einzelzugänglichkeit fallen kann[880]. Diese Annahme kann jedoch nicht zutreffend sein, da gerade dadurch die komplexeren, umfangreicheren und investitionsintensiveren Datenbanken, die solche Abfragen und Indexierungssysteme benötigen,

---

[876] Vgl. zum Begriff des Nutzers in diesem Kapitel I. A.

[877] Chalton CLSR 1995, 295, 296; Worthy/Weightman CLSR 1996, 95, 97.

[878] BGH GRUR 1999, 923, 925 - Tele-Info-CD.

[879] Zu Abfrage- und Indexierungssystemen ausführlich Kapitel 3 IV.

[880] Das Problem aufwerfend vgl. Bensinger 131.

nicht geschützt wären, obwohl der Datenbankbegriff für sie eingeführt wurde[881]. Datenbanken mit Abfragesystemen sind somit immer einzeln zugänglich. Das gilt jedoch nicht, wenn das Ergebnis der Abfrage so angeordnet ist, das eine einzelne Zugänglichkeit der Daten für den Nutzer wiederum unmöglich wird[882].

(5) DARSTELLUNGEN AUF DEM BILDSCHIRM Eine andere Frage erhebt sich jedoch dann, wenn eine Kompilation, z.B. eine Webseite, auf dem Bildschirm dargestellt wird, nicht etwa, weil die Daten nun in digitaler Form vorliegen, sondern weil der Computer von sich aus Suchalgorithmen ausführen kann, ohne dass diese speziell für die Datenbank geschaffen oder verbunden wurden. Soll ein Text auf dem Bildschirm durchsucht werden, kann dies mit einer Standardsuchfunktion - auch durch Short-Cuts angesteuert - erfolgen. Dadurch erübrigt sich die Anforderung, Daten alphabetisch zu sortieren oder zu indizieren, um sie einzeln zugänglich zu machen. Für die Ausführung der Suchfunktion ist die Frage der alphabetischen Sortierung nicht von Bedeutung, da der Text in jedem Fall von Anfang an durchgescannt wird. Die Frage ist, ob durch das Vorhandensein einer solchen Suchfunktion die vom Gesetz geforderte Einzelzugänglichkeit bereits erfüllt ist. Einerseits ist es überflüssig, eine technisch durchsuchbare Liste noch einmal zu ordnen, denn die Einzelzugänglichkeit erhöht sich dadurch nicht. Andererseits gilt diese Suchfunktion nur für Schriftzeichen, während Datenbanken aus allen Elementen, auch aus Bildern und Tönen zusammengesetzt werden können. Die Zugänglichkeit ist nur solange gegeben, wie die Liste auf dem Bildschirm dargestellt wird. Bei Ausdrucken der Liste wäre sie wiederum nicht einzeln zugänglich. Da es nicht auf das Medium der Darstellung ankommen kann und eine Liste nicht nur dann als Datenbank geschützt sein darf, wenn sie auf dem Bildschirm darstellbar ist, ihre Schutzwürdigkeit aber verliert, sobald sie ausgedruckt wird, kann auch für Listen und Texte auf dem Bildschirm nichts anderes gelten als für Listen und Texte auf Papier. Die standardisierte technische Möglichkeit des Durchsuchens im Computer erfüllt damit nicht das Kriterium der Einzelzugänglichkeit, auch wenn sie praktisch im Einzelfall geeignet erscheinen mag. Aus diesem Grund genügen auch Dateisysteme und -ordner nicht den Anforderungen der Einzelzugänglichkeit, denn die Standardsuchfunktion ist in allen Betriebssystemen vorhanden.

(6) INTEGRIERTE DATENBANK Problematisch ist die Einzelzugänglichkeit z.B. bei Rechtschreib-, Sprach- und Lernprogrammen sowie bei Programmen für Steuererklärungen, da argumentiert wird, diese seien nicht unmittelbar zugänglich, sondern hätten eine sogenannte „integrierte Datenbasis“[883]. Unklar ist hier,

[881] Vgl. in diesem Kapitel III. B. 3. c) (2).

[882] Angenommen, als Ergebnis einer Abfrage erscheint eine unsortierte Liste von mehreren tausend Daten und der Nutzer muss erst alle Datensätze überprüfen, um die gewünschte Information zu finden, kann Einzelzugänglichkeit nicht mehr angenommen werden.

[883] Fromm/Nordemann/Hertin § 87 a Rn. 3.

was unter einer integrierten Datenbasis verstanden wird, denn alle elektronischen Datenbanken, bis auf bloße Auflistungen von Daten auf einem elektronischen Blatt[884], haben eine integrierte Datenbasis, wobei mehr oder weniger die Illusion vermittelt wird, man hätte direkten Zugriff auf die Daten. Auch bei einem normalen Lernprogramm sind die Daten einzeln zugänglich, z.B. bei der Auswahl einer bestimmten Frage oder bei einer Anzeigendatenbank – die Wahl einer Stadt[885]. Die Abgrenzung aufgrund einer „integrierten Datenbasis" ist somit untauglich. Ob Elemente elektronischer Datenbanken einzeln zugänglich sind, ist vielmehr eine Frage der Zugänglichmachung mittels Computerprogrammen durch die Abfrage der Daten. Richtig hingegen ist, dass bei derartigen Gesamtkonzepten oft nicht unmittelbar eine bestimmte Information abgerufen werden kann.

(7) FAZIT Auf das Kriterium der Einzelzugänglichkeit kann nicht verzichtet werden, da es den unmittelbaren Zugriff auf die einzelnen Daten sichern soll. Bei nichtelektronischen Datenbanken liegt Einzelzugänglichkeit bereits vor, wenn die Elemente mit dem Auge einzeln wahrgenommen werden können. Bei elektronischen Datenbanken ist das Kriterium meist durch die Verwendung von Abfragesystemen erfüllt. Die Standardsuchfunktion genügt für die Einzelzugänglichkeit hingegen nicht. Die Unabhängigkeit betrifft den inneren, die Einzelzugänglichkeit den äußeren Zusammenhang der Elemente.

e) Informationsfunktion

Teilweise wird gefordert, dass Datenbanken nur dann schutzfähig sein sollen, wenn sie ausschließlich der Information dienen[886].

Dieses Kriterium entstammt dem technischen Datenbankbegriff, der jedoch vom juristischen Begriffs deutlich zu trennen ist[887]. Der juristische Begriff besagt, dass unabhängige Elemente, also auch Elemente ohne Informationsfunktion, Bestandteil einer Datenbank sein können. Dennoch müssen auch diese Elemente einen geistigen Gehalt besitzen[888]. Von der Informationseigenschaft der Elemente wurde auch ausdrücklich Abstand genommen. Ursprünglich wurde statt des Begriff „Daten" der Begriff „Informationen" verwendet. Diese Formulierung wurde aber wegen der Befürchtung, dies könne rein unterhaltende Datenbanken ausschließen, erweitert[889]. Daraus folgt, dass Datenbanken zwar zwangsläufig Informationen vermitteln, ihre Funktion sich aber nicht darauf beschränken muss; sie können z.B. auch einen Werbezweck verfolgen[890].

---

[884]Dazu genauer Kapitel 3 VIII. E.
[885]Vgl. Kapitel 3 V. A. und Kapitel 3 VIII. G.
[886]Panhaleux GRUR Int. 2000, 800, 801.
[887]Vgl. in diesem Kapitel III. A. 1.
[888]Vgl. in diesem Kapitel III. B. 2. a) (9).
[889]Vgl. Bensinger 125.
[890]So z.B. in OLG Düsseldorf MMR 1999, 729, 731 - Baumarkt.de.

f) Indexierungs- und Katalogisierungsfunktion

Oft wird zusätzlich eine Indexierungs- und Katalogisierungsfunktion gefordert, die das systematische Durchsuchen und Auffinden von Informationen ermöglicht[891], da eine bloße Ansammlung von Inhalten nicht ausreiche[892]. Erwägungsgrund 17 DBRL, der die Datenbank definiert und ihren Anwendungsbereich einschränkt, verlangt eine Indexierungsfunktion nicht. Unbestritten bleibt die Notwendigkeit einer systematischen Anordnung. Die Forderung nach einer Indexierungsfunktion impliziert eine Wertung der Qualität, die weder beim Investitionsschutz noch beim urheberrechtlichen Schutz erfolgt. Anhand der Tatsache, dass multimediale CDs in den Anwendungsbereich der DBRL gehören sollen[893], scheint eine Indexierungs- und Katalogisierungsfunktion nicht erforderlich[894]. Gegen die Notwendigkeit einer solchen Funktion spricht auch, dass der Wortlaut bei den Sammelwerken derselbe ist und dort diese zusätzliche Funktion nicht gefordert wird. Ein Schutz nach nichtharmonisiertem Urheberrecht kommt nicht in Betracht, da dieser dem Harmonisierungsziel der DBRL erheblich schaden würde[895]. Das Kriterium der Indexierungsfunktion entspringt auch hier wieder dem technischen Datenbankbegriff und findet im juristischen Bereich keine Grundlage. Voraussetzung ist lediglich die systematische oder methodische Anordnung von unabhängigen Elementen[896]. Die Indexierungs- und Katalogisierungsfunktion wird jedoch durch die Einzelzugänglichkeit in gewissem Sinne mitumfasst, denn gerade bei elektronischen Datenbanken sind die Daten meist erst durch die Indexierung einzeln zugänglich.

3. Wesentliche Investition

Die Definition einer Datenbank ist recht weit gefasst, da so gut wie jede Zusammenstellung unter diesen Begriff fallen kann[897]. Das stellt jedoch kein Problem dar, denn es gibt das Kriterium der Investitionshöhe zur Einschränkung der Schutzfähigkeit. Im Gegensatz zur Gestaltungshöhe bei Datenbank- und Sammelwerken wird für die Datenbank selbst nur gefordert, dass zu ihrer Erstellung eine wesentliche Investition geleistet wurde. Durch den sehr weiten Begriff der Sammlung ist es erforderlich, dass beim Investitionsbegriff die Differenzierung stattfindet und der Schutzzweck der Norm nach der Schutzwürdigkeit der Investition ausgerichtet wird[898], was aufgrund der unterschiedlichen europäischen Regelungen zum Urheber- und Wettbewerbsrecht auch am leichtesten umsetzbar

[891] Cichon ZUM 1998, 897, 898; so wohl auch Eiding 8, der eine Verknüpfung durch Suchkriterien fordert; ohne Begründung Ernst MMR 2001, 208, 212; Schack MMR 2001, 9, 11 f.

[892] Cichon ZUM 1998, 897, 898.

[893] Gaster Rn. 81.

[894] So auch Köhler ZUM 1999, 548, 553.

[895] So auch Leistner GRUR Int. 1999, 819, 822.

[896] Im Ergebnis zustimmend Büchele 35; Leistner GRUR Int. 1999, 819, 822; Völker/Lührig K&R 2000, 20, 24.

[897] Vgl. auch Beutler ENT.LR 1996, 317, 321.

[898] Gaster Rn. 34.

ist[899]. Die Feststellung des Schutzes von Datenbanken beruht letztendlich auf der Auslegung unbestimmter Rechtsbegriffe, wodurch es für den Datenbankhersteller schwer wird zu erkennen, ob seine Datenbank tatsächlich dem Schutz der §§ 87 a ff. unterfällt[900]. Die dadurch entstehende Rechtsunsicherheit wurde vor allem auf internationaler Ebene vielfach kritisiert und trägt dazu bei, einen WIPO-Vertrag für den Sui-Generis-Schutz von Datenbanken zu verhindern[901].

a) Investition

Eine Investition wird im allgemeinen Sprachgebrauch als Einsatz von Mitteln zur Erreichung eines bestimmten Zwecks betrachtet. An diesem Begriff ist juristisch nichts auszusetzen, obwohl auch vertreten wird, dass die Investition die wirtschaftliche Leistung der Digitalisierung darstellt[902]. Das widerspricht jedoch den Vorgaben des Richtliniengebers und dem Gesetzeswortlaut. Der Investitionsbegriff ist weit auszulegen[903] und erfasst auch nichtelektronische, also auch nichtdigitalisierte, Datenbanken. Mitumfasst sind sowohl private als auch berufliche Investitionen, selbst wenn Erwägungsgrund 39 DBRL lediglich von beruflichen Investitionen spricht, da Erwägungsgrund 39 DBRL sich auch nur auf den Konkurrentenschutz bezieht.

Des Weiteren stellt sich die Frage, ob die Abgrenzung auch nach qualitativen Gesichtspunkten möglich ist[904]. Der Wortlaut der DBRL spricht von einer quantitativen oder qualitativen Investition, wohingegen der deutsche Gesetzgeber diese Unterteilung auflöst und sich auf den Begriff „wesentlich" beschränkt. Nichtdestoweniger ist § 87 a europarechtskonform und damit die Bedeutung der Unterscheidung von qualitativ und quantitativ auszulegen.

Fraglich ist, wie „qualitativ" in diesem Zusammenhang zu verstehen ist. Einerseits könnte „qualitativ" als Ausdruck von Arbeit, Energie und Zeit angesehen werden[905], andererseits könnte eine besonders gelungene Datenbank unter dem Aspekt des Investitionsschutzes schutzwürdiger sein als eine Datenbank, die nutzlos ist, aber viel Zeit und Geld gekostet hat[906]. Dieser Ansatz birgt natürlich die Gefahr, das Urheberrecht mit dem Investitionsschutzrecht zu vermischen[907]. Da beim urheberrechtlichen Schutz der Datenbanken nach Erwägungsgrund 16 DBRL keine Beurteilung der Qualität vorgenommen werden soll, kann das erst

[899] Zu den Beweggründen vgl. Köhler ZUM 1999, 548, 552.

[900] Vgl. statt vieler Fromm/Nordemann/Hertin Vor §§ 87 a-e Rn. 5.

[901] Vgl. in diesem Kapitel II. C. 3.

[902] Wuermeling NJW-CoR 1996, 183, 184.

[903] So auch Bensinger 157; Fromm/Nordemann/Hertin § 87 a Rn. 8; Hornung 111.

[904] Unsicher in Bezug darauf, ob auch qualitative Kriterien miteinfließen können, Bensinger 157 Fn. 779.

[905] So Kübler 144 f.

[906] So Leistner 156 f; Milbradt CR 2002, 710, 713.

[907] So Metaxas EIPR 1990, 227, 228; Kappes ZEuP 1997, 654, 657.

recht nicht beim investiven Schutz erfolgen[908]. Qualität bedeutet demnach Zeitaufwand, Know-how, Freundschaftsdienste[909], die dann umgerechnet oder aber anderweitig bewertet werden müssen[910].

b) *Wesentlichkeit*

Sehr ausfüllungsbedürftig ist der Begriff der Wesentlichkeit; er führt zu einer europaweiten Rechtsunsicherheit[911]. Dass die Regelungen keineswegs so eindeutig und zwingend durch die DBRL sind, zeigt sich an den vielfältigen Auslegungsvarianten, die nicht nur in Deutschland, sondern auch in den verschiedenen europäischen Staaten gefunden wurden[912]. Hinzu kommt, dass der Begriff mit verbesserter Technik auch Schwankungen erfährt, da Zeit und Aufwand und somit die absolute Höhe der Investition geringer werden[913].

Die Ausfüllung dieses Kriteriums wurde bewusst nicht bereits von der Richtlinie und der Umsetzung vorgenommen, sondern sollte der nationalen Rechtsprechung und Literatur überlassen bleiben[914]. Aus der DBRL lassen sich somit kaum nähere Anhaltspunkte entnehmen, und da der Datenbankbegriff nahezu wörtlich übernommen wurde, auch aus der deutschen Umsetzung nicht. Laut Gesetzesbegründung ist bei der Bestimmung des Begriffs der Wesentlichkeit auf eine „wertende Beurteilung der Schutzwürdigkeit der Investition" abzustellen[915]. Aufgrund der Unbestimmtheit haben sich die verschiedensten Auffassungen in Literatur und Rechtsprechung herausgebildet, von der Erwägung, auf dieses Merkmal komplett zu verzichten, bis zur Forderung nach verschiedenen Kriterien zur Bestimmung der Wesentlichkeit.

---

908 Um dies zu vermeiden, hat Leistner 156 ff. zu diesem Problem verschiedene Fallgruppen herausgebildet. Erstens: „Vorsprung im Wettbewerb durch Innovation", zweitens „qualitative Wesentlichkeit" aufgrund unternehmerischer Stellung und drittens „Schutzwürdigkeit aufgrund des kulturellen Kommunikationswerts". Damit soll eine Anlehnung an das Urheberrecht verhindert werden. Zwar gelingt dadurch die Vermeidung der Vermischung mit dem Urheberrecht, jedoch wird durch die Frage nach der unternehmerischen Leistung das Sui-Generis-Recht mit dem Wettbewerbsrecht vermischt, wofür es im deutschen Recht nicht ausgestaltet wurde. Diese Fallgruppenbildung beruht auf wettbewerbsrechtlichen Grundsätzen, mit denen der Investitionsschutz nicht zu vermischen ist (vgl. auch in diesem Kapitel III. B. 3. b) (3).) und kann somit nicht zur Untergliederung dienen (so auch Möhring/Nicolini/Decker § 87 a Rn. 11; Walter/v. Lewinski Datenbank-RL Art 7 Rn. 11; Wandtke/Bullinger/Thum § 87 a Rn. 22).

909 Vgl. u.a. Combeau RIPIA 1996, 158, 161 (le recours à des spécialistes).

910 So auch Kübler 144 ff.

911 Vgl. nur Koumantos RIDA 171 (1997) 79, 119, der feststellt, dass die Wesentlichkeit von sehr vielen Faktoren wie der Natur und Größe der Datenbank, Objekt und Gebiet, auf das sich die Datenbank bezieht, und sogar vom Herkunftsland abhängen kann.

912 BGH GRUR 1999, 923 - Tele-Info-CD; LG Köln CI 2000, 6 - Linkliste; LG Düsseldorf ZUM 2002, 65 - Rügentelefonbuch; Groupe Moniteur u.a. v. Observatoire des Marchés Publics GRUR Int. 2000, 798; RIDA 183 (2000) 316ff.; The British Horseracing Board Limited, The Jockey Club, Weatherbys Group Limited and William Hill Organization Limited CML Reports 2 (2001) 215.

913 So auch Bensinger 163.

914 Vgl. Beutler ENT.LR 1996, 317, 326; RegE BT-Drucks. 13/7385, 45; BR-Drucks. 966/96, 47.

915 RegE BT-Drucks. 13/7385, 45; BR-Drucks. 966/96, 47.

(1) VERZICHT AUF DAS MERKMAL DER WESENTLICHKEIT Teilweise wird behauptet, dass das Merkmal der Wesentlichkeit verzichtbar sei[916]. Um diese Behauptung zu stützen, könnte der Datenbankschutz mit den übrigen verwandten Schutzrechten verglichen werden, die an den organisatorischen Aufwand keine erhöhten Anforderungen stellen[917]. Bei den verwandten Schutzrechten muss aber für gewöhnlich nicht auf eine Abgrenzung zum Recht auf Information geachtet werden, denn bei den anderen Leistungsschutzrechten, die die organisatorische Leistung schützen, handelt es sich um Tonträger, Funksendungen und Laufbilder, d.h. schon um einen konkreten Ausdruck und nicht um Informationssammlungen. Außerdem hätten Richtlinien- und Gesetzgeber auf das Merkmal der Wesentlichkeit ganz verzichten können, wenn es nur auf die Investition an sich ankäme[918]. Da die Begriffe der Sammlung und der Investition derart weit gefasst sind, muss der Begriff der Wesentlichkeit die Funktion eines einschränkenden Korrektivs übernehmen.

(2) „AGGREGIERTE GESAMTLEISTUNG" Vereinzelt wird darauf abgestellt, dass es auf die „aggregierte Gesamtleistung" in dem Sinne ankommt, dass die Zahl der Elemente und die in Bezug auf jedes Element erbrachte Einzelleistung ermittelt werden muss[919]. Diese Ansicht geht schon im Ansatz fehl, da nicht die addierten Einzelleistungen zählen, sondern die Leistung des Ensembles. Bei der Auswahl ist die Zahl der Elemente an sich für die Investition von geringer Bedeutung, denn es muss vorrangig berücksichtigt werden, wie schwer die Elemente zu erlangen waren. Mehrere tausend öffentlich zugängliche Elemente zu sammeln, erfordert oft nicht einmal eine Investition, wie sie für wenige urheberrechtlich geschützte oder seltene Elemente erforderlich ist. Bei der Anordnung liegen die größten Investitionen in der Regel in untrennbaren Gesamt- und nicht in Einzelausgaben. Die Methode der „aggregierten Gesamtleistung" ist somit nicht geeignet, die wesentliche Investition zu ermitteln.

(3) RECHTSCHARAKTER ALS AUSLEGUNGSHILFE Fraglich ist, welche Auswirkungen der Rechtscharakter des Investitionsschutzes auf die Auslegung des Begriffs der Wesentlichkeit hat. Können Wettbewerbsrecht und der Bezug zu verwandten Schutzrechten bei der Auslegung helfen?

Im Rahmen des § 1 UWG hatte sich die Rechtsprechung schon häufig mit den Begriffen Kosten und Mühen auseinandergesetzt. Dabei wurde jedoch nie nach Umfang und Höhe berechnet, sondern im Rahmen einer Interessenabwägung darauf abgestellt, ob ein ungerechtfertigter Wettbewerbsvorsprung durch die Übernahme erreicht wurde[920]. Da es auf eine solche Interessenabwägung beim

[916] Berger GRUR 1997, 169, 173; Becker 168; Krähn 138.
[917] Vgl. Fromm/Nordemann/Hertin §§ 85/86 Rn. 4; § 87 Rn. 2; § 95 Rn. 1.
[918] So auch Fromm/Nordemann/Hertin § 87 a Rn. 9.
[919] So IuKDG-Komm/Krämer § 87 a UrhG Rn. 4.
[920] Baumbach/Hefermehl § 1 UWG Rn. 505; Hackemann CR 1998, 510, 511.

Datenbankschutz nicht ankommt, kann das UWG und die diesbezügliche Rechtsprechung nicht als Auslegungshilfe herangezogen werden[921], denn hier erhält das Merkmal je nach Fallgestaltung andere Konturen[922]. Dennoch werden in der Literatur häufiger wettbewerbsrechtliche Kriterien für die Feststellung der Wesentlichkeit gebracht, z.B. „Vorsprung vor Konkurrenzprodukten“[923], wobei die Kriterien des Datenbankschutzes um die wettbewerbsrechtlichen Kriterien erweitert werden. Eine solche Vorgehensweise ist abzulehnen. Ob ein Produkt wertvoll ist oder überhaupt auf den Markt gebracht wird, ist für die Frage nach dem Investitionsschutz nicht von Bedeutung[924]. Zwar orientiert sich der Sui-Generis-Schutz auch an wettbewerbsrechtlichen Charakteristiken, jedoch liegt das Wesen wohl eher im „Sweat-of-the-Brow“-Schutz des Copyrightsystems, denn gerade dieses schützt Investitionen[925]. Im deutschen Recht werden Investitionen durch das Recht der verwandten Schutzrechte geschützt. Darüber hinaus ist der Sui-Generis-Schutz (wie der Name schon sagt) ein eigener Schutz, für den nicht willkürlich andere Schutzregeln übernommen werden können. Wettbewerbsrechtliche Kriterien sind beim Investitionsschutz genauso fehl am Platz wie die Frage nach der Gestaltungshöhe[926].

Hingegen sind die §§ 87 a ff. UrhG sowohl systematisch als auch inhaltlich mit den Leistungsschutzrechten, insbesondere mit den Regelungen der §§ 85, 87 und 95 UrhG, verwandt. Die letztgenannten Vorschriften setzen, vergleichbar mit dem Investitionsschutzrecht für Datenbanken, eine unternehmerische, organisatorische Leistung voraus. Der Aufwand muss jedoch beim Tonträgerhersteller- und Sendeunternehmerrecht nicht wesentlich sein. Deshalb kann auch aus der systematischen Nähe zu den verwandten Schutzrechten keine Schlussfolgerung auf die Auslegung der Wesentlichkeit gezogen werden.

(4) KOPIERKOSTEN Erwägungsgrund 7 DBRL schlägt einen Vergleich der Investition mit den Kosten vor, die beim Kopieren einer fertigen Datenbank entstehen[927]. Unter Berufung auf diesen Erwägungsgrund möchte *v. Lewinski* auf das Verhältnis zwischen Herstellungs- und Nutzungsaufwand abstellen[928]. Nach diesem Ansatz würde sich die Frage stellen, wie hoch die Kopierkosten einer Datenbank sind. Eine elektronische Datenbank zu kopieren, kann je nach Datenumfang

---

921 Hackemann CR 1998, 510, 511 f.; Köhler/Arndt 132.

922 Schricker/Vogel § 87 a Rn. 15.

923 Becker 167.

924 A.A. Schricker/Vogel § 87 a Rn. 20, der einmalige wissenschaftliche Kriterien, Gliederungsdichte oder den Komfort des Abfragesystems als qualitative Betrachtung einbeziehen will.

925 Ellins 77.

926 Im Ergebnis so auch Möhring/Nicolini/Decker § 87 a Rn. 11, die dem Wettbewerbsrecht jedoch eine Indizfunktion zuspricht; Wandtke/Bullinger/Thum § 87 a Rn. 22.

927 So Hornung 112.

928 Roßnagel/v. Lewinski UrhG § 87 a Rn. 16, woraus *Leistner* und *Bettinger* schlussfolgern, dass sie aufgrund der geringen Herstellungskosten von Kopien u.ä. auch für einen geringen Aufwand plädiert (Leistner/Bettinger Beilage CR 12/99 1, 20 Fn. 170).

von einigen wenigen Sekunden bis zu einigen Minuten dauern. Die Dauer ist jedoch vollständig abhängig von der Hardware, d.h. von der Netzverbindung, dem Speicher und anderen Hardwarevoraussetzungen. Eine 2-MBit-Standleitung kann dieselbe Datenmenge 70-mal schneller transportieren als ein 28.8-Modem, genauso wie der Bestand einer Bibliothek ungleich schneller mit einem LKW transportiert werden kann als mit einem Fahrrad. Bei einer Onlinekopie wären also die Kopierkosten abhängig von der Hardware. Auch bei internen Kopien kommt es lediglich auf die Hardware an. Im jedem Fall sind die Kosten für eine Kopie verschwindend gering, was auch für die Kopie einer CD-ROM gilt. Höher sind die Kopierkosten von Printmedien. Nach diesem Ansatz wäre die Wesentlichkeit zunächst davon abhängig, ob eine elektronische oder nichtelektronische Datenbank vorliegt und anschließend von der zum Kopieren verwendeten Hardware. Dieser Weg führt so zu rein willkürlichen Entscheidungen und ist damit abzulehnen. Erwägungsgrund 7 DBRL gibt lediglich – wie die Erwägungsgründe 1 - 12 DBRL – Gründe für Notwendigkeit eines Datenbankschutzes. Ein Bezug zur Wesentlichkeit stellt sich nicht.

(5) SUBJEKTIVER WESENTLICHKEITSBEGRIFF Ein anderer Ansatzpunkt zur Bestimmung der Wesentlichkeit wäre die Überlegung, für wen bzw. aus wessen Sicht die Investition wesentlich sein muss[929]. Für einen privaten Anbieter von Informationen ist eine Investition von 10,000 € sicher wesentlich, für einen Großkonzern wohl eher „Peanuts". Fraglich ist, ob die subjektive Betrachtungsweise für den Wesentlichkeitsbegriff relevant sein kann. Eine objektive Betrachtung wäre eine Begünstigung der großen Investoren und nicht angemessen[930], denn bei geringerem persönlichen Risiko und subjektiven Aufwand könnten diese den gleichen Schutz erlangen wie ein Privatmann, der für die Investition seine gesamten Ersparnisse einsetzt. Eine subjektive Betrachtungsweise wäre durchaus geeignet, eine ungerechtfertigte Behandlung zu verhindern. Andererseits bedeutet eine subjektive Auslegung eine Benachteiligung für vermögende Investoren, da eine Datenbank, die sie hergestellt haben, nicht geschützt würde, obwohl der Schutz derselben Datenbank eines Privatmannes außer Frage stünde[931]. Der Gesetzgeber hat dieses Problem dadurch gelöst, dass nicht nur quantitative Investitionen ausschlaggebend sind, sondern auch qualitative, d.h. Arbeit, Energie und Zeit. Damit können auch kleine Unternehmen oder Privatleute ohne großes Risiko eine wesentliche Investition tätigen. Außerdem widerspricht es der Systematik, die Schutzwürdigkeit einer Datenbank erst am Datenbankhersteller festzumachen. Die Wesentlichkeit muss somit objektiv bestimmt werden.

---

[929]Panhaleux GRUR Int. 2000, 800, 802.

[930]So auch Panhaleux GRUR Int. 2000, 800, 802.

[931]So auch Roßnagel/v. Lewinski UrhG § 87 a Rn. 16; Walter/v. Lewinski Datenbank-RL Art 7 Rn. 9.

(6) PROFIT BZW. BEREICHERUNG Einige Urteile[932] haben die Frage aufgeworfen, ob der Profit der Datenbank für die Bestimmung der Wesentlichkeit der Investition von Bedeutung sein kann. Die Argumentation ist hier widersprüchlich: Die Investition soll nicht mehr wesentlich sein, wenn durch die Datenbank auch ein beträchtlicher Profit erwirtschaftet wurde[933], die Vermarktung der Datenbank soll eine Indizwirkung für die Wesentlichkeit darstellen[934], oder die Wesentlichkeit soll dann gegeben sein, wenn eine Amortisation erst nach langer Zeit zu erwarten ist und ohne eine rechtliche Absicherung nicht getätigt worden wäre[935].

Das OLG Düsseldorf[936] verneinte die Wesentlichkeit der Investition, weil die Antragstellerin von ihren Werbekunden bezahlt wurde, denn durch die Bezahlung übernahmen die Kunden das wirtschaftliche Risiko. Daraus kann die Schlussfolgerung gezogen werden, dass die Datensammlung als Datenbank geschützt worden wäre, hätte die Antragstellerin für ihre Erstellung kein Geld bekommen[937]. Folgt man dem OLG, so wären die Kunden der Datenbank die Datenbankhersteller, nicht aber derjenige, der Auswahl und Anordnung der Datenbank durch Tätigung von wesentlichen Investitionen bestimmt und umgesetzt hat.

Der Datenbankschutz kann nicht davon abhängig gemacht werden, ob mit der

[932] Vgl. OLG Düsseldorf MMR 1999, 729, 731 - Baumarkt.de; Groupe Moniteur u.a. v. Observatoire des Marchés Publics GRUR Int. 2000, 798; RIDA 183 (2000) 316 ff.

[933] Groupe Moniteur u.a. v. Observatoire des Marchés Publics GRUR Int. 2000, 798; RIDA 183 (2000) 316ff: „Le Moniteur des Travaux Publics et du Bâtiment" ist eine Zeitschrift, die von der Gesellschaft Groupe Moniteur – der Klägerin – herausgegeben wird. Sie besteht hauptsächlich aus drei Teilen: Kleinanzeigen, Informationen über Baugenehmigungen etc. und – dem Anlaß für den Rechtsstreit – ca.100 Seiten „Öffentliche Ausschreibungen und verhandelbare Vergaben". Dort wurden Angaben veröffentlicht, in denen „die auftraggebenden Behörden, die eine vollständige Bekanntgabe wünschen, in denen alle Angaben aufgeführt sind, die vom Code des marchés publics gefordert werden, entgeltlich ihre Bekanntmachungen erscheinen lassen können."
Die Beklagte – die Gesellschaft Observatoire des Marchés publics (OMP) – trägt Anzeigen aus sämtlichen Zeitschriften, die von der öffentlichen Hand für die Veröffentlichung von Anzeigen über öffentliche Ausschreibungen zugelassen sind, zusammen, wertet sie aus, ordnet sie und versendet sie per Fax zusammengefasst an ihre Abonnenten je nach deren Wünschen. Daneben bietet die OMP noch einen weitergehenden Service – Trans Legal Fax – an: Die Zusendung der sie interessierenden Anzeigen per Fax als Volltext Das Handelsgericht hatte die Klage der Groupe Moniteur abgewiesen, da die Arbeit eine reine „Dokumentationssammlung" darstelle. Der Cour d'Appel hatte nun über die Berufung zu entscheiden. Da Groupe Moniteur sich in der Berufung auf ihr Recht als Datenbankherstellerin beruft, war nun die Datenbankeigenschaft des Anzeigenblattes zu klären. Die Umsetzung der DBRL Art. L. 341-1 CPI ist auf diesen Fall anwendbar. Es ist demnach eine wesentliche Investition von Groupe Moniteur erforderlich. Sie hatte jedoch nicht dargelegt, dass sie besondere Aufwendungen zur Beschaffung, Überprüfung oder Darstellung der Anzeigen getätigt hat; nicht dargelegt wurde, ob Werbekosten bei den Inserenten zu berücksichtigen oder die Anzeigen aufwendig zu formatieren waren oder u.U. finanzielle Belastungen durch die Veröffentlichung der Anzeigen vorlagen; diese sind jedoch ohnehin nicht Bestandteil von Investitionen und schon gar nicht von wesentlichen Investitionen. Das Gericht wies darauf hin, dass durch die Erhebung von Anzeigegebühren die Tätigkeit sogar im Gegenteil einträglich und profitabel ist. Groupe Moniteur konnte sich demnach nicht auf ein Recht als Datenbankherstellerin berufen.

[934] IuKDG-Komm/Krämer § 87 a UrhG Rn. 5.

[935] Walter/v. Lewinski Datenbank-RL Art 7 Rn. 9.

[936] OLG Düsseldorf MMR 1999, 729, 731 - Baumarkt.de.

[937] So auch Schulze ZUM 2000, 432, 435.

Datenbank Profit erwirtschaftet wurde oder nicht[938]. Ansatzpunkt im Urheberrecht – auch wenn es sich um ein verwandtes Schutzrecht handelt – kann nur der Gegenstand sein und für §§ 87 a ff. UrhG, wie hoch der Aufwand zur Erstellung des Gegenstandes selbst war, nicht aber die Frage, ob Profit erwirtschaftet wurde oder nicht. Das ist eine wirtschaftliche Frage, keine juristische[939]. Vor allem kann der urheberrechtliche Schutz nicht als „Ersatzprofit" für diejenigen gelten, die keinen Profit mit ihrer Datenbank erzielen konnten. Des weiteren stellt sich dann die Frage, wann der Profit „Profit" wird. Liegt bereits Profit vor, wenn mit Werbebannern versucht wird, die Kosten für die Datenbank zu decken, und dabei ein kleiner Gewinn abfällt. Wie ist die Lage, wenn der Profit nachträglich erwirtschaftet wird, entfällt dann der Schutz als Datenbank[940]? Der Schutz als Datenbank muss unabhängig von eventuellem Profit entstehen können und bestehen bleiben. Das impliziert auch die DBRL, die nicht nur Geld als Investition gelten lässt, sondern auch Arbeit, d.h. nicht nur quantitative Investitionen, sondern auch qualitative. Es kann bei der Datenbankinvestition somit nicht nur auf finanzielle Interessen ankommen. Das OLG Düsseldorf hat bei seiner Entscheidung wettbewerbsrechtliche Kriterien angewendet: Im Wettbewerbsrecht entfällt der Schutz, wenn Amortisation erfolgt ist[941]. Zur Begründung des Investitionsschutzrechts hingegen war die Frage nach der Bezahlung durch die Anzeigenkunden nicht zu stellen[942]. Umgekehrt ist für den Schutz aber auch nicht erforderlich, dass die Investition sich amortisiert, da der Schutz nicht in Abhängigkeit vom Erfolg der Datenbank bestehen oder nicht bestehen kann[943]. Die §§ 87 a ff. UrhG gelten auch für nichtkommerzielle Datenbanken, bei denen ein Profit schlecht messbar ist. Ob mit einer Datenbank Profit erzielt werden soll oder wird, ist für den Schutz demnach unerheblich[944].

(7) FAZIT Welche Kriterien können nun schließlich zur Auslegung des Kriteriums der Wesentlichkeit herangezogen werden? Zum einen ist deutlich festzustellen, dass ein Verzicht auf das Kriterium Wesentlichkeit nicht in Betracht kommt. Die Wesentlichkeit muss objektiv für jede beliebige Datenbank festgestellt werden, unabhängig davon, ob sie zu privaten oder wirtschaftlichen Zwecken erstellt wurde. Damit entfällt auch die Möglichkeit, die Profitträchtigkeit einer Datenbank als Auslegungskriterium heranzuziehen. Die Kopierkosten sind ein zu unbestimmter Faktor, um als Abgrenzungsmerkmal zu dienen. Was bleibt, ist die Addition

[938] Panhaleux GRUR Int. 2000, 800, 802; Tountopoulus CR 1998, 129, 131 ; Möhring/Nicolini/Decker § 87 a Rn. 11.

[939] Selbst bei einer wirtschaftlichen Betrachtungsweise mit dem Ziel der Gewinnmaximierung würde man am Profit nicht die Wesentlichkeit messen, sondern lediglich, ob ein solches Projekt durchzuführen wäre.

[940] Schulze ZUM 2000, 432, 435.

[941] BGH GRUR 1986, 895, 896 - Notenstichbilder.

[942] Auch bei der Frage nach dem Datenbankhersteller geht es nicht darum, wer Geldgeber ist (vgl. statt vieler Fromm/Nordemann/Hertin § 87 a Rn. 11; IuKDG-Komm § 87 a UrhG Rn. 14).

[943] Koch CR 2000, 273, 276.

[944] So auch Tountopoulus CR 1998, 129, 131; Wandtke/Bullinger/Thum § 87 a Rn. 22.

aller Investitionen zur Erstellung des Gesamtwerks und eine Abwägung im Rahmen einer Einzelfallbetrachtung.

c) *Investitionshöhe*

Die Frage nach der Investitionshöhe, wenn überhaupt von einem solchen Begriff gesprochen werden kann, wird unterschiedlich beantwortet, und reicht von äußerst geringen Anforderungen[945] über erhebliche Investitionen[946] bis zum substantiellen Gewicht[947], einer Investitionshöhe.

(1) WORTLAUT Zunächst ist festzuhalten, dass die erste Schwierigkeit bereits in dem unbestimmten Rechtsbegriff „wesentlich" liegt. Bei der Auslegung von Gesetzen stellt der Wortlaut immer noch das ausschlaggebende Argument dar. Der Begriff des Wesentlichen ist wohl kaum anders zu interpretieren, als dass nicht jede Investition genügen kann[948]. Er wird umgangssprachlich als „den Kern einer Sache ausmachend und daher besonders wichtig; von entscheidender Bedeutung, grundlegend" definiert[949]. Damit spricht bereits der allgemeine Wortlaut gegen eine niedrige Investitionsschwelle. Es wird dagegen behauptet, es ließe sich aus dem Wortlaut der Richtlinie kein Hinweis auf das „substantielle" Gewicht

[945] AG Rostock ZUM-RD 2002, 31 - Linksammlung; Krähn 139; Leistner CI 1999, 141, 144 spricht sich für eine Art „de-minimis Regel" aus, d.h. nur Allerweltsdatenbanken sollen ausgeschlossen sein; Wandtke/Bullinger/Thum § 87 a Rn. 23; Wiebe in: Spindler/Wiebe 131, 137; LG Berlin NJW-RR 1999, 1273 - Anzeigenmarkt; LG Köln AfP 1999, 95, 96 - Rubrikanzeigenmarkt; LG Köln CI 2000, 6 - Linkliste.

[946] Büchele 42; Bensinger 162 versteht „wesentlich" im Sinne von erheblich und verwendet nur aufgrund der „mittlerweile etablierten Terminologie" den Begriff wesentlich; Ellins 269; Gaster Rn. 475; Gaster CR 1997, 669; 674; Gaster ZUM 1995, 740, 743; Hornung 73 plädiert für eine „größere Anzahl" von Elementen, die gesammelt werden müsse, damit die Investition wesentlich sei; Kreile ZUM 1996, 564, 571; LG Köln ZUM 2001, 714, 715 - Der Poet.

[947] Fromm/Nordemann/Hertin § 87 a Rn. 10; Milbradt CR 2002, 710, 713; Beutler ENT.LR 1996, 317, 326; Beutler CLSR 1997, 319, 322 äußert sich zwar nur dahingehend, dass den Gerichten die Ausfüllung dieses Begriffs überlassen bleibt, bei seinen Beispielen spricht er jedoch auch von „expensive and time consuming research", so dass auch er für eine nicht allzu geringe Höhe plädiert; Kaye EIPR 1995, 583, 585 zeigt anhand von Beispielen, dass die Investition wirklich wesentlich sein muss und fordert den Datenbankhersteller dazu auf, genau zu dokumentieren (wurden Tausende von Einträgen gemacht oder nur einige wenige, die aber sehr schwer zu erlangen waren); Tountopoulus CR 1998, 129, 131 äußert sich nicht zur Höhe der Investition, nimmt nur im Falle des Handelsregisters diese ohne weiteres an, was auch unbestritten sein dürfte; Völker/Lührig K&R 2000, 20, 25 sehen den Schutz dann als gegeben an, wenn die Investition „überdurchschnittlich aufwendig und umfangreich" ist; das LG Hamburg MMR 2000, 761 - Zulässigkeit des Frame-Linking hat trotz eines Klägervortrags, der selbst bei einer hohen Investitionshöhe für den Schutz nach § 87 a UrhG ausgereicht hätte, diese Möglichkeit nicht einmal diskutiert, sondern auf den Schutz von § 4 Abs. 2 UrhG abgestellt; dies spricht dafür, dass hier die Investitionshöhe selbst als von vornherein nicht gegeben angesehen wurde; LG Berlin NJW-CoR 1999, 244 - Meta-Suchmaschine mit einer Investitionshöhe von ca. 761.000 DM, wobei sich das LG Berlin nicht dazu äußerte, ab wann die Wesentlichkeit vorliegt; LG Düsseldorf ZUM 2002, 65 - Rügentelefonbuch; wohl auch OLG Dresden ZUM 2001, 595 f. - Ausschreibungsblatt mit einer detaillierten Auflistung aller Investitionen, die im streitgegenständlichen Fall getätigt wurden.

[948] So auch Fromm/Nordemann/Hertin § 87 a Rn. 10.

[949] Brockhaus: Stichwort wesentlich.

entnehmen[950]. In der englischen Richtlinienfassung heißt es aber „substantial investment“, in der französischen „un investissement substantiel“. Der Schwerpunkt in diesen beiden offiziellen europäischen Sprachen und in zumindest drei weiteren[951] ist somit deutlich auf das substanzielle Gewicht gelegt. Warum das deutsche Wort „substanziell[952]“ nicht verwendet, sondern einmal mit „wesentlich“ (Art. 7 DBRL) und einmal mit „erheblich“ (Erwägungsgrund 19 DBRL) übersetzt wurde, ist unverständlich, zumal in der Übersetzung der Stellungnahme der Kommission die Wahl noch auf das Wort „substanziell“ fiel[953]. Der Wortlaut der Richtlinie wurde dann einfach in den Wortlaut des § 87 a UrhG übernommen. Die Begriffe wesentlich, erheblich und substantiell und ihre weiteren Synonyme „beträchtlich“, „essentiell“ etc. haben alle ein gemeinsames Grundverständnis: Sie schließen nicht nur das Alltägliche aus, sondern fordern darüber hinaus etwas Bedeutendes. Betrachtet man den Wortlaut isoliert, müssen für die Schutzwürdigkeit einer Datenbank gemäß § 87 a UrhG hohe Investitionen gefordert werden.

(2) ZIELE DER RICHTLINIE Bei der Auslegung des Begriffs der Wesentlichkeit sind auch die Ziele der Richtlinie und deren Umsetzung zu berücksichtigen. Zu diesen Zielen zählen effektiver Schutz von Datenbanken, Rechtssicherheit, Förderung der Informationsgesellschaft und Anregung der Produktion von Datenbanken. Sinn einer einheitlichen Regelung bei den Datenbanken ist ebenso wie bei anderen Harmonisierungen die Vermeidung von Barrieren im Binnenmarkt[954].

(a) Bedürfnisse der Informationsgesellschaft Erwägungsgrund 40 DBRL und die Gesetzesbegründung erläutern, dass Ziel des Schutzrechtes der Schutz einer Investition in die Beschaffung, Überprüfung oder Darstellung des Inhalts einer Datenbank ist. Grund ist vor allem auch, dass die Kosten der Herstellung einer Datenbank in keinem Verhältnis zu den Kosten für die Abfrage stehen[955]. Die Kosten der Herstellung im digitalen Zeitalter sind vergleichbar mit den Kosten, die für Print-Datenbanken aufgewendet wurden und werden. Drastisch verändert haben sich die Kosten der Abfrage. Wenn auch das Kopieren einer A4-Seite heute nur noch 5 Sekunden dauert und 5 Cent kostet, kann dieselbe A4-Seite, digital gespeichert, im Bruchteil einer Sekunde und für den Bruchteil eines Cents kopiert werden, ganz zu schweigen von einem Vergleich der Kopierkosten zu Zeiten des ersten Urheberschutzgesetzes und heute. Datenbanken sind für die Entwicklung in der Informationsgesellschaft von großer Bedeutung, und diese Bedeutung wird in

[950] So Leistner 164.

[951] In der spanischen „una inversión sustancial“ ; in der niederländischen „een substantiële investering“; in der portugiesischen „um investimento substancial“.

[952] Siehe Brockhaus: Stichwort substantiell.

[953] KOM (96) 2 endg., 2.

[954] Bently/Burrell CML Rev. 1997, 1197, 1202; Beutler ENT.LR 1996, 317, 320; Erwägungsgrund 2 - 4, 48 DBRL.

[955] Vgl. Erwägungsgrund 7 DBRL; RegE BT-Drucks. 13/7385, 40; Gaster in: Brunnstein/Sint 11, 15; Grünbuch 1995 KOM (95) 382 endg., 32.

Zukunft noch zunehmen[956]. Wird jedoch kein Schutz der Rechte der Datenbankhersteller gewährleistet, werden auch die nötigen Investitionen nicht getätigt[957]. Ziel der DBRL in dieser Hinsicht ist, die Investitionen zur Herstellung von Datenbanken vor allem mit verlässlichen Daten anzuregen[958] und die Schaffung von Multimediaprodukten zu unterstützen[959]. Außerdem wird damit der ökonomische und technologische Fortschritt auf dem Gebiet der Datenproduktion[960] und die Schaffung von Arbeitsplätzen[961] gefördert. Der Standort Europa sollte in Hinblick auf die Weiterentwicklung der Informationsgesellschaft[962] gestärkt werden.

(b) Anreiz zu Innovationen Zu Recht wird argumentiert, dass in einer Kommunikationsgesellschaft der Anreiz durch eine angemessene wirtschaftliche Verwertbarkeit einer Leistung geschaffen werden muss: „Maßstab für die erhebliche Investition ist damit das wirtschaftlich zu akzeptierende Monopolisierungsinteresse des Herstellers einer Datenbank“[963]. Entscheidend ist, dass der Hersteller einen wirtschaftlichen Einsatz erbracht hat, den er nicht erbracht hätte, wäre das Ergebnis Dritten ohne Weiteres frei zugänglich[964]. Diese Argumentation lässt aber die nichtkommerziellen Datenbanken außer Acht, die geschaffen werden, um Dritten frei zugänglich zu sein. Um das Ziel der Richtlinie und ihrer Umsetzung zu erreichen, Datenbanken effektiv und vor allem umfassend zu schützen, darf der Wesentlichkeitsbegriff nicht überdurchschnittlich hoch ausgelegt werden, denn wer würde noch Datenbanken herstellen, wenn diese übernommen und zu geringeren Preisen weitergegeben werden könnten, weil auch die Kosten geringer sind. Ferner soll die DBRL auch zu Innovationen anregen, denn jeder Fortschritt beruht auf Erfindung und Nachahmung[965]. Wirtschaftlich steht demnach das Prinzip der Nachahmungsfreiheit gegen niedrige Anforderungen an die Wesentlichkeit. Die Argumentation, kleinere Datenbanken würden im Laufe der Zeit größer werden und es könne nicht bis dahin mit der Veröffentlichung zu warten sein[966], ist nicht überzeugend, denn wenn in eine Datenbank noch nicht wesentlich investiert wurde, kann ihr nicht deshalb in der Gegenwart Schutz gewährt werden, weil in der Zukunft die Investition vielleicht wesentlich wird.

---

956 Vgl. Erwägungsgrund 9, 10 DBRL; RegE BT-Drucks. 13/7385, 40.

957 Vgl. Erwägungsgrund 12 DBRL; vgl. auch Clark in: Brunnstein/Sint 85, 88 f., der die große Bedeutung der DBRL für die Verleger heraushebt; Downing IRLCT 1996, 41, 44.

958 Vgl. Erwägungsgrund 10 DBRL.

959 Haude in: Brunnstein/Sint 139, 140.

960 Vgl. WIPO-Dok. SCCR/2/INF/2.

961 Kappes ZEuP 1997, 654, 667.

962 Vgl. auch Erwägungsgründe 4 - 8 InfRL.

963 Köhler ZUM 1999, 548, 554; Köhler/Arndt 133.

964 Köhler ZUM 1999, 548, 554.

965 So schon von Büren ZSR 66 (1947) 83, 113.

966 AG Rostock ZUM-RD 2002, 31, 32 - Linksammlung.

(c) Harmonisierung in Europa Das Ziel der europäischen Harmonisierung bezüglich des Schutzes von Datenbanken könnte bei einer hohen Wesentlichkeitsschwelle auch deshalb gefährdet sein, weil in Großbritannien[967] die Anforderungen für den urheberrechtlichen Schutz sehr gering waren[968]. Obwohl es dort keinen eigenständigen Schutz für Datenbanken gab – in Sprachwerken waren Tabellen und Zusammenstellungen enthalten – wurden diese bereits vor 1998 durch das CDPA[969] umfangreich geschützt. Es war jede Zusammenstellung geschützt, die nicht von einem anderen Werk kopiert worden war[970], soweit die Herstellung oder Präsentation Arbeit erforderte[971]. Auch die Vollständigkeit einer Datenbank oder Liste schloss den Urheberrechtsschutz nicht aus[972]. In Großbritannien war somit auch der Inhalt der Datenbank geschützt[973]. Diese niedrigen Anforderungen unterliegen auch immer wieder der Kritik[974]. Die nach alten Regelungen urheberrechtlich geschützten Datenbanken sind nun weiterhin geschützt, denn die Schutzdauer sollte nach Erwägungsgrund 60 DBRL für diese Datenbanken erhalten bleiben. Deshalb könnte, um die Harmonisierung nicht zu gefährden, der im britischen Recht verankerte Grundsatz „what's worth copying is prima facie worth protecting“[975] zur Bestimmung der wesentlichen Investition übernommen

[967] Auch in Irland und den Niederlanden waren die Anforderungen an den Datenbankschutz gering.

[968] So Leistner 168.

[969] Zum Schutz vor dem CDPA vgl. Laddie/Prescott/Vitoria 1.7, wo bereits klargestellt wurde, dass die „compilation“ als Ganzes oder als wesentlicher Teil geschützt ist, nicht aber die Informationen an sich und 2.137.

[970] Dieses Prinzip geht bis zu dem Fall Walter v. Lane im Jahre 1900 zurück, wo Notizen einer Rede im Oberhaus von einem Stenographen im Publikum für ausreichend originell erklärt wurden. Formuliert wurde es in University of London Press Ltd. v. University Tutorial Press Ltd. [1916] 2 Ch 601, wo Justice Peterson es folgendermaßen ausdrückte: „The Act does not require that the expression must be an original or novel form, but that the work must be not copied from another work – that it should originate from the author.“.

[971] Lord Devlin in: Ladbroke (Football) Ltd. v. Hill (William) (Football) Ltd. [1964] 1 WLR 273 (HL).: „The requirement of originality means that the product must originate with the author in the sense that it is the result of a substantial degree of skill, industry or experience employed by him.“.

[972] Waterlow Directories Ltd v. Reed Information Services Ltd [1992] FSR 409, wo eine komplette Liste der im Vereinigten Königreich praktizierenden Anwälte (solicitors) erstellt worden war; anders nach dem UrhG (Vgl. in diesem Kapitel III. C. 4. c)).

[973] Vgl. Downing IRLCT 1996, 41, 46, der anmerkt, dass dieser Schutz in Bezug auf die urheberpersönlichkeitsrechtlichen Aspekte auch immer noch bestehen könnte; vgl. dazu auch Magill, wo die Broadcasters auch ein Urheberrecht an ihren Programmen hatten; a.A. Laddie/Prescott/Vitoria 1.7, der das Beispiel einer Anthologie bringt, deren einzelne Gedichte nicht geschützt sind.

[974] Vgl. u.a. Laddie EIPR 1996, 253, 259 f.: „I invite you to stand back and imagine that we were not building our copyright law on a foundation of accumulated rights, commercial interests and monetary expectations. Imagine that we had just a blank sheet of paper and are being invited to create a copyright law now from scratch for the new millennium and that the purpose is to give some reasonable measure of protection to those who write books or computer programs or make films for television. Would we really choose to construct a monopoly which might last a century and a half? Would we really make it a crime to copy even quite small parts of the copyright work throughtout those many decades? Would we really choose to pick out copyright as the one monopoly where statutory exemplary damages are available? I think not.“.

[975] Vollständig: „You are not forced to copy and what is worth copying is prima facie worth protecting.“ in: University of London Press Ltd. v. University Tutorial Press Ltd. [1916] 2 Ch 601, 608.

werden[976]. Dieser Grundsatz müsste jedoch lauten, dass nur geschützt werden kann, was auch zu Kosten geführt hat[977], denn das ist auch der Ansatz der DBRL. Im Übrigen war einer der Hauptgründe für die Einführung des Sui-Generis-Schutzes, dass durch die Einführung des Originalitätsstandards in Großbritannien Schutzlücken entstanden, die es zu schließen galt[978]. Das bedeutet aber nicht, dass sich nun das Wesentlichkeitskriterium an britischen Standards zu orientieren hat. Großbritannien muss sich von seinen alten Grundsätzen im Bereich des Datenbankrechts verabschieden. Die Definition der Datenbank findet sich in Sec. 3 (a) CDPA[979]. Die Einführung der eigenen geistigen Schöpfung bzw. Originalität in das englische Recht wird und vor allem soll zu einer Anhebung der Anforderungen an die Originalität führen[980]. Dass eine vollständige Änderung oft am besten gelingt, zeigt sich an den ersten Urteilen zum Sui-Generis-Recht in Großbritannien. Die britische Rechtsprechung hat vor allem in „The British Horseracing Board Limited, The Jockey Club, Weatherbys Group Limited and William Hill Organization Limited" die DBRL analysiert und die Anforderungen europarechtskonform erhöht[981]. Die Befürchtung, eine höhere Ansetzung der Wesentlichkeitsschwelle könne die Harmonisierung in Europa beeinträchtigen[982], ist somit nicht eingetre-

976 Kindler K&R 2000, 265, 270; Leistner MMR 1999, 636, 639; Leistner CI 1999, 141, 144.

977 Panhaleux GRUR Int. 2000, 800, 802.

978 Gaster in: Dittrich 15, 24 f.

979 Eingeführt durch die CRDR 1997; allerdings ist damit der Begriff der „compilation" nicht aus dem CDPA verschwunden, sondern findet ebenso wie das Sammelwerk weiter seine Berechtigung.

980 Angel/Quinn CLSR 1998, 34, 35; Gaster CRi 2000, 11, 14, der bei den Computerprogrammen aufgrund der Nichteinführung des Originalitätskriteriums im Gegensatz zu den Datenbanken einen überzogenen Copyright-Schutz fürchtet; Holyak/Torremans 174; Haberstumpf GRUR 2003 14, 26; Lai EIPR 1998, 32 f.; Lloyd 367 ff.; Worthy/Weightman CLSR 1996, 95, 98; Die CRL hatte diesen Standard in Großbritannien nicht bereits eingeführt, weil das Parlament der Ansicht war, dass das englische Urheberrecht zu der europäischen Regelung bereits kompatibel war (Angel/Quinn CLSR 1998, 34, 35; Bull CLSR 1998, 295, 299).

981 The British Horseracing Board Limited, The Jockey Club, Weatherbys Group Limited and William Hill Organization Limited, High Court of Justice, Chancery Division, Patent Court, 9. Februar 2001, CML Reports 2 (2001) 215; British Horseracing Board (BHB) erstellt seit 1964 eine Datenbank zum Thema Pferderennen. Dort werden Daten über sämtliche Pferderennen und Pferde in Großbritannien, Informationen der Eigentümer und Trainer und Informationen über ungefähr eine Million Pferde verschiedener Generationen gespeichert. Pro Jahr werden ca. 800.000 neue Daten eingegeben bzw. geändert. Alle Features der Datenbank kosten 15 Millionen Pfund, ca. 25% aller Ausgaben der BHB. Die Datenbank ist zugänglich über das Internet (http://www.bhb-weatherbys.racingadmin.co.uk/ (03.03.2002)). Seit Anfang 2000 betreibt die Beklagte auch einen Internet Service, über den Informationen öffentlich abgerufen werden können. Bei diesem Internet Service verwendet die Beklagte die Daten der BHB - Datenbank. Die BHB beansprucht sowohl das Recht an einem Werk als auch den Investitionsschutz. Mr. Justice Laddie beschäftigt sich in seinem Urteil nicht nur mit dem konkreten Fall, sondern auch mit den anderen Bestimmungen der DBRL. Zunächst wird festgestellt, dass elektronische Datenbanken dem Urheberrechtsschutz unterfallen können. Auf die Originalität wird dann nicht weiter eingegangen. Bezüglich der Investitionshöhe der Datenbank wird zwar angenommen, dass das Niveau aufgrund des Erwägungsgrund 19 DBRL niedrig sein müsse, aber die genaue Größe wurde hier nicht festgelegt, da diese Datenbank auf jeden Fall geschützt war. Danach beschäftigte sich das Urteil weiter mit dem Problem, ob die Entnahme der Daten durch die Beklagte die Entnahme eines wesentlichen Teils der Datenbank darstellte oder unwesentlich ist, so dass eine zusätzliche Beeinträchtigung festgestellt werden musste.

982 Leistner GRUR Int. 1999, 819, 830.

ten. Zwar werden die bisher geschützten Datenbanken unter dem europäischen Schutzniveau für die Übergangszeit geschützt sein, die Notwendigkeit von Übergangsregelungen für einen bestimmten Zeitraum kann die Auslegung eines Begriffes aber nicht derart beeinflussen, dass die gesamte europäische Auslegung daran ausgerichtet werden muss.

(3) ABGRENZUNG ZU ALLERWELTSDATENBANKEN Teilweise wird in dem Begriff der Wesentlichkeit lediglich eine Abgrenzung zum Schutz von privaten Adressbüchern und Ähnlichem gesehen[983]. Den Begriff nur als Abgrenzung zu Allerweltsdatenbanken zu deuten, widerspricht dem Wortlaut, denn zwischen „Allerwelts"- und „substanziell" liegen viele Schattierungen. Zuzustimmen ist, dass der Begriff der Wesentlichkeit nicht überhöht werden darf, seine Grenze aber im Wortlaut finden muss. Der Begriff „Allerweltsdatenbanken" kann ungewollt auch dazu führen, dass Nützlichkeitserwägungen in die Betrachtung einfließen. Die Datenbank kann aber banal oder trivial sein, es kommt einzig und allein auf Qualität und Quantität der Investition an. Eine solche Investition kann auch bei einer Allerweltsdatenbank vorliegen, wenn nur genügend in sie investiert wurde, z.B. die Anzahl der Datensätze außergewöhnlich hoch ist. Nicht genügend sind Zusammenstellungen, die ebenso zulässigerweise im Internet zugänglich sind[984]. Zusammenfassend ist festzustellen, dass eine Abgrenzung zur Allerweltsdatenbank bei der Bestimmung der Wesentlichkeit nicht weiterhelfen, sondern durch die pauschalisierende Betrachtung eher schaden kann.

(4) ERWÄGUNGSGRUND 19 DBRL Eine Untergrenze für die Bestimmung der Wesentlichkeit könnte Erwägungsgrund 19 bieten, der die Zusammenstellung einer Musik-CD nicht als genügend hohe Investition gelten lässt[985]. Bedenkt man, dass auch für eine solche CD Zeit und Geld – oft in nicht unbeträchtlichem Umfang – aufgewendet wurde, wird deutlich, dass der Mindestgrad des Wesentlichen nicht zu niedrig angesetzt werden darf. Leider lässt sich damit keine Grenze ziehen, da sich die Investition kaum abschätzen lässt[986]. Zumindest müssen die Voraussetzungen von Hard- und Software vorhanden sein. Im Übrigen kann hierbei nicht davon ausgegangen werden, dass die Aufzeichnungen bereits vorliegen und nur noch angeordnet werden müssen[987].

Dem Argument des Erwägungsgrund 19 wird aber lediglich geringes Gewicht beigemessen, da es nur darum ging, Befürchtungen der Tonträgerindustrie zu zer-

[983] Becker 166, der unter anderem den Komfort der Bedienungsweise der Datenbank in den Vordergrund stellt; Leistner 164; Wandtke/Bullinger/Thum § 87 a Rn. 23.

[984] Büchele 42.

[985] Vgl. auch Cornish ALAI 1996, 435, 439, der in Erwägungsgrund 19 DBRL den einzigen Anhaltspunkt für die Bestimmung des Wesentlichen sieht; ebenso Downing IRLCT 1996, 41, 48; Lai EIPR 1998, 32, 34 Fn. 31.

[986] Vgl. Koumantos RIDA 171 1997 79, 99.

[987] So aber AG Rostock ZUM-RD 2002, 31, 32 - Linksammlung.

streuen[988] und Abgrenzungsschwierigkeiten zu § 85 UrhG zu vermeiden[989], denn einzelne Tonfolgen könnten auch als Datenbanken angesehen werden. Dennoch wollte die DBRL nichtsdestoweniger für Musik-CDs auch klarstellen, dass die dafür getätigte Investition nicht wesentlich ist. Abgrenzungsschwierigkeiten mit § 85 UrhG können ohnehin dennoch auftreten, da Erwägungsgrund 19 DBRL nur eine Vermutungsregelung aufstellt. Im Übrigen stellt sich nun die Frage, ob diese Überlegung auch auf andere Medien übertragbar ist, d.h. ob Zusammenstellungen von Erzählungen auch ausgeschlossen sein sollen[990]. Ein Umkehrschluss für ähnliche Werke wie z.B. eine Zusammenstellung einer Computerprogramm-CD ist jedoch in keinem Fall möglich[991], so dass die Prüfung der Schutzvoraussetzungen nicht entfällt. Erwägungsgrund 19 DBRL kann damit lediglich im Einzelfall als Vergleichsmaßstab für den Aufwand einer „normalen" CD dienen.

(5) ERWÄGUNGSGRUND 55 DBRL Der Begriff der Wesentlichkeit wird auch bei der Frage nach einer Neuinvestition benötigt. Findet eine wesentliche Neuinvestition statt, beginnt die Schutzdauer der Datenbank erneut. Auch hier muss der Hersteller die Neuinvestition beweisen[992]. Erwägungsgrund 55 DBRL erläutert, dass eine wesentliche Neuinvestition auch in einer „eingehenden Überprüfung" des Datenbankinhalts gesehen werden kann[993], was bezüglich der Feststellung der Wesentlichkeit aber nicht weiterhilft; lediglich das Wort „eingehend" weist darauf hin, dass der Schutzstandard nicht zu niedrig angesetzt werden sollte.

(6) KONKORDANZ ZUR „KLEINEN MÜNZE" Einen Anhaltspunkt für die Investitionshöhe könnte dem „zweiten Gleis" des Datenbankschutzes entnommen werden. In gewisser Konkordanz zur „kleinen Münze" bei Datenbanken seien danach an die Investition keine hohen Anforderungen zu stellen[994]: Hier würde sich der Wille des Gesetzgebers zeigen, auch einfach strukturierte und kleinere Investitionen zu schützen. Abgesehen davon, dass die „kleine Münze" bei Datenbankwerken nicht unumstritten ist[995], können diese Argumente jedoch nicht überzeugen. Gestaltungs- und Investitionshöhe sind unterschiedlich konzipiert; wechselseitige Schlussfolgerungen können nicht gezogen werden. Eine Schlussfolgerung ist jedoch aus der Vergleichsmethode möglich. Wird bei der „kleinen Münze" gefragt, ob das zu schützende Werk aus der Masse des Alltäglichen, wenn auch nur knapp, herausragt[996], so kann bei der Wesentlichkeit die konkrete Datenbank mit

[988] Gaster in: Dittrich 15, 19; Walter/v.Lewinski Datenbank-RL Art 1 Rn. 10.
[989] IuKDG-Komm/Figge Vorbemerkung UrhG Rn. 14.
[990] So auch Gordon-Pullar/Ward CTLR 1995, 201, 204; vgl. dazu auch Kapitel 3 II. E.
[991] Ebenso Walter/v.Lewinski Datenbank-RL Art 1 Rn. 19.
[992] Vgl. Schricker/Vogel § 87 a Rn. 22.
[993] Auf einen Änderungsbedarf kommt es hierbei nicht an; vgl. Schricker/Vogel § 87 a Rn. 27.
[994] Lehmann 29 IIC 1998, 776, 783.
[995] Vgl. in diesem Kapitel III. C. 4. b).
[996] Vgl. in diesem Kapitel III. C. 4. c).

ähnlich konzipierten Datenbanken verglichen werden, um dann anhand der qualitativen oder quantitativen Investitionen zu vergleichen, ob der Einsatz von Fleiß und Mühe in die konkrete Datenbank wesentlich waren.

(7) WESENTLICHER TEIL DER DATENBANK § 87 B URHG Der Begriff der Wesentlichkeit wird noch einmal in §§ 87 b ff. UrhG verwendet. Ungeklärt ist, was sich daraus ableiten lässt. Einigkeit herrscht darüber, dass an den Begriff der Wesentlichkeit i.S.d. § 87 b UrhG strenge Anforderungen zu stellen sind, um die Monopolisierung von Informationen zu verhindern[997]. Man geht hier von 20 - 30% als wesentlichem Teil aus[998] oder davon, dass der „Anteil in seiner Bedeutung eher der Datenbank in ihrer Struktur oder der Gesamtheit nahe kommt, als eine Anzahl von Elementen darstellt“[999]. Da Bestandteile, auf die sich die wesentliche Investition nicht bezieht, schon einmal unwesentlich sind[1000], wird durch die Absenkung des Wesentlichkeitsbegriffs i.S.d. § 87 a UrhG der Schutzstandard für § 87 b UrhG erhöht. Die Begriffe in §§ 87 a und b sind zwar nicht deckungsgleich[1001], es besteht aber eine Wechselwirkung[1002]. Daraus folgt, dass auch der Begriff des § 87 a UrhG nicht zu niedrig ausgelegt werden darf, da dies der strengen Auslegung des § 87 b UrhG aufgrund der Wechselwirkung entgegenlaufen würde. Die Herabsetzung des Investitionsniveaus führt dazu, dass die Verletzung bei tatsächlich unwesentlichen Teilen bereits angenommen würde[1003].

Nicht zuletzt spricht auch der Zusammenhang mit den Regelungen für die unwesentlichen Teile des § 87 b UrhG für einen nicht all zu niedrigen Schutzstandard, denn gemäß § 87 b UrhG liegt bereits bei unwesentlichen Teilen der Datenbank eine Verletzung vor, wenn die Nutzung der Investition schadet, insbesondere, wenn die Vervielfältigung der normalen Auswertung der Datenbank entgegenläuft. An diese Voraussetzung stellt die Rechtsprechung meist sehr geringe Anforderungen[1004], so dass ein faktischer Schutz von Teilinformationen entsteht und gerade Suchmaschinen im WWW in ihrer Existenz gefährdet sind. Demnach

[997] So auch Fromm/Nordemann/Hertin § 87 b Rn. 13; Heinrich WRP 1997, 275; Gaster CR 1997, 669, 671; Möhring/Nicolini/Decker § 87 b Rn. 6; Wiebe CR 1996, 198, 202; vgl. zur Rechtslage bei unwesentlichen Entnahmen zutreffend das OLG Köln MMR 2001, 387 - Paperboy; OLG Dresden ZUM 2001, 595, 596 - Ausschreibungsblatt.

[998] Burmeister 78; Kappes 125; Koch GRUR 2000, 191, 200 zieht hingegen sogar eine einzelne Klasse als wesentlichen Teil einer Klassenbibliothek in Betracht; vgl. KOM (92) 24 endg., 69, Art. 1 Nr. 3, der den Begriff des unwesentlichen Teils definiert; unsicher hingegen das OLG Dresden ZUM 2001, 595, 597 - Ausschreibungsblatt bei einem Anteil von einem Drittel.

[999] Möhring/Nicolini/Decker § 87 b Rn. 7.

[1000] Fromm/Nordemann/Hertin § 87 b Rn. 13.

[1001] So auch Fromm/Nordemann/Hertin § 87 b Rn. 13; a.A. Schricker/Vogel § 87 b Rn. 9, der auf die Ausführungen zu § 87 a verweist.

[1002] Vgl. dazu Fromm/Nordemann/Hertin § 87 b Rn. 13; OLG Dresden ZUM 2001, 595, 596 - Ausschreibungsblatt; a.A. Leistner 166 f.

[1003] So auch Kappes ZEuP 1997, 654, 668.

[1004] Vgl. insbesondere LG Köln 28 O 180/02 - Deutsche Bahn: Über das Telefon wurde eine Zugauskunft abgefragt, die aus einer Internet-Datenbank der Deutschen Bahn stammten; vgl. auch LG München 7 O 6910/01 - Newsclub III.

spricht auch die Auslegung in Zusammenhang mit dem Wesentlichkeitsbegriff des § 87 b UrhG für hohe Anforderungen an den Wesentlichkeitsbegriff[1005].

(8) MONOPOLISIERUNG VON INFORMATIONEN Das wichtigste Argument gegen eine niedrige Investitionshöhe ist die Gefahr der Monopolisierung der Information[1006]. Nicht umsonst wird der internationale WIPO-Vertrag zum Schutz von Datenbanken immer wieder durch die Befürchtungen der Entwicklungsländer gehemmt, die Monopolisierung von Informationen durch den Sui-Generis-Schutz von Datenbanken könne eine schnellere Weiterentwicklung ihrer Länder verzögern[1007]. Die Gemeinfreiheit von Informationen ist ein allgemein anerkanntes Prinzip[1008], das nicht durchbrochen werden darf[1009]. Bei der Bestimmung der Wesentlichkeit muss daher eine Beschränkung durch die Informationsfreiheit, der Möglichkeit, sich aus allgemein zugänglichen Quellen jederzeit frei zu informieren, bedacht werden. Allgemein zugänglich sind dabei Quellen, die technisch geeignet und bestimmt sind, der Allgemeinheit Informationen zu verschaffen[1010]. Rechtliche Zugangsbeschränkungen oder -verzögerungen greifen bereits in dieses Recht ein[1011]. Grundsätzlich besteht eine Gefahr der Monopolisierung von Informationen, da auch Datenbanken, die keine wesentliche Investition erfordern, geschützt werden[1012]. Zum Schutz der Informationsfreiheit wird bei der Frage der Vervielfältigung zwischen wesentlichen und unwesentlichen Teilen der Datenbank getrennt[1013]. Die Rechtsprechung[1014] hat jedoch gezeigt, dass die zusätzlichen Voraussetzungen, unter denen auch unwesentliche Teile nicht entnommen werden dürfen, zu unscharf gefasst sind und in den meisten Fällen bejaht werden, was dem Schutz der Informationsfreiheit zuwiderläuft. Das wäre nicht derart problematisch, wenn zum Schutz der Datenbanken eine hohe Investitionshöhe gefordert würde[1015]. Die Untergrenze des Leistungsschutzes ist sachgerecht zu be-

[1005] Vgl. auch LG Berlin 16 O 792/00 - Newsclub; LG Berlin 16 O 835/00 - Newsclub II; LG München 21 O 9997/01 - sueddeutsche.de; a.A. LG München 7 O 6910/01 - Newsclub III.

[1006] Büchele 42; Fromm/Nordemann/Hertin § 87 a Rn. 9; Kappes ZEuP 1997, 654, 668; Kappes 280; LG Düsseldorf ZUM 2002, 65 - Rügentelefonbuch; OLG Dresden ZUM 2001, 595, 596 - Ausschreibungsblatt.

[1007] Vgl. näher dazu in diesem Kapitel II. C. 3. d).

[1008] Vgl. nur BGH GRUR 1981, 352, 353 - Staatsexamensarbeit.

[1009] So auch Fromm/Nordemann/Hertin § 87 a Rn. 9; Kappes ZEuP 1997, 654, 670; Wiebe CR 1996, 198, 204; so auch Heinrich WRP 1997, 275 gegen die Monopolisierung von gemeinfreien Informationen; Ullmann GRUR 1993, 334.

[1010] BVerfGE 27, 71, 83; BVerfGE 90, 27, 32.

[1011] Determann 393, der darauf hinweist, dass durch staatliche Zugangsbeschränkungen die Allgemeinzugänglichkeit der Quellen nicht genommen wird.

[1012] So auch Fromm/Nordemann/Hertin § 87 a Rn. 9; Weber UFITA 132 (1996) 5, 28; Wiebe CR 1996, 198, 204.

[1013] IuKDG-Komm/Figge/Krämer Vorbemerkung UrhG Rn. 70.

[1014] Vgl. LG Berlin NJW-RR 1999, 1273 - Anzeigenmarkt; LG Köln AfP 1999, 95, 96 - Rubrikanzeigenmarkt; LG Köln K&R 1999, 40 - Messedatenbank; LG Köln 28 O 180/02 - Deutsche Bahn; LG München 7 O 6910/01 - Newsclub III.

[1015] Leistner 166.

stimmen, um Monopolrechte nicht allzu weit auszudehnen[1016]. Praktisch kann der Datenbankhersteller den Zugang zu den Informationen, die in der Datenbank gespeichert sind, kontrollieren[1017]. Einer Monopolisierung könnte auch durch eine Zwangslizenz vorgebeugt werden[1018], wodurch das Problem zwar entschärft, aber nicht gelöst würde[1019]. Da Informationen aber nicht kontrolliert werden dürfen, muss ein Ausgleich zwischen den berechtigten Interessen des Datenbankherstellers und den Interessen der Allgemeinheit am „free flow of information" gefunden werden. Zur Sicherung des freien Informationsflusses muss der Begriff der wesentlichen Investition dazu dienen, tatsächlich Wesentliches von Unwesentlichem und wirklich Schutzwürdiges von Alltäglichem zu trennen. Wie schon bei der persönlichen geistigen Schöpfung argumentiert wird[1020], könnte auch gerade beim Investitionsschutz ein zu niedrig angelegtes Niveau das Regel-Ausnahme-Verhältnis von freier Information und geschütztem Werk erheblich verschieben. Aus diesem Grund ist eine Interessenabwägung im Einzelfall erforderlich[1021].

(9) FAZIT Der Begriff der Wesentlichkeit darf nicht zu gering eingeschätzt werden, es besteht sonst die Gefahr, dass der Datenbankbegriff ausgehöhlt wird und es keine unwesentlichen Investitionen mehr gibt[1022]. Der Sinn der DBRL besteht zwar darin, Investitionen zu fördern, das betrifft aber nur schutzwürdige und nicht jegliche Investitionen. Einerseits hat die Ausfüllungsbedürftigkeit den Vorteil, dass die Rechtsprechung anhand von Einzelfallentscheidungen entsprechende Kriterien und eine Kasuistik entwickeln kann, andererseits besteht der Nachteil, der Versuchung nachzugeben, diesen Begriff nicht ernstzunehmen, und damit ungewollt den freien Informationsaustausch zu behindern.

Unbestritten ist die relative Beziehung: Je höher die Investition, desto stärker der Schutz[1023]. Leider hilft diese Beziehung bei der Analyse nicht weiter[1024]. Die Frage nach der Investitionshöhe kann nicht auf eine konkrete Summe oder eine konkrete Anzahl von Arbeitsstunden festgelegt werden. Letztendlich muss zwi-

---

[1016]So Hoeren in: Wachter GRUR Int. 1995, 860, 874.

[1017]So auch Wiebe CR 1996, 198, 204; zur Frage einer allgemeinen Schrankenregelung mit dem Inhalt des § 87 b UrhG vgl. Kröger 303.

[1018]So v. Gamm GRUR 1993, 203, 204; Kappes 283; auf dieses Problem wurde auch im Magill-Fall hingewiesen; wie dieser im Übrigen nach der DBRL zu sehen ist, ist noch unklar vgl. dazu Downing IRLCT 1996, 41, 49 f.; Gordon-Pullar/Ward CTLR 1995, 201, 204; kartellrechtlich schützt Art. 81 EGV vor einer Monopolbildung.

[1019]Uchtenhagen FS Kreile 779, 785 ff. wies u.a. daraufhin, dass der Verzicht auf Zwangslizenzen zwar niemandem schaden würde, ihr Fortbestehen aber auch nicht. Aus wirtschaftlicher Sicht sind Zwangslizenzen bedeutungslos geworden; die Urheberrechtsgesellschaften seien besser dazu geeignet, den freien Zugriff auf die Werke zu gewährleisten; a.A. Schweighofer in: Brunnstein/Sint 117, 120, der die Einführung von Zwangslizenzen für das Downloaden und Informationsfilter vorschlägt.

[1020]Hoeren GRUR 1997, 866, 870.

[1021]So auch LG Düsseldorf ZUM 2002, 65 - Rügentelefonbuch.

[1022]So auch Fromm/Nordemann/Hertin § 87 a UrhG Rn. 9; Schack MMR 2001, 9, 12.

[1023]Vgl. Schricker/Vogel § 87 a Rn. 15.

[1024]Das erkennt Bensinger 164 auch aus den Erfahrungen des nordischen Katalogrechts.

schen den Interessen der Datenbankhersteller und dem Interesse an der freien Information abgewogen werden. Der Gesetzgeber hat sich durch die Wortwahl „wesentlich" dafür entschieden, die Schwelle nicht niedrig anzusetzen. Erwägungsgrund 19 DBRL, § 87 b und die Informationsfreiheit sprechen ebenso für höhere Anforderungen. Dennoch darf auch das Ziel der DBRL nicht außer Acht gelassen werden. Daher ist zwar nicht jede Investition bereits als wesentlich i.S.d. § 87 a UrhG anzusehen, so dass nur noch eine Pro-Forma-Prüfung der Wesentlichkeit erfolgt, aber außergewöhnlich hohe Anforderungen werdem auch nicht gestellt. Bei der Frage nach der Investitionshöhe einer Datenbank ist damit im Einzelfall konkret zu prüfen, ob Fleiß, Mühe oder Geld in erheblichem, wenn auch nicht außergewöhnlichem Maße investiert wurden. Dabei kann – wie bei der Frage nach der persönlichen geistigen Schöpfung – ein Vergleich mit der alltäglichen Datenbank im konkreten Fall, nicht aber mit der abstrakten Allerweltsdatenbank erfolgen.

d) Abrechenbare Kosten

Da es für den Investitionsschutz auf die Kosten der Datenbank ankommt, ist sehr genau zu trennen, was als Investition im Sinne des § 87 a UrhG gilt. Dabei dient das Begriffstrio „Beschaffung/Überprüfung/Darstellung" nur als Anhaltspunkt für den Begriff der Investition, ist aber nicht abschließend[1025].

(1) BESCHAFFUNG VON DATEN Zur Beschaffung von Daten zählt das reine Zusammentragen der Daten[1026], wobei die Form nicht ausschlagend ist; auch ein Datenhaufen, der später umstrukturiert wird, ist zunächst ausreichend[1027]. Grundsätzlich zählen dazu sämtliche Recherchekosten, eventuelle Übersetzungen von Texten, Portokosten. Gering fällt die Investition insbesondere dann aus, wenn die Daten aus öffentlich zugänglichen Quellen stammen[1028].

Das Zusammentragen der Daten beinhaltet nicht das Generieren von Daten[1029], denn die Schutzwürdigkeit der Datenbank entsteht gerade dadurch, dass das Rohmaterial im Verhältnis zu den Informationen eine neue Qualität erlangt[1030]. Eine Differenzierung ist aber dahingehend erforderlich, ob Daten übernommen werden oder neue Daten für die Datenbank erst gewonnen werden müssen[1031]. Das kann Probleme aufwerfen, wenn es sich um Zusammenstellungen wie bei Wörterbüchern eines bisher unbekannten Dialekts oder von noch unbekannten Gensequenzen handelt[1032], denn warum sollte die Weiterverwertung von Daten, nicht

[1025] So auch Leistner/Bettinger Beilage CR 12/99 1, 20; Leistner 150.
[1026] KG NJW-RR 2000 1495, 1496 - Ticketverkauf
[1027] So auch Hornung 111; Schricker/Vogel § 87 a Rn. 6.
[1028] LG Düsseldorf ZUM 2002, 65 - Rügentelefonbuch.
[1029] Schricker/Vogel § 87 a Rn. 16.
[1030] Grützmacher 331; Kortas 216 ff.; vgl. auch Erwägungsgründe 12 und 7 DBRL.
[1031] Schricker/Vogel § 87 a Rn. 16.
[1032] Beispiele aus Leistner 151.

aber deren Gewinnung vom Investitionsschutz umfasst sein[1033]. Die Lösung kann sich nur aus dem Schutzgegenstand ergeben: Geschützt sind nämlich auch Anordnung und Auswahl, denn bloße Datenhaufen, auch wenn sie mit erheblichem Aufwand zusammengetragen wurden, bilden noch keine Datenbank und sind auch nicht gemäß §§ 87 a ff. UrhG schutzfähig[1034]. Eine solche Auslegung wird von Erwägungsgrund 19 DBRL bestätigt. Würde das Generieren der Elemente bereits zu den schutzbegründenden Investitionen zählen, wäre die Musik-CD, die keine erhebliche Investition darstellt, die Ausnahme und nicht, wie Erwägungsgrund 19 DBRL besagt, die Regel. Nur das Beschaffen der Daten selbst oder aber auch das Beschaffen von Rechten an Datenbankelementen ist abrechenbar[1035]. Die Lizenzgebühren für den Erwerb von Nutzungsrechten an den in die Datenbank aufgenommenen Werken können hingegen zu den Investitionen gerechnet werden[1036], denn es handelt sich hier um Ausgaben, die ausschließlich zur Erstellung der Datenbank getätigt wurden und ohne die die Datenbank an Wert verlöre.

(2) ÜBERPRÜFUNG VON DATEN Die Überprüfung von Daten ist erforderlich, um die Aktualität und Verwendbarkeit der Datenbank zu gewährleisten. Die Kosten hierfür sind stark abhängig vom Inhalt der Datenbank und deren Bedürfnis nach Aktualität. Eine Datenbank zu historischen Ereignissen muss nach dem Stand der Wissenschaft eher nach Bedarf überprüft werden. Eine Datenbank mit den billigsten Tankstellen[1037] dagegen sollte mehrfach täglich aktualisiert werden. Bei diesem Datenbanken, die ihren Nutzen über ihre Aktualität definieren, entstehen durch die Überprüfung der Daten dieselben Kosten wie bei der Beschaffung, da die Informationen in den meisten Fällen komplett ausgetauscht werden. Lediglich grundlegende Informationen, wie die Adressen im Beispiel der Tankstellen, bleiben erhalten. Die Überprüfung der Daten darf nur der Erhaltung und dem Schutz des Rechts an der Datenbank dienen. Das bedeutet, dass Kosten, die zur Überprüfung der Richtigkeit, Vollständigkeit und Aktualität der Angaben in der Datenbank entstehen, auch anzurechnen sind, wenn der Inhalt der Datenbank weitgehend unverändert bleibt[1038]. Nach anderer Ansicht könnte zwischen auswählenden und aktualisierenden Überprüfungen der Datenbanken unterschieden werden[1039]. Das spiegelt Erwägungsgrund 55 DBRL wider. Im Übrigen wird deutlich, dass eine Abgrenzung nicht nur zwischen auswählenden und aktualisierenden Überprüfungen sondern auch zwischen Beschaffung und Überprüfung von Informationen, fließend ist. Eine randscharfe Abgrenzung ist nicht erforderlich, da

[1033] Nach Leistner GRUR Int. 1999, 819, 826 sollen der Beobachtungs- und der Messungsaufwand und lediglich im engeren Sinne die Datengenerierung nicht erfasst sein .

[1034] So wohl auch Leistner 151 Fn. 696.

[1035] So auch Fromm/Nordemann/Hertin § 87 a Rn. 8.

[1036] Kindler K&R 2000, 265, 270; Leistner 151; Schricker/Vogel § 87 a Rn. 16.

[1037] Vgl. http://www.clever-tanken.de/ (03.03.2002).

[1038] Fromm/Nordemann/Hertin §§ 87 a ff. Rn. 8.

[1039] Schricker/Vogel § 87 a Rn. 16.

die Einteilung in diese Gruppen lediglich der Übersichtlichkeit dient, rein rechtlich aber keine Auswirkung hat.

(3) DARSTELLUNG VON DATEN Die Darstellung von Daten in einer für den Nutzer zugänglichen Form erfordert ebenfalls Investitionen. Layout und Design zählen zur Darstellung. Wurde eigens für die Darstellung der Datenbank eine Domain bei DENIC e.G. registriert, zählen die Kosten für die Domain zu den Investitionen. Bei Printmedien fallen ebenso Materialkosten an, bei elektronischen Datenbanken die Kosten für Computerprogramme zur Darstellung, wobei die Zurechnung letzterer zu den Investitionen der Datenbank ohne weiteres angenommen werden kann, was im folgenden noch besprochen wird[1040].

e) Erforderlichkeit

Gemäß § 87 a UrhG muss die Datenbank die wesentliche Investition auch erfordern. Daraus ergibt sich die Annahme, dass nur solche Investitionen zählen, ohne die die Datenbank ihre Funktion nicht erfüllen könnte. Damit würden die tatsächlichen Investitionen nicht maßgeblich sein[1041]. Das widerspricht der Systematik der verwandten Schutzrechte, die immer den tatsächlichen Aufwand honorieren und sich nicht an der Qualität des Ergebnisses orientieren[1042]. Außerdem stellt diese Auslegung auch eine erhebliche Beweiserleichterung dar. Zum einen muss nicht nachgewiesen werden, welche Investitionen wirklich erforderlich waren, zum anderen ist vielleicht nicht mehr jede Investition nachweisbar, obwohl sie für die Datenbank vorgenommen worden sein muss[1043]. Schutzgegenstand der Datenbank gemäß § 87 a UrhG ist die gesamte Zusammenstellung von Elementen, deren Auswahl und Anordnung eine wesentliche Investition erfordern, aber nicht der Inhalt der Datenbank[1044]. Wenn nun Kosten, die nicht zur Erstellung der Datenbank, sondern zur Erlangung des Inhalts der Datenbank geführt haben, zur Investition i.S.d. § 87 a UrhG hinzugezählt werden, schützt dies wiederum Zusammenstellungen wegen ihres Inhalts und nicht wegen ihrer Anordnung oder Investition und widerspricht dem Schutzgegenstand. Dann werden auch Datenbanken geschützt, deren Zusammenstellungsinvestitionen nur durch ihren Inhalt wesentlich wurden. Aus diesem Grund muss bei der Betrachtung der Investition immer Schutzgegenstand und Informationsfreiheit einbezogen werden.

(1) VORABINVESTITIONEN Ein Problem stellt die Abgrenzung von Investitionen, die bereits im Vorfeld der Erstellung der Datenbank getätigt wurden, dar. Wenn der Datenbankhersteller nämlich die Auswahl und Anordnung der Daten

[1040] KG NJW-RR 2000 1495, 1496 - Ticketverkauf; Schricker/Vogel § 87 a Rn. 17; vgl. zum Problem der Investition bei computergenerierten Datenbanken Kapitel 3 III. F. 3.

[1041] Raue/Bensinger MMR 1998, 507, 508.

[1042] Raue/Bensinger MMR 1998, 507, 508.

[1043] Raue/Bensinger MMR 1998, 507, 508.

[1044] Vgl. in diesem Kapitel III. B. 1. b).

aus Prospekten, Katalogen und Preislisten etc. schon vorgefertigt erhalten hat, können die dazu aufgewendeten Investitionen nicht mehr als Investition einer elektronischen Datenbank eingesetzt werden[1045]. Das Gleiche trifft auf Hardware oder die Betriebssystemsoftware zu. Beide wurden bereits vor Erstellung der Datenbank und nicht nur ausschließlich für diese erworben. Ebenso können Aufwendungen für eine Zeitschrift nicht als Datenbankinvestition gelten, nur weil diese am Jahresende auch als CD-ROM-Ausgabe verkauft wird[1046]. Aus dem Schutzgegenstand ist jedoch ersichtlich, dass nur die Investitionen von Bedeutung sind, die nach Auswahl und Anordnung von unabhängigen Elementen eine Kompilation ergaben und demnach für die Erstellung der konkreten Datenbank getätigt wurden[1047].

(2) SACHMITTEL-, FINANZIERUNGS- UND LOHNKOSTEN Vielfältige Kosten, die bei der Erstellung einer Datenbank entstehen, können nicht ausschließlich der Investition in ihre Herstellung zugeordnet werden. Darunter fallen insbesondere die laufenden Kosten, u.a. Kosten für Geschäftsräume, Internetanschluss (z.B. Standleitung, Provider), andere gebührenpflichtige Datenbanken, Telefonkosten, Kopierkosten und Arbeitskräfte. Eine anteilige Berücksichtigung ist nur dann anzunehmen, wenn die eingesetzten Mittel überwiegend zur Beschaffung, Überprüfung oder Darstellung der Datenbank verwendet oder erst dafür bereitgestellt wurden. Erwägungsgrund 40 DBRL stellt klar, dass Arbeit, Zeit und Energie ebenso investiert werden können wie finanzielle Mittel. Zu den Tätigkeiten, die für die Datenbank erforderlich sind, zählen daher auch sämtliche Recherchearbeiten, die Eingabe der Daten, Wartungsarbeiten, etc. Der Einsatz von Angestellten ist dabei als Zeitaufwand, der Einsatz von Selbständigen als finanzieller Aufwand abzurechnen[1048]. Soll nun aber eine Firma durch ihre Rechnungslegung den Schutz einer Datenbank bestimmen oder wird nach einer Tabelle festgelegt, wieviel Wert die Arbeit eines Profis oder eines Amateurs hat? Vorgeschlagen wird eine Umrechnung in Arbeitszeit, um den Begriff zu objektivieren[1049]. Gerade die Aufteilung in qualitative und quantitative Investitionen zeigt, dass eine solche Umrechnung nicht gewollt ist. Arbeitskraft ist eine qualitative Investition[1050]. Wenn diese umgerechnet würde, könnten auch alle anderen qualitativen Investitionen in objektive Wertmaßstäbe gefasst werden. Abgesehen davon, dass z.B. Freundschaftsdienste schlecht umrechenbar sind, wäre damit die Unterteilung in qualitative und quantitative Investitionen überflüssig. Deshalb ist zu differenzieren. Ist die Arbeitszeit berechenbar, d.h. wurde eine Arbeitskraft engagiert, die eine Rechnung stellt, gehört diese Rechnung zu den quantitativen Aufwendungen. Handelt

[1045]OLG Düsseldorf MMR 1999, 729, 731 - Baumarkt.de.
[1046]Raue/Bensinger MMR 1998, 507, 509.
[1047]So auch Möhring/Nicolini/Decker § 87 a Rn. 12; Schricker/Vogel § 87 a Rn. 16.
[1048]So auch Möhring/Nicolini/Decker § 87 a Rn. 13.
[1049]Leistner 154.
[1050]Vgl. in diesem Kapitel III. B. 3. a).

es sich dagegen um einen Freundschaftsdienst oder um Leistungen des Datenbankherstellers selbst, fließen diese Leistungen bei der qualitativen Beurteilung der Wesentlichkeit mit ein, sie werden jedoch nicht nach Branchenüblichkeit umgerechnet.

(3) EFFIZIENTES INVESTIEREN Es erhebt sich die Frage, ob die Investitionen auch effizient sein müssen. Nach dem Wortlaut des § 87 a UrhG, der von erforderlichen Investitionen ausgeht, wird teilweise vorausgesetzt, dass eine gewisse Qualitätskontrolle bei der Investition erfolgen muss, so dass fruchtlose Aufwendungen nicht abgerechnet werden können[1051]. Schließlich war es das Ziel der Richtlinie und deren Umsetzung, Datenbanken zu fördern, die eine Bereicherung für den Informationsmarkt darstellen. Diese Frage würde zu weit führen und kann bei der Frage nach der Investition nicht zu beachten sein[1052], denn es besteht die Gefahr, dass Datenbankhersteller unnötige Investitionen tätigen, um sich den Schutz zu sichern[1053]. Das ist jedoch hinzunehmen, denn es ist den Datenbankherstellern nicht zuzumuten, sich für jede einzelne Investition und die tatsächliche Effizienz ihrer wirtschaftlichen Entscheidungen rechtfertigen zu müssen. Im Übrigen können Investitionen, die als nicht effizient eingestuft werden, geeignet sein, die Bedienung nutzerfreundlicher zu gestalten, was in jedem Fall als erforderliche Investition angesehen werden muss, da die Bedienerfreundlichkeit immer die Frequentierung der Datenbank und somit auch nachfolgende Investitionen beeinflusst, was wiederum dem Ziel der DBRL dient.

C. Urheberrechtsschutz

Authorship is not dead, but alive and well[1054].

Der Begriff des Sammelwerks wurde eingeführt, um Zusammenstellungen selbständig zu schützen[1055]. Gemäß § 4 Abs. 1 UrhG sind unter Sammlungen alle Zusammenstellungen von Werken, Daten oder anderen unabhängigen Elementen zu verstehen, die derart ausgewählt oder angeordnet sind, dass darin eine persönliche geistige Schöpfung liegt. Das Sammelwerk ist eine einheitliche Werkgattung; der Charakter der einzelnen Elemente ist dabei unerheblich[1056]. Eine Sammlung kann auch ein wirtschaftlich orientiertes Objekt sein, d.h. mit dem bürgerlichen Recht am Unternehmen eng verknüpft[1057]. Vor der Umsetzung der DBRL in deutsches Recht musste bei der Begriffsbestimmung des Sammelwerks

[1051]Bensinger 155 f. insbesondere Fn. 774, die insofern am deutschen Wortlaut Kritik übt, der eine andere Auslegung zulässt.
[1052]So auch Kübler 143.
[1053]So auch Kübler 143.
[1054]Kervégant IRLCT 1996, 55, 70.
[1055]Vgl. BT-Drucks. IV/270, 38 f.
[1056]Roßnagel/Heitland UrhG § 4 UrhG Rn. 17.
[1057]Möhring/Nicolini/Ahlberg § 4 Rn. 9.

zwischen diesem und dem „organisierten Werk“ unterschieden werden[1058]. Dabei wurde unter einem organisierten Werk die Sammlung von Daten und Fakten verstanden, unter einem Sammelwerk die Sammlung von Werken[1059]. Diese Unterscheidung wurde 1998 aufgegeben. Der Begriff des Datenbankwerks wurde mit der Umsetzung der DBRL als Unterfall des Sammelwerks eingeführt, wobei das zweispurige Konzept zum Schutz des Datenbankwerks und der Datenbank vielfach kritisiert wurde[1060]. Dadurch müssen dieselben Voraussetzungen wie beim Sammelwerk vorliegen, wodurch sich die komplette Neuregelung dieses Bereichs erübrigt hat[1061]. Zu den Datenbankwerken im Sinne des § 4 Abs. 2 UrhG zählen sowohl elektronische als auch nichtelektronische Datenbanken[1062].

1. Schutzgegenstand

Schutzgegenstand des Sammelwerks ist die in der Auswahl und Anordnung liegende schöpferische Leistung[1063], beim Datenbankwerk – in Anlehnung an den Wortlaut der Richtlinie – die Struktur der durch Auswahl und Anordnung geprägten Datenbank[1064]. Nicht umfasst sind die variablen Elemente einer Sammlung oder Datenbank, sondern nur bestimmte Datenbankstrukturen in ihrer Gesamtheit[1065].

2. Abgrenzung von Sammelwerk und Datenbankwerk

Mit der Umsetzung der DBRL stellt sich die Frage, wie das neu formulierte Sammelwerk vom neu geschaffenen Datenbankwerk abzugrenzen ist. Die Auswirkungen auf das übrige Urheberrechtsgesetz sind widersprüchlich: So spricht § 34 Abs. 2 UrhG von einem Sammelwerk, setzt allerdings den gesamten § 4 UrhG in Klammern dahinter, wogegen § 23 S. 2, § 53 Abs. 5, § 55 a, § 63 Ab. 1 S. 2 und § 137 g Abs. 1 UrhG den Begriff des Datenbankwerks verwenden. Der Unterschied zum Sammelwerk soll einer Meinung zufolge darin bestehen, dass die Auswahl der Elemente – nach dem Wortlaut – bei den Datenbankwerken nicht gefordert wird[1066]. Für diese Unterscheidung fehlt es jedoch an einer sachlichen Begründung. Die Regelung ist nur Ausdruck des Versuchs, sich konform

---

[1058] Ullmann FS Brandner 507, 516.

[1059] Fromm/Nordemann/Vinck 8. Auflage § 4 Rn. 1; Ullmann FS Brandner 507, 516; vgl. zur Unterscheidung Hoebbel 28 ff.

[1060] Vgl. statt vieler Berger GRUR 1997, 169, 172 und auch in diesem Kapitel II. A.

[1061] Engel-Flechsig/Maennel/Tettenborn NJW 1997, 2981, 2992.

[1062] RegE BT-Drucks. 13/7385, 42.

[1063] Art. 3 DBRL; Schricker/Loewenheim § 4 Rn. 18; vgl. schon für das Sammelwerk BGH GRUR 1992, 382, 384 - Leitsätze; Haberstumpf Rn. 104.

[1064] Vgl. Art. 3 Abs. 1 und Erwägungsgrund 15 DBRL.

[1065] BGH GRUR 1992, 382, 384 - Leitsätze; Baumann GRUR 1983, 628, 629; Koch GRUR 1997, 417, 419.

[1066] Möhring/Nicolini/Ahlberg § 4 Rn. 10.

mit DBRL und Art. 2 Abs. 5 RBÜ zu verhalten[1067]. Das Datenbankwerk ist aber ein Unterfall des Sammelwerks. Durch diese Unterordnung ergibt sich das „Erfordernis einer kreativen Auswahl und Anordnung der Elemente“[1068], d.h. auch für das Datenbankwerk ist die kreative Auswahl erforderlich[1069]. Eine Abgrenzung ist über das Merkmal der Auswahl nicht möglich.

Auch eine Unterscheidung in der Form, dass Sammelwerke nichtelektronisch und Datenbankwerke elektronisch seien[1070], findet keine Stütze im Gesetz[1071]. Durch die Umsetzung der DBRL wurde zwar nur der Begriff des Datenbankwerks neu geschaffen und beinhaltet somit den Schutz elektronischer und nichtelektronischer Datenbanken; aber auch der Begriff des Sammelwerks wurde durch die DBRL erweitert. Datenbank- und Sammelwerke umfassen sowohl elektronische als auch nichtelektronische Datenbanken[1072]. Beide Formen konnten jedoch schon vor der Umsetzung der DBRL durch den Sammelwerksschutz geschützt werden[1073].

Vertreten wird, dass bei Sammelwerken die Voraussetzung der systematischen oder methodischen Anordnung nicht gefordert wird[1074]. Richtig ist zwar, dass - im Gegensatz zu § 4 Abs. 2 UrhG - der Wortlaut des Abs. 1 diese Anforderungen an das Sammelwerk nicht enthält, angesichts dessen aber, dass die systematische oder methodische Anordnung bereits für § 4 UrhG a.F. gefordert wurde[1075], ist die Grundlage für eine solche Unterscheidung zu den Datenbankwerken nicht ersichtlich.

Auch die Annahme, beide Begriffe wären identisch[1076], ist unzutreffend. Die Abgrenzung zwischen Sammelwerk und Datenbankwerk erfolgt vielmehr über die Voraussetzung der Einzelzugänglichkeit. Sie ist Bestandteil des Datenbankbegriffs und findet sich nur in § 4 Abs. 2 und § 87 a UrhG, nicht aber in § 4 Abs. 1 UrhG. Daraus, dass das Datenbankwerk Unterfall des Sammelwerks ist, kann zwar von Abs. 1 auf Abs. 2 - wie im Falle der Auswahl - geschlossen werden, nicht aber umgekehrt. Für die Auslegung, dass Sammelwerke im Gegensatz zu Datenbankwerken nicht einzeln zugänglich sein müssen, spricht auch der Wortlaut von § 53 Abs. 5 UrhG, der nur von elektronisch einzeln zugänglichen

---

[1067] Möhring/Nicolini/Ahlberg § 4 Rn. 10; Vogel ZUM 1997, 592, 599f.; Flechsig ZUM 1997, 577, 582; a.A. Schricker/Loewenheim § 4 Rn. 4.

[1068] BT-Drucks. 13/7934, 43.

[1069] Vgl. dazu schon in diesem Kapitel III. B. 2. c) (1).

[1070] So wohl LG Hamburg MMR 2000, 761 - Zulässigkeit des Frame-Linking; OLG Düsseldorf MMR 1999, 729, 731 - Baumarkt.de.

[1071] Vgl. ABl. C 288/14.

[1072] So auch Schricker/Loewenheim § 4 Rn. 28; IuKDG-Komm/Krämer § 4 UrhG Rn. 15; auch LG Frankfurt a.M. ZUM-RD 2002, 94, 96 - Pharmazeutische Datenbank, wo trotz Vorliegen einer „Computerdatenbank“ lediglich die Schutzfähigkeit als Sammelwerk untersucht wurde.

[1073] Fromm/Nordemann/Vinck 8. Auflage § 4 Rn. 1.

[1074] So Wiebe in: Spindler/Wiebe 131, 136.

[1075] Vgl. v. Gamm § 4 Rn. 5.

[1076] So Wandtke/Bullinger/Marquardt § 4 Rn. 2.

Datenbankwerken spricht[1077]. Unklar bleibt die Teilung des Bearbeitungsrechts: § 23 S. 1 UrhG gilt für das Sammelwerk[1078], S. 2 für das Datenbankwerk, d.h. sobald die Elemente des Sammelwerks einzeln zugänglich sind, muss bereits die Herstellung der Bearbeitung bewilligt werden.

Zu Recht wird kritisiert, dass eine Umsetzung ins deutsche Recht weitgehend überflüssig war, da ein Fall, bei dem ein Sammelwerk nicht zugleich ein Datenbankwerk darstellt[1079], schwer zu konstruieren sei. Aufgrund der Herstellung der Einzelzugänglichkeit durch Computerprogramme ist fast jedes elektronische Sammelwerk zugleich ein Datenbankwerk, und auch ein nichtelektronisches Sammelwerk kann zumindest mit den Augen einzeln zugänglich sein und damit auch ein Datenbankwerk darstellen. Ein Anwendungsbeispiel für ein Sammelwerk, dass aber kein Datenbankwerk darstellt, ist z.B. eine elektronische Datenbank ohne Abfragesystem oder nur mit Standardsuchfunktionen der Betriebssysteme. Allerdings werden Sammel- und Datenbankwerk sich in den meisten Fällen tatsächlich überschneiden.

3. Auswahl und Anordnung von unabhängigen Elementen

Bei den Schutzvoraussetzungen kann weitgehend auf die obigen Ausführungen verwiesen werden, da der Begriff der Sammlung in § 4 Abs. 1 UrhG und der Begriff der Datenbank in § 4 Abs. 2 und § 87 a UrhG nahezu identisch ist. Wie bei Datenbanken können nun auch Daten und Elemente Bestandteile von Sammel- und Datenbankwerken sein[1080]. Besonderheiten gegenüber den einfachen Datenbanken ergeben sich nicht. Die Elemente müssen - wie auch bei der einfachen Datenbank - unabhängig[1081] und methodisch oder systematisch ausgewählt und angeordnet sein[1082]. Das Merkmal der Einzelzugänglichkeit ist nur für das Datenbankwerk zu prüfen, nicht aber für das Sammelwerk. Bzgl. der Kriterien kann auch hier auf die Ausführungen zu den einfachen Datenbanken verwiesen werden[1083].

4. Persönliche geistige Schöpfung § 2 Abs. 2 UrhG

Voraussetzung für Sammel- und Datenbankwerke ist die persönliche geistige Schöpfung i.S.d. § 2 Abs. 2 UrhG[1084]. Eine Schöpfung kann zunächst nur dann vorliegen, wenn es sich bei dem zu beurteilenden Gebilde um das Ergebnis ei-

---

1077 Vgl. auch Schricker/Loewenheim § 53 Rn. 51, der sich zur Erläuterung auch lediglich auf § 4 Abs. 2 UrhG bezieht; hier fand eine lediglich redaktionelle Änderung vom ursprünglichen Text „elektronische Datenbanken" statt (BT-Drucks. 13/7934, 43).

1078 Schricker/Loewenheim § 23 Rn. 12.

1079 Leistner 266.

1080 Vgl. dazu in diesem Kapitel III. B. 2. a); als Sammelwerk konnten auch Zusammenstellungen, deren Elemente keine Werke waren, geschützt sein (BT-Drucks. IV/270, 39).

1081 Vgl. in diesem Kapitel III. B. 2. b)

1082 Vgl. in diesem Kapitel III. B. 2. c)

1083 Vgl. in diesem Kapitel III. B. 2. d)

1084 BT-Drucks. 13/7934, 51; vgl. statt vieler LG Düsseldorf ZUM 2002, 65 - Rügentelefonbuch.

nes bewussten gestalterischen Tätigwerdens eines Menschen handelt. Nicht persönlich i.S.d. Urheberrechts sind z.B. Schöpfungen, die die Natur hervorgebracht hat. Dabei sind Hilfsmittel jeglicher Art erlaubt[1085]. Das Erfordernis der geistigen Schöpfung soll aber vom Zufall, dem Vorgefundenen und der maschinellen Herstellung abgrenzen[1086].

Des Weiteren muss die Schöpfung einen geistigen Gehalt haben, d.h. der menschliche Geist, bestehend aus Gedanken, Gefühlen und Empfindungen, die er in seinem Werk zu Ausdruck bringt[1087], muss ersichtlich sein[1088]. Diese Schöpfung muss dann eine Form angenommen haben, in der sie der menschlichen Wahrnehmung – auch in digitaler Form – zugänglich ist[1089].

Eine weitere Voraussetzung ist die Individualität. Das bedeutet, dass die geistige Leistung des Schöpfers individuelle Züge tragen muss; die Leistung muss sich von der Masse des Alltäglichen und Routinemäßigen unterscheiden[1090]. Dazu wird die konkrete Leistung mit bereits bestehenden Leistungen verglichen, wobei rein qualitative Erwägungen keine Rolle spielen, also auch ein „schlechtes" Werk individuelle Züge aufweisen und geschützt sein kann. Der nun erkennbare individuelle geistige Gehalt entscheidet über die Schutzfähigkeit[1091].

In einigen Fällen genügt die einfache Individualität nicht, um die Schutzvoraussetzungen zu erfüllen; dann wird das Erreichen der sogenannten Gestaltungshöhe gefordert[1092], d.h. eine „künstlerische Leistung". Wie zu erwarten, ist die Bestimmung des Maßstabs sehr kompliziert und unterliegt einer mittlerweile weiten Kasuistik. Ob einfache Individualität, d.h. bereits die „kleine Münze"[1093] geschützt ist oder Gestaltungshöhe zu fordern, hängt von der Werkart ab[1094]. Diese Differenzierung ist bereits vielfach kritisiert worden[1095], denn grundsätzlich müssten die Anforderungen einheitlich sein, da § 2 Abs. 2 UrhG mit dem Begriff der „per-

---

[1085] Vgl. dazu vertiefend Kapitel 3 III.

[1086] Straub GRUR Int. 2001, 1, 3.

[1087] Roßnagel/Heitmann UrhG § 4 Rn. 24.

[1088] Schricker/Loewenheim § 2 Rn. 18.

[1089] Schricker/Loewenheim § 2 Rn. 21.

[1090] Haberstumpf Rn. 70.

[1091] Ob dies allein zur Abgrenzung ausreichen soll, ist fraglich (vgl. Straub GRUR Int. 2001, 1, 3, der eine Übersicht über die verschiedenen zusätzlichen internationalen Kriterien gibt). Eine Möglichkeit besteht darin, die statistische Einmaligkeit zu fordern, d.h. die Feststellung, dass das Werk wahrscheinlich noch nicht existiert (Kummer 30 ff.); dieses Konzept wird heute überwiegend abgelehnt (Haberstumpf Rn. 70; Kortsik 68; Schricker/Loewenheim § 2 Rn. 31; Schack Rn. 153; Troller 362 ff.; Wandtke GRUR 2002, 1, 9; vgl. aber Straub vertiefend zum Begriff, der dieses Konzept für brauchbar hält). Dem ist zuzustimmen, da die statistische Einmaligkeit nichts über die schöpferische Eigenleistung des Künstlers aussagt (so auch Schricker/Loewenheim § 2 Rn. 31; Ulmer GRUR 1968, 527, 528; Schack Rn. 162).

[1092] Der Begriff wurde von *Meißner* geprägt und von *Ulmer* eingeführt (Ulmer GRUR Int. 1959, 1, 2); zur Entwicklung des Begriffs vgl. Schricker FS Kreile 715, 716.

[1093] Darunter fallen Formen einfacher Machart, die nur ein geringen Maße eigenschöpferische Merkmale besitzen, aber über das Maß des Alltäglichen hinausragen.

[1094] BGH CR 1991, 80 - Betriebssystem.

[1095] Haberstumpf Rn. 75; Kreuzer in: Schwerdtfeger/Evertz 167, 185; Nordemann/Heise ZUM 2001, 128, 137; Wandtke GRUR 2002, 1, 9.

sönlichen geistigen Schöpfung“ für alle potentiellen Werke einheitlich formuliert hat[1096]. Bei Werken der angewandten Kunst besteht die Möglichkeit des Schutzes über das Geschmacksmustergesetz, so dass hier vom einheitlichen Werkbegriff abgewichen wird[1097]. An wissenschaftliche Schriftwerke werden ebenfalls hohe Anforderungen gestellt[1098], an wissenschaftlich-technische Darstellungen geringe[1099], denn für den Schutz wissenschaftlicher Werke stehen auch § 70 und nun auch §§ 87 a ff. UrhG zur Verfügung. Bei den Musik- und Filmwerken ist ebenfalls die sogenannte „kleine Münze“ geschützt[1100]. Bei Sammlungen von Belletristik sind die Anforderungen relativ gering[1101]; nur rein schematische Darstellungen finden keine Berücksichtigung[1102]. Gerade der enge Gestaltungsraum bedingt die niedrige Gestaltungshöhe[1103].

a) *Anforderungen an Sammelwerke vor der Umsetzung der DBRL*

Sammel- und Datenbankwerke sind keiner der Werkarten des § 2 UrhG zuzuordnen. Das Reichsgericht legte für Sammlungen eine sehr niedrige Schwelle fest. Es sah selbst bei alphabetischen Anreihungen von Namen wie in Telefonbüchern[1104] und Formularen[1105] einen Urheberschutz nach § 4 UrhG, da auch eine „geringe, geistige Tätigkeit“ genügte[1106]. Auch der BGH hat im Wesentlichen an dieser Rechtsprechung bis in die Mitte der 80er Jahre festgehalten[1107]. Ab 1984 wurde jedoch eine besonders geistvolle Schöpfung für erforderlich gehalten[1108]. Diese Auffassung wurde für Computerprogramme und Sammlungen

---

[1096] Vgl. Burmeister 71.

[1097] So auch Burmeister 71; Kappes 45; RGZ 76, 339, 344 - Schulfraktur; BGH GRUR 1958, 562, 564 - Candida-Schrift; Katzenberger GRUR 1990, 94, 100; a.A. Erdmann CR 1986, 249, 253, der deshalb hohe Anforderungen für Werkarten als notwendig erachtet.

[1098] Aufgrund des Freihaltebedürfnisses von Ideen und Daten muss der Urheberrechtsschutz zugunsten der Allgemeinheit verkürzt werden; BGH GRUR 1984, 659, 661 - Ausschreibungsunterlagen; BGH GRUR 1986, 739, 741 - Anwaltsschriftsatz; BGH GRUR 1987, 704, 706 - Warenzeichenlexika; BGH GRUR 1993, 34, 35 - Bedienungsanweisung; LG Düsseldorf 12 O 143/01 - Symicron; Burmeister 71; a.A. Rojahn GRUR 1984, 662 f.; Schricker/Loewenheim § 2 Rn. 88.

[1099] BGH GRUR 1987, 360, 361 - Werbepläne.

[1100] BGH GRUR 1988, 812, 814 - Ein bißchen Frieden; BGH GRUR 1984, 730, 732 - Filmregisseur.

[1101] Vgl. z.B. BGH GRUR 1973, 216, 218 - Handbuch moderner Zitate; BGH GRUR 1954, 129, 130 - Besitz der Erde; RGZ 128, 102, 106 ff. - Schlagerlieder-Bücher.

[1102] BGH GRUR 1954, 129, 130 - Besitz der Erde.

[1103] Schricker/Loewenheim § 2 Rn. 30.

[1104] RGZ 116, 292, 295 - Wiesbadener Adressbuch; RG GRUR 1932, 742 - Bremer Adressbuch; RG JW 1925, 2777 - Amtliches Fernsprechbuch; RGSt 62, 398 - Drucktypen; unklar dagegen BGH GRUR 1961, 631, 632 - Fernsprechbuch; in seiner Tele-Info-CD Entscheidung (BGH GRUR 1999, 923 - Tele-Info-CD) bejaht der BGH zwar eine Schutzfähigkeit nach §§ 87 a ff., aber nicht nach § 4 UrhG.

[1105] RGSt 43, 229, 230 - Vertragsformular; RGSt 48, 330, 331 - Bestellformular.

[1106] RG GRUR 1932, 742, 743 - Bremer Adressbuch; RGZ 116, 292, 295 - Wiesbadener Adressbuch; RGZ 144, 75, 77 - Rennvoraussagen.

[1107] BGH GRUR 1980, 227 - Monumenta Germaniae Historica; BGH GRUR 1981, 352, 353 - Staatsexamensarbeit; BGH GRUR 1981, 520 - Fragensammlung; vgl. auch Mehrings GRUR 1983, 275, 289.

[1108] BGH GRUR 1984, 659, 661 - Ausschreibungsunterlagen; vgl. auch Rojahn GRUR 1984, 662.

beibehalten[1109]. Eine leichte Wende war 1987 zu verzeichnen, als nur noch festgestellt wurde, dass das rein handwerkliche Schaffen außerhalb der Schutzfähigkeit liegt[1110]. Für Schriftwerke mit wissenschaftlich-technischen Inhalten wurden die Anforderungen der Überdurchschnittsformel hingegen wieder bestätigt[1111]; für Informationssammlungen blieb es bei der Abschwächung[1112]. In der Literatur haben sich bezüglich der Gestaltungshöhe von Informationssammlungen verschiedene Ansichten herausgebildet[1113], wobei der Ruf nach dem Schutz der „kleinen Münze“ für Sammelwerke lauter wurde und sich weitgehend durchsetzte[1114].

b) Anforderungen an Sammel- und Datenbankwerke nach der Umsetzung der DBRL

Nach der Umsetzung der DBRL gehen die Ansichten weit auseinander, von der allgemeinen Abschaffung der Gestaltungshöhe[1115] bis zu der Meinung, es habe sich nichts geändert[1116]. Es wird mit Hinweis auf die Art. 3 Abs. 1 DBRL ein Festhalten am ursprünglichen Begriff der persönlichen geistigen Schöpfung zumindest für den Datenbankwerkbegriff für nicht mehr zulässig gehalten[1117]. Teilweise wird sogar überlegt, ob eine generelle Anpassung- also ein allgemeiner Verzicht auf die Gestaltungshöhe - impliziert wurde und ob die traditionellen Maßstäbe des Urheberrechts überhaupt noch für die neuen Medien geeignet sind[1118]. Dabei scheint die Umsetzung der DBRL nur ein erneuter Anlaß gewesen zu sein, das Problem zu diskutieren[1119]. Ein allgemeines Absenken der Anforderungen oder der generelle Verzicht auf die Gestaltungshöhe würde aber dazu führen, dass eine Entwicklung in Richtung Investitionsschutz ginge, der aber einer Wettbewerbsordnung fremd ist[1120]. Das Urheberrecht würde Gefahr laufen, jegliche Konturen zu verlieren[1121]. Diese Auswirkungen wurden von der DBRL nicht intendiert, vielmehr sollte die

---

[1109] BGH GRUR 1985, 1041 - Inkassoprogramm; BGH GRUR 1986, 739, 741 - Anwaltsschriftsatz.

[1110] BGH GRUR 1987, 704, 706 - Warenzeichenlexika.

[1111] BGH GRUR 1993, 34 - Bedienungsanweisung.

[1112] Kappes 44.

[1113] Kappes 46 f., der für Informationssammlungen die „Überdurchschnittsformel“ anwenden will; ähnlich trotz Kritik auch Heinrich WRP 1997, 275, 276; Hillig ZUM 1992, 325, 326; Köhler/Arndt 128; Raubenheimer TICL 8/1994, 10, 12; Ullmann FS Brandner 507, 518; für einfache Individualität Berger GRUR 1997, 169, 170; Cerina 24 IIC 1993, 579, 582; Vogel ZUM 1997, 592, 600.

[1114] Vgl. Berger GRUR 1997, 169, 171; Cerina 24 IIC 1993, 579, 582; Fromm/Nordemann/Vinck 8. Auflage § 4 Rn. 3; Heinrich WRP 1997, 275, 276; Hackemann ZUM 1987, 269, 271; Hillig ZUM 1992, 325, 326; Lehmann GRUR Int. 1991, 327, 329; Schricker FS Kreile 715; Walter/v. Lewinski Datenbank-RL Art 3 Rn. 12; Ullmann FS Brandner 507, 518 ff.

[1115] So Schricker FS Kreile 715; Zahrt 40.

[1116] Berger GRUR 1997, 169, 171.

[1117] Hillig ZUM 1992, 325, 326; Kindler K&R 2000, 265, 270; Grützmacher 205 f.; Köhler/Arndt 128; Wiebe CR 1996, 198, 201; a.A. Hoebbel CR 1993, 12, 15; Hoeren GRUR 1997, 866, 870; Kappes ZEuP 1997, 654, 657; Vogel ZUM 1997, 592, 600.

[1118] Straub GRUR Int. 2001, 1.

[1119] Klingner ZUM 1997, 649, 650.

[1120] BT-Drucks. 13/8110, 12.

[1121] Kappes 46.

Angleichung an einen einheitlichen Originalitätsstandard erreicht werden[1122]. Die Voraussetzung der persönlichen geistigen Schöpfung für Sammelwerke und nun auch für Datenbankwerke bleibt daher erhalten. Es stellt sich lediglich die Frage, ob die geistige Schöpfung in Form der Gestaltungshöhe, der einfachen Individualität oder einer geringen geistigen Tätigkeit im Sinne der Rechtsprechung des Reichsgerichts zu fordern ist.

(1) GERINGE GEISTIGE TÄTIGKEIT, EINFACHE INDIVIDUALITÄT ODER GESTALTUNGSHÖHE Eine hohe Barriere für den urheberrechtlichen Schutz von Sammelwerken ist und war nie vorgesehen[1123]. Die Erwägungsgründe der DBRL stimmen dahingehend sogar mit der ersten Lesung im Bundestag zum Urheberrechtsgesetz überein[1124]. Es sollen nach Erwägungsgrund 16 DBRL keine anderen Kriterien als die der eigenen geistigen Schöpfung gelten; insbesondere ist eine ästhetische bzw. qualitative Beurteilung ausgeschlossen[1125]. Das bedeutet, dass Zeit, Geld, Know-How und sogar Nützlichkeit und Wirtschaftlichkeit für die Gesellschaft nicht von Belang sind[1126]. Erwägungsgrund 16 DBRL deutet darauf hin, dass die „kleine Münze" bei Datenbankwerken geschützt werden soll[1127]. Sie folgt damit dem kontinentaleuropäischen und dem US - amerikanischen Ansatz, nicht aber dem britischen „Sweat-of-the-Brow"- Ansatz, nach dem auch Fleiß und Mühe geschützt werden. Dass aber die deutsche Rechtsprechung von ihren Kriterien nicht abgerückt ist, wird u.a. durch die Tele-Info-CD-Entscheidung des BGH demonstriert[1128]. Hier lag ein ähnlicher Sachverhalt wie bei den Reichsgerichtsentscheidungen[1129] vor, dennoch wurde zwar ein Schutz nach §§ 87 a ff. UrhG angenommen, ein Schutz nach § 4 UrhG jedoch nicht. Begründet wurde die Ablehnung des urheberrechtlichen Schutzes mit dem Nichterreichen der Gestaltungs-

[1122] Gaster in: Dittrich 15, 20.

[1123] Vgl. auch BT-Drucks. IV/270, 38.

[1124] Vgl. UFITA 46 (1966) 147, 151.

[1125] Flechsig, ZUM 1997, 577, 581 - Erwägungsgrund 15 und 16 DBRL.

[1126] Vgl. Haude in: Brunnstein/Sint 139, 143.

[1127] Berger GRUR 1997, 169, 171; Katzenberger GRUR 1990, 94, 99; Loewenheim in: Loewenheim/Koch 269, 276; Milbradt CR 2002, 710, 711; Plaß WRP 2000, 599, 600; so wohl auch Völker/Lühring K&R 2000, 20, 24, allerdings mit Kritik, dass somit der Schutz nach §§ 87 a ff. überflüssig sei, da nun fast alle in Frage kommenden Sammlungen auch Datenbankwerke seien; Wiebe/Funkat MMR 1998, 69, 73; so schon in OLG Hamburg ZUM 1999, 849, 850 - Börsendaten.

[1128] BGH GRUR 1999, 923 - Tele-Info-CD; weite Teile der Rechtsprechung haben ebenso entschieden: vgl. OLG Nürnberg ZUM-RD 2002, 293, 295 - Aufklärungsbögen; OLG Düsseldorf MMR 1999, 729, 730 - Baumarkt.de; OLG Hamburg ZUM 1999, 849, 850 - Börsendaten; LG Düsseldorf ZUM 2002, 65 - Rügentelefonbuch; LG Hamburg MMR 2000, 761 - Zulässigkeit des Frame-Linking; OLG Hamburg ZUM 2001, 512, 513 - Roche Online Lexikon; LG Düsseldorf ZUM-RD 1999, 25 - Links zu Web-Sites Dritter; ganz ähnlich im Übrigen Groupe Moniteur u.a. v. Observatoire des Marchés Publics GRUR Int. 2000, 798; RIDA 183 (2000) 316ff: die Darstellung von Anzeigen stellt keine eigene geistige Schöpfung dar; die Einteilung der Rubriken entspricht Art. 38 Abs. 2 Code des marchés publics, ist streng funktional und entspricht dem normalen Layout eines Anzeigenblattes.

[1129] RG GRUR 1932, 742 - Bremer Adressbuch; RGZ 116, 292, 295 - Wiesbadener Adressbuch.

höhe[1130], wie sie bei früheren BGH-Entscheidungen[1131] angenommen wurde. Im Ergebnis ist die Entscheidung jedoch zu begrüßen, da schon bei den reichsgerichtlichen Entscheidungen das Erreichen der geistigen Schöpfung sehr fragwürdig war. Aufgrund dessen, dass das Kriterium der persönlichen geistigen Schöpfung zeitweilig bereits als abgetan galt[1132], wurde aber gerade betont, dass auch hier das Erfordernis der Gestaltungshöhe bestehe[1133].

(a) Wortlaut „eigene geistige Schöpfung“ Aufschluss über die Frage nach einfacher Individualität oder Gestaltungshöhe könnte ein Vergleich des Wortlauts von § 2 Abs. 2 UrhG und der DBRL geben. Das deutsche Recht verwendet den Begriff der persönlichen geistigen Schöpfung, das europäische die eigene geistige Schöpfung. Worin liegt der Unterschied[1134]? Die beiden Begriffe werden in der Literatur sogar teilweise synonym verwendet[1135]. Allgemeinsprachlich werden „eigen“ und „persönlich“ wie folgt definiert: Eigen als einer Person oder Sache zugehörend und für sie typisch, charakteristisch[1136], was im übrigen besagt, dass „eigen“ nicht auch eines gestalterischen Eingriffs eines Individuums bedarf, persönlich als für eine Person kennzeichnend, charakteristisch[1137]. Die Begriffe „eigene geistige Schöpfung“ und „persönliche geistige Schöpfung“ unterscheiden sich im Wortlaut damit nicht[1138].

Durch die DBRL sollte ein Mittelweg zwischen Droit d'auteur und Copyright eingeschlagen, d.h. der „Sweat-of-the-Brow“-Grundsatz und die Gestaltungshöhe der deutschen Rechtsprechung als anderes Extrem abgeschwächt werden, allerdings auf der Basis des Droit d'auteur[1139]. Dafür spricht auch, dass in der Feist-Entscheidung, in der sich der US Supreme Court[1140] vom „Sweat-of-the-Brow“-Grundsatz endgültig abwandte, und in der EG-Begründung derselbe Wortlaut, nämlich „original by reason of their selection and arrangement“, für die Frage, ob eine Datenbank geschützt ist oder nicht, verwendet wird[1141]. Daraus folgt, dass

---

1130 BGH GRUR 1999, 923, 925 - Tele-Info-CD.

1131 Z.B. BGH GRUR 1984, 659, 661 - Ausschreibungsunterlagen.

1132 Leistner/Bettinger Beilage CR 12/99, 1, 10 sind der Ansicht, dass lediglich die Frage gestellt wird, ob eine dritte Person eine andere Auswahl oder Anordnung der Elemente getroffen hätte.

1133 Vgl. OLG Hamburg ZUM 1999, 849, 850 - Börsendaten – offenlassend, ob die „kleine Münze“ genügt, da die persönliche geistige Schöpfung in keinem Fall vorliegt.

1134 Und noch weiter gefragt: WCT und TRIPs gehen von einer geistigen Schöpfung aus – wo liegt hier der Unterschied (So auch Ginsburg GRUR Int. 2000, 97, 104 Fn. 77).

1135 So z.B. bei Ullmann FS Brandner 507, 516 f. und Hoeren in: Jongen/Meijboom 73, 81, der – richtigerweise – „own intellectual creation“ nur als Übersetzung von „persönliche geistige Schöpfung“ sieht.

1136 Brockhaus: Stichwort Eigen.

1137 Brockhaus: Stichwort Persönlich.

1138 IuKDG-Komm/Krämer § 4 UrhG Rn. 16; Schricker/Loewenheim § 69 a Rn. 14.

1139 Gaster RMUE 4/1996, 55, 66 ff.; vgl. zu den Problemen der Harmonisierung von Copyright und Droit d'auteur Ellins 231 ff.

1140 Feist Publications, Inc. v. Rural Telephone Service Co., vgl. in diesem Kapitel II. B. 2.

1141 Vgl. auch Beutler ENT.LR 1996, 317, 321 Fn. 63.

eine geringe Individualität, aber keine Gestaltungshöhe erforderlich ist.

(b) Erwägungsgrund 19 DBRL Als Abgrenzung für den Schutz nach unten wird Erwägungsgrund 19 DBRL herangezogen[1142]. Dieser Erwägungsgrund besagt jedoch lediglich, dass Zusammenstellungen von Musik-CDs keine eigene geistige Schöpfung darstellen und auch keine erhebliche investive Leistung. Natürlich ist dies keine bindende Regelung für die nationalen Gerichte, dennoch könnte der Erwägungsgrund als Anhaltspunkt für den Begriff der eigenen geistigen Schöpfung verwendet werden. Bei der Zusammenstellung einer Musik-CD müssen zunächst die Stücke und dann ihre Reihenfolge bestimmt werden. Diese Aufgabe spiegelt in der Regel keine persönliche geistige Schöpfung hohen Niveaus wider, lediglich eine geringe Individualität kann sich darin ausdrücken. Wie bei der Investitionshöhe zeigt Erwägungsgrund 19 DBRL damit, dass die Anforderungen nicht allzu niedrig angesetzt werden[1143]. Weitergehende Schlussfolgerungen können jedoch auch hier nicht gezogen werden.

(c) Vergleich zur CRL und Schutzdauerrichtlinie Auch die Computer-[1144] und die Schutzdauerrichtlinie[1145] sahen bereits eine eigene geistige Schöpfung als das Kriterium an, wobei die Begriffe Individualität in den Erwägungsgründen der CRL und Originalität in der DBRL offensichtlich synonym gebraucht werden[1146]. Bei Computerprogrammen gilt der Schutz der „kleinen Münze“[1147]. Auch bei Umsetzung der CRL wurde befürchtet, dass das Erfordernis der persönlichen geistigen Schöpfung aufzugeben bzw. zumindest für Computerprogramme völlig fallen zu lassen wäre[1148]. Aufgrund des ähnlichen Wortlauts von § 2 Abs. 2 UrhG und CRL gab es andererseits Bedenken, die Rechtsprechung könne die Formulierung missverstehen, so dass empfohlen wurde, in die Gesetzesbegründung die Absen-

---

[1142] Leistner 72; Hornung 78 f.

[1143] Vgl. in diesem Kapitel III. B. 3. c) (4).

[1144] Art. 1 Abs. 3 CRL.

[1145] Art. 6 Schutzdauerrichtlinie.

[1146] Schricker FS Strömholm 755, 766; die Begriffe Originalität und Individualität werden häufig im Zusammenhang mit der persönlichen geistigen Schöpfung verwendet und auch in anderen Rechtsordnungen gebraucht. Grundsätzlich werden diese Begriffe synonym verwendet, zumindest überschneiden sie sich nahezu hundertprozentig (so auch Schricker FS Kreile 715, 717; a.A. Troller 362: Individualität sei qualifizierte Originalität, da Originalität die Basis für Individualität ist; a.A. widerum Samson UFITA 56 (1970) 117, 123 mit der Ansicht, Individualität sei weniger als Originalität); allerdings könnte ein Zurückdrängen der Individualität Ausdruck der Verobjektivierung des Schutzstandards sein (so Leistner 70). Worin hier die Verobjektivierung liegen soll, ist allerdings unklar, denn durch das Zurückdrängen des einen Kriteriums bleibt die subjektive Beurteilung des anderen erhalten, d.h. ein fester Abgrenzungspunkt ist auch hier nicht statuiert worden (Dieser ist auch gar nicht erforderlich und nötig, da Urheberrecht immer ein subjektives Element enthält, man denke nur an die zeitgenössische Kunst und die Diskussion um den neuen Werkbegriff zur Erfassung dieser Kunstformen (vgl. nur Schricker/Loewenheim § 2 Rn. 148)).

[1147] Vgl. Kapitel 1 III. F.

[1148] So aber noch LG Düsseldorf CR 1996, 737 - Dongle-Umgehung; zu den Befürchtungen und ihrer Entkräftung vgl. Erdmann/Bornkamm GRUR 1991, 877.

kung des Schutzstandards für Computerprogramme eindeutig aufzunehmen oder den Text des § 2 Abs. 2 UrhG dahingehend zu ergänzen, dass der Schutzstandard für Computerprogramme niedriger anzusetzen ist. Der Begriff der eigenen geistigen Schöpfung wurde aber unabhängig vom deutschen Begriff ausgelegt, auch in Hinblick darauf, dass sich verschiedene Rechtsordnungen diesem Begriff anpassen müssen. Die gleichen Formulierungen bei CRL und DBRL wurden damit begründet, dass aufgrund dessen, dass Software Bestandteil eines DBMS ist, auch dieselben Kriterien zu verwenden sind[1149]. Der Regierungsentwurf hielt aber eine Klarstellung wie bei der Umsetzung der CRL im Falle der Datenbanken nicht für erforderlich, da die Anforderungen der Richtlinie an die Gestaltungshöhe bei Sammelwerken der Rechtsprechung der BGH entsprechen[1150]. Insbesondere an elektronische Datenbanken wurden unter dem Aspekt der Vergleichbarkeit mit Computerprogrammen schon vor der Umsetzung der DBRL keine hohen Anforderungen gestellt[1151]. Da es jedoch keinen sachgerechten Grund gibt, bei der Gestaltungshöhe zwischen elektronischen und nichtelektronischen Datenbanken zu unterscheiden, kann der Schutz der „kleinen Münze" bei Datenbanken nicht von der Nähe der elektronischen Datenbanken zu den Computerprogrammen abgeleitet werden[1152]. Im Übrigen sollte die Umsetzung der CRL keinen Einfluss auf das übrige Urheberrecht haben[1153].

Aus den Gesamtumständen kann entnommen werden, dass für die persönliche geistige Schöpfung bezüglich der Datenbanken ein ähnlicher Standard wie bei Computerprogrammen anzuwenden ist[1154]. Das ergibt sich auch aus dem Ziel der DBRL, den Schutz von Datenbanken zu harmonisieren. Für einen einheitlichen, an den der DBRL angepassten europäischen Standard, spricht einerseits die Tatsache, dass bisher der Originalitätsstandard in allen Ländern unterschiedlich

---

[1149] Haude in: Brunnstein/Sint 139, 142; Röttinger ZUM 1992, 594, 598; KOM (92) 24 endg., 45; Auslegungsdifferenzen dürfte es kaum geben, obwohl natürlich § 2 Abs. 2 UrhG nicht zur Auslegung von Art. 1 Abs. 3 Satz 1 CRL herangezogen werden kann (Broy/Lehmann GRUR 1992, 419 insbesondere auch Fn. 9; teilweise wurde sogar angenommen, dass Art. 1 Abs. 3 CRL lediglich § 2 Abs. 2 UrhG wiedergibt, da nach Übersetzung der CRL Art. 1 Abs. 3 und § 2 Abs. 2 UrhG identisch sind, wobei auch die Einschränkung, dass außer diesem Kriterium keine anderen anzuwenden sind, übereinstimmt (Hoeren CR 1991, 463, 464)).

[1150] RegE BR-Drucks. 966/96, 45; RegE BT-Drucks. 13/7385, 43, mit Verweis auf die Entscheidung BGH GRUR 1992, 382 - Leitsätze; Kappes ZEuP 1997, 654, 659.

[1151] LG Frankfurt a.M. CR 1994, 473 - Telefondatenbank: hier wurde die Urheberschutzfähigkeit einer Telefondatenbank auf CD-ROM nach § 2 Abs. 1 Nr. 1 UrhG angenommen, da in der Aufbereitung der Teilnehmerdaten, der Disposition von Haupt- und Nebeneinträgen, deren Wortlaut, Abkürzungen und dem Aufbau der Nutzeroberfläche eine schöpferische Leistung zu sehen sei; diese Entscheidung ist jedoch kritisch zu betrachten: es handelt sich hier um eine vollständige Datensammlung, die schon einmal nicht schöpferisch sein kann, diese Datenbank könnte nach de lege lata aber nach §§ 87 a ff. UrhG geschützt sein (vgl. BGH GRUR 1999, 923 - Tele-Info-CD); Berger GRUR 1997, 169, 171.

[1152] Berger GRUR 1997, 169, 171.

[1153] RegE BT-Drucks. 12/4022, 8.

[1154] So auch Gaster in: Dittrich 15, 20; Gaster RMUE 4/1996, 55, 62, der die Formulierung der DBRL direkt auf die CRL und die deutsche Rechtsprechung der Inkassoprogrammentscheidung zurückführt; Hillig ZUM 1992, 325, 326; Hoebbel CR 1993, 12, 13.

war[1155], andererseits ist zu bedenken, dass auch der Begriff der eigenen geistigen Schöpfung durch die nationalen Gerichte ausgelegt wird, so dass eine europäische Regelung zum Originalitätsbegriff nicht nur in Bezug auf Computerprogramme und Datenbanken sinnvoller wäre[1156]. Anhand der CRL und des Kriteriums der „eigenen geistigen Schöpfung“ in der Schutzdauerrichtlinie für Fotografien sowie der DBRL ist ein Trend zur Absenkung der allgemeinen Anforderungen erkennbar[1157]. Teilweise wird unter Gleichbehandlungsgesichtspunkten vertreten, dass die Gestaltungshöhe für die anderen, nicht durch Richtlinien geregelten Werke, nicht gefordert werden kann[1158]. Die DBRL hat jedoch nichts an der Möglichkeit unterschiedlicher Anforderungen an die persönliche geistige Schöpfung geändert. Die Übereinstimmung mit der CRL und der Schutzdauerrichtlinie spricht daher für den Schutz der „kleinen Münze“.

(d) Wechselwirkung zum Investitionsschutz Der duale Ansatz der DBRL, einerseits eine „eigene geistige Schöpfung“ zu fordern und andererseits einen Sui-Generis-Schutz zu statuieren, zeigt, dass eine Absenkung des urheberrechtlichen Schutzniveaus auf ein niedriges Niveau wie z.B. im britischen Recht nicht gewollt war[1159]. Aufgrund der Einführung des Schutzes für einfache Datenbanken könnten die Anforderungen an die Gestaltungshöhe aber wieder steigen[1160]. Dieser Gedanke ist nicht von der Hand zu weisen, denn der Trend des Absenkens der Anforderungen kann zu einem Verwässern des Urheberrechts führen, was durch die Einführung von Sui-Generis-Rechten vermieden werden könnte[1161]. Ein solcher Standard wäre jedoch mit Art. 3 DBRL nicht vereinbar[1162]. Im Übrigen ist der echte Investitionsschutz nicht dazu geeignet, den Schutz der „kleinen Münze“ zu ersetzen[1163]. Es zeigt sich vielmehr, dass damit die Anforderungen trotz der DBRL gerade bestehen bleiben können[1164] und zur Abgrenzung vom Investitionsschutz auch erforderlich sind[1165]. An den bisher ergangenen Urteilen zeigt sich

[1155]Köhler ZUM 1999, 548, 549.

[1156]So auch Schulze ZUM 2000, 432, 436.

[1157]Der Begriff der Gestaltungshöhe ist ein deutscher Begriff, der mit anderen europäischen Kriterien nicht vergleichbar ist (Schricker FS Kreile 715, 717). Aufgrund dieser Richtlinien wird klar, dass ein einheitlicher Originalitätsstandard auf der Basis des Begriffs der eigenen geistigen Schöpfung geschaffen werden soll (Leistner 66; Koumantos RIDA 171 (1997) 79, 94; Combeau RIPIA 1996, 158, 159; Loewenheim GRUR Int. 1997, 285, 287 f.; Schricker FS Kreile 715, 719; Vivant Cahiers Prop. Int. 1997, 41, 45). Vereinzelt wird angenommen, dass bereits die CRL echte „horizontale“ Bestimmung enthält, die zukunftsweisend für Europas Urheberrecht ist (Cohen Jehoram 25 IIC 1994, 821, 828 f.; zustimmend Raubenheimer 27 IIC 1996, 609, 613 f.), was zum jetzigen Zeitpunkt aber noch verfrüht wäre (so auch Leistner 68).

[1158]Leistner 68; Ullmann FS Brandner 507, 512 ff.

[1159]So auch Cook, EuZW 1994, 7, 11 f.; Downing IRLCT 1996, 41, 45; Kappes ZEuP 1997, 654, 659.

[1160]Metaxas EIPR 1990, 227, 228; Hughes/Weightman EIPR 1992, 147, 149.

[1161]Aus diesem Grund für eine Beibehaltung der Überdurchschnittsformel des BGH: Kappes 281.

[1162]Vgl. Schricker/Loewenheim Vor 87 a ff. Rn. 15.

[1163]So auch Leistner 72.

[1164]So auch Kappes 281.

[1165]Kappes GRUR 1997, 338.

auch, dass trotz eines Investitionsschutzes der urheberrechtliche Schutz weiterhin von Bedeutung ist[1166]. Der Tatsache, dass bei Sammel- und Datenbankwerken die Gefahr der Wiederholung bekannter Inhalte besteht[1167], wurde dadurch Rechnung getragen, dass vom BGH für wissenschaftliche Sprachwerke das Vorliegen der Gestaltungshöhe gefordert wurde. Ein Schutz kann danach nur dann möglich sein, wenn es verschiedene Möglichkeiten gibt, Erkenntnisse oder Lehren zu erläutern oder anzuwenden, so dass noch Raum für die Entfaltung des persönlichen Stils bleibt[1168]. Daran wird sich auch in Zukunft nichts ändern, denn alltägliche Zusammenstellungen werden gerade durch den Investitionsschutz erfasst. Die Einführung des Investitionsschutzes führt damit nicht zu einer Änderung der Anforderungen an Sammlungen.

(e) Fazit Das Kriterium der „persönlichen geistigen Schöpfung" entfällt nicht. Bei Sammelwerken und Datenbankwerken ist die „kleine Münze" zu schützen. Dafür spricht vor allem der gleichlautende Wortlaut der CRL und der DBRL im Zuge der europäischen Harmonisierung. Auch wenn die Freiheit der Information erhalten bleiben muss, können nach den Vorgaben der DBRL an Sammel- und Datenbankwerke keine erhöhten Anforderungen i.S. einer Gestaltungshöhe gestellt werden[1169]. Es muss zum Schutz der Freiheit von Wissenschaft und Technik genügen, wenn die Zusammenstellung über das Maß des Alltäglichen hinausgeht. Die Rechtsprechung des Reichsgerichts ist deshalb ebenso abzulehnen wie die Überdurchschnittsformel, denn ein Absenken auf einen derartigen Schutzmaßstab beeinträchtigt die Freiheit der Information nachhaltig.

c) Schutz der „kleinen Münze" bei Sammel- und Datenbankwerken

Es ist somit zu prüfen, ob sich Auswahl und Anordnung des Datenbankwerks von vorbekanntem Schaffen derart unterscheiden, dass sie individuelle, eigenschöpferische Züge tragen und ein aus der Alltäglichkeit herausragendes Maß an Individualität und Originalität besitzen bzw. über die handwerkliche und routinemäßige Leistung hinausgehen[1170]. Die erforderliche Individualität eines Sammel-

---

[1166] Vgl. OLG Hamburg ZUM 1999, 849 - Börsendaten; LG Düsseldorf ZUM-RD 1999, 25 - Links zu Web-Sites Dritter; LG Hamburg MMR 2000, 761 - Zulässigkeit des Frame-Linking; OLG Hamburg ZUM 2001, 512, 513 - Roche Online Lexikon.

[1167] So Kappes 47 für Informationssammlungen.

[1168] Ulmer, Programme 16 für wissenschaftliche Werke, was aber auch für Datenbanken und Computerprogramme zutreffend ist, die Ulmer dazuzählt.

[1169] So auch Burmeister 78; Hillig ZUM 1992, 325, 326; Kappes GRUR 1997, 338; Plaß WRP 2000, 599, 600; Wandtke GRUR 2002, 1, 5.

[1170] OLG Nürnberg ZUM-RD 2002, 293, 295 - Aufklärungsbögen; OLG Hamburg ZUM 2001, 519, 523 - Faxkarte; OLG Düsseldorf MMR 1999, 729, 730 - Baumarkt.de; OLG Hamburg ZUM 1999, 849, 850 - Börsendaten; LG Frankfurt am Main ZUM-RD 2002, 94, 96 - Pharmazeutische Datenbank; OLG Frankfurt CR 2003, 50, 51 - Pharmadatenbank; LG Düsseldorf ZUM 2002, 65 - Rügentelefonbuch; Möhring/Nicolini/Ahlberg § 4 Rn. 22; Kappes GRUR 1997, 338.; diese Anforderungen genügten jedoch auch teilweise schon vor der Umsetzung der DBRL vgl. Hübenett GRUR 1992, 664; BGH GRUR 1987, 704, 706 - Warenzeichenlexika; OGH medien und recht 2001, 234, 236 - Websitelayout.

werks ist nicht gegeben, wenn der Schwerpunkt des Werkes auf den einzelnen Elementen und nicht auf dem Gesamtwerk liegt[1171]. Der Spielraum für die schöpferische Entfaltung ist umso geringer, je konkreter die zwingenden Forderungen an die praktische Nutzung sind. Dann kann die schöpferische Leistung auch in einigen scheinbar unbedeutenden Details liegen[1172]. Bei abstrakten Kriterien, die sich aus dem jeweiligen Sachgebiet ergeben, ist hierbei zusätzlich zu bedenken, dass diese meist als gemeinfrei gelten und es der Auswahl somit an eigenschöpferischer Prägung fehlt[1173]. Eine Auswahl der Elemente allein nach abstrakten Kriterien ist mit einem Zeitaufwand verbunden, der zwar einen Schutz nach § 87 a UrhG rechtfertigt, jedoch für einen Schutz als Sammelwerk nicht genügt.

Wird die Entscheidung über die Aufnahme in eine Datenbank anhand von konkreten Kriterien, d.h. wertenden, subjektiven Kriterien getroffen, greift regelmäßig der Schutz des § 4 UrhG[1174]. Dieser Zusammenhang könnte jedoch gestört sein, wenn die Auswahl lege artis erfolgt, denn es kann davon ausgegangen werden, dass mehrere unabhängige Werke einander ähneln. Hier liegt jedoch die schöpferische Leistung gerade in der Anwendung allgemeiner Kriterien auf konkrete Einzelfälle, und auch diese verdient urheberrechtlichen Schutz[1175]. Gerade solche zwingenden Forderungen sind häufig bei technischen Anwendungen und Benutzeroberflächen gegeben. Die niedrigste Schwelle ist dort anzusetzen, wo noch genügend Spielraum für individuelle Entscheidungen bleibt[1176]. Beruht die Auswahl und Anordnung auf Logik, reiner Zweckmäßigkeit oder Vollständigkeit, liegt die persönliche geistige Schöpfung wie vor der Umsetzung der DBRL nicht vor[1177]. Bei Börsendaten z.B. liegt die chronologische oder alphabetische Reihenfolge in der Natur der Sache, weshalb keine Sammlung im Sinne des § 4 Abs. 1 und auch Abs. 2 UrhG vorliegen kann[1178]. Bei der „vollständigen" Datenbank juris könnte man argumentieren, dass deren Schutz auf ihrer Anordnung und in der Art der Präsentation der dargestellten Entscheidungen und des Zugriffs beruht[1179]. Die originell angeordneten Datenbanken sind jedoch meist nicht sehr

[1171]Ulmer § 29 I 3.

[1172]Reimer GRUR 1980, 572, 574.

[1173]Vgl. Kappes 48 f.

[1174]So auch Kappes 49.

[1175]Vgl. auch Kappes 50.

[1176]Haude in: Brunnstein/Sint 139, 143.

[1177]So schon vor der Umsetzung der DBRL: Dreier GRUR 1992, 739, 741; RGZ 12, 113, 116 - Stettiner Adressbuch; RGZ 144, 75, 77 - Rennvoraussagen; BGH GRUR 1984, 659, 661 - Ausschreibungsunterlagen; BGH GRUR 1987, 704, 706 - Warenzeichenlexika; und auch danach: OLG Nürnberg ZUM-RD 2002, 293, 295 - Aufklärungsbögen; OLG Düsseldorf MMR 1999 729, 730 - Baumarkt.de; OLG Frankfurt CR 2003, 50, 51f. - Pharmadatenbank; OLG Hamburg ZUM 1999, 849, 850 - Börsendaten; LG Düsseldorf ZUM 2002, 65 - Rügentelefonbuch; LG Düsseldorf ZUM-RD 1999, 25 - Links zu Web-Sites Dritter; LG Hamburg MMR 2000, 761 - Zulässigkeit des Frame-Linking; OLG Hamburg ZUM 2001, 512, 513 - Roche Online Lexikon; Büchele 29; Schack Rn. 259; Kritik an dieser Ausgrenzung Dannecker K&R 1999, 529, 534.

[1178]OLG Hamburg ZUM 1999, 849, 851 - Börsendaten.

[1179]Ullmann FS Brandner 507, 519.

nützlich und damit auch kommerziell nicht gut verwertbar[1180], wohingegen die umfassenden, vollständigen Datenbanken wünschenswert sind und gefördert werden sollten[1181]. Dass der Schutz von Sammlungen, die nach subjektiven Kriterien ausgewählt wurden und unvollständig sind, möglich ist, wohingegen vollständige Sammlungen nicht geschützt sind, liegt bereits darin begründet, dass Maßstab des Schutzes die persönliche geistige Schöpfung ist und es danach nun einmal nicht auf Quantität ankommt, sondern auf Individualität[1182]. Für diese Fälle wurde schließlich zur Förderung des Schutzes von vollständigen Datenbanken der Investitionsschutz eingeführt.

D. Verhältnis von Urheber- und Investitionsschutz

Der Schutz eines Sammelwerks, eines Datenbankwerks und einer einfachen Datenbank kann nebeneinander bestehen[1183]. Diese Schutzinstitute entfalten bzgl. des Inhalts und der Schrankenregelungen teils unterschiedliche, teils ähnliche Wirkungen. Es wurde behauptet, dass diese Verdopplung des Schutzes für Datenbanken überflüssig sei[1184]. Es stand zu befürchten, dass durch den Investitionsschutz ein Rückgriff auf den urheberrechtlichen Datenbankschutz nicht mehr erforderlich wäre, allenfalls in 15 Jahren, wenn die Schutzfrist für die einfache Datenbank abgelaufen ist bzw. wenn urheberpersönlichkeitsrechtliche Aspekte im Vordergrund stehen. Die bislang ergangene Rechtsprechung hat aber gezeigt, dass die Befürchtung, das Datenbankwerk sei in der Praxis überflüssig, nicht gerechtfertigt ist, denn häufig wurde nur auf den Schutz als Sammel- oder Datenbankwerk eingegangen und nicht auf den Investitionsschutz[1185]. Beide Schutzmechanismen agieren gleichzeitig und gleichberechtigt.

[1180] Leaffer ALAI 1996, 501, 509, der das Beispiel bringt, dass eine Liste mit Anwälten, sortiert nach der Größe ihrer Bibliothek oder ihres Wartezimmers, zwar originell, aber keinesfalls nützlich ist.

[1181] Nagel/Schuster CR 1994, 133, 138; Stone/Pernick TCL 2/1999, 17.

[1182] So wohl auch Kappes 122.

[1183] BT-Drucks. 13/7934, 42; RegE BT-Drucks. 966/96, 41; LG Berlin NJW-RR 1999, 1273 ff. - Anzeigenmarkt.

[1184] Berger GRUR 1997, 169, 179; Gaster in: Weber/Hilty 35, 43.

[1185] Vgl. OLG Hamburg ZUM 1999, 849 - Börsendaten; LG Düsseldorf ZUM-RD 1999, 25 - Links zu Web-Sites Dritter; LG Hamburg MMR 2000, 761 - Zulässigkeit des Frame-Linking; OLG Hamburg ZUM 2001, 512, 513 - Roche Online Lexikon.

IV. Kapitelzusammenfassung

Im Folgenden werden die Voraussetzungen von Sammelwerk, Datenbankwerk und einfacher Datenbank schematisch zusammengefasst:

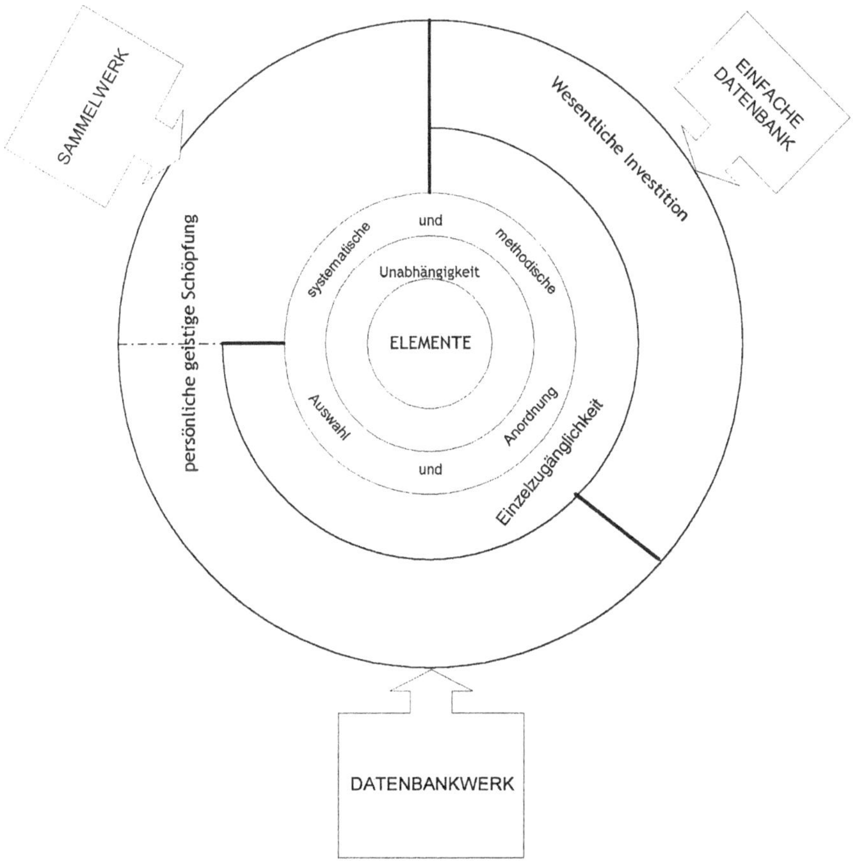

Kapitel 3
Computerprogramm - Datenbank - Ambivalenz

„We are living at a time of unprecedent change with technology advancing faster and producing more new opportunities and problems than ever before. Computers and telecommunication have not only created the means to generate even more information and to do more in a shorter time, but they have also created the means of storage, accessing and transporting information on a scale that was inconceivable just 10 years ago."[1186]

Elektronische Datenbanken und Computerprogramme sind schwer voneinander zu trennen, sowohl technisch als auch juristisch[1187]. Die Abgrenzung führt im Einzelfall zu Problemen, weil digitale Datenbanken mit Hilfe von Computerprogrammen erstellt werden und Computerprogramme sowohl für die Abfrage als auch für die Eingabe von Daten in die Datenbank erforderlich sind. Elektronische Datenbanken sind bei genauer Betrachtung die Kombination von digitalisierten Inhalten und Computerprogrammen[1188]. An welcher Stelle ist ein Computerprogramm zu schützen und wann eine Datenbank? Rechtlich gesehen sind und bleiben Computerprogramme ein Aliud zu Datenbanken[1189]. Ihre Trennung mag zwar vom informationswissenschaftlichen Standpunkt unverständlich sein, ist aber aufgrund der von den technischen Begriffen abweichenden juristischen Definitionen möglich[1190], wenn auch kompliziert. Problematisch ist die Abgrenzung z.B. im Fall der relationalen Datenbanken, bei denen zur Bestimmung und Festlegung der Auswahl und Anordnung Mittlerprogramme und SQL-Sprachen benötigt werden. Geschützt werden schließlich nicht die Daten, sondern deren Auswahl und Anordnung. Andere Problemfelder sind die künstliche Intelligenz und viele Internetphänomene, denn das Internet – eine große Datenbank – wurde durch Computerprogramme erzeugt und wird durch sie am Leben erhalten. Hierfür sieht die legislative Lösung in einigen Staaten so aus, dass ein eigener Abschnitt im Urheberrechtsgesetz oder Sondergesetze für Computerprogramme und Datenbanken geschaffen wurden[1191]. Auch Deutschland wollte ursprünglich den urheberrechtlichen Teil des Datenbankschutzes zunächst hinter die Computerprogramme in den Achten Abschnitt eingliedern[1192], was aufgrund der europäisch bedingten Trennung beider Schutzinstitute aber ebenso zu Spannungen zwischen den Schutz-

---

[1186] Peter Cochrane in: Larsen/Levine 30 DBAIS 1999, 7, 8.

[1187] Chalton EIPR 1997, 278, 279 bezeichnet es sogar in manchen Fällen als unmöglich.

[1188] So auch schon Kappes ZEuP 1997, 654.

[1189] Schricker/Vogel § 87 a Rn. 17.

[1190] So auch Gaster in: Dittrich 15, 19.

[1191] Vgl. z.B. Russland: Das russ. UrhG und das russ.CDG enthalten allerdings im Großen und Ganzen dieselben Bestimmungen mit geringen Abweichungen; im Falle einer Kollision wäre das Urhebergesetz als das spätere vorrangig anzuwenden (So Gavrilov GRUR Int. 1995, 686, 687; unsicher Prins in: Elst/Malfliet 159, 176; a.A. Savelyeva GRUR Int. 1993, 799, 801; Nikiforov RRR Punkt 1); Kapitel 6 des mex.CL.

[1192] Vgl. Kapitel 2 II. A.

bereichen geführt hätte. Die durch die strikte Trennung von Computerprogrammen und elektronischen Datenbanken hervorgerufenen ungewollten Überschneidungen aufzuzeigen und zu trennen, ist Aufgabe dieses Kapitels.

I. Gemeinsamkeiten von Computerprogrammen und elektronischen Datenbanken

Die Einordnung technischer Phänomene als Computerprogramm oder Datenbank gestaltet sich vorrangig deshalb kompliziert, weil – bei allen Unterschieden – auch viele Gemeinsamkeiten bestehen. Gemeinsamkeiten[1193] sind allerdings ausschließlich in der elektronischen Form festzustellen, denn nichtelektronische Datenbanken benötigen keine Computerprogramme, wohingegen elektronische Datenbanken ohne Computerprogramme nicht einmal entstehen können. Von den beiden wird regelmäßig behauptet, sie würden mit ihrem technischen Hintergrund gar nicht in das Urheberrecht passen. Für Computerprogramme wird aufgrund der Technikgebundenheit seit langem der Patentschutz[1194] erwogen, der investive Schutz von Datenbanken teilweise für einen Systembruch gehalten[1195]. Urheberrechtlichen Schutz erlangt vor allem wegen der Asynchronität von Vervielfältigung und Nutzungsmöglichkeit Bedeutung[1196]. Nicht jede Vervielfältigung, die im technischen Sinne als solche bezeichnet werden kann, führt gleichzeitig auch zu einer Erweiterung der Nutzungsmöglichkeiten. Das beste Beispiel dafür ist das Caching – eine technische Vervielfältigungshandlung, die jedoch, wie durch Erwägungsgrund 33 InfRL und § 44 a UrhG klargestellt, nicht als Vervielfältigung im urheberrechtlichen Sinne zu sehen ist.

Die Verwendung von Computerprogrammen ist unabdingbar für das „Lagern" von Daten in elektronischen Datenbanken und somit auch für den Abruf der Informationen[1197]. Daher erhebt sich die Frage, ob z.B. dem Inhaber einer Datenbank aus dem Schutz der Computerprogramme ein originäres Abwehrrecht gegen Vervielfältigungen erwächst[1198].

Wo sich die Schnittstelle zwischen Computerprogramm und Datenbank befindet, wird der juristische Streit um die Zuordnung zum Brennpunkt: Bei computergenerierten Datenbanken, relationalen Datenbanken, Stored Procedures, bei künstlicher Intelligenz, im Internet. Das wirft die Frage auf, ob eine isolierte Betrachtung der einzelnen Bestandteile erforderlich ist[1199] oder der Forderung nach einem Sonderschutz der Phänomene in ihrer Gesamtheit nachgegeben werden sollte. Nicht bei jeder technischen Neuerung ist der Ruf nach einer Sonderregelung gerechtfertigt, denn unabhängige Rechte sollten – soweit möglich – auch

[1193] Vgl. auch Kappes ZEuP 1997, 654, 658.
[1194] Vgl. Kapitel 1 II. B.
[1195] Vgl. Kapitel 2 III. A. 3. a) (4).
[1196] Kappes ZEuP 1997, 654, 658.
[1197] So schon Schulman Bull. Copyright Soc. U.S.A. 1963/64, 369, 371.
[1198] Berger GRUR 1997, 169, 170.
[1199] So Dreier in: Lehmann 31, 57.

unabhängig geschützt werden. Lediglich in den Fällen, in denen ein Auseinanderhalten zu widersprüchlichen Ergebnissen führt oder ein notwendiger Schutz nicht gewährt wird, muss eine Neuregelung erwogen werden. Auf diese Aspekte sollen die Phänomene im Folgenden untersucht werden.

II. Dualität von Computerprogramm und Datenbank

Computerprogramme und Datenbanken werden jeweils einzeln nach § 69 a bzw. § 4 und § 87 a UrhG geschützt. Durch die enge technische Verknüpfung erhebt sich die Frage, ob und wie auch rechtlich eine Vermischung stattfindet. Der Schutz als Datenbank wird nämlich z.B. nicht dadurch ausgeschlossen, dass sie ihre erste ursprüngliche Ausdrucksform als Computerprogramm fand[1200].

A. Einbeziehung des Computerprogramms in den Schutzbereich des Datenbankschutzes

Das Computerprogramm könnte als fester Bestandteil der Datenbank in dessen Schutzbereich miteinbezogen sein. Das hätte zur Folge, dass der Datenbankhersteller auch Rechte am dazugehörigen Computerprogramm erwerben würde. Gegen diese Lösung haben sich Art. 1 Abs. 3 DBRL und § 4 Abs. 2 S. 2 UrhG deutlich ausgesprochen: Datenbanken und Computerprogramme sind zu trennen[1201].

Das ist auch sinnvoll, da sonst ein Datenbankhersteller von der Anordnung, die durch das Programm getroffen wurde, profitieren würde, auch wenn dieses nicht von ihm geschaffen worden ist[1202]. Wenn also eine komplette Datenbank inklusive des Betriebssystems unerlaubt kopiert wird, ist der Verletzer auch dem Inhaber der Rechte der Software gegenüber haftbar[1203].

Es ist allerdings schwer festzustellen, aus welchen anderen Bestandteilen elektronische Datenbanken über die Software hinaus bestehen[1204], denn häufig ist eine Datenbank lediglich eine andere Ausdrucksform der sie generierenden Datenbanksoftware[1205].

Das Problem wurde des Öfteren damit abgetan, dass diese Systeme auch aus zwei Komponenten, nämlich der Datenbank und dem Computerprogramm, bestehen und dementsprechend auch so geschützt werden müssten[1206]. In der Praxis können daraus erhebliche Abgrenzungsschwierigkeiten resultieren[1207], wie im Folgenden noch ausgeführt wird. Computerprogramme gehören deshalb nicht zu

[1200] So auch Ubertazzi GRUR Int. 1985, 294, 296.

[1201] Bensinger 137 behauptet, diese Unterscheidung sei rein deklaratorischer Natur, was aufgrund der sich überschneidenden Schutzbereiche unzutreffend ist.

[1202] Hughes/Weightman EIPR 1992, 147, 148.

[1203] Angel/Quinn CLSR 1998, 34.

[1204] So auch Angel/Quinn CLSR 1998, 34.

[1205] Koch GRUR 1997, 417, 419.

[1206] Vgl. u.a. Bericht über eine WIPO – Sitzung in: Hoeren CR 1992, 243, 246.

[1207] So auch BT-Drucks. 13/8110, 12; Chalton EIPR 1994, 94, 96; Weber UFITA 132 (1996) 5, 7; Wuermeling NJW-CoR 1996, 183; Zahrt 39.

den Datenbanken, sondern sind getrennt von ihnen auf urheberrechtlichen Schutz zu untersuchen.

B. Computerprogramme als Datenbanken

Zwar können Computerprogramme nicht in den Schutzbereich der Datenbank einbezogen werden, möglich wäre aber, das Computerprogramm selbst als Datenbank zu schützen[1208]. In einem solchen Fall könnten auch Computerprogramme, die keinerlei Kreativität aufweisen, unter dem Sui-generis-Schutz der §§ 87 a ff. UrhG stehen. Dadurch bestünde zwar theoretisch eine Trennung von Computerprogrammen und Datenbanken, aber Inhalte von Computerprogrammen könnten doch – zumindest faktisch – als Datenbanken geschützt werden[1209]. Um den Schutz zu erlangen, müssten Computerprogramme eine Sammlung von unabhängigen Elementen darstellen, die systematisch ausgewählt und angeordnet worden sind. In einer Bekanntmachung des U.S. Copyright Office von 1964 findet sich bereits die Feststellung, dass auch für die Erstellung eines Computerprogramms „wesentliche Elemente des Zusammentragens, Aussuchens, Ausscheidens, Überarbeitens und Anordnens von Material" erforderlich sind[1210]. In der Tat können aufgrund des weiten Elementbegriffs und der geringen Anforderungen an die Systematik der Zusammenstellung die einzelnen Befehle, Deklarationen und Kommentare als ausgewählte und angeordnete Elemente angesehen werden. Vereinzelt wird deshalb auch der Schutz von Basisklassen – mit den Attributen als Elemente – als Datenbankwerk bzw. als Datenbank angedacht[1211]. Diese Einordnung entbehrt jedoch jeglicher Grundlage, da Attribute als Eigenschaften von Objekten untrennbar mit diesen verbunden sind. Gerade bei objektorientierten Programmen, die aus Klassen und Objekten zusammengesetzt sind, kann jedoch bei dieser Zusammenstellung an den Schutz als Datenbank gedacht werden[1212]. Die Elemente, ob nun einzelne Befehle oder ganze Klassen, müssten aber unabhängig sein. Letzteres trifft bei Computerprogrammen nun gerade nicht zu, denn sie sind zur Erfüllung ihrer Funktion auf die Abhängigkeit der einzelnen Befehle und Anweisungen angewiesen. Zwar kann nicht logisch von einem Befehl auf den nächsten geschlossen werden, aber wird ein Befehl entfernt, ist die Funktion des gesamten Programms in Frage gestellt. Die Betrachtung von Computerprogrammen als Datenbanken ist somit ausgeschlossen.

[1208] So Chalton CLSR 1995, 295, 296; Walter/Walter Software-RL Art 1 Rn. 30.

[1209] Reichman/Samuelson 50 Vand. L. Rev. 1997, 51, 103, Fn. 229.

[1210] Bekanntmachung des U.S. Copyright Office (April 1964), abgedruckt in: GRUR Ausl. 1964, 635; so auch Pattison EIPR 1992, 113.

[1211] So Koch GRUR 2000, 191, 199.

[1212] Koch GRUR 2000, 191, 199 denkt den Schutz der Klassen als Elemente einer Datenbank bei Einfügung in eine Klassenbibliothek an: Da Elemente einer Datenbank jedoch nur in ihrer Zusammenstellung und nicht einzeln geschützt werden, kann ein Schutz für Klassen damit nicht vorliegen.

C. Datenbanken als Computerprogramme

Im umgekehrten Sinn könnte auch ein Schutz von Datenbanken als Computerprogramm anzudenken sein. Dieser ist jedoch abzulehnen, denn eine Datenbank hat nicht die Fähigkeit, eine Reaktion in einem Computer hervorzurufen, dazu benötigt sie Computerprogramme. Sie kann auch keine Ein- und Ausgaben verarbeiten, sondern die Daten lediglich geordnet aufbewahren, bis sie von einem Computerprogramm abgefragt werden. Die Datenbank ist auch nicht ein anderer Ausdruck des Computerprogramms i.S.d. § 69 a UrhG[1213], sondern lediglich deren Ergebnis. Die Betrachtung von Datenbanken als Computerprogramme ist damit ebenso ausgeschlossen.

D. Gleichzeitiger Schutz als Datenbank und Computerprogramm

Obwohl durch Erwägungsgrund 23 DBRL und § 4 Abs. 2 S. 2 UrhG klargestellt wurde, dass Datenbanken und Computerprogramme zu trennen sind, die Grenze aber oft fließend ist, könnte ein Parallelschutz nach § 87 a bzw. § 4 Abs. 1 bzw. 2 und § 69 a UrhG in Betracht kommen[1214]. Ein solcher Schutz widerspricht jedoch nicht nur den technischen Realitäten, sondern auch der Urheberrechtssystematik, denn der Gesetzgeber hat z.B. den Schutz des Filmwerks separat aufgenommen, anstatt Filme als Bild- und Tonwerke gleichzeitig zu schützen. Wenn Datenbanken und Computerprogramme vermischt werden, könnte sich daraus außerdem ein gerade nicht beabsichtigter Investitionsschutz von Computerprogrammen ergeben. Schon in den Schutzvoraussetzungen sind beide derart unterschiedlich, dass kein gemeinsamer Schutz in Betracht kommt, denn dem Computerprogramm fehlt die Unabhängigkeit der Elemente, um eine Datenbank zu sein, und der Datenbank fehlt die Eigenschaft, durch Befehle Reaktionen auszulösen und Ein- und Ausgaben zu verarbeiten. Demnach ist der gleichzeitige Schutz eines Werkes als Datenbank und Computerprogramm grundsätzlich abzulehnen. Wird einem Phänomen der Schutz beider Institute zugesprochen, so liegt eine unsaubere Trennung der zu schützenden Aspekte vor.

E. Computerprogramme als Elemente einer Datenbank

Aufgrund des „offenen Elementbegriffs" im Rahmen der Datenbankdefinition[1215] können Computerprogramme selbst Elemente einer Datenbank sein. Dagegen spricht auch § 4 Abs. 2 S. 2 UrhG nicht, da diese Regelung nur Computerprogramme betrifft, die als Hilfsmittel zur Erstellung und Abfrage dienen.

Ein Beispiel für eine Datenbank, deren Elemente Computerprogramme sind, findet sich in der objektorientierten Programmierung, bei den Klassenbibliothe-

[1213] So aber Koch GRUR 1997, 417, 419.

[1214] Vgl. OLG Hamburg ZUM 2001, 512, 513 - Roche Online Lexikon, das annimmt, dass das streitgegenständliche Onlinemedizinlexikon sowohl Datenbankwerk als auch Computerprogramm ist – vgl. in diesem Kapitel VIII. F. 1.

[1215] Vgl. Kapitel 2 III. B. 2. a).

ken[1216]. Klassenbibliotheken sind – wie der Name schon sagt – Ansammlungen von Computerprogrammteilen, von Klassen, die problemlos in andere Computerprogramme integriert werden können. Die Elemente dieser Zusammenstellung sind die Klassen[1217], die unabhängig und einzeln zugänglich sind[1218]. In den meisten Fällen wird ein einfacher Datenbankschutz vorliegen, da die Zusammenstellung in der Regel keine schöpferische Leistung erfordert und meist nur auf Vollständigkeit hin ausgewählt wurde. Dasselbe trifft auch auf Treiberdatenbanken zu, die aus verschiedenen Treibern, d.h. Computerprogrammen, bestehen, meist nach den entsprechenden Betriebssystemen angeordnet, unabhängig und einzeln zugänglich sind, aufgrund ihrer Vollständigkeit kein Werk, aber oft eine wesentliche Investition darstellen können und somit als einfache Datenbanken geschützt sind.

Eine weitere Zusammenstellung von Programmen ist in Betriebssystemen zu finden. Wie bereits festgestellt, sind Betriebssysteme zwar Computerprogramme[1219], als Komplettsystem könnten sie jedoch auch als Datenbanken geschützt werden. Während MS-DOS noch als Kompilation verschiedener „COM"- und „EXE"-Dateien für den Schutz als Sammelwerk in Betracht kam[1220], sind nun Windows und LINUX mit einer Fülle von Betriebsprogrammen, Treibern und den dazugehörigen Anwendungen zu analysieren. Schon bei MS-DOS können aber Zweifel an einer Sammlung aufkommen, denn unmittelbar zum Betreiben des Systems waren nur drei Dateien[1221] erforderlich, alle weiteren Programme fungierten lediglich als Hilfsprogramme. Selbst wenn letztere nicht zum Gesamtwerk zählten, würden die drei Dateien für eine nähere Betrachtung ausreichen[1222]. Dass diese Dateien unabhängig und einzeln zugänglich sind, muss nicht näher erläutert werden. Die systematische Anordnung hingegen ist in Frage zu stellen. Die genannten Dateien sind zwar auf einem Datenträger gemeinsam gespeichert, aber eine systematische Anordnung im Sinne des Urheberrechts kann die reine Anordnung auf einem Speichermedium, wie bereits festgestellt[1223], nicht erfüllen. Eine darüberhinausgehende Anordnung besteht nicht. Ein Betriebssystem wie MS-DOS kann damit den Datenbankbegriff nicht erfüllen[1224]. Ebenso besteht kein Datenbank- oder Sammelwerksschutz anderer Betriebssysteme, zum einen mangels systematischer und methodischer Anordnung der Computerprogramme, zum anderen mangels geistiger Schöpfung, denn selbst bei Vorliegen einer Anordnung

[1216] OLG Hamburg ZUM 2002, 558, 561 - CT-Klassenbibliothek; a.A. Dixon/Self EIPR 1994, 465, 473, die Klassendatenbanken als Computerprogramme betrachten.

[1217] Vgl. zum Schutz von Klassen als Computerprogramme Kapitel 1 III. H. 8. f).

[1218] Zweifel können im Einzelfall allenfalls bei der Frage der systematischen und methodischen Anordnung entstehen: vgl. OLG Hamburg ZUM 2002, 558, 561 - CT-Klassenbibliothek.

[1219] Vgl. Kapitel 1 III. H. 6.

[1220] So Ahn 72 f.

[1221] Command.com, Io.sys und Msdos.sys.

[1222] Vgl. Kapitel 2 III. B. 2. a) (6).

[1223] Vgl. Kapitel 2 III. B. 2. c) (7).

[1224] A.A. Ahn 72.

wäre diese rein nach Zweckmäßigkeitserwägungen erfolgt und für einen Werkschutz ausgeschlossen.

Ferner wurde auch Softwarepaketen, z.B. einem Office-Paket oder Spielesammlungen, ein Schutz als Sammelwerk zugesprochen[1225]. Eine systematische Anordnung ist aus denselben Gründen wie bei den Betriebssystemen zu verneinen; erwägenswert scheint hingegen die Annahme einer methodischen Auswahl, die bei der Zusammenstellung von Softwarepaketen im Einzelfall erfolgen kann. Selbst bei Vorliegen dieser Voraussetzungen scheitert ein Schutz mangels geistiger Schöpfung bzw. wesentlicher Investition aufgrund des Rechtsgedankens des Erwägungsgrund 19 DBRL, denn ein Softwarepaket ist bzgl. der Anstrengung von Geist oder Aufwendung von Fleiß und Mühe nichts anderes als eine Musikzusammenstellung und ebensowenig wie diese geschützt.

F. Datenbanken als Bearbeitung des Computerprogramms

Die elektronische Datenbank könnte auch als Bearbeitung eines Computerprogramms betrachtet werden, denn sie entsteht in vielen Fällen aus dem Computerprogramm. Unter einer Bearbeitung i.S.d. § 3 UrhG wird eine vom Originalwerk abhängige Schöpfung verstanden, die wesentliche Gründzüge des Originalwerks übernimmt und dem Originalwerk dient[1226]. Zweifellos ist die elektronische Datenbank vom Computerprogramm abhängig. Ohne Computerprogramme können elektronische Datenbanken nicht erstellt werden. Allerdings müssen bei einer Bearbeitung die Eigenarten des Originalwerks erhalten bleiben[1227], was bei der Datenbank nicht der Fall ist. Das Computerprogramm bleibt zwar, wie bei einer Bearbeitung, in seiner ursprünglichen Form erhalten, wird aber nicht verändert, d.h. im Ergebnis nicht i.S.d. § 3 UrhG bearbeitet. Wie die Sammlung auch keine Bearbeitung der einzelnen Elemente ist[1228], ist sie auch keine Bearbeitung eines Computerprogramms, sondern ein vom Computerprogramm losgelöstes Werk[1229].

G. Fazit

Die einzige rechtliche Verbindung, die somit zwischen Computerprogrammen und Datenbanken besteht, ist, dass aufgrund des „offenen Elementbegriffs" Computerprogramme Elemente von Datenbanken sein können.

III. Computergenerierte Datenbanken

Computergenerierte oder -produzierte Datenbanken sind Datenbanken, bei denen Auswahl und Anordnung der Daten nicht für jeden einzelnen Fall von einem Individuum festgelegt, sondern von einem Computerprogramm bestimmt werden.

[1225] So Ahn 74; Longden Int. J. L. & Inf. Tech. 1997, 249, 266 für „compilations".
[1226] Schricker/Loewenheim § 3 Rn. 5.
[1227] Möhring/Nicolini/Ahlberg § 3 Rn. 4.
[1228] BGH GRUR 1990, 669, 673 - Bibelreproduktion.
[1229] So auch Kreuzer in: Schwerdtfeger/Evertz 167, 196.

Zwar wurde das Programm, das die Kriterien festgelegt hat, von einem Individuum geschrieben, Auswahl und Anordnung aber erfolgte lediglich mittelbar durch eine Person. Der Programmierer kann dem Programm dabei enge oder weite Grenzen für Auswahl und Anordnung der Elemente setzen. Die dazu benötigten Informationen können im Programm explizit festgelegt oder auch erst während des Ablaufens des Programmes gewonnen werden. Ursprünglich sollte Art. 1 Abs. 4 b) CRL manifestieren, dass ein Programm, das mit Hilfe eines Computers geschaffen wurde, auch geschützt sein kann, solange es individuell ist. Art. 2 Abs. 5 ergänzte diesen Artikel für die Urheberschaft an solchen Werken dahingehend, dass Urheber derjenige ist, der die Entwicklung späterer Programme durch den Computer veranlasst[1230]. Leider wurden diese Regelungen in die endgültige Fassung nicht übernommen.

Wurden computergenerierte Werke 1992 noch als realitätsfern und nicht regelungsbedürftig angesehen[1231], so ist heute angesichts einer Fülle von computergenerierten Datenbanken eine genauere Analyse dieser Phänomene unabdingbar[1232].

A. Problemstellung

Computergenerierte Datenbanken entstehen z.B. durch den Einsatz von Zufallsgeneratoren oder künstlicher Intelligenz. Sie unterscheiden sich von den herkömmlichen Schutzgegenständen des Urheberrechts hauptsächlich dadurch, dass ihr Schöpfer kein Mensch, sondern eine Maschine ist. Unabhängig davon, wem das Urheberrecht an einem computergenerierten Werk zusteht, stellt sich daher die Frage, ob ein solches Werk überhaupt urheberrechtlich geschützt sein kann, denn ohne die *persönliche* geistige Schöpfung gemäß § 2 Abs. 2 UrhG kann kein Urheberrechtsschutz entstehen, wodurch auch ein anderes Problem an Bedeutung gewinnt, nämlich, ob eine Maschine selbst schöpferisch und diese Schöpfung geschützt sein kann. Zwar gilt für computergenerierte Datenbanken die Voraussetzung der *persönlichen* geistigen Schöpfung an sich nicht, da für die Bestandteile – Computerprogramme und Datenbanken – nach CRL und DBRL sowie ihren Umsetzungen der Begriff der *eigenen* geistigen Schöpfung gilt. Nichtsdestoweniger ergibt sich dadurch kein Unterschied in der weiteren Behandlung, da auch für Computerprogramme und Datenbanken grundsätzlich dieselben Anforderungen wie bei der persönlichen geistigen Schöpfung gemäß § 2 Abs. 2 UrhG zu stellen sind[1233]. Es liegt lediglich eine durch den europäischen Harmonisierungsprozess bedingte sprachliche, jedoch keine inhaltliche Abweichung vor.

[1230] Vorschlag der Kommission KOM (88) 816 endg.

[1231] WIPO-Sachverständigenausschuss GRUR Int. 1992, 45, 48.

[1232] Beispiele für computergenerierte Datenbanken werden in diesem Kapitel unter VII., VIII. B. 2., VIII. B. 4., VIII. F., VIII. G. und VIII. I. 2. b) besprochen; auch digitalisierte Werke sind mangels Schöpfer in digitalisierter Form nicht schützbar (vgl. Büchele 18).

[1233] Vgl. Kapitel 1 III. F. und Kapitel 2 III. C. 4. b) (1) (a).

B. Anwendungsbereich der DBRL

Bei computergenerierten Datenbanken wird die Anwendbarkeit der DBRL überwiegend abgelehnt[1234] Dieses Problem stellte sich mangels entsprechender gesetzlicher Regelung für die deutsche Umsetzung nicht und wurde daher bislang nur im Rahmen der englischen Umsetzung diskutiert[1235]. Grundsätzlich gelten jedoch dieselben Überlegungen. Sowohl elektronische als auch nichtelektronische Datenbanken unterfallen ausdrücklich dem Schutz durch die DBRL und den §§ 4, 87 a UrhG, ebenso wie statische und dynamische Datenbanken[1236]. Ein Ausschluss der computergenerierten Datenbanken hätte zugleich den Ausschluss eines Teils dieser Gruppen zur Folge. Urheberrechtlichen Datenbankschutz nach der DBRL erhält nur die Auswahl der Daten und die Anordnung des Stoffs[1237], und diese erfolgen bei computergenerierten Datenbanken durch eine Maschine. Nach der DBRL ist jedoch eine eigene geistige Schöpfung erforderlich. Allerdings heißt es in der Begründung des Vorschlags zum Schutz von Datenbanken lediglich, dass, unabhängig davon, ob Auswahl oder Anordnung später mit Hilfe der Software vorgenommen werden, die Kriterien für die Auswahl und Anordnung von einem menschlichen Urheber zu definieren sind[1238]. Das schließt die computergenerierten Datenbanken solange nicht aus, wie die Kriterien – in der Regel in einem Computerprogramm – ebenfalls von einem Menschen fixiert werden. Die Kommission ging damit in ihrem Vorschlag für die DBRL noch davon aus, dass selbst in den Fällen künstlicher Intelligenz ein menschlicher Urheber existiert[1239]. Diese extensive Definition, die computergenerierte Datenbanken eingeschlossen hätte, wurde jedoch ausdrücklich nicht in die Richtlinie eingefügt, da eine solche Regelung in eine Richtlinie zum Rechtsschutz einer spezifischen Art von Werk nicht aufgenommen werden sollte[1240]. Deshalb wird der Schutz von computergenerierten Datenbanken durch die DBRL bewusst nicht berührt. Ob eine solche Datenbank geschützt sein kann, richtet sich demnach ausschließlich nach dem UrhG, insbesondere nach den §§ 4, 2 Abs. 2 und 87 a UrhG.

[1234] Angel/Quinn CLSR 1998, 34, 35; Bull CLSR 1998, 295, 299; so wohl auch Downing IRLCT 1996, 41, 47, der bemerkt, dass Sec. 9 (3) durch die Richtlinienumsetzung nicht geändert wurde; Lai EIPR 1998, 32, 33; Murray/Goddard EIPR 1993 D-292; Schwarz CLSR 1999, 101, 104 für Datenbanken, da die Individualität nach der DBRL erforderlich ist und Individualität nur von Menschen kommen kann; vgl. aber auch Chalton EIPR 1998, 178, 179; Chalton CLSR 1995, 295, 297, der zwar für eine computergenerierte Datenbank einen Originalitätsschutz nun ablehnt, aber den Sui-Generis-Schutz in Betracht zieht.

[1235] Vgl. in diesem Kapitel III. F. 4.

[1236] Kreile ZUM 1996, 564, 571.

[1237] Vgl. Kapitel 2 III. C. 1.

[1238] KOM (92) 24 endg., 25 f.

[1239] KOM (92) 24 endg., 25 f.

[1240] KOM (93) 464 endg., 3.

C. Voraussetzungen des Datenbankschutzes

Computergenerierte Datenbanken können unter denselben Voraussetzungen wie andere Datenbanken gemäß § 4 und § 87 a UrhG geschützt sein. Bezüglich der verwendeten Elemente gibt es keinerlei Einschränkungen: Texte, Bilder und Musik sind möglich. Auch bezüglich der Unabhängigkeit und Einzelzugänglichkeit ergeben sich keine Besonderheiten. Eine systematische Auswahl und Anordnung ist bei computergenerierten Datenbanken durch die vorherige Programmierung in vielen Fällen unproblematisch. Es gibt jedoch auch Ausnahmen, z.B. bei der Verwendung von Aleatorik, bei der ein methodisches Vorgehen gerade ausgeschlossen ist. Die Voraussetzungen für eine Datenbank liegen demnach zunächst vor.

D. Ansichten zur schöpferischen Tätigkeit von Maschinen

Die Gewährung des urheberrechtlichen Schutzes hängt davon ab, ob eine persönliche Schöpfung auch bei computergenerierten Datenbanken angenommen werden kann. Einer Meinung zufolge sind auch computergenerierte Erzeugnisse schutzfähig[1241]. Der „Meister des Computers“ erhebe das Ergebnis zu einem Werk, selbst wenn er es zum selben Zeitpunkt wie die Öffentlichkeit wahrnehme[1242]. Inhalt des Werkes sei der Inhalt des menschlichen Geistes[1243]. Aus diesem Grund müsse die Entstehung des Werks durch den Menschen gesteuert, könne das Werk nur Ausdruck der Empfindungen des Menschen sein und sei somit eine Schöpfung[1244]. Computergenerierte Werke sind Produkte eines geistigen Schöpfers, auch wenn sie automatisch entstehen[1245], denn auch ein Zufallsgenerator muss programmiert werden[1246]. Das Ergebnis sei nur Emanation der Gedanken und Gefühle des Programmierers[1247]. Bei jeder Schöpfung spiele der Zufall eine Rolle[1248] und Individualität sei Ausdruck von Zufälligkeit und Launen[1249], die der Apparat auch durch Zufallsgeneratoren erhält. Aleatorische Computer können deshalb dem gleichkommen, was als schöpferisch betrachtet werden kann[1250]. Außerdem seien hierbei noch die nützlichen von den nutzlosen Ergebnissen zu trennen, da nur in letzteren eine schöpferische Leistung zu sehen sei[1251]. Übersetzungsmaschinen z.B. würden deshalb nicht geschützt, weil es nur einen begrenz-

[1241] Ahn 28; Fromm GRUR 1964, 304, 305; Kilian/Heussen/Harte-Bavendamm 54 Rn. 16; Köhler 91; Kummer 195; Milde J. Pat. Off. Soc. 1969, 378, 390 ff.; Möhring UFITA 50 (1967) 835, 840; Samson UFITA 56 (1970) 117, 140; Savelson Bull. Copyright Soc. U.S.A. 1963/64, 144, 158; Schiffer Bull. Copyright Soc. U.S.A. 1963/64, 404; Thronson/Buckley TCL 11/1996, 1, 3.

[1242] So Kummer 195.

[1243] Möhring UFITA 50 (1967) 835, 840.

[1244] Möhring UFITA 50 (1967) 835, 840.

[1245] So Fromm GRUR 1964, 304, 305.

[1246] Savelson Bull. Copyright Soc. U.S.A. 1963/64, 144, 158.

[1247] So Samson UFITA 56 (1970) 117, 141.

[1248] So Samson UFITA 56 (1970) 117, 141.

[1249] Kummer 175.

[1250] Kummer 176.

[1251] Schwarz CLSR 1999, 101, 104.

ten Spielraum an Möglichkeiten zur Übersetzung von einer Sprache in die andere gibt[1252].

Schließlich wird vertreten, dass Produkten, die ausschließlich durch den Computer hergestellt werden, die persönliche Schöpfung fehlt, auch wenn das zugrunde liegende Programm von einem Menschen geschrieben wurde; gerade auch Zufallsprodukte sind ausgeschlossen[1253]. Der Anschein der Originalität entstünde nur durch wissenschaftliche Ungenauigkeiten bei der Dateneingabe und -verarbeitung, also durch Zufall und nicht durch Kreativität[1254]. Das Ergebnis von „Elektronengehirnen" könne nur technischer Natur sein und damit Wissenschaft und Forschung gehören[1255]. Der Künstler müsse die Formgebung bestimmen. Für den Programmierer nicht vorhersehbare Ergebnisse, wie durch Zufallsgeneratoren erzeugte Elemente, sollen demnach keine Werke sein. Da ein gewisses Maß an Zufall immer eine Rolle spielt, will eine erweiternde Ansicht einen Schutz aber gewähren, wenn der Urheber Grundmuster schafft und dann zwischen den entstandenen Versionen auswählt[1256].

E. Stellungnahme

Da die Bestandteile der Datenbank auch automatisch anfallen können[1257], steht der Weg für den Urheberrechtsschutz computergenerierter Datenbanken grundsätzlich offen. Computer können schon lange nicht mehr nur mit Hilfsmitteln wie einer Schreibmaschine verglichen werden. Sie sind in der Lage, mit Zufallsgeneratoren, künstlicher Intelligenz oder auch auf andere Weise selbständig Werke herzustellen. Dabei sind sie allerdings nicht völlig unabhängig vom Programmierer, der die Initialinputs geliefert und eine mehr oder weniger grobe Struktur vorgegeben hat. Der Programmierer kann das Ergebnis aber nicht oder nur mit einer gewissen Wahrscheinlichkeit voraussagen. Bei computergenerierten Programmen wurde früher geschlussfolgert, dass sie der Schutzmacht des Urhebers des Softwaregeneratorprogramms unterliegen[1258]. Überträgt man diesen Gedanken auf computergenerierte Datenbanken, unterliegt der Schutz der Datenbank ebenso dem Urheber des Computerprogramms. Eine solche Auslegung ist aber mit dem

[1252] Kummer 180 f.

[1253] Austin 30 L. Tech. 1997, 1, 18 f.; Barta/Markiewicz FS Beier 343, 346; Barthel 179; Büchele 18; Erdmann CR 1986, 249, 251; Erdmann FS v. Gamm 389, 396; Fabiani GRUR Ausl. 1965, 422, 423; Fromm/Nordemann/Nordemann/Vinck Vor § 69 a Rn. 5; Gervais 22 IIC 1991, 628, 643; Haberstumpf Rn. 69; Haberstumpf in: Lehmann 69, 88; Jaeger/Koglin CR 2002, 169, 173; Kortsik 51; Kullmann 77 f.; Schlatter in: Lehmann 169, 215; Kreuzer in: Schwerdtfeger/Evertz 167, 182 f.; Mehrings 104; Möhring/Nicolini/Hoeren § 69 a Rn. 14; Schricker/Loewenheim § 7 Rn. 3, § 69 a Rn. 15; Schricker in: Schricker 45 f.; Walter/Walter Software-RL Art 1 Rn. 33; Wandtke/Bullinger/Bullinger § 2 Rn. 15.

[1254] Fabiani GRUR Ausl. 1965, 422, 424.

[1255] So Fabiani GRUR Ausl. 1965, 422, 423.

[1256] Schricker/Loewenheim § 2 Rn. 14; Büchele 21; Erdmann FS v. Gamm 389, 396; Walter/Walter Software-RL Art 1 Rn. 33.

[1257] Vgl. Kapitel 2 III. B. 2. a) (5).

[1258] Haberstumpf in: Lehmann 69, 88.

Rechtsgedanken des § 4 Abs. 2 S. 2 UrhG nicht vereinbar. Ein computergeneriertes Werk könnte auch lediglich ein anderer Ausdruck eines Computerprogramms sein und damit als solches geschützt werden. Dabei drängt sich der Vergleich mit dem Quellcode auf, der mittels Compiler in eine andere Form, den Objektcode, umgewandelt wird. Beide Codes stellen dennoch nur unterschiedliche Ausdrucksformen ein und desselben Computerprogramms dar[1259]. Der Compiler generiert aber weder ein Programm noch ist seine Funktion damit vergleichbar. Während bei einer Generierung neue Daten gesucht und implementiert werden, bildet der Compiler den Quellcode lediglich in eine andere Form ab; er generiert nicht, er transformiert. Ein Vergleich beider Umwandlungsformen ist damit nicht möglich.

Computergenerierte Werke könnten keinen Schutz genießen, wenn die Qualität der menschlichen Arbeit die der maschinellen übersteigt und damit ein Herausragen über das Alltägliche bei letzterer nicht möglich wäre[1260]. Dieser Ansatz scheitert jedoch aus zwei Gründen. Das Ergebnis, das nach Ablauf des Computerprogramms entsteht, kann zum einen in vielen Fällen von jedermann erstellt werden und könnte deshalb gar keinen Urheberrechtsschutz verdienen[1261]. Bei einer mechanischen Abfolge wird der Computer aber oft nur als Unterstützung gebraucht und auf das kreative Schaffen bei oder vor der Benutzung des Computerprogramms abzustellen sein, welches wiederum individuell verschieden ist. Zum anderen stellt der Urheberrechtsschutz keine qualitativen Voraussetzungen an potentiell geschützte Werke und somit auch nicht an computergenerierte Werke[1262], obwohl vereinzelt vertreten wird, dass die Überlegung, ob überhaupt ein Werk vorliegt, auch qualitativ betrachtet werden kann[1263]. Für Computerprogramme und Datenbanken ist eine qualitative Betrachtung aber in jedem Fall gemäß § 69 a Abs. 3 S. 2 UrhG und Art. 3 Abs. 1 DBRL ausgeschlossen. Selbst bei qualitativer Betrachtung wäre jedoch festzustellen, dass Computererzeugnisse sich in der Regel nicht von den Produkten unterscheiden, die einen menschlichen Schöpfer haben.

Daher könnte die Frage nach der persönlichen geistigen Schöpfung auch philosophisch betrachtet werden, nämlich, ob Computer nicht genau wie juristische Personen Rechte und Pflichten haben und somit zwar ebenso nicht Urheber sein können, aber zumindest analog § 69 b UrhG Rechte an Werken haben oder aber, ob man sie gar dem Menschen gleichstellt[1264]. Ein Mensch hat im Gegensatz zu

---

[1259] Vgl. Kapitel 1 III. H. 3.

[1260] Vgl. Samson UFITA 56 (1970) 117, 143.

[1261] Möhring GRUR 1967, 269, 275.

[1262] So Farr Rutgers Comp. & Tech. L. J. 1989, 63, 68; Fromm GRUR 1964, 304, 305; Kohler 138; a.A. Samson UFITA 56 (1970) 117, 143.

[1263] Samson UFITA 56 (1970) 117, 143; vgl. auch BGH GRUR 1959, 289, 290 - Rosenthal-Vase.

[1264] Vgl. Bühl 128; Cerqueira http://nacoes.melim.com.br/tarcisio/artigos/generated.html (03.04.2002); Zipse Mitt. 1974, 246, 250, der von elektronischen und biologischen Computern spricht; Milde J. Pat. Off. Soc. 1969, 378, 395, der sich eine Co-Autorenschaft zwischen Mensch und Maschine vorstellen kann; vgl. Farr Rutgers Comp. & Tech. L. J. 1989, 63, 79 zu der Frage, wer die Rechte des Computers durchsetzen würde.

einer Maschine einen freien Willen, d.h. eine Voraussage seiner Handlungen ist nur bedingt möglich. Ein Mensch kann sich in jeder Situation auch völlig unvernünftig verhalten; ein Programm wird immer aufgrund seiner ursprünglichen Programmierung handeln. Die Anzahl der Handlungsmöglichkeiten wird durch die Anzahl der Informationen bestimmt und die Fähigkeit, die Informationen zu verarbeiten. Diese Fähigkeit der Maschinen hat sich im Laufe der Jahrzehnte erheblich erhöht[1265]. Der Computer wird wie ein Mensch lediglich mit Daten gefüttert und produziert durch Kombination neue Zusammenstellungen, die bei einem Menschen als individuell angesehen werden. Wenn der Computer demnach in der Lage ist, durch die Vielzahl von Informationen, die er gespeichert hat, immer neue Kombinationen zu erzeugen, werden die Werke sich von denen anderer unterscheiden und auch aus der Masse des Alltäglichen herausragen und urheberrechtlich geschützt werden können. Offen bleibt dennoch, ob eine solche Maschine dann tatsächlich die Fähigkeit besitzt, kreativ zu sein und nicht nur bestimmte Prozesse unendlich schneller ablaufen zu lassen als der Mensch, d.h. ob Maschinen menschliches Verhalten eines Tages simulieren oder doch nur imitieren können[1266].

Übersetzungsmaschinen sind hierfür ein gutes Beispiel. Seit langem wird angenommen, dass es – jeweils in den nächsten Jahren – möglich sein wird, Computer als Übersetzer fungieren zu lassen. Einige Ansätze hat es in den letzten Jahren gegeben[1267], allerdings sorgen die so entstandenen Übersetzungen oft für unfreiwilliges Gelächter. Die Überlegungen zu den alten Übersetzungsmaschinen der 60er Jahre sind auch noch heute gültig, denn obwohl sich ihre Qualität verbessert hat, können Übersetzungsmaschinen einen menschlichen Übersetzer noch immer nicht ersetzen; zugesetzte Aleatorik kann daran nichts ändern[1268], da eine gute Übersetzung nicht auf Zufall, sondern auf Sprachgefühl basiert.

Solange die Strukturen des Gehirns nicht derart erforscht sind, dass eine denkende Maschine gebaut werden kann, kann die Beantwortung der Frage, ob Maschinen selbst Rechte verliehen werden können, auch weiterhin den Philosophen und Science-Fiction-Autoren überlassen werden[1269]. Das Urheberrecht aber dient dem Schutz qualifizierter menschlicher Kommunikation[1270]. Es sollen Leistungen auf kulturellem und wissenschaftlichem Gebiet gefördert werden, die zur Weiterentwicklung in diesen Bereichen beitragen[1271]. Aus diesem Grund werden vom

[1265] Vgl. Milde J. Pat. Off. Soc. 1969, 378, 388; vgl. Weizenbaum 268 ff., der davon ausgeht, dass selbst dann Mensch und Maschine grundsätzlich nicht vergleichbar sind.

[1266] Vgl. Bühl 125.

[1267] Vgl. z.B. http://www.babelfish.com/.

[1268] So aber Kummer 181.

[1269] Vgl. als Verbindung von Science Fiction und Rechtswissenschaft die Erzählung „Der Zweihundertjährige" von Isaac Asimov, in der ein Roboter zum Künstler avanciert und nach jahrelangen Gerichtsprozessen zum Menschen erklärt wird.

[1270] Schricker/Schricker Einleitung Rn. 7.

[1271] Nirk 44.

Urheberrecht nur Werke erfasst, die eine natürliche Person geschaffen hat[1272]. Darüber hinaus ist die schöpferische Kraft die Wiederspiegelung von Emotionen, die bisher nicht von Maschinen erzeugt werden. Daraus folgt, dass Maschinen nicht schöpferisch tätig sein können und auch kein Urheberrechtsschutz für ihre Werke zu gewähren ist.

Datenbanken, bei deren Erstellung ein Computer eine Rolle gespielt hat, bieten jedoch verschiedene Möglichkeiten dafür, wie die Maschine Einfluss auf den Entstehungsprozess nehmen kann. Daraus ergeben sich Abgrenzungsprobleme, denn nicht jeglicher Einsatz von Computern bei Werkschaffungsprozessen kann als Computergenerierung angesehen werden[1273]. Der Computer kann lediglich zur Unterstützung dienen, oder auch die Form des Ergebnisses allein bestimmen. Die computergenerierten Datenbanken sind von den computerunterstützten Datenbanken grundsätzlich zu unterscheiden. Bei letzteren – auch als „computeraided" bzw. „computerassisted works" bezeichnet - besteht der Einfluss des Computers lediglich in unterstützenden Tätigkeiten. Bei Werken, für deren Erstellung der Computer lediglich als Hilfsmittel diente, d.h. er erhielt genaue Anweisungen, wie z.B. bei Verwendung eines Malprogramms, hindert seine Benutzung die persönliche Schöpfung demnach nicht[1274]. Computerunterstützten Datenbanken kann der urheberrechtliche Schutz als Datenbank nicht deshalb verwehrt werden, weil Computerprogramme zu ihrer Erstellung verwendet wurden.

In vielen Fällen ist der Programmierer im Hintergrund auch so präsent, dass seine schöpferische Kraft in das Erzeugnis derart miteinfließt, dass das Werk seine persönlichen Züge trägt und dadurch für den Urheberrechtsschutz zugänglich wird. Das ist z.B. dann der Fall, wenn der Programmierer bei Erstellung des Programms das Ergebnis vor Augen hat[1275]. Der Computer bildet auch dabei lediglich das Instrument, um einem vom Menschen in einer bestimmten Sprache erdachten Werk Ausdruck zu verleihen[1276]. Daher kann hier noch von Computerunterstützung, nicht aber von Computergenerierung, gesprochen werden.

Bei computergenerierten Datenbanken geht es im Gegensatz dazu um die Situation, dass der Mensch wenig oder gar keine Kontrolle über das entstehende Ergebnis des Computerprogramms hat[1277]. Eindeutige Beispiele für die Annahme einer computergenerierten Datenbank sind Erzeugnisse, die durch die Verwendung von Zufallsgeneratoren oder künstlicher Intelligenz entstehen. In den meisten Fällen des Einsatzes künstlicher Intelligenz für die Lösung eines Problems, wird das Ergebnis überhaupt nicht mehr vom Menschen gesteuert, sondern ist Ausdruck der Lernfähigkeit von Programmen. Der Programmierer bzw.

1272 Schricker/Loewenheim § 7 Rn. 1.

1273 Vgl. Groves Business L. Rev. 1997, 59; Powell TICL 3/1994, 11, 13.

1274 Vgl. statt vieler Fromm/Nordemann/Nordemann/Vinck Vor § 69 a Rn. 5; Schlatter in: Lehmann 169, 213; Schricker in: Schricker 46; KOM (88) 816 endg.

1275 So auch Möhring UFITA 50 (1967) 835, 842 f.

1276 Ubertazzi GRUR Int. 1985, 294, 296.

1277 Vgl. Erdmann FS v. Gamm 389, 397; Farr Rutgers Comp. & Tech. L. J. 1989, 63, 68.

der Nutzer kann das Ergebnis nicht mehr bestimmen, sondern allenfalls in gewissen Grenzen vorhersagen. Die Einflußnahme beschränkt sich auf das Geben von Initialinputs. Künstliche Intelligenz wird auch gerade deshalb eingesetzt, weil ein Mensch dasselbe Ergebnis gar nicht oder nur mit erheblich größerem Zeitaufwand erstellen könnte. Von einer persönlichen Schöpfung i.S.d. § 2 Abs. 2 UrhG kann dann nicht mehr gesprochen werden. Die menschliche Urheberschaft besteht nur noch einzeln an dem Computerprogramm und der Datenbasis, nicht aber an dem Zusammenspiel beider und ihrem Ergebnis.

Grenzfälle treten auf, wenn ein Mensch zwar Kriterien zur Auswahl und Anordnung festgelegt hat, die Erstellung der Datenbank aber dem Computer überlassen wird[1278], denn in diesen Fällen wird das Ergebnis zumindest von einem Menschen initiiert. Hierbei ist entscheidend, wie detailliert die Funktionen festgelegt wurden, denn selbst bei künstlicher Intelligenz kann der Fall eintreten, dass dem Programm kaum Aktionsspielraum gewährt wird. Daher muss wie folgt differenziert werden: Hat der Kriteriengeber durch die Festlegung das Ergebnis bereits derart bestimmt, dass es die einzige Lösungsmöglichkeit darstellt, und dem Programm lediglich die „manuelle" Ausführung überlassen, liegt weiterhin nur eine computerunterstützte Datenbank vor, die schützbar ist. Waren die Kriterien so beschaffen, dass der Kriteriengeber das Ergebnis durch ihre Festlegung noch nicht bestimmt hat, liegt eine computergenerierte Datenbank vor. Das ist insbesondere dann der Fall, wenn das Computerprogramm sowohl Auswahl als auch Anordnung übernimmt bzw. diese erst beim Programmablauf bestimmt, da eine anfängliche Bestimmung des Ergebnisses vom Programmierer damit zu ungenau, wenn nicht unmöglich, wird. Eine computergenerierte Datenbank entsteht z.B. auch dann, wenn ein Programm geschrieben wird, das Daten enthält, die dann automatisch an ihren Platz in der Datenbankstruktur gelegt werden und dadurch auch die entsprechende Verbindung zwischen jeder einzelnen Datenangabe und dem Inhalt der Datenbank geknüpft wird[1279]. Genau das ist auch der Fall bei vielen elektronischen Datenbanken – z.B. bei den Anzeigenmärkten im Internet, die von der Rechtsprechung ohne weiteres unter den Begriff des Datenbankwerks subsumiert werden und dabei das Problem der persönlichen geistigen Schöpfung verkennen[1280].

Fazit bleibt: Die Computerprogramme, mit deren Hilfe die Datenbank erstellt wird, sind geschützt; das Ergebnis, ist als computergenerierte Datenbank mangels persönlicher Schöpfung urheberrechtlich oftmals nicht schützbar.

[1278]Vgl. Barta/Markiewicz FS Beier 343, 346 f., die in diesen Fällen immer eine Computergenerierung annehmen.

[1279]Vgl. Angel/Quinn CLSR 1998, 34, 35; Austin 30 L. Tech. 1997, 1, 18.

[1280]Vgl. in diesem Kapitel VIII. G.

F. Lösungsansatz

1. Notwendigkeit einer Regelung

Es erhebt sich die Frage, ob ein Schutz von computergenerierten Werken überhaupt erforderlich ist[1281], denn das Urheberrechtssystem soll den Urheber entschädigen und ihm einen Anreiz für kreative Arbeit bieten. Ist aber der Computer der Urheber, wozu sollen Lohn und Anreiz notwendig sein, denn der Programmierer wird bereits für seine Urheberschaft am Programm entlohnt. Ist demnach die Schlussfolgerung, dass computergenerierte Datenbanken keinen Schutz genießen sollen, obwohl der Programmierer oder auch ein Nutzer dazu geistige Arbeit geleistet hat? Es trifft zwar zu, dass für die Frage der Schutzfähigkeit von Multimediawerken dieses Problem nicht von Belang ist[1282], denn diese sind überwiegend als computerunterstützte Werke einzuordnen und damit geschützt, aber für den Bereich der künstlichen Intelligenz und andere Fälle, in denen der Initiator das Ergebnis des vom ihm eingeleiteten Prozess nicht mehr vorhersehen kann[1283], muss über eine Erweiterung des Urheberrechts nachgedacht werden[1284]. Für eine computergenerierte Datenbank besteht auch eine Haftung des Softwareherstellers; demnach muss ihm billigerweise auch ein Recht an diesen Werken zugestanden werden. Außerdem ist den werkgenerierenden Computerprogrammen auch ein Mehrwert zuzusprechen, da der Urheber des Programms nicht nur ein Werk, sondern auch die Voraussetzung für weitere Werke geschaffen hat. Nicht zuletzt müssen computergenerierte Werke geschützt werden[1285], weil sie wirtschaftlich wertvolle Erzeugnisse darstellen, die einen Schutz verdienen und zur Innovationsförderung erforderlich sind und die ohne den geeigneten Schutz der Öffentlichkeit nicht zugänglich gemacht würden[1286]. Wenn hingegen das Programm geschützt ist, soll das Ergebnis als Folge der Ausführung des Programms auch geschützt sein[1287]. Der Schutz des Programms wäre obsolet, wäre das Ergebnis nicht geschützt[1288]. Denn es sind Ergebnisse, derentwegen diese Computerprogramme erst geschaffen werden.

2. Schutz § 69 a Abs. 1 UrhG analog

Überlegenswert ist ein Schutz des Entwurfsmaterials, d.h. der Konzeption der Datenbank als Datenbank selbst analog § 69 a Abs. 1 UrhG, denn die Konzeption wurde – wie auch bei computergenerierten Datenbanken – von einem Menschen entwickelt. Dadurch könnte ein vorverlagerter Schutz entstehen. Es fehlt

[1281] Vgl. dazu auch Samuelson 47 Pittsburgh L. Rev. 1986, 1185, 1224.
[1282] So Schricker in: Schricker 46.
[1283] Einige davon werden im Verlauf dieses Kapitels näher besprochen.
[1284] So wohl auch Schricker in: Schricker 46.
[1285] Farr Rutgers Comp. & Tech. L. J. 1989, 63, 80.
[1286] Vgl. so schon Milde J. Pat. Off. Soc. 1969, 378, 390; Samuelson 47 Pittsburgh L. Rev. 1986, 1185, 1227.
[1287] So Samson UFITA 56 (1970) 117, 140.
[1288] So Samson UFITA 56 (1970) 117, 141.

aber bereits an der Regelungslücke, um durch eine Analogie den Schutzgegenstand der Datenbanken zu erweitern, da das Vorbereitungsmaterial und die Konzeption i.d.R. nur als Datenhäufung vorliegen und solche „Anhäufungen", ebensowenig wie Daten an sich, nicht geschützt sein sollen[1289]. Ein Vergleich mit den Computerprogrammen hilft bei der Problemlösung daher nicht.

3. Leistungsschutzrechte

Dem Initiator von computergenerierten Datenbanken könnte ein Leistungsschutzrecht, abgeleitet vom Schutz der Computerprogramme, zustehen. In den USA, in denen „derivative works" als solche gemäß 17 U.S.C. §§ 101, 103 geschützt werden, mag dies eine Alternative des Schutzes darstellen[1290], aber bei der enumerativen Konzeption der Leistungsschutzrechte des UrhG ist dies nicht möglich. Hier muss Bezug zu einem konkreten Recht gefunden werden. Da für den Schutz gemäß § 87 a UrhG das Schaffen eines menschlichen Urhebers nicht erforderlich ist, könnten computergenerierte Datenbanken leistungsschutzrechtlich geschützt sein[1291]. Da es bei der Frage nach dem Investitionsschutz nicht auf eine persönliche Schöpfung i.S.d. § 2 Abs. 2 UrhG ankommt, steht dem Schutz nicht entgegen, dass eine Maschine die Auswahl und Anordnung getroffen hat. Das wirft die Frage auf, ob die Computerprogramme, die zur Herstellung der Datenbanken verwendet wurden, als Investition i.S.d. § 87 a UrhG gewertet werden können, da in den meisten Fällen die Hauptinvestition in die Erstellung des Computerprogramms erfolgt. Angesichts der geforderten strikten Trennung zwischen Computerprogrammen und Datenbanken liegt ein Widerspruch darin, den Schutz einerseits zu trennen, andererseits bei den Voraussetzungen für den Schutz die Investitionen für die Computerprogramme zu berücksichtigen. Würde es aber lediglich darauf ankommen, den Inhalt der Datenbank überhaupt darzustellen, könnten programmierte Abfragen so gut wie nie zu den Investitionen zählen, da mit Hilfe von SQL die Daten direkt abgefragt werden können und kein Ein- oder Ausgabeformular benötigt wird. Weil es aber nicht darauf ankommen kann, was zur unmittelbaren Darstellung der Daten notwendig ist[1292], können Abfrage- und Indexierungssysteme als Investition zum Datenbankschutz gemäß § 87 a UrhG beitragen[1293]. Selbst wenn nach der Notwendigkeit zu fragen wäre, gehörte das Computerprogramm zur Investition, denn ohne ein Computerprogramm können die Daten in einer elektronischen Datenbank nicht gespeichert und abgerufen werden[1294]. Durch die Einbeziehung des Abfragesystems in die Gesamtinvestition wird der Datenbankhersteller außerdem zu einem komplexen und nutzerfreundlichen Abfragesystem ermutigt, da der Schutz der Datenbank durch die Investitio-

[1289] Vgl. Kapitel 2 III. B. 1. b).
[1290] Vgl. Samuelson 47 Pittsburgh L. Rev. 1986, 1185, 1211 f.
[1291] So auch Chalton EIPR 1997, 278, 281; Lai EIPR 1998, 32, 33; Schwarz CLSR 1999, 101, 104.
[1292] Vgl. Kapitel 2 III. B. 3. e) (3).
[1293] Vgl. in diesem Kapitel IV.
[1294] So auch KG NJW-RR 2000, 1495, 1496 - Ticketverkauf.

nen für die Datenbank wahrscheinlicher wird[1295]. Im Übrigen steigt damit auch der Nutzeffekt einer Datenbank[1296]. Kosten für Nutzungsrechte an fremder Software und Herstellungskosten eigener Software für die Datenbank zählen dann als Investition, wenn sie für die Datenbank erforderlich waren. Nicht zu verwechseln ist die Problematik jedoch mit der Voraussetzung der persönlichen geistigen Schöpfung für den urheberrechtlichen Schutz. Die individuelle Leistung des Abfragesystems spielt für den Schutz als Werk keine Rolle, denn sie spiegelt sich lediglich in dem vom Datenbankschutz zu trennenden Schutz des Computerprogramms wider. Da die Investition in das Computerprogramm in die Investition des § 87 a UrhG miteinbezogen werden kann, wird die Investitionshöhe im Regelfall erreicht sein. Damit besteht die Möglichkeit des leistungsrechtlichen Schutzes für computergenerierte Datenbanken; der urheberrechtliche Schutz bleibt auch hier ausgeklammert.

4. Sec. 9 (3) CDPA

Eine Möglichkeit für den urheberrechtlichen Schutz computergenerierter Datenbanken besteht nach deutschem Recht derzeit nicht. Die Lösung könnte in einer Parallelnorm zur englischen Regelung von Sec. 9 (3) CDPA „Computergenerierte Werke" – einem separaten Schutz von computergenerierten Werken – liegen.

Sec. 9 (3) CDPA:

> *„In case of a literary, dramatic, musical or artistic work which is computergenerated, the author shall be taken to be the person by whom the arrangements necessary for the creation of the work are undertaken."*

Sec. 178 CDPA definiert wie folgt:

> *„Computer-generated, in relation to a work, means that the work is generated by computer in circumstances such that there is no human author of the work."*

Diese Möglichkeit ist ein bislang fast einzigartiges Konzept[1297]. Die Regelungen, die bereits für dieses Problem in der CRL vorgesehen waren, wurden als verfrüht gestrichen[1298]; auch die Umsetzung der DBRL vermochte das nicht zu ändern, denn der ursprünglich vorgeschlagene extensive Urheberbegriff wurde geändert[1299]. Wenn diese Regelung auch damals verfrüht sein mochte, so ist sie heute unabdingbar.

[1295] Vgl. Kapitel 2 III. B. 3. c).

[1296] KOM (92) 24 endg., 29.

[1297] Vgl. Chalton EIPR 1998, 178; vgl. auch OTA Report 72 ff., in dem für die USA ein Bedürfnis zum gesetzgeberischen Handeln erkannt wurde; vgl. aber auch Sec. 2 (d) (vi) ind.CL: „author means, in relation to any literary, dramatic, musical or artistic work which is computer-generated, the person who causes the work to be created".

[1298] Geänderter Vorschlag für eine Richtlinie des Rates über den Rechtsschutz von Computerprogrammen KOM (90) 509 endg., 6.

[1299] Vgl. in diesem Kapitel III. B.

Die Einführung der eigenen geistigen Schöpfung in das englische Recht führte zu einer Anhebung der Anforderungen an die Originalität[1300], wobei anzumerken ist, dass die CRL diesen Standard in Großbritannien nicht eingeführt hatte, weil das Parlament der Ansicht war, dass das englische Urheberrecht zu der europäischen Regelung bereits kompatibel sei[1301]. Sie berührt aber die Regelung des Sec. 9 (3) CDPA grundsätzlich nicht[1302]. Ein Ausschluss der Regelung des Sec. 9 (3) CDPA für Datenbanken kommt aber gemäß Sec. 3A (2) CDPA in Betracht, denn dieser spricht einer Datenbank nur dann Originalität zu, wenn sie eine eigene geistige Schöpfung darstellt[1303]. Allerdings gilt das Originalitätserfordernis nur für „databases", nicht aber für „compilations", die Schutz nach Sec. 3 (1) (a) CDPA genießen und sich von Datenbanken, die in Sec. 3 (1) (c) CDPA geschützt sind, unterscheiden[1304]. Nach englischem Recht ist eine „computergenerated compilation" – obwohl keine menschliche Schöpfung – damit weiterhin für den Urheberrechtsschutz nach Sec. 9 (3) CDPA offen. Urheber ist derjenige, der die Anordnung für das computergenerierte Werk geschaffen hat[1305]. Dass es keine Rolle spielen kann, ob die Daten per Hand oder durch den Computer angeordnet werden, wurde hier unproblematisch anerkannt[1306]. Für computergenerierte Datenbanken und Formen der künstlichen Intelligenz findet Sec. 9 (3) CDPA ebenfalls Anwendung[1307]. Auch bei einem computergenerierten Werk sind die unterliegenden Ideen, die sich im Ausdruck verkörpern, noch immer die Ideen eines Menschen[1308]. Demnach könnte der Urheber der Datenbank die Person sein, die die Daten eingegeben hat, die Person, die die Organisation übernommen hat oder der Entwickler der Software, mit der die Datenbank erstellt wurde[1309]. Die Urheberschaft dem Nutzer zu geben, kommt zunächst nicht Betracht[1310], denn die von diesem mit Hilfe des Programms mechanisch erzielten Ergebnisse hätten von jedermann erzielt werden können. Aber auch der Nutzer kann Urheber einer Datenbank sein, wenn er bestimmte Features eines Computerprogramms ausgewählt hat[1311] oder sein Spezialwissen dazu führte, dass das Programm optimal

[1300] Angel/Quinn CLSR 1998, 34, 35.

[1301] Angel/Quinn CLSR 1998, 34, 35; Bull CLSR 1998, 295, 299; es erfolgte allerdings eine Ergänzung dahingehend, dass auch vorbereitendes Material vom Schutz umfasst wurde (CCPR 1992).

[1302] Vgl. in diesem Kapitel III. B.

[1303] „For the purposes of this part a literary work consisting of a database is original if, and only if, by reason of the selection or arrangement of the contents of the database the database constitutes the author's own intellectual creation.".

[1304] Holyak/Torremans 174; MacQueen in: Edwards/Waedle 181, 190.

[1305] Vgl. Angel/Quinn CLSR 1998, 34, 35; Durie GRUR Int. 1990, 832, 833; Holyak/Torremans 203; Lloyd 303; Merkin 205; die Schutzdauer beträgt aber nur 50 Jahre (12 (3) CDPA).

[1306] Vgl. Laddie/Prescott/Vitoria 2.137.

[1307] Lloyd 302 f.; Tapper 61.

[1308] Farr Rutgers Comp. & Tech. L. J. 1989, 63, 73.

[1309] Angel/Quinn CLSR 1998, 34, 35; Kilian/Heussen/Harte-Bavendamm 54 Rn. 15; Schiffer Bull. Copyright Soc. U.S.A. 1963/64, 404.

[1310] Vgl. Möhring GRUR 1967, 269, 275.

[1311] Farr Rutgers Comp. & Tech. L. J. 1989, 63, 78.

verwendet wurde[1312]. Als Urheber kommt ferner auch der Programmierer in Betracht[1313], obwohl dieser nicht Autor aller möglichen Ergebnisse eines Programms sein kann[1314]. Der Programmierer schafft meist nur die Grundlage für das von Anderen geschaffene Werk. Das CDPA bietet in Sec. 9 (3) den vorzugswürdigen Ansatz, das Werk dem menschlichen Initiator zuzusprechen, sei es der Nutzer oder der Programmierer[1315], was grundsätzlich alle Möglichkeiten offen lässt.

5. Vorschlag

Wenn ein Mensch einen Computer derart programmiert, dass dieser für ihn die Aufgabe des Auswählens und Anordnens übernimmt, ist zwar das dazu verfasste Computerprogramm geschützt, nicht aber das Ergebnis des Computerprogramms, denn dieses wurde von einem Computer erzeugt und nicht von einem Menschen und ist somit nicht schöpferisch. Wählt der Mensch den Weg des mühevollen Zusammentragens ohne die Hilfe eines Computers, so entsteht ein geschütztes Sammel- oder Datenbankwerk. In beiden Fällen kommt zwar noch der Schutz als einfache Datenbank in Betracht, der diesen Widerspruch aber selten aufheben wird, denn das Erstellen der Datenbank mittels Computerprogramm erfordert in der Regel weniger Zeit und Mühe als das aufwendige Zusammentragen. Diese Antinomie muss gelöst werden. Durch das Fortschreiten der technischen Entwicklung sind computergenerierte Datenbanken keine Einzelfälle mehr, sondern tägliche Routine. Ein Weg wäre, auf das Erfordernis der menschlichen Schöpfung zu verzichten. Dem Eindruck, dass heute schon vielfach unbewusst so entschieden wird, kann man sich nicht verschließen. Dieses Grundprinzip des Urheberrechts – das Schöpferprinzip – anzutasten, besteht jedoch noch kein Anlass[1316]. Eine positivgesetzliche Regelung, wie das CDPA sie vorsieht, wäre auch für Deutschland wünschenswert. Eine Übernahme der englischen Bestimmungen ist auch im Rahmen einer europäischen Harmonisierung geboten und setzt die Annäherung von Copyright und Droit D'auteur, die mit CRL und DBRL begonnen wurde, fort. In unserer stetig expandierenden Informationsgesellschaft kann die Bedeutung von computergenerierten Informationssammlungen nicht hoch genug geschätzt werden. Informationen sind zu einem der wichtigsten Wirtschaftsgüter geworden. In Anerkennung dieser Tatsache wurde auch die DBRL erlassen.

Ein sondergesetzlicher Schutz durch Schaffung weiterer Leistungsschutzrechte für unternehmerische Leistungen ist im Wesentlichen unbedenklich[1317], wie auch durch den Investitionsschutz von Datenbanken illustriert wurde. Wenn aber

[1312] Samuelson 47 Pittsburgh L. Rev. 1986, 1185, 1204.

[1313] Farr Rutgers Comp. & Tech. L. J. 1989, 63, 80.

[1314] Das spielt insbesondere bei den Expertensystemen eine Rolle (vgl. in diesem Kapitel VII. A.), bei denen dem Programmierer die Fachkenntnis der Spezialmaterie fehlt, für die die Wissensbasis geschaffen wird.

[1315] Ein Problem, das sich dabei stellt, ist, dass der Urheber evtl. bei der Entstehung des Werkes bereits verstorben ist (Vgl. zu dieser Problematik vor dem CDPA Laddie/Prescott/Vitoria 2.140).

[1316] So auch Mehrings GRUR 1983, 275, 289.

[1317] So auch Schricker/Schricker Einleitung Rn. 30.

durch Computer Werke geschaffen werden, die sich von anderen Werken nur darin unterscheiden, dass sie nicht von einem Menschen herrühren, muss auch ihnen urheberrechtlicher Schutz gewährt werden. Außerdem werden heutzutage nicht nur Datenbanken, sondern auch alle anderen Werke generiert, auch Computerprogramme selbst. Beim bereits besprochenen Autohinting werden die Hints z.B. von Fonterstellungsprogrammen programmiert[1318]. Bei individueller Einfügung der Hints fällt häufig nur Designarbeit an, denn auch hier setzt das Fonterstellungsprogramm die Vorgaben um. Nur wenn der Ersteller die Umsetzung der Steuerungsbefehle selbst durchgeführt hat, kann der Hint als Computerprogramm geschützt sein[1319]. Der Begriff des Urhebers ist für diesen und viele gleichgelagerte Fälle zu eng. Eine Ausweitung des Urheberbegriffs nach dem Vorschlag für die DBRL ist damit die optimale Lösung, wobei eine inhaltliche Anlehnung an den im CDPA verankerten umfassenden Schutz für computergenerierte Werke geboten erscheint.

IV. Hilfsmittel der Datenbank

Abfrage- und Indexierungssysteme sowie Thesauren sind Hilfsmittel der Datenbank, die dazu dienen, diese leichter, schneller oder überhaupt zugänglich zu machen. Vereinzelt wird sogar versucht, die Schutzwürdigkeit der Datenbank selbst – unter Berufung auf Erwägungsgrund 20 DBRL und die systembedingte Nichtwahrnehmbarkeit – mit den Abfragesystemen zu begründen[1320]. Dieser Aspekt wurde bereits an anderer Stelle besprochen[1321], wohingegen das Verhältnis der Datenbankhilfsmittel Thesaurus, Abfrage- und Indexierungssysteme zu den Datenbanken selbst problematisch bleibt.

A. Einbeziehung in den Datenbankschutz

Nach Erwägungsgrund 20 DBRL sind sowohl Abfrage- und Indexierungssysteme als auch Thesauren vom Datenbankbegriff umfasst. Es könnte dabei ergänzend davon ausgegangen werden, dass die Datenbanksoftware zur Datenbank gehört, wobei unter Datenbanksoftware die Speicherung der Datenbankinhalte, die Einbindung in ein Betriebssystem sowie die Applikationen und die Abfrageprogramme verstanden werden[1322], denn die in Erwägungsgrund 20 genannten Hilfsmitteln sind nicht abschließend, sondern nur als Beispiele zu verstehen[1323]. Computerprogramme sind gemäß § 4 Abs. 2 S. 2 UrhG aber nicht eindeutig vom Datenbankschutz umfasst. Das gilt auch für den Datenbankschutz nach § 87 a UrhG, da der Begriff der Datenbank einheitlich ausgelegt werden muss. Es wird zwar vereinzelt die Ansicht vertreten, dass die Hilfsmittel lediglich in den Schutz-

[1318] Jaeger/Koglin CR 2002, 169, 173.
[1319] Jaeger/Koglin CR 2002, 169, 173.
[1320] OLG Düsseldorf MMR 1999 729,730 - Baumarkt.de.
[1321] Vgl. Kapitel 2 III. B. 2. c) (5).
[1322] So Fromm/Nordemann/Hertin § 87 a Rn. 1.
[1323] So auch Rosler 10 High Tech. L. J. 1995, 105, 114.

bereich des § 4 Abs. 2 UrhG fallen können, nicht aber in den Sui-Generis-Schutz, da dann auch die Auswahl und nicht nur die Anordnung geschützt wäre[1324]. Dieser Differenzierung ist nicht zuzustimmen, da auch die Auswahl Voraussetzung des Datenbankschutzes[1325] ist. Nicht vom Datenbankschutz erfasst sind demnach Betriebssysteme und Anwendungsprogramme z.B. zum erleichterten Erstellen von HTML-Dateien oder Tabellen, denn diese Computerprogramme können tatsächlich vollständig von der Datenbank getrennt werden. Sie dienen als Hilfsmittel zur Erstellung der Datenbank, werden aber für die Abfrage und den Gebrauch nicht benötigt. Ebenfalls nicht erfasst sind die Programmier-, Abfrage- und Beschreibungssprachen. Ihnen bleibt der Schutz auch hier versagt, denn sie sind weder Computerprogramme[1326] noch gehören sie zu den Datenbanken. Hingegen bereitet die Abgrenzung zwischen mitgeschützten Hilfsmitteln und anderen Computerprogrammen Schwierigkeiten[1327]. In Betracht kommt für die Abgrenzung eine Unterscheidung zwischen Computerprogrammen, die mit der Datenbank für die Zwecke der DBRL verbunden sind, und den verbleibenden, die unabhängig davon benötigt werden. Die Ersteren könnten vom Datenbankschutz umfasst sein, sie sind aber in jedem Fall, wie auch letztere, nach § 69 a UrhG geschützt[1328]. Die Unterscheidung ist aber dahingehend zu kritisieren, dass der Richtliniengeber nicht zwischen den Funktionen der Computerprogramme unterscheidet, so dass diese Abgrenzung keine Grundlage findet[1329]. Eine andere Unterscheidung will nur die selbständigen Suchprogramme vom Datenbankschutz ausschließen[1330]. Es wird aber bereits zwischen Indexierungssystemen, die den Datenbanken unterfallen sollen, und anderen Computerprogrammen unterschieden, so dass eine Differenzierung insoweit bereits durch die DBRL vorgesehen wurde.

Aus der Entstehungsgeschichte der DBRL geht jedoch hervor, dass die Einbeziehung der Hilfsmittel nicht zwingend erfolgen muss. In der ursprünglichen Fassung der DBRL sollte „das elektronische Material, das für den Betrieb der Datenbank erforderlich ist, wie ihr Thesaurus, Index oder Abfragesystem" zur Datenbank gehören[1331]. In dieser Form, ohne die Beschränkung auf elektronisches Material, enthielt auch der geänderte Richtlinienentwurf die Ausweitung auf diese Mittel[1332]. In ihrer endgültigen Fassung jedoch lässt die DBRL diesen Punkt offen, da anderenfalls darauf hätte geschlossen werden können, dass die Materialien Schutzvoraussetzung seien, was aber nach der Erweiterung auf nichtelektronische Datenbanken nicht mehr haltbar war[1333]. Daraus folgt, dass das „Material"

[1324] Bensinger 142.
[1325] Vgl. Kapitel 2 III. B. 2. c) (1).
[1326] Vgl. Kapitel 1 III. H. 2.
[1327] Vgl. statt vieler Schricker/Vogel Vor §§ 87 a ff. Rn. 35.
[1328] Chalton EIPR 1997, 278, 286.
[1329] Bensinger 140 Fn. 711.
[1330] IuKDG-Komm/Figge Vorbemerkung UrhG Rn. 14.
[1331] Art. 1 Nr. 1 KOM (92) 24 endg., 69.
[1332] KOM (93) 464 endg., 20.
[1333] Vgl. RegE BT-Drucks. 13/7385, 42.

je nach Lage des Einzelfalls geschützt sein kann, aber nicht muss[1334]. Schon durch den Wortlaut des Erwägungsgrund 20 DBRL wird eine Einbeziehung offen gelassen, da lediglich bestimmt wird, dass der Schutz sich u.a. auf Indexierungssysteme erstrecken *kann*. Die Fassung des UrhG, die solche Hilfsmittel gar nicht erwähnt, unterstützt die Ansicht, dass diesen keine Sonderstellung zuzuweisen ist. Sowohl die für den Betrieb der Datenbank erforderlichen Computerprogramme als auch Programme, mit deren Hilfe die Elemente der Datenbank einzeln zugänglich sind, werden daher nicht vom Schutzbereich der Datenbanken erfasst[1335]. Für die Frage der Höhe der Investition können sie, sofern sie der Datenbank dienen, in jedem Fall eine Rolle spielen[1336], nicht aber für die Frage der geistigen Schöpfung, denn die Hilfsmittel dienen nicht der Gestaltung der Auswahl und Anordnung, sondern verdeutlichen diese nur und setzen sie technisch um[1337]. Dennoch können Hilfsmittel der Datenbank ein besonderes Gepräge geben und deren wirtschaftlichen Wert ausmachen[1338]. Im Einzelfall tragen sie daher nicht nur zur Investition bei, sondern werden auch vom Datenbankschutz umfasst, wenn sie untrennbar mit der Datenbank verbunden sind. Aus diesem Grund ist für Thesaurus, Abfrage- und Indexierungssysteme einzeln festzustellen, ob sie mit der Datenbank geschützt werden oder ob und wie ein separater Schutz in Betracht kommt.

B. Abfragesysteme

Durch ein Abfragesystem werden Daten, die in einer Datenbank gespeichert sind, für den Nutzer zugänglich. Dieser Vorgang wird durch ein oder mehrere Computerprogramme realisiert[1339]. Zwar können Daten auch mittels einzelner SQL-Anweisungen[1340] oder Befehlsfolgen extrahiert werden, diese sind aber nur flüchtig oder als Computerprogramme schutzfähig[1341]. In den meisten Fällen liegt ein komplettes, benutzerfreundliches Abfragesystem vor, das dem erleichterten Zugang dient und ein Computerprogramm ist.

So wie der Inhalt einer Datenbank von ihrer Anordnung getrennt wird, müsse auch das Abfragesystem vom Computerprogramm getrennt werden[1342]. Abfragesysteme werden teilweise so abgegrenzt, dass sie mitsamt der Abfragesprache zur Datenbank gehören sollen, streng davon zu trennen seien aber die Computerprogramme[1343]. Diese Differenzierung ist jedoch irreführend, denn das Abfrage-

---

1334 RegE BT-Drucks. 13/7385, 42; BR-Drucks. 966/96, 44.

1335 RegE BT-Drucks. 13/7385, 42; BR-Drucks. 966/96, 44.

1336 Vgl. in diesem Kapitel III. F. 3.

1337 A.A. Leistner CR 2000, 187.

1338 Hornung 76.

1339 A.A. Walter/v.Lewinski Datenbank-RL Art 1 Rn. 28; vgl. dazu das Beispiel des Anzeigenmarktes in diesem Kapitel VIII. G.

1340 Vgl. Kapitel 1 III. H. 8. b).

1341 Vgl. dazu auch die Stored Procedures in diesem Kapitel VI.

1342 Berger GRUR 1997, 169, 174; Dannecker K&R 1999, 529, 533; Loewenheim in: Loewenheim/Koch 269, 277.

1343 So Schricker/Vogel § 87 a Rn. 11, 13.

system ist ein Computerprogramm. § 4 Abs. 2 S. 2 UrhG geht zwar ebenfalls von einer Trennung aus, trennt aber Computerprogramm und Datenbank und nicht das Abfragesystem in sich. Die Trennung wird daher auch zurecht kritisiert[1344].

Vorgeschlagen wird, die DBRL in Zusammenhang mit der CRL dahingehend auszulegen, dass nur in dem Fall, in dem ein ausgereiftes, komplexes Suchprogramm die Basis für ein interaktives Produkt bildet, dieses als Computerprogramm und nicht als Datenbank zu schützen ist[1345]. Die Begründung dafür lautet, dass der Zweck von Art. 1 Abs. 3 DBRL darin liegt, von den Schutzgegenständen der CRL abzugrenzen; demzufolge sollen alle Computerprogramme, die für den Betrieb der Datenbank erforderlich sind, aber nicht als Computerprogramme einzeln geschützt sind, Bestandteile der Datenbank sein[1346]. Damit gehöre alles, was nicht als Computerprogramm geschützt ist, zur Datenbank. Folglich wäre das Abfragesystem nicht vom Datenbankschutz umfasst, weil es schon als Computerprogramm Schutz erlangt. Dieses Abgrenzungskriterium ist aber untauglich, weil der Datenbankschutz sich dann lediglich als Auffangbecken all der Hilfsmittel darstellen würde, die die Qualifikation als Computerprogramm nicht erreichen. Im Übrigen sollen die Regelungen der CRL von der DBRL gemäß Art. 2 a) DBRL unberührt bleiben. Damit können nur Abfragesysteme von Erwägungsgrund 20 DBRL erfasst sein, die in der Form von Indexierungssystemen oder Thesauren, nicht aber von Computerprogrammen, auftreten, egal ob sie im Einzelfall geschützt sind oder nicht. Welcher praktische Anwendungsbereich dem Abfragesystem i.S.d. Erwägungsgrund 20 DBRL dann noch verbleibt, ist unklar, denn wie bereits dargestellt, sind Abfragesysteme immer Computerprogramme und auch dementsprechend geschützt.

Abfragesysteme, die zwingend in einer bestimmten Weise zu gestalten sind, erhalten allgemein keinen Schutz, weil sonst ganze Werkgattungen monopolisiert werden könnten[1347] und die individuelle Leistung nicht vorläge. Sie werden nicht in den Datenbankschutz einbezogen und sind nicht geschützt. Ebenso ist keine geistige Schöpfung desjenigen anzunehmen, der die Datenbank installiert oder Daten einspeichert, wenn die Anordnung der Daten aufgrund eines Programms erfolgt[1348], denn die Anordnung einer Datenbank wird in diesen Fällen erst durch die Vorauswahl, die Sortiermöglichkeiten und die Suchfunktionen bestimmt, die durch das Computerprogramm „programmiert" werden. Das bedeutet, dass die Schutzfähigkeit, wie bei allen Werken, letztendlich nach dem Vorliegen der persönlichen geistigen Schöpfung beurteilt wird.

[1344] Chalton CLSR 1995, 295, 296.

[1345] Beutler ENT.LR 1996, 317, 325; Beutler CLSR 1997, 319, 320.

[1346] Beutler CLSR 1997, 319, 320.

[1347] Berger GRUR 1997, 169, 175.

[1348] Vgl. in diesem Kapitel III.

C. Thesaurus

Vielfach finden sich Ausführungen dazu, dass entweder auf einen Thesaurus zurückgegriffen werden könne oder dieser getrennt vom Datenbanksystem zu behandeln sei[1349]. Ein Thesaurus ist aber lediglich ein bibliographisches Werkzeug[1350], das auch urheberrechtlich wie ein Wörterbuch zu behandeln ist. Wurde ein Thesaurus bereits erstellt und dann nur in der Datenbank verwendet, stellt sich die Frage, ob dieser als Bestandteil der Datenbank angesehen werden kann[1351]. Teilweise wird auch ein Schutz des Thesaurus zusammen mit der auf ihn bezogenen Datenbank vorgeschlagen[1352]. Da der Thesaurus und die eigentliche Datenbank unterschiedliche Objekte darstellen, können sie für einen Schutz nicht beliebig zusammengelegt werden. Ein Thesaurus ist ein selbständiges Erzeugnis[1353] und auch selbständig zu schützen. Ein Schutz nach § 4 UrhG kommt nicht in Betracht, da ein Thesaurus als Wörterbuch nach Vollständigkeit strebt und demzufolge in der Regel nicht die nötige persönliche geistige Schöpfung erreicht. Ein Schutz als einfache Datenbank gemäß § 87 a UrhG ist im Einzelfall möglich. Der Thesaurus kann allerdings über das Kriterium der wesentlichen Investition dazu beitragen, dass die „Hauptdatenbank" geschützt ist. Seine Erstellung wird aber nur dann zu den Darstellungsinvestitionen zählen, wenn er so in die Datenbank integriert ist, dass er ausschließlich für diese verwendet werden kann. In vielen Fällen ist der Thesaurus auch als gemeinfrei zu betrachten[1354] und damit nicht geschützt.

D. Indexierungssystem

Unter einem Indexierungssystem ist eine Auflistung von Stichworten mit Verweisungen auf Detailinformationen zu verstehen. Mit seiner Hilfe lässt sich ebenfalls die Geschwindigkeit des Zugriffs auf die Daten erhöhen. Auch das Indexierungssystem stellt ein selbständig schützbares Werk dar und nicht nur ein Hilfsmittel zur Erstellung von Datenbanken. Ihm kann sowohl ein Schutz gemäß § 4 als auch § 87 a UrhG zukommen. In manchen Fällen ist das Indexierungssystem sogar ausschließlich die Datenbank, die den Schutz verdient, z.B. bei Suchmaschinen, die noch ausführlich besprochen werden[1355]. In einigen Fällen wird es an der Werkeigenschaft jedoch fehlen, da Indexierungssysteme oft computergeneriert sind.

[1349] Z.B. Heinz GRUR 1996, 455.

[1350] Vgl. zum Aufbau eines Thesaurus und zu seiner Verwendung zur Informationssammlung Townley/Gee 17 ff.

[1351] So Bensinger 141.

[1352] Becker 168, der den Thesaurus als Teil einer Datenbank den Investitionsschutz zuspricht.

[1353] Townley/Gee 35, die verschiedene Möglichkeiten eines Thesaurus beschreiben, bis hin zum computerunterstützten Thesaurus für die Online-Suche.

[1354] So auch Berger GRUR 1997, 169, 175.

[1355] Vgl. in diesem Kapitel VIII. B. 2.

E. Technische Schutzmaßnahmen

Mit der Umsetzung der InfRL wurden die §§ 95 a ff. zum Schutz vor Umgehung technischer Schutzmaßnahmen in das UrhG aufgenommen. Da technische Schutzmaßnahmen auch durch Computerprogramme realisiert werden, stellt sich die Frage der Abgrenzung zu den von den Computerprogrammen vor Eingriffen zu schützenden Datenbanken, denn auch diese könnten als Hilfsmittel i.S.d. Erwägungsgrund 20 DBRL betrachtet werden. Ihre Aufgabe unterscheidet sich aber von den vorher besprochenen Hilfsmitteln dahingehend, dass sie den Zugang zur Datenbank nicht erleichtern, sondern diesen – zur Durchsetzung des Schutzes der Datenbank – erschweren. Sie dienen daher nicht dem Betrieb oder der Abfrage der Datenbank, wie Erwägungsgrund 20 DBRL voraussetzt. Die betreffenden Computerprogramme sind daher auch als solche gemäß § 69 a UrhG ohne Rücksicht auf den Zusammenhang mit der Datenbank zu schützen[1356].

Offen bleibt, ob die Erstellung der Programme zum technischen Schutz als Investition für die Datenbank betrachtet werden kann. Grundsätzlich hindert die urheberrechtliche Trennung von Computerprogrammen und Datenbanken die Einbeziehung der Computerprogramme in den Begriff der Investition nicht[1357]. Gemäß § 87 a UrhG sind diejenigen Investitionen einzubeziehen, die für die Beschaffung, Überprüfung und Darstellung der gesammelten Elemente erforderlich waren. Die technische Sicherung des urheberrechtlichen bzw. leistungsschutzrechtlichen Schutzes dient jedoch weder der Beschaffung noch der Darstellung der Daten, und auch ihre Überprüfung wird damit nicht erreicht, denn die Daten werden durch das System nicht mit anderen Daten abgeglichen. Wie bereits festgestellt, dient dieses Begriffstrio aber nur als Anhaltspunkt dafür, was als Investition gezählt werden kann, und ist nicht abschließend[1358]. Ergänzend ist zu fragen, ob die Datenbank ohne die technischen Schutzmaßnahmen ihre Funktion nicht erfüllen könnte und ob sie für die Datenbank selbst erstellt wurden. Es handelt sich bei den technischen Schutzmaßnahmen nicht um zu vernachlässigende Vorabinvestitionen, die eigentlich für eine andere Aufgabe getätigt wurden, sondern um die technische Sicherung des rechtlichen Schutzes, der unmittelbar dem Erhalt der anderen Investitionen dient. Dieser Schutz tritt aber erst nachträglich, nach Erstellung der Datenbank, ein. Die Regelungen über die Umgehung von technischen Schutzmaßnahmen sind für Datenbanken außerdem erst dann anwendbar, wenn durch sie eine gemäß § 87 a UrhG rechtlich geschützte Datenbank technisch geschützt werden soll. Würden die technische Schutzmaßnahmen bereits zur Begründung des rechtlichen Schutzes der Datenbank beitragen, würde sich aus ihrer Existenz bereits der Umgehungsschutz nach § 95 a UrhG in jedem Fall selbst ergeben, so dass es für den Umgehungsschutz letztlich nicht auf eine vorbestehende zu schützende Datenbank ankäme, sondern jede Datenbank, egal ob sie für sich eine wesentliche

---

1356 So auch Wand 145.

1357 Vgl. in diesem Kapitel III. F. 3.

1358 Vgl. Kapitel 2 III. B. 3. d).

Investition darstellen würde oder nicht, vor Umgehung geschützt wäre. Bereits die Existenz einer technischen Schutzmaßnahme würde ohne weitere Voraussetzungen den Anwendungsbereich der für sie geschaffenen Normen eröffnen. Darin liegt ein Widerspruch, so dass Investitionen für technische Schutzmaßnahmen nicht zur Begründung des Datenbankschutzes gemäß § 87 a UrhG geeignet sind.

F. Fazit

Die in Erwägungsgrund 20 DBRL beschriebenen Hilfsmittel und die technischen Schutzmaßnahmen unterfallen nicht dem Schutz der (Haupt-)datenbank, sondern sind selbständig schützbar. Dabei kommt für das Abfragesystem ein Schutz als Computerprogramm, für Thesaurus und Indexierungssystem ein Schutz gemäß § 4 UrhG bzw. gemäß § 87 a UrhG als einfache Datenbank in Betracht[1359]. Alle Hilfsmittel, mit Ausnahme der technischen Schutzmaßnahmen, können aber, sofern an der Erstellung der Datenbank unmittelbar beteiligt waren, zur Wesentlichkeit der Investition i.S.d. § 87 a UrhG, nicht aber zur geistigen Leistung, beitragen.

V. Relationale Datenbanken

Relationale Datenbanken sind Datenbanken nach dem Relationenmodell. Das Gesamtsystem besteht aus verschiedenen Komponenten, die in ihrem Schutz nach dem jeweiligen Schutzgegenstand zu differenzieren sind. Folglich ist genau zwischen dem Datenbankmanagementsystem, den Computersprachen, den Mittlerprogrammen, den Anwendungsprogrammen, den Daten, der Anordnung der Daten in Tabellen und der Benutzeroberfläche zu unterscheiden.

A. Exkurs: Wir „basteln“ uns einen Internet-Anzeigenmarkt...

Zum Verständnis soll kurz erläutert werden, wie eine relationale Datenbank[1360] erstellt wird und welche Rolle dabei Computerprogramme und Datenbanken spielen, um sie im Folgenden auch juristisch abgrenzen zu können. In Rechtsprechung und Literatur haben Anzeigenmärkte, die dem relationalen Modell folgen, als Datenbanken auf dem Prüfstand gestanden, so dass der Aufbau und die Entwicklung einer relationalen Datenbank am – allerdings hier stark vereinfachten – Beispiel einer Anzeigendatenbank erläutert wird[1361].

1. Planungsphase

Im vorliegenden Beispiel handelt es sich um Mietwohnungsanzeigen, die in eine Datenbank gespeichert und auch aus dieser heraus abgefragt werden sollen.

[1359] Zu einem weiteren Hilfsmittel der Datenbank vgl. in diesem Kapitel V. B. 1.

[1360] Vgl. Kapitel 2 I. B. 2.

[1361] Vgl. im Anhang II.

Erforderlich sind u.a. Daten zu Lage, Größe, Miete und Anbieter[1362]. Wichtig ist zunächst nicht nur die Überlegung, welche Angaben die Datenbank enthalten soll, sondern vor allem, welche Abhängigkeiten und Zuordnungen bestehen müssen, um die sogenannten Schlüssel – die Primärschlüssel und Fremdschlüssel – festzulegen. Diese Konzeption muss von Anfang an feststehen, da eine nachfolgende Änderung zwar bedingt möglich, aber kompliziert ist. Das heißt, bevor mit der eigentlichen Programmierung und dann mit dem Eintragen der Daten begonnen werden kann, sollte die Konzeption bis in das kleinste Detail „trocken“ durchgeprüft werden. Angemerkt sei noch, dass diese Datenbanklösung nur eine von vielen ist, denn gerade in der Konzeption der Tabellen bleibt viel Spielraum für Individualität.

2. Erstellung der Tabellen

Nach der Planung werden die Tabellen mit dem CREATE - Befehl in SQL erstellt. Die Variablennamen werden dabei ihrem Zweck entsprechend, aber frei gewählt.

Zunächst wird eine Tabelle mit Nummer der Wohnung – laufende Nummer, die automatisch generiert werden soll – der Größe und der Miete geschaffen.

```
CREATE TABLE wohnung (nummer INTEGER AUTO_INCREMENT
PRIMARY KEY, groesse INTEGER, miete INTEGER);
```

Field	Type	Null	Key	Default	Extra
nummer	int(11)		PRI	NULL	auto_increment
groesse	int(11)	YES		NULL	
miete	int(11)	YES		NULL	

Eine zweite Tabelle enthält einen Schlüssel für die einzelnen Städte, d.h. 1 bedeutet Berlin, 2 bedeutet Hamburg etc.

```
CREATE TABLE stadt (nostadt INTEGER, stadt TINYTEXT);
```

Field	Type	Null	Key	Default	Extra
nostadt	int(11)	YES		NULL	
stadt	text	YES		NULL	

Eine dritte Tabelle enthält die Zuordnung: Nummer der Lage und die laufende

[1362] Zur Vereinfachung wird die Datenbank auf diese Angaben beschränkt. Reale Datenbanken enthalten natürlich viel mehr Angaben vgl. den Anzeigenmarkt des Tagesspiegels http://www.tagesspiegel.de/ (03.03.2002) oder der Frankfurter Allgemeinen Zeitung http://www.faz.de/ (03.03.2002).

Nummer der Wohnung.

```
CREATE TABLE nummerstadt (nummer INTEGER, nostadt
INTEGER);
```

Field	Type	Null	Key	Default	Extra
nummer	int(11)	YES		NULL	
nostadt	int(11)	YES		NULL	

Genauso wird eine vierte Tabelle mit dem Schlüssel für die Anbieter

```
CREATE TABLE anbieter (noanbieter INTEGER, anbieter
TEXT);
```

Field	Type	Null	Key	Default	Extra
noanbieter	int(11)	YES		NULL	
anbieter	text	YES		NULL	

und eine fünfte Tabelle mit Schlüssel und Zuordnung der Anbieter

```
CREATE TABLE nummeranbieter (nummer INTEGER,
noanbieter integer);
```

Field	Type	Null	Key	Default	Extra
nummer	int(11)	YES		NULL	
noanbieter	int(11)	YES		NULL	

erstellt.
Am Schluß enthält selbst diese unkomplizierte Datenbank fünf Tabellen[1363].

3. Eingabe der Daten

Nun kann die Eingabe der Daten erfolgen. Zwei Datensätze sollen eingetragen werden. Eine Berliner Wohnung mit einer Größe von 135 qm, einer Miete von 1476 € vom Anbieter Alpha und eine Hamburger Wohnung mit einer Größe von 71 qm, einer Miete von 856 € vom Anbieter Beta. Die Eingabe der Daten erfolgt entweder mit SQL-Anweisungen, z.B.

```
INSERT INTO wohnung (groesse,miete) VALUES (71,856);
INSERT INTO nummerstadt (nummer,nostadt) VALUES (1,2);
INSERT INTO nummeranbieter (nummer,noanbieter) VALUES (1,1);
```

oder es wird eine Benutzeroberfläche zur Erleichterung der Eingabe d.h. ein Formular z.B. als Weboberfläche in HTML – wie für die Abfrage – erstellt. Die Daten

[1363] Natürlich ließe sich diese Datenbank aufgrund der Einfachheit auch simpler programmieren, sie dient hier dem Zweck, das Konzept einer relationalen Datenbank zu erläutern.

werden im letzteren Fall in die HTML-Formulare[1364] eingetragen, an CGI-Skripte weitergegeben und von diesen in die Tabellen mit Hilfe von SQL-Befehlen übertragen. Die Benutzeroberfläche wird bei der Abfrage genauer erläutert.

4. Tabellen

Nach Eingabe der beiden genannten Datensätze und noch eines weiteren Datensatzes in die Tabellen sehen diese nun wie folgt aus.

Tabelle Wohnung:

nummer	groesse	miete
1	71	856
2	135	1476
3	45	355

Tabelle Stadt:

nostadt	stadt
1	Berlin
2	Hamburg

Tabelle Anbieter:

noanbieter	anbieter
1	Alpha
2	Beta

Tabelle Nummeranbieter:

nummer	noanbieter
1	1
2	2
3	2

Tabelle Nummerstadt:

nummer	nostadt
1	2
2	1
3	1

5. Abfrage der Daten

Angenommen, die Datenbank enthält nun alle Daten, müssen diese auch auf elektronischem Wege abgefragt werden. Bei Anzeigenmärkten im Internet wird auch die Abfrage mit Hilfe von HTML-Formularen realisiert. In HTML wird dann der Befehl gegeben, auf dem Bildschirm bestimmte Formulare auszugeben, z.B. sogenannte Radiobuttons oder andere Eingabefelder.

[1364]Siehe zum HTML-Formular für diese Datenbanken im Anhang II. A. 1.

```
<!DOCTYPE html PUBLIC "-//W3C//DTD HTML 4.01//EN">

<html>
  <head>
    <title>Ausgabeformular</title>
  </head>
  <body>
    <h2>Angaben zur Wohnung</h2>
    <form name="Formular" action="Abfrage.php3" method="post"
    onsubmit="return chkFormular()">
      <table width="40%" summary="Ausgabe">
        <tr>
          <td><input type="radio" name="stadt" value=
          "1">Berlin</td>
        </tr>
        <tr>
          <td><input type="radio" name="stadt" value=
          "2">Hamburg</td>
        </tr>
        <tr>
          <td>Gr&ouml;sse von <input type="text" name="groesse"
          size="3"> bis <input type="text" name="groesse2" size=
          "3"> qm</td>
        </tr>
        <tr>
          <td>Miete von <input type="text" name="miete" size="4">
          bis <input type="text" name="miete2" size="4">
          &euro;</td>
        </tr>
        <tr>
          <td><input type="submit" name="weiter" value=
          "Weiter"></td>
        </tr>
      </table>
    </form>
  </body>
</html>
```

Ist beispielsweise Berlin angeklickt und nicht durch weitere Suchkriterien eingeschränkt worden, geschieht beim Starten der Datenbankabfrage Folgendes: Zunächst wird eine „1“ gespeichert. Diese „1“ wird an ein Programm weitergeben, das meist in den Programmiersprachen Perl oder PHP geschrieben wurde. Die folgende Datei stellt eine Abfrage in PHP3 dar:

```
<?
echo '<!DOCTYPE html PUBLIC "-//W3C//DTD HTML 4.01//EN">';
echo "\n\n";
echo "<html><head>";
echo "<title>Ausgabe</title>";
echo "</head><body>";
mysql_connect($hostname,$username,$passwort);
mysql_select_db($dbname);
if (!(isset($stadt))) {
  echo "<h2>Keine Wohnung gefunden!</h2>";
} else {
  $wohnliste=mysql_query("select * from nummerstadt ".
                          "where nostadt='$stadt';");
  $wohnanz=mysql_num_rows($wohnliste);
  echo "<h2>".$wohnanz;
  if (1==$wohnanz) {
    echo " Wohnung";
  } else {
    echo " Wohnungen";
  }
  echo " gefunden... </h2>";
  /* Ausgabe Wohnungen + Anbieter */
  echo "<table width=100%>";
  for ($i=0;$i<$wohnanz;$i++) {
    $wohnid=mysql_result($wohnliste,$i,"nummer");
    $wohn_list=
      mysql_query("select miete, groesse from wohnung ".
                  "where nummer='$wohnid';");
    $anb_list=
      mysql_query("select anbieter from nummeranbieter,anbieter ".
                  "where anbieter.noanbieter=".
                  "nummeranbieter.noanbieter ".
                  "and nummer='$wohnid';");
    if ((mysql_num_rows($anb_list)>0) and
        (mysql_num_rows($wohn_list)>0)) {
      echo "<tr>";
      echo "<td>Anbieter: ".
        mysql_result($anb_list,0,"anbieter").
        "</td>";
      echo "<td>Gr&ouml;sse: ".
        mysql_result($wohn_list,0,"groesse").
        " qm</td>";
      echo "<td>Miete: ".
        mysql_result($wohn_list,0,"miete").
        " &euro;</td>";
      echo "</tr>";
    }
  }
  echo "</table></body></html>";
?>
```

In diesem Programm werden HTML, PHP und MySQL verbunden. Die HTML-Zeilen werden mit „echo“ eingeleitet. Die Zeilen[1365] 7 und 8 stellen die Verbindung zur Datenbank her. In den Zeilen 9-21 wird festgestellt, ob eine Stadt ausgewählt wurde und wieviele Datensätze mit dieser Stadt sich in der Tabelle „nummerstadt“ befinden. Die Ausgabe Ergebnismeldung wird an die Anzahl der gefundenen Wohnungen angepasst. In Zeile 23 wird eine Tabelle in HTML begonnen. Zeile 24 beginnt mit Hilfe einer „for“-Schleife die Ergebnisse abzurufen. Es werden alle Wohnungsnummern gesucht, die mit der entsprechenden Nummern der Stadt – hier 1 – verbunden sind. Dann werden die Informationen aus der Tabelle „Wohnung“, die mit Hilfe der laufenden Nummern gefunden wurde, gespeichert (Zeilen 26-28). Anschließend werden die laufenden Nummer einer Anbieternummer zugeordnet, die dann die Nummer des Anbieters mit dessen Namen verbindet (Zeilen 29-32). Wenn die Anzahl der gefundenen Datensätze größer als Null ist, werden die Daten ausgegeben (Zeilen 33-45), wobei diese Bedingung durch eine „If-then“-Anweisung realisiert wird. Die Ausgabe der Daten auf dem Bildschirm erfolgt dabei wieder ordentlich durch HMTL formatiert und definiert. In Zeile 48 wird die HTML-Tabelle geschlossen.

6. Zusammenfassung

Wie deutlich geworden sein dürfte, ist selbst eine solch simple Datenauflistung kompliziert; man benötigt dazu mindestens Kenntnisse in HTML, einer CGI-Sprache wie PERL oder PHP und einer Datenbanksprache wie MySQL. Das Problem, das hier nicht dargestellt wurde und das auch urheberrechtlich relevant ist, da es einen großen Teil der Arbeit an einer Datenbank darstellt und somit auch als Investition gilt, ist das Abfangen von Fehlern in der Datenbank. Der Programmierer muss immer davon ausgehen, dass bei Eingabe etc. Fehler unterlaufen, und diese mittels Fehlermeldungen oder anderer Hinweise abfangen. Ist z.B. bei der Abfrage gar nichts eingegeben, so kann das u.U. Fehler im Programm hervorrufen. Dem kann der Programmierer vorbeugen, in dem er z.B. eine Eingabe erzwingt, das heißt, in dem er eine Weitergabe der Daten in diesem Fall unterdrückt und den Benutzer auffordert, die Daten richtig einzugeben.

Im Übrigen besteht selbst eine simple Datenbank wie ein Anzeigenmarkt natürlich selten aus nur vier verschiedenen Datenangaben. In vielen Fällen werden ganze Unternehmen und Konzerne mit Hilfe von Datenbanksystemen gesteuert und organisiert, die die Komplexität dieser hier entwickelten Datenbank um ein deutliches Maß übersteigen. Dieses Beispiel sollte dazu dienen, die schematische Entwicklung einer Datenbank zu erläutern und ihre Komplexität anzureißen, um nun rechtlich bewerten zu können.

[1365] Die Zeilennummern wurden eingefügt, um die Verständlichkeit der Erläuterungen zu erhöhen, gehören aber nicht zum Programm.

B. Rechtliche Bewertung

Programme wie der Browser und Programme zum Starten der Datenbank, d.h. die Anwendungsprogramme, sind als Computerprogramme i.S.d. § 69 a UrhG geschützt[1366]. Die Programmiersprachen sind nicht geschützt; allenfalls ihre Implementierungsprogramme können Schutz erlangen[1367]. Geschützt i.S.d. § 69 a UrhG sind auch die Mittlerprogramme wie das PHP-Programm und das DBMS. Die Daten in Form von reinen Informationen sind es i.d.R. hingegen nicht. Da aber auch Werke Elemente einer Datenbank sein können, kommt ein Schutz abhängig vom Schutzgegenstand in Betracht. In jedem Fall ist der Schutz der einzelnen Elemente vom Schutz der Gesamtheit der ausgewählten und angeordneten Elemente zu trennen.

1. Tabellen

Die Tabelle könnte in Form einer Zusammenfassung von relationalen Verknüpfungen als Ausdruck eines Computerprogramms zu betrachten sein[1368]. Diese Ansicht ist hingegen nicht überzeugend[1369], denn die Tabelle ist lediglich das Ergebnis, nicht aber der Ausdruck, eines Programms, denn die SQL-Anweisungen müssen für die Darstellung vom DBMS interpretiert und umgesetzt werden. Der Schutz nach § 69 a UrhG ist somit ausgeschlossen.

Die Tabellen einer relationalen Datenbank könnten aber bereits eine Datenbank darstellen, denn durch das Erstellen der Tabellen wird bereits die Vorauswahl getroffen, die die Anordnung und Auswahl festlegt. Zur Illustration des Problems kann auf das Beispiel der Anzeigendatenbank zurückgegriffen werden: Die Tabellen sind bereits erstellt, die Wohnungsangebote noch nicht eingetragen. Dem Grunde nach ist die Datenbank ohne Eintragungen wirtschaftlich wertlos, da keine Daten abgefragt werden können.

Bei den Computerprogrammen ist im Gegensatz zu den Datenbanken geregelt, dass das Vorbereitungsmaterial auch vom Schutz umfasst ist[1370]. Aufgrund der strukturellen Nähe von Datenbanken und Computerprogrammen könnte man an eine Analogie denken. Bei den §§ 87 a ff. UrhG besteht diesbezüglich keine Regelungslücke, da das Vorbereitungsmaterial nur als Datenhäufung vorliegt und solche „Anhäufungen" gerade nicht geschützt sein sollen, ebenso wenig wie Daten an sich. Ein Vergleich mit den Computerprogrammen hilft somit nicht bei der Problemlösung.

Bei relationalen Datenbanken sind die Strukturen, d.h. die Einteilungen in Spalten, Zeilen und vor allem die Verknüpfung der Tabellen, auch ohne Eintragungen bereits vorhanden. Sicher sind es die Daten, die die Datenbank erst mit Leben erfüllen. Die Tabellen in ihrer Anordnung zueinander bilden aufgrund des „of-

[1366] Vgl. Kapitel 1 III. H. 7.
[1367] Vgl. Kapitel 1 III. H. 2.
[1368] So Koch GRUR 1997, 417, 419.
[1369] So auch Wandtke/Bullinger/Grützmacher § 69 a Rn. 16.
[1370] Vgl. Kapitel 1 III. C. 2.

fenen Elementbegriffs" bereits mehrere Elemente einer Datenbank i.S.d. § 87 a UrhG, auch ohne dass die Spalten mit Datensätzen „gefüllt" sind. Ob sie in ihrer Anordnung dann auch tatsächlich geschützt sind, muss anhand der weiteren Kriterien für die Schutzfähigkeit entschieden werden; grundsätzlich sind sie aber dem Schutz zugänglich, auch wenn die einzelnen Daten noch nicht eingegeben sind. Diese Auswahl bezieht sich jedoch wieder nur darauf, was der Nutzer zu Gesicht bekommt[1371]. In der Datenbank, d.h. in den Tabellen einer relationalen Datenbank verbirgt sich bereits das künftige Anordnungsprinzip für den Nutzer. Gerade durch die Relationen und die Schlüssel wird eine Anordnung vollzogen, die die spätere Einteilung für den Nutzer vorbereitet und schon eine Datenbank darstellen kann. Das Konstruieren dieser Tabellen ist der zeitaufwendigste Teil beim Erstellen einer Datenbank. Wenn die Anordnung der Tabellen und ihrer Beziehungen untereinander nicht genauestens abgestimmt ist, insbesondere das Setzen der Primary Keys und Fremdschlüssel, funktioniert die gesamte Datenbank nicht und ist wertlos, da die Daten nicht abgefragt werden können, die Aussagen fehlerhaft sind oder Fehlermeldungen statt verwertbarer Ergebnisse erscheinen. Das Erstellen des Konzepts für die Datenbank, das Schreiben der Tabellen, stellt einen Großteil der intellektuellen Arbeit dar, so dass selbst bei der Frage nach der persönlichen geistigen Schöpfung ein Schutz der Tabellen in Frage kommen muss, da diese die eigentliche kreative Leistung beim Erstellen einer Datenbank ist (die richtige Verteilung der Schlüssel, die Sicherstellung der Datenkonsistenz etc.). Wie passt dies nun zu der Aussage, dass es völlig unerheblich sei, in welcher Form (geordnet oder ungeordnet) die Daten auf den Datenmedien gespeichert sind; entscheidend sei die Anordnung, wie sie sich dem Nutzer darstellt[1372]? Der Nutzer wird die Tabellen in der Regel nie zu Gesicht bekommen, denn für ihn erscheint die relationale Datenbank ja nicht als Tabelle. Die Lösung ist einfach, denn der Begriff des Nutzers entspricht nicht immer dem Begriff des Endnutzers, sondern bezeichnet den, der die Datenbank durch ein Computerprogramm dem Endnutzer zugänglich macht – nämlich den Programmierer der Mittlerprogramme[1373]. Diese Lösung kollidiert auch nicht mit dem Einwand, eine Idee oder ein Prinzip könne nicht geschützt sein[1374], da es nicht das Prinzip einer Datenbank ist, das geschützt werden sollen, sondern die konkreten Tabellen, die nur für diese eine Datenbank verwertbar sind. Damit wird die Anwendungsmöglichkeit von Lehren und Erkenntnissen nicht blockiert.

Dennoch sind relationale Tabellen aufgrund ihrer Abhängigkeit untereinander keine Datenbanken. Das Konzept von relationalen Datenbanken besteht in ihrer engen Verknüpfung und der Abhängigkeit der einzelnen Tabellen voneinander. Die Tabellen sind aber derart aufeinander abgestimmt, dass die Wegnahme einer Tabelle die Datenbank um ihre Funktionsfähigkeit bringt. Stimmen die Relationen

---

[1371] Vgl. bereits zur Diskussion Kapitel 2 III. B. 2. c) (5).

[1372] KG NJW-RR 2000 1495, 1496 - Ticketverkauf.

[1373] Vgl. zum Begriff des Nutzers Kapitel 2 I. A.

[1374] Barta/Markiewicz FS Beier 343, 346.

nicht mehr, ist auch die Datenbank nicht mehr brauchbar. Demnach können relationale Tabellen mangels Unabhängigkeit keine Datenbank bilden. Eine derartige geistige Leistung bleibt jedoch nicht ungeschützt; sie könnte als wissenschaftliche bzw. technische Darstellung gemäß § 2 Abs. 1 Nr. 7 UrhG geschützt werden, wenn sie ohne Datensätze lediglich als Konzeption besteht. In jedem Fall wird sie dem Erwägungsgrund 20 DBRL noch zur Geltung verhelfen, denn die Tabellen sind Hilfsmittel zur Erstellung der Datenbank und als solche in den Schutzbereich der Datenbank, sofern sie bereits besteht, selbst untrennbar miteinbezogen.

2. Benutzeroberfläche

Die Benutzeroberfläche könnte als Sprachwerk, wissenschaftlich-technische Darstellung oder Bildwerk geschützt sein[1375]. Der Schutz als Computerprogramm wurde bereits ausgeschlossen[1376], aber auch ein Geschmacksmusterschutz kommt trotz der Flüchtigkeit in Betracht[1377]. Neuere Formen von Benutzeroberflächen, wie 3D-Räume, durch die der Kunde wandert und sich wie in einem realen Geschäft Dinge aussucht[1378], könnten wie Computerspiele als Filmwerke § 2 Abs. 1 Nr. 6 UrhG bzw. Laufbilder § 95 UrhG geschützt sein. Diese Möglichkeiten erfassen jedoch nicht die Bildschirmoberfläche in ihrer Gesamtheit, sondern immer nur Teile[1379]. Die Gesamtheit hingegen könnte den Schutz als Datenbank erlangen[1380].

3. Gesamtheit der Datensätze in den Tabellen

Die eigentliche Datenbank in diesem Datenbankmodell entsteht durch die Kombination der Tabellen mit den Daten. Als Elemente der hieraus entstehenden Datenbank sind die Datensätze der Tabellen zu betrachten. Das ist vergleichbar mit einem Adressbuch, dessen Datensätze z.B. aus Namen, Anschrift und Telefonnummer bestehen. Diese Datensätze sind unabhängig voneinander und auch einzeln zugänglich. Sie wurden in den Tabellen nach Spalten systematisch angeordnet. Da die anspruchslose Eingabe der Daten als Datensätze wohl bei einem gewissen Umfang eine Investitionshöhe begründen mag, aber kaum eine geistige Schöpfung darstellt, könnte der Schutz als Sammel- bzw. Datenbankwerk dennoch in Frage gestellt sein. Weil die Konzeption der Tabelle als Anordnungsprinzip aber in beide Bewertungen miteinfließt, liegt in der Regel sowohl eine persönliche geistige Schöpfung als auch eine Investitionshöhe vor.

[1375] So Schricker/Loewenheim § 69 a Rn. 7; a.A. OLG Hamburg ZUM 2001, 519, 521 - Faxkarte.
[1376] Vgl. Kapitel 1 III. H. 7. c).
[1377] V. Falckenstein in: Lehmann 319, 330.
[1378] Vgl. dazu Hayes TCL 8/1998, 1, 19.
[1379] Ein Schutz als Sammelwerk wurde bereits von Schlatter in: Lehmann 169, 207 angedacht.
[1380] Dieses Problem wird vertiefend unter in diesem Kapitel VIII. A. 6. besprochen.

4. Fazit

Zusammenfassend sind folgende Komponenten einer relationalen Datenbank folgendermaßen zu schützen: Die Anwendungsprogramme als Computerprogramm, die Gesamtheit der Datensätze in den Tabellen als Sammel- und Datenbankwerk und auch als einfache computerunterstützte Datenbank. Die Elemente der Datenbank und die Benutzeroberfläche können unabhängig davon, je nach ihren spezifischen Eigenheiten, geschützt sein. Deutlich geworden ist, dass eine Abgrenzung zwischen Computerprogrammen und Datenbanken äußerste Sorgfalt erfordert, um ineinanderübergehende Schutzbereiche nicht zu verwechseln.

VI. Stored Procedures

Stored Procedures[1381] stellen eine besondere Verknüpfung von Computerprogrammen und Datenbanken dar, denn die Computerprogramme werden als Elemente in die Datenbank gespeichert, um direkt aus ihr heraus aufgerufen zu werden. Stored Procedures haben den Vorteil, dass sie in der gesamten Datenbank aufgerufen werden können. Sie sind dabei in kompilierter Form gespeichert, um die Übersetzungszeit zu sparen. Stored Procedures erlauben die Zusammenfassung mehrerer SQL-Anweisungen zu einer Einheit. Zwar sind einzelne SQL-Anweisungen aufgrund ihrer Trivialität nicht geschützt, durch die Zusammenfassung könnte aber ein Schutz als Computerprogramm entstehen. Gegen den Schutz von SQL-Anweisungen sprach zunächst ihre mangelnde Komplexität, die in keinem Fall zum Erreichen der „kleinen Münze“ führen kann. Dieses Argument trifft bei den Stored Procedures nicht mehr zu, denn hier werden kompilierte Komplexe aus Anweisungen und Funktionen gebildet. Ähnlich könnten auch längere und komplexe Befehlsfolgen zu schützen sein[1382]. Auch die Ein/Ausgabeverarbeitung ist in SQL möglich, sowohl aufgrund der Zusammenfassung von SQL-Anweisungen als auch deshalb, weil die Anweisungen mit anderen Funktionen und Prozeduren verknüpft werden, die Daten verarbeiten und die Ergebniswerte zurückgeben und das Gesamtwerk dadurch die Fähigkeit zur Ein/Ausgabeverarbeitung erhält. Sie sind damit erweiterte SQL-Anweisungen und als Computerprogramme schützbar unter dem bereits erwähnten Vorbehalt der Grundsätze der Idee-Ausdruck-Dichotomie[1383].

Durch die Möglichkeit der Stored Procedures werden Computerprogramme abermals zu Elementen der Datenbank. Diese Zuordnung zur Datenbank kann allerdings nur auf der technischen Ebene gesehen werden, denn rechtlich gesehen können Computerprogramme zwar auch Elemente einer Datenbank bilden[1384], um aber den Schutz als Datenbank zu erlangen, müssen sie unabhängig sein. Ein Fall, in dem mehrere Computerprogramme als Datenbank geschützt sein können, wur-

1381 Vgl. Türscher 230.

1382 Vgl. Pattison EIPR 1992, 113, 115; Worthy/Weightman CLSR 1996, 95, 97.

1383 Vgl. Kapitel 1 III. H. 8. b).

1384 Vgl. in diesem Kapitel II. E.

de bereits besprochen – die Klassenbibliotheken[1385]. Bei diesen werden die Programme wie Elemente gespeichert und können unabhängig entfernt und benutzt werden. Stored Procedures werden hingegen wie Tabellen mit dem CREATE-Befehl in die Datenbank integriert und geändert. Sie interagieren auch mit Tabellen, die lediglich andere Datenbankobjekte darstellen. Stored Procedures sind daher wie die bereits besprochenen Tabellen Objekte der Datenbank, die untereinander verknüpft sind und ohne die die Gesamtfunktion des Systems aufgehoben wird. Sie sind vielmehr - wie Abfragesysteme und Thesauren - Methoden zur Gewährung der Einzelzugänglichkeit der Daten und führen technisch zur schnelleren Verarbeitung der Daten und Benutzung der Datenbank. Beim Kopieren einer Stored Procedure ist nicht die Vervielfältigung eines unwesentlichen Teils einer Datenbank nach § 87 b UrhG zu beachten, sondern es gilt der Vervielfältigungsschutz des § 69 c UrhG. Ein separater Schutz als Computerprogramm ist möglich, in den Schutzbereich der Datenbank sind die Stored Procedures nicht eingebunden.

VII. Künstliche Intelligenz

Künstliche Intelligenz, wie sie landläufig verstanden wird, ist noch nicht entwickelt oder vollständig erforscht worden. Selbst der Begriff der Intelligenz an sich bleibt verborgen und kann sich allenfalls relativ in bestimmten sozialen und kulturellen Zusammenhängen manifestieren[1386]. Um künstliche Intelligenz im technischen Sinne feststellen zu können, ist auch heute noch der Turingtest maßgeblich: Ein Tester kommuniziert abwechselnd mit einem Menschen und einer Maschine, wobei er nicht weiß, mit wem er gerade interagiert. Wenn er am Ende des Tests nicht in der Lage ist zu sagen, welcher seiner Kommunikationspartner der Mensch war, kann von künstlicher Intelligenz gesprochen werden. Es gibt hierzu einige Ansätze, initiiert von Joseph Weizenbaum, und verschiedene Systeme wie Eliza und Tesmik, die menschliches Verhalten durch Verbindung einer Wissensbasis mit einem Computerprogramm simulieren können[1387]. Sie reagieren auf bestimmte Wörter und antworten, wie ein Mensch es tun könnte. Der Datenbestand von Tesmik enthält dazu eine Liste von Schlüsselwörtern mit semantischen Verknüpfungen, die durch ein Transformationsskript, d.h. durch ein Computerprogramm, bestimmte Antwortsätze produzieren. Das bedeutet, dass Tesmik durch eine Verknüpfung von Datenbank und Computerprogramm realisiert wird.

A. Expertensysteme

Als ein Spezialfall sogenannter künstlicher Intelligenz werden Expertensysteme betrachtet. Auch Tesmik könnte als ein solches bezeichnet werden. Expertensysteme können Spezialwissen und Schlussfolgerungsfähigkeit qualifizierter

---

[1385] Vgl. in diesem Kapitel II. E.

[1386] Weizenbaum 271 ff.

[1387] Vgl. auch A.L.I.C.E. unter http://alice.sunlitsurf.com/.

Fachleute auf einem begrenzten Fachgebiet nachbilden[1388]. Dazu muss zunächst das Wissen, das zur Problemlösung erforderlich ist, formuliert und interpretiert werden und die Entscheidung getroffen, welches Wissen zur Problemlösung und – bei regelbasierter Programmierung – in welcher Reihenfolge angewendet wird. Ziel ist es, den menschlichen Experten zu simulieren[1389]. Expertensysteme werden allgemein zur Entwicklung neuer Produkte, zur Qualitätserhöhung oder speziell zur medizinischen Diagnose[1390] verwendet. Sie sind jedoch nicht lernfähig und auf die Verarbeitung von Daten beschränkt[1391]. Damit bestehen Systeme künstlicher Intelligenz technisch gesehen immer aus einem Zusammenspiel von Datenbanken und Computerprogrammen. Im Urheberrecht[1392] muss zwischen der Wissensbasis und dem verarbeitenden Computerprogramm unterschieden werden[1393]. Letzteres wird in verschiedene Komponenten untergliedert: Die Wissenserwerbskomponente, durch die der Experte sein Wissen eingeben kann, die Erklärungskomponente, die die Lösung rechtfertigt, optional die Interviewerkomponente als interaktiver Benutzerdialog und die Problemlösungskomponente, die das Wissen anwendet und die Lösung ausgibt[1394]. Die Gesamtheit dieser Komponenten besteht in einer Ansammlung von Befehlen, denn sie initiieren eine technische Reaktion des Computers und sind nicht nur in der Lage, Ein- und Ausgaben zu verarbeiten, es ist sogar ihre einzige Aufgabe. Damit sind diese Komponenten – auch Expertensystemshell genannt – Computerprogramme i.S.d. § 69 a UrhG. Die eigene geistige Schöpfung kann unproblematisch angenommen werden[1395].

Ein vollständiges Expertensystem besteht jedoch aus der Shell und der Wissensbasis. Der Schwerpunkt liegt sogar auf der Erhebung des Expertenwissens und seiner Anordnung in der Wissensbasis[1396]. Sie ist eine Anordnung des Wissens zu einem Spezialgebiet in einer für den Computer erkennbaren Form. Es ist möglich, eine Wissensbasis vom Experten aufbauen zu lassen, so dass dieser die Daten auswählt und anordnet. In den meisten Fällen werden die Daten durch die Wissenserwerbskomponente der Shell eingegeben. Die Eingabe erfolgt – wie z.B. bei einem Bibliothekscomputer – über eine Benutzeroberfläche. Die eingegebenen Daten sind dabei unabhängig und einzeln zugänglich. Ihre Auswahl obliegt dem Experten, die Anordnung hingegen erfolgt durch den Computer. Der Computer übernimmt aber nur die rein physische Anordnung; die Anordnungskriterien an

1388 Puppe 2.

1389 Puppe 5.

1390 Vgl. dazu Pfeffer JurPC Web-Dok. 91/2002; auch für die Rechtswissenschaft können Expertensysteme verwendet werden (vgl. Jandach 5 ff.)

1391 So auch Mellulis GRUR 1998, 843, 847.

1392 Expertensysteme haben auch bereits Patentschutz erlangt (vgl. Rudisill/Auchterlonie/Irfan Mitt. 1988, 148).

1393 Lesshafft/Ulmer CR 1993, 607, 615.

1394 Vgl. Puppe 12 ff.

1395 Vgl. Koch/Schnupp CR 1989, 975, 976 zu Expertensystemen und den erhöhten Voraussetzungen des BGH vor der Umsetzung der CRL.

1396 Beyer GRUR 1990, 399, 407; Lesshafft/Ulmer CR 1993, 607, 615.

sich wurden bereits vom Experten vorgegeben. Daher fungiert das Computerprogramm als Unterstützung, als bloße Eingabehilfe; es generiert die Daten nicht selbst. Somit sind die Voraussetzungen einer Datenbank gegeben, und die Wissensbasis kann als computerunterstütztes Sammelwerk, als Datenbankwerk und auch als Datenbank i.S.d. § 87 a UrhG geschützt werden, wobei das Erreichen der geistigen Schöpfung und der Investitionshöhe vom Einzelfall abhängt. Bei der Investitionshöhe ist in der Einzelfallbewertung zu beachten, dass zur Erstellung der Wissensbasis die Shellkomponenten – außer der Wissenserwerbskomponente – nicht der Investition in die Datenbank dienen.

Die mit dem Expertensystem erzielte Lösung ist letztendlich nicht als Computerprogramm zu schützen, da sie lediglich dessen Ergebnis darstellt, und es existiert auch kein Zusammenhang mit der Wissensbasis. Vielmehr ist hier ein selbständiger Schutz nach dem jeweiligen Einzelfall anzunehmen. An diesem Punkt stellt sich erneut das Problem der computergenerierten Werke, denn nichts anderes ist das Ergebnis eines Expertensystems[1397], da es durch das Zusammenspiel mehrerer Computerprogramme entsteht und der Programmierer keinen Einfluß mehr auf Verlauf und Ergebnis hat. Ein Leistungsschutzrecht z.B. nach § 87 a UrhG ist hingegen möglich. Die Ergebnisse eines Expertensystems sind jedoch zu vielfältig, um darüber eine Aussage treffen zu können. Zusammenfassend muss bei dem Schutz von Expertensystemen nach der Shell und der Wissensbasis unterschieden werden. Erstere ist gemäß § 69 a UrhG geschützt, für letztere kommt ein Schutz gemäß § 4 bzw. § 87 a UrhG in Betracht. Dem Ergebnis des Expertensystems kommt als computergeneriertem Werk de lege lata kein Urheberrechtsschutz zu.

B. Neuronale Netze

Neuronale Netze werden vor allem eingesetzt, wenn es entweder sehr schwierig ist, die Problemstellung oder ein entsprechendes mathematisches Modell zu spezifizieren. Sie werden z.B. in der Kryptographie[1398] oder Genetik verwendet. Sie lösen Probleme, indem sie anstelle von Algorithmen mit Beispielen arbeiten[1399]. Allgemein gesprochen dienen neuronale Netze dem Erkennen von Verbindungen zwischen Mustern oder Daten oder der Einordnung von Daten in bestimmte Kriterien[1400]. Auch das menschliche Gehirn funktioniert nach dem Prinzip der neuronalen Netze. Somit bieten sie eine Grundlage für Intelligenz[1401]. Wesentliches Element ist die Lernfähigkeit, die Fähigkeit, eine Aufgabe selbständig aus Beispielen zu erfassen, ohne dazu explizit programmiert worden zu sein. Sie sind eine Art künstliches Netzwerk, das aus sogenannten Neuronen besteht. Neuronen haben mehrere Eingänge und einen Ausgang und sind untereinander netzartig ver-

---

[1397] So auch Farr Rutgers Comp. & Tech. L. J. 1989, 63, 70 f.

[1398] Vgl. Volna in: Sincak 262 ff.

[1399] Neuronale Netze finden ihren Anwendungsbereich z.B. in der Sprach- und Mustererkennung (Taylor in: Taylor 1, 12 ff.).

[1400] Hall in: Taylor 39, 42.

[1401] Lee in: Fogelman Soulié/Hérault 117 ff.

knüpft. Sie zeichnen sich durch eine gewisse Lernfähigkeit aus und werden durch Softwaresimulationen unterstützt. Rein technisch sind neuronale Netze als Computerprogramme zu betrachten[1402]. Zumindest trifft das auf das dazugehörige Simulationsprogramm zu. Ob der Schutz als Computerprogramm im Urheberrecht der Natur des neuronalen Netzwerks entspricht, wird zu Recht bezweifelt[1403]. Für die juristische Betrachtung ist jedoch auch problematisch, dass die Netze in gewisser Weise nicht direkt von einem Menschen, sondern durch den Computer selbst „trainiert" werden bzw. durch sich selbst, da ein wichtiges Merkmal neuronaler Netze, wie bereits erwähnt, ihre Lernfähigkeit ist. Dadurch könnte es sich auch bei neuronalen Netzen wieder um computergenerierte Werke handeln. Diese Frage kann nicht pauschal beantwortet werden, sondern es muss von Fall zu Fall entschieden werden, je nachdem, wie viel Anteil der Programmierer im Hintergrund an der Entwicklung des neuronalen Netzes hatte[1404]. Neuronale Netze könnten auch als Datenbanken geschützt sein[1405]. Die einzelnen Neuronen sind dabei die Elemente, die systematisch angeordnet sein müssen. Das Anordnungssystem ist hier nicht so trivial wie das alphabetische oder chronologische, sondern folgt einem speziellen Schema, das bestimmt, in welcher Reihenfolge die Daten die einzelnen Neuronen passieren sollen. Dieses Anordnungsprinzip kann sich durch die Lernfähigkeit des Netzes auch mehrfach ändern. Da es für die Beständigkeit der Datenbank bereits genügt, wenn die Anordnung vom Nutzer wahrgenommen und ausgewertet werden kann[1406], ist die Beständigkeit trotz Wechsels des Prinzips für neuronale Netze ausreichend. Einigkeit scheint jedoch bei der Frage zu herrschen, dass neuronale Netze nicht unter das Kriterium der Einzelzugänglichkeit fallen[1407]. Zutreffend ist, dass die einzelnen Gewichte für den Durchschnittsnutzer nicht ausgelesen werden können. Für den Programmierer sind sie sehr wohl einzeln zugänglich und auch veränderbar. Das gilt zumindest für überwachte neuronale Netze. Diese senden Impulse nach außen und können über die Gewichte korrigiert werden[1408]. Nicht überwachte Netze korrigieren sich lediglich selbst und sind nicht einzeln zugänglich. Für die Frage der Einzelzugänglichkeit ist daher zu differenzieren.

Alle neuronalen Netze sind allerdings aus einem anderen Grund keine Datenbanken. Es fehlt Ihnen nämlich an der Unabhängigkeit der Elemente, d.h. wird ein Gewicht geändert, ausgetauscht etc., kann es zu Fehlern bzw. Erkennungsun-

[1402]Vgl. dazu auch Springorum in: Brunnstein/Sint 204, 205 f.

[1403]Vgl. Watkin/Rau 27 IIC 1996, 447, 467, die einen Gebrauchsmusterschutz oder aber einen Patentschutz vorschlagen. Vorteile eines Gebrauchsmusterschutzes wären die geringen Kosten und die kurze Schutzdauer.

[1404]Watkin/Rau 27 IIC 1996, 447, 452.

[1405]So in Ausblick auf die DBRL Dreier in: Lehmann 31, 59.

[1406]Vgl. Kapitel 2 III. B. 2. c) (8).

[1407]Dreier GRUR Int. 1992, 739; 744; Hornung 75; Grützmacher 172; Walter/v.Lewinski Datenbank-RL Art 1 Rn. 23; ähnlich Springorum in: Brunnstein/Sint 204, 210, der ausführt, dass die Informationen in den Gewichten für den menschlichen Intellekt nicht zugänglich sind.

[1408]Vgl. Springorum in: Brunnstein/Sint 204, 207.

genauigkeiten kommen. Zwar sind neuronale Netze robust, d.h. der Ausfall eines Gewichts wird selten zum Ausfall des Netzes führen, aber mit jedem Verlust besteht die Gefahr, dass sich Fehler einschleichen, die zum vollständigen Versagen führen können. Von einer Unabhängigkeit ist also nicht zu sprechen, da das Fehlen eines Elements den Zusammenbruch des Gesamtkonzepts zur Folge haben kann. Dennoch könnten Teile des neuronalen Netzwerks als Computerprogramme angesehen werden, denn die Neuronen bestehen aus kleinen Computerprogrammen, die Befehle ausführen und durch ihre Gewichte Daten verarbeiten. Einzelne Neuronen sind allerdings zu trivial, um urheberrechtlichen Schutz zu erlangen. Sie bestehen nur aus einfachen Funktionen, z.B. $\sum_{i=1}^{n} a_i w_i$. Ein einzelnes Neuron ist damit nicht geschützt. Das Netz in seiner Gesamtheit als Verbindung von trivialen Funktionen kann jedoch als Computerprogramm geschützt sein. Ein Schutz als Datenbank kommt von vornherein nicht in Betracht, weder vom technischen noch vom juristischen Standpunkt.

VIII. Internetphänomene

„To morph the words of Mark Twain, however, it may equally be argued that the reports of the death of intellectual property in cyberspace have been vastly exaggerated.“[1409]

Das Internet, bereits in den siebziger Jahren entwickelt, hat seinen Einzug in den Privatbereich seit 1995 gefunden und ist seitdem aus dem Alltag nicht mehr wegzudenken. Ursprünglich hatte das Verteidigungsministerium der USA bei seiner Entwicklungsabteilung (ARPA) ein Netzwerk in Auftrag gegeben, um die Fehler des bisherigen Netzwerks – die Verletzlichkeit und das Fehlen einer Zwei-Wege-Kommunikation – zu beseitigen. Auf der Basis dieser Entwicklungen wurde dann das NSFNet konstruiert, das für einen Austausch zwischen den Universitäten sorgen sollte. Daraus entstand das Internet[1410]. Das Usenet entstand bereits 1979 als Verbindung zwischen der Duke University und der University of North Carolina[1411]. Mit dem Siegeszug des in der Schweiz am CERN[1412] entwickelten WWW begann sich das Internet auch im Privatbereich durchzusetzen.

Das Internet mit seiner Vielzahl von Datenbanken ist ein absolutes Novum, weil der Benutzer die Informationen nicht wie beim Fernsehen präsentiert bekommt, sondern sie selbst abruft[1413]. Die neuen Möglichkeiten der Informationsgesellschaft werden täglich erweitert[1414]. Prognosen können selten erfassen, was

[1409] Jones EIPR 2000, 79.

[1410] Vgl. vertiefend zur Geschichte http://www.isoc.org/internet-history/ (29.01.2002).

[1411] Näheres dazu unter in diesem Kapitel VIII. I. 3.

[1412] Genauer gesagt, wurde das WWW von Tim Berners-Lee – einem Mitarbeiter am CERN – erfunden, zunächst zur besseren Zusammenarbeit unter Hochenergiephysikern. Zusammen mit Robert Cailliau entwickelte er auch den ersten WWW-Client und die Software für URLs, HTTP und HTML.

[1413] Bechtold GRUR 1998, 18, 25.

[1414] Vgl. dazu Negroponte 199 ff.; Fitzgerald EIPR 2000, 47 ff.

einmal Wirklichkeit werden wird. Gerade mit Einschätzungen bezüglich des technischen Standards und der Weiterentwicklung ist vorsichtig zu verfahren, wie man an Schätzungen aus den vergangenen Jahren deutlich merkt[1415]. 1998 wurde die Zahl der Internetuser für 2000 auf ca. 350 Millionen, für 2005 auf 765 Millionen geschätzt[1416]. Tatsächlich waren es im Jahr 2000 bereits 551 Millionen, und 2001 wurde die 625 Millionen-Grenze überschritten[1417]. Die geschätzte Zahl der Internetuser für 2005 wird damit evtl. sogar schon Ende 2002 zu erwarten sein, auch wenn es sich dabei wieder nur um eine Prognose handelt. Allein in Deutschland ist die Zahl der Internetuser seit 1997 um das Siebenfache auf fast 28 Millionen angestiegen[1418].

Auch als Wirtschaftsfaktor wird das Internet immer bedeutender. Der Umsatz, der 2001 mit E-Commerce allein in Deutschland erzielt wurde, liegt bei 19,1 Milliarden US$[1419]. Allerdings gab es auch Prognosen, die das Internet in seiner heutigen Form vorhergesagt haben[1420], obwohl eine solche Entwicklung schwer vorstellbar war und eher damit gerechnet wurde, dass die Einspeicherung in den Computer lediglich in Teilgebieten erfolgen werde[1421]. Bücher sind dennoch nicht aus den Regalen verschwunden, sondern werden über das Internet verkauft[1422]. Aber auch die virtuellen Bibliotheken sind auf dem Vormarsch[1423], wofür das „Projekt Gutenberg" ein gutes Beispiel ist[1424]. Oft stellt sich die Frage, warum es bei der unendlichen Reproduzierbarkeit der Daten bei den nichtkommerziellen Angeboten überhaupt zu Rechtsstreitigkeiten kommt[1425]. Die Antwort ist sehr einfach: Die Finanzierung der Newsletters, Anzeigenmärkte und Websites funktioniert, wie in vielen Bereichen unseres Lebens, aufgrund von Werbung, klassischerweise durch Werbebanner, im Fall der Newsletters in Form von Textanzeigen, und damit stehen auch hier finanzielle Interessen im Vordergrund[1426].

Mit dem Wachsen der technischen Möglichkeiten wächst auch die Bedeutung

[1415] Vgl. dazu auch Hardy 31 f., der in seinem Final Report „Project Looking Forward" ausdrücklich darauf hinweist, dass seine Zukunftsprognosen eintreten können oder nicht.

[1416] http://www.c-i-a.com/199908iu.htm (31.01.2002).

[1417] http://www.c-i-a.com/200107cu.htm (31.01.2002).

[1418] http://www.kh-coesfiels.de/content/internetstatistik.htm (01.02.2002).

[1419] Monitoring Informationswirtschaft, 3. Faktenbericht 2001.

[1420] Vgl. Gipe 5 ff. z.B. mit der Vision von Superkopiermaschinen, die ganze Bücher für 25 Cent kopieren können oder von medizinischen Fachzeitschriften, die nach Bedarf abgerufen werden können.

[1421] Ulmer, Datenbanken 3.

[1422] Vgl. z.B. Amazon, BOL oder Lehmanns (LOB).

[1423] Vgl. Melichar CR 1995, 756; selbst Bund und Länder versuchen, die Papierflut einzudämmen und Anträge nun auch über das Internet anzubieten (Hoffmann Datacom 6/2001, 24 ff; Hufnagel AfP 1999, 44, 46): Bis 2005 sollen alle Anträge und Formulare auch online verfügbar sein.

[1424] Das „Projekt Gutenberg Deutschland" hat seine neue Heimat bei http://gutenberg.spiegel.de/ (04.04.2002) gefunden.

[1425] Urheberpersönlichkeitsrechtliche Aspekte sollen außer Betracht bleiben.

[1426] Zu Motivation und Konzept der Werbung im Internet vgl. Ezor TCL 5/1998, 6; einen Überblick über die Werbeformen gibt: http://www.werbeformen.de/ (15.01.2002).

des Urheberrechts[1427]. Vor 1995 war ein urheberrechtlicher Schutz im Internet kaum notwendig, weil in der militärischen und in der wissenschaftlichen Kommunikation, zu der das Internet bis dahin ausschließlich diente, die Nutzungsrechte vergütungsfrei eingeräumt wurden[1428]. Heute werden im Internet viele kommerzielle Transaktionen abgewickelt und neue Produkte geistiger Arbeit präsentiert, die den Urheberrechtsschutz beanspruchen können und wollen. Für Urheber stellt das Internet eine einmalige Gelegenheit zur Verbreitung ihrer Werke dar, denn jedes Werk kann ohne große Kosten und erheblichen Aufwand einer breiten Öffentlichkeit zugänglich gemacht werden. Als besonders wichtig erweist sich auch hier wieder die Tatsache, dass die Information an sich jedermann frei zur Verfügung stehen muss und nur der Ausdruck der Information urheberrechtlich geschützt sein kann[1429]. Das dies so bleibt, ist auch Aufgabe der Urheberrechtler.

Gerade im Zusammenhang mit dem Internet ergeben sich durch die Internationalisierung immer wieder Probleme[1430]. Auch bei der Frage nach der Freiheit der Information werfen unterschiedliche Denkansätze Probleme auf: China versucht sich an einem eigenen Intranet, die USA propagieren die Selbstregulierung, und Australien hat ein „Net Censorship Law“ erlassen. Zu berücksichtigende Entwicklungen im Internet sind insbesondere[1431]: Zielgenauer Zugriff auf bestimmte Informationen, interaktive Kommunikation, mühelose Veränderungen, globale Vermarktung, gleichbleibende Qualität auch bei der millionsten Kopie, Speicherung auf kleinstem Raum. Neuartig ist bei Werken, wie man sie im Internet vorfindet, vor allem, dass ihre Grundstruktur sich auf einzelne elektronische Impulse zurückführen lässt und somit alle Werkarten in ihrer Struktur ähnlich sind. Urheberrechtlich geschützt ist und bleibt jedoch die Ausdrucksform, und diese liegt dann als Interpretation durch den Computer vor. Das darf jedoch nicht dazu führen, dass aufgrund der Digitalisierung die alten Werkarten in Frage gestellt werden, nur weil sie nicht mehr ausschließlich auf Papier, sondern auch in Bits und Bytes ausgedrückt werden können[1432]. Durch die Digitalisierung erhält das Medium Papier eine Fortsetzung, aber auch die digitale Darstellung ist nichts anderes als ein Medium zum Ausdruck von künstlerischen und wissenschaftlichen Werken. Die alten Werkarten haben somit weiterhin ihre Existenzberechtigung.

Mit der Entwicklung des Internet traten neue Formen der Datenansammlung

---

[1427] Eine Zusammenfassung der Studien zu diesem Thema bis 1989 bietet Cohen Jehoram GRUR Int. 1989, 23.

[1428] Koch GRUR 1997, 417; Sreball RDV 1996, 181, 182.

[1429] Vgl. Kapitel 1 III. A. 2., Kapitel 1 III. C. 3., Kapitel 2 III. A. 2.

[1430] So wird aufgrund der deutschen Rechtsprechung amerikanischen Websitebetreibern angeraten, unterschiedliche Websites für unterschiedliche Märkte zu produzieren (Dreben/Werbach TCL 5/1999 17, 19 f.).

[1431] BT-Drucks. 13/8110, 8 f.

[1432] So aber Dreier 24 IIC 1993, 481, 485; Loewenheim 27 IIC 1996, 41, 45; verschiedene Gerichtsentscheidungen haben jedoch gezeigt, dass hier auch gerade die traditionellen Begriffe des Urheberrechts angewendet werden können (vgl. zu einer begrüßenswerten australischen Entscheidung im Trumpet Winsock Fall Richardson EIPR 1996, 669).

auf, die es in der „analogen“ Welt so bisher nicht gab. Sie eröffnen ungeahnte Möglichkeiten des Zusammenstellens, Abrufens und Wiederzusammenstellens und erleichtern das Sammeln, Suchen und Finden. Die Sammelleidenschaft ist neu entbrannt. Durch die Fülle von Daten entsteht die Notwendigkeit, Hilfsmittel zu entwickeln, die dem Nutzer helfen, die gesuchten Angaben zu finden. Ohne diese Hilfsmittel ist das Internet unüberschaubar, mit ihnen eine unerschöpfliche Quelle von Informationen. Wichtig ist vor allem zu erkennen, dass das gesamte Internet – abstrakt betrachtet – eine einzige große Datenbank ist, die von Millionen Datenbankherstellern geschaffen und gewartet wird. Urheberrechtlich geschützt sind aber nur Schöpfer und Miturheber; Anbieter fremder Inhalte, deren Inanspruchnahme heutzutage auch schon Alltag geworden ist, können weiterhin nur auf vertragliche Regelungen verwiesen werden[1433]. Zusammenfassend lässt sich sagen, dass gerade durch die Bedeutung des Internet auch die Bedeutung des Urheberrechts erhalten bleibt und noch größere Bedeutung erlangt[1434]. Dem Urheberrecht wird nun sogar eine dem BGB nahekommende Bedeutung prognostiziert[1435]. Eine Anpassung ist jedoch unbedingt erforderlich. Änderungen im Urheberrecht treten allein schon durch die Änderungen in der Hardware auf[1436]. Nur durch flexible Lösungen, wie „Fair Use“-Regelungen[1437], ist es möglich, den schnell wechselnden Gegebenheiten gerecht zu werden. Grundsätzlich kann und wird sich das Urheberrecht an die technischen Entwicklungen anpassen[1438].

Datensammlungen können auch im Internet als Sammelwerke § 4 Abs. 1 UrhG, als Datenbankwerke § 4 Abs. 2 UrhG, Datenbanken § 87 a ff. UrhG oder als Computerprogramme § 69 a ff. UrhG geschützt werden. Teilweise wird eine Subsumtion unter die Filmwerke angedacht[1439]; selbst ein Schutz als Bildwerk ist denkbar[1440]. Genauerer Untersuchung zur Einordnung der Datenansammlungen im Internet bedürfen jedoch nur die vier erstgenannten Gruppen. Im Übrigen wird seit Jahren heftig diskutiert, ob nicht ein einheitlicher Begriff eines Multimediawerkes zu schaffen ist, um diesen Unsicherheiten dauerhaft zu begegnen[1441]. Es gibt Stimmen, die einen stärkeren Schutz des Urhebers im Internet fordern, und andere, die einen rechtsfreien Raum proklamieren[1442]. Zu berücksichtigen sind sowohl

[1433]Schmitz MMR 2000, 396, 398.

[1434]So auch Bond IRLCT 1996, 301, 303; Jones EIPR 2000, 79; Reber GRUR 1998, 792, 798, der sich auf die digitale Welt im allgemeinen bezieht, aber Probleme in der Einengung durch die Rechtsprechung sieht.

[1435]Hoeren GRUR 1997, 866, 867: „Das BGB ist tot, es lebe das Urheberrecht.“

[1436]Vgl. Koch NJW-CoR 1996, 252 f.

[1437]Beim Prinzip des Fair Use kommt es auf eine Gesamtschau der Umstände an; die in 17 U.S.C. § 107 genannten Faktoren sind nur beispielhaft (vgl. z.B. Campbell v. Acuff-Rose Music, Inc., 510 U.S. 569, 578 (1994)); vgl. zum Fair Use auch Manz 172; Wandtke GRUR 2002, 1, 7.

[1438]BT-Drucks. 13/8110, 5.

[1439]Vgl. Lehmann/v.Tucher CR 1999, 700, 703.

[1440]Vgl. für Flash-Websites in diesem Kapitel VIII. A. 2. b) (2).

[1441]Vgl. in diesem Kapitel VIII. A. 6.

[1442]Vgl. Wittgenstein UFITA 2000/I, 39, 83 f., der zwar nicht von einer völligen Aufgabe der Urheberrechte ausgeht, aber eine starke Anpassung an das Internet fordert.

die Interessen des Eigentums als auch die Interessen der Allgemeinheit ebenso wie die Meinungsfreiheit, was Erwägungsgrund 3 InfRL erneut betont. Bei der nun folgenden Analyse werden Phänomene untersucht, die in der deutschen und internationalen Rechtsprechung bereits für Aufsehen gesorgt haben oder noch für Aufsehen sorgen werden.

A. Website

Bei einem Vergleich des World Wide Web von 1995 mit dem des Jahres 2002 fällt nicht nur auf, dass sich die Anzahl der Websites deutlich erhöht hat, sondern auch, dass einfache Textseiten und mit Hilfe von Programmen wie Frontpage entwickelte Websites heute zwar bei privaten Anbietern noch nicht überholt sind, aber viele kommerzielle Anbieter nicht nur reine Informationsseiten, sondern ein Multimediaerlebnis anbieten[1443]. Während *Berners-Lee* in seinem Vorschlag für das WWW 1989 noch schrieb: „Addition of graphics would be an optional extra"[1444], gibt es heute bereits Websites, die den Titel eines Kunstwerks verdienen. Unternehmen verlangen immer häufiger nach einer repräsentativen Darstellung, die mit ihrer Corporate Identity überstimmt[1445]. Der urheberrechtliche Schutz von Websites muss mit ihrer steigenden Schöpfungshöhe daher noch einmal überdacht werden[1446]. Für eine Seite im WWW werden verschiedene Bezeichnungen verwendet: z.B. Webseite, Webauftritt, Homepage, Internetseite, WWW-Seite. Eine Webseite ist die einzelne Bildschirmdarstellung, ein Webauftritt die Gesamtheit von Webseiten. Der Begriff der Website, der aufgrund der vielen Gemeinsamkeiten in dieser Untersuchung meist verwendet wird, stellt den Oberbegriff für Webseite und Webauftritt dar. Eine Website ist nichts anderes als eine Ansammlung von in bestimmter Weise angeordneten Daten im WWW[1447], womit die Überlegung nahe liegt, dass es sich um eine Datenbank handelt. Bei der folgenden Betrachtung wird zunächst die Webseite, dann der Webauftritt untersucht[1448]. Unabhängig vom Schutz der Webseite können auch ihre einzelnen Elemente – Texte, Bilder, Musik – für sich urheberrechtlichen Schutz genießen[1449].

[1443] Zu den vertragsrechtlichen Gestaltungsmöglichkeiten bei Websites vgl. Ernst ITRB 2001, 116; Grunert/Ohst KUR 2001, 8 ff.

[1444] http://www.w3.org/History/1989/proposal.html (20.04.2002).

[1445] Koch NJW-CoR 1997, 298; Tanenbaum TCL 2/1998, 14.

[1446] Der erste Fall, in dem sich ein Chinesisches Gericht mit dem Internet befasste, betraf das Urheberrecht an einer Website. Der Kläger – die Read-On-Line Company – war der Ansicht, dass die Orient Information Company das Layout etc. ihrer Website nachahme. Das chinesische Gericht befand, dass die Website des Klägers Farben, Buchstaben und Bilder auf besondere Weise so digitalisiert hatte, dass es den Schönheitssinn anspricht und einzigartig und originell ist (Es entschied, dass der Beklagte sich auf der Website zu entschuldigen (vgl. Liu GRUR Int. 1999, 488, 493) und einen geringen Schadensersatz (ca. 500 DM) zu zahlen habe (vgl. Dudek/Magida IILR Dec 2000/ Jan 2001 38 ff.).

[1447] Nordemann/Goddar/Tönhardt/Czychowski CR 1996, 645, 646 beschreiben die Homepage noch als Videoleinwand.

[1448] Die angesprochenen Beispiele sind im im Anhang III. abgedruckt.

[1449] So auch Lehmann/v. Tucher CR 1999, 700, 705.

Für das Gesamtwerk wurde bisher der Schutz als wissenschaftliches Werk i.S.d. § 2 Abs. 1 Nr. 7 UrhG[1450], als Sammelwerk[1451], Datenbankwerk[1452] oder gar als Datenbank[1453] oder Computerprogramm[1454] angedacht[1455]. Im Folgenden werden die letzteren insbesondere in ihrem Verhältnis zueinander analysiert[1456].

1. Webseite als Computerprogramm

Die Annahme, eine HTML-Datei sei selbst eine Webseite, ist unzutreffend[1457], da der Browser die HTML-Datei erst interpretieren muss, damit eine Webseite dargestellt werden kann; eine Identität liegt somit nicht vor. Vereinzelt wird behauptet, die Webseite sei als Ausdruck eines Computerprogramms[1458] schutzfähig. Das trifft jedoch ebenso wenig zu, denn das Computerprogramm, dessen Ausdruck die Webseite dann darstellte, wäre eine HTML-Datei, die aber, wie bereits erläutert, kein Computerprogramm ist[1459]. Erwägenswert wäre der Schutz einer Webseite als Computerprogramm, wenn sie unter Einbindung von Java oder Javascript geschrieben wurde, denn dieser Code ist als Computerprogramm anzusehen. Doch auch hier ist der Schutz abzulehnen, denn die Webseite ist die Interpretation des Browsers, des Java-Compilers und anderer Programme vom HTML-, Java- und Javascriptcode, nicht aber selbst ein Computerprogramm, sondern sein Ergebnis. Das auf dem Computerbildschirm sichtbare Arbeitsergebnis ist streng von der inneren Struktur und der Organisation des Programms, die geschützt sind, zu unterscheiden[1460].

Der Browser könnte als Interpreter der HTML-Anweisungen mit einem Compiler verglichen werden, denn das Ergebnis der Arbeit einer Compilers ist immer noch Ausdruck, nicht aber Ergebnis eines Computerprogramms[1461]. In diesem Zu-

1450 Boehme-Neßler 251; Koch 407; Koch GRUR 1997, 417, 420; Kreuzer in: Schwerdtfeger/Evertz 167, 191; im Regelfall wird man bei einer Website nicht davon ausgehen können, da sie selten wissenschaftlichen oder technischen Inhalt hat (Burmeister 59).

1451 Büchele 30; Ernst MMR 2001, 208, 212; Kreuzer in: Schwerdtfeger/Evertz 167, 193.

1452 Boehme-Neßler 251; Köhler/Arndt 127.

1453 Bechtold ZUM 1997, 427, 429; Boehme-Neßler 253; Köhler/Arndt 130; auch ein künftiger Vertrag zum Schutz von Datenbanken (vgl. Kapitel 2 II. C. 2.) muss sicherstellen, dass Websites darunter fallen (WIPO-Dok. SCCR/7/6).

1454 OLG Karlsruhe GRUR 1994, 726, 729 - Bildschirmmasken; Bechtold ZUM 1997, 427, 428; Cichon ZUM 1998, 897, 899; Koch GRUR 1997, 417, 418 ff.; Koch in: Brunnstein/Sint 323, 325.

1455 Auch nach US - amerikanischem Recht wird die Website nicht einheitlich eingeordnet, fällt aber meist gemäß 17 U.S.C. § 101 unter die „pictorial, graphic and sculptural works“ (Rieder 43 ff.).

1456 Auf zwei Fallbeispiele für den Schutz von Websites wird in diesem Kapitel VIII. F. und in diesem Kapitel VIII. G. eingegangen.

1457 So aber Determann 53.

1458 So OLG Karlsruhe GRUR 1994, 726, 729 - Bildschirmmasken; Cichon ZUM 1998, 897, 899, wobei sie darauf hinweist, dass HTML ein Computerprogramm sei; Koch 417, 418 ff.; Koch in: Brunnstein/Sint 323, 325; Koch 407; a.A. auch Boehme-Neßler 252; Köhler ZUM 1999, 548; Leistner CR 2000, 187.

1459 Vgl. Kapitel 1 III. H. 8. c).

1460 OLG Düsseldorf MMR 1999 729,730 - Baumarkt.de.

1461 Vgl. Kapitel 1 III. H. 3.

sammenhang wurde selbst die Dekompilierung[1462] von Websites vereinzelt in der Literatur diskutiert[1463]. Bei der Darstellung von Websites aus HTML- und anderen Teilen wird, wenn diese Begrifflichkeiten hier überhaupt verwendet werden können, denn viele Bestandteile sind gar keine Computerprogramme, kompiliert, aber nicht dekompiliert. Der Spezialfall der Überführung in den Objektcode kann jedoch nicht mit anderen Transformationen verglichen werden. Es handelt sich hierbei um eine technisch notwendige Überführung, die aber nicht – wie bei der Darstellung durch den Browser – zu einer neuen Form mit neuem geistigen Gehalt avanciert, sondern lediglich von der Maschine unmittelbar „verstanden" wird. Eine Anwendung scheidet schon deshalb aus, weil hier keine Kompilierung vorliegt; der Browser stellt die HTML-Datei lediglich dar. Bei Websites immer häufiger verwendete Java-Programme hingegen müssen kompiliert werden. Dadurch entsteht aber noch nicht die Webseite, sondern lediglich der compilierte Ausdruck eines Computerprogramms. Hier stellt sich jedoch auch nicht die Frage nach der Dekompilierung einer Webseite, sondern nach Verfahrensweisen wie bei jedem anderen beliebigen Programm.

Auch die Darstellung der Webseite kann nicht als Computerprogramm angesehen werden, da die Elemente einer Webseite, z.B. Texte und Bilder, keine Befehle sind, denn die Reaktion wird vom Browser und nicht von ihnen hervorgerufen. Außerdem sind sie nicht in der Lage, Eingaben zu verarbeiten. Webseiten stellen zwar manchmal Eingabeformulare – formatiert in HTML – dar, aber diese dienen nur der Arbeitserleichterung. Die Eingaben werden von der HTML-Datei an ein Mittlerprogramm weitergegeben und von diesem verarbeitet. Die Webseite an sich dient nur der Darstellung. Der Schutz einer Webseite als Computerprogramm ist damit nicht möglich.

2. Webseite als Sammelwerk

Untersucht wird nicht, ob Websites nicht nur Sammlungen von Daten miteinbeziehen[1464], sondern die Frage, ob sie selbst Sammlungen von Daten darstellen können. Dass Sammlungen selbst Bestandteile von Websites sein können, steht aufgrund des „offenen Elementbegriffs" außer Frage.

a) Sammlung

Das erste Problem bei der Webseite stellt sich bereits beim Sammlungsbegriff, denn eine Webseite kann wie in Beispiel 1 nur aus einem Bild, einer Überschrift und einem Link bestehen. Da drei Elemente aber grundsätzlich für den Sammlungsbegriff ausreichend sind[1465], kann eine solche Webseite die Grundlage für eine Sammlung bilden. In einer Webseite können Bild-, Ton-, Text- und Vide-

---

[1462] Ein Reverse Engineering hingegen ist auch nicht nötig, da der Quellcode – bei den meisten Websites – leicht angezeigt werden kann.

[1463] Vgl. nur Wandtke/Bullinger/Grützmacher § 69 e Rn. 30.

[1464] So scheinbar Cichon ZUM 1998, 897.

[1465] Vgl. Kapitel 2 III. B. 2. a) (6).

odateien und vieles mehr vereint werden. Unabhängig davon, ob die genannten Objekte selbst als Werke klassifiziert werden können, sind sie Elemente und somit sammelwerksfähig – das Bild ist eine „JPEG“ - oder „GIF“-Datei, die Überschrift ein Wort und der Link eine Verknüpfung zu einer anderen Datei. Erwägungsgrund 17 DBRL spricht für einen sehr weiten Datenbankbegriff, und da der Wortlaut bezüglich des Begriffs der Sammlung identisch ist, auch für einen weiten Begriff der Sammlung, d.h. für Sammlungen von literarischen, künstlerischen, musikalischen oder anderen Werken sowie von Material wie Texten, Tönen, Bildern, Zahlen, Fakten und Daten. Für Beispiel 1 wurden die Bilder und Texte eigens hergestellt. Genauso ist ein Vorbestehen der Elemente für ein Sammelwerk möglich. In Beispiel 1 und 2 können die Elemente zwar nicht als Werke den Urheberrechtsschutz beanspruchen, sie haben aber einen gewissen geistigen Gehalt und können demnach Elemente einer Sammlung sein.

b) Unabhängigkeit der Elemente

Teilweise wird behauptet, eine Webseite sei schon deshalb keine Sammlung, weil nur Text in einer HTML-Datei aneinandergereiht wird[1466]. Dagegen sprechen jedoch sowohl die DBRL als auch ihre Umsetzung[1467], denn eine narrative Struktur ist bei Webseiten nicht festzustellen. Die einzelnen Elemente werden vom Browser anhand der Formatangaben einer HTML-Datei zusammengesetzt. Nicht alle Elemente sind aber dabei in der HTML-Datei schon vorhanden. In Beispiel 1 und 2 werden Bilder und Texte verwendet. Texte werden – wie aus dem Quellcode ersichtlich – meist direkt in die HTML-Datei geschrieben. Die Bilder z.B. hingegen sind in einem Bilderzeugungs- oder –verarbeitungsprogramm erstellt oder bereits vorhanden. In der HTML-Datei wird lediglich ihr Standort bekannt gegeben, damit der Browser die Datei zur Darstellung findet. Bilder sind separate Dateien und werden beim Aufruf der HTML-Datei direkt in den Browser geladen. Eine narrative Struktur liegt damit nicht vor.

Grundsätzlich werden die einzelnen Elemente auf bestimmte Weise unabhängig voneinander an einem bestimmten Platz innerhalb der HTML-Datei abgelegt. Durch die Zusammensetzung in der Datei ist eine neue Einheit entstanden, die zum Verlust der Unabhängigkeit der Elemente führen kann[1468]. Es besteht die Möglichkeit, dass bei einer Trennung dieser Elemente der geschlossene Informationsgehalt verloren geht[1469]. Die Vertreter dieser Ansicht gehen davon aus, dass die Grafiken und Texte eine Wechselbeziehung haben; es wird behauptet, die Elemente wären schon so erstellt worden, dass sie nur in ihrem Wechsel-

[1466] Cichon ZUM 1998, 897, 898.
[1467] Vgl. Kapitel 2 III. B. 2. b)
[1468] Plaß WRP 2000, 599, 600; Schack MMR 2001, 9, 11; a.A. MacQueen in: Edwards/Waedle 181, 191.
[1469] Plaß WRP 2000, 599, 600.

bezug den gewünschten Informationsgehalt hätten[1470]. Ein solcher Wechselbezug ist aber in vielen Fällen gerade nicht erkennbar. Ohnehin kann bei der Betrachtung einer Webseite nicht von der Einheitlichkeit der Bildschirmdarstellung ausgegangen werden[1471], sondern ist nach dem inneren Bezug der einzelnen Elemente zu fragen. Nach den Kriterien für die Unabhängigkeit[1472] wäre zunächst ein Raster zu ermitteln. Bei Beispiel 1 und 2 können die einzelnen Elemente ohne Probleme als Bilder und Textabsätze dargestellt werden. Aus einem der Elemente – aus einem Bild oder einem Satz – ist in keinem Fall auf ein weiteres Element zu schließen. Das Entfernen eines der Elemente, hat – bis auf das Fehlen des Elements selbst – keinen Einfluss auf den gesamten Informationsgehalt. Damit sind in Beispiel 1 und 2 die Elemente unabhängig voneinander. Bei den meisten Webseiten werden die Materialien ebenfalls nicht aufeinanderbezogen, sondern aus einzelnen Elementen „zusammengebastelt". Die Texte und Grafiken sind vielseitig und nicht nur auf der Webseite einsetzbar; sie werden oft einzeln ausgetauscht. Den normalen Nutzern ist es nicht nur möglich, einzelne Elemente der Webseite separat zu kopieren[1473], sondern sogar das Erscheinen von Elementen einer Seite von vornherein zu verhindern. Am bekanntesten sind die sogenannten Werbeblocker, die Werbung aus den Webseiten herausfiltern; auch Java oder Javascript-Elemente können unterdrückt werden. Demnach ist zu unterscheiden, ob die einzelnen Elemente austauschbar oder speziell auf eine Webseite zugeschnitten sind[1474]. Dass bei Entfernung eines Elements der Informationsgehalt dieses Elements für die Datenbank verloren geht, liegt in der Natur der Sache und kann nicht verhindert werden. Auch bei klassischen Sammlungen wie Telefonbüchern ist das der Fall. Zu untersuchen ist daher die Auswirkung auf die anderen Elemente. Der geschlossene Informationsgehalt eines Sammelwerks ist immer gefährdet, wenn seine Elemente entfernt werden. In Beispiel 3 ist die Unabhängigkeit der einzelnen Elemente sichtbarer, da schon die optische Unterteilung durch die Verwendung von Frames verdeutlicht wird. Da die Inhalte der einzelnes Frames schon in separaten Dateien festgelegt werden müssen, liegt hier die Vermutung noch näher, dass die Elemente unabhängig sind. Im Einzelfall können die Frames aber auch derart aufeinander abgestimmt sein, dass eine Abhängigkeit entsteht. Ein klassischer Fall für das Verwenden von Frames ist, wie in Beispiel 3, die Darstellung des Inhaltsverzeichnisses mit den Links in einem kleinen Frame und den Dateien, auf die die Links verweisen, in dem größeren Frame. Obwohl eine technische Abhängigkeit beider Frames besteht, sind die Elemente doch unabhängig, da diese Technik verwendet

[1470] So Leistner/Bettinger Beilage CR 12/1999, 1, 8 f.; sie räumen jedoch im Nachhinein ein, dass bei Websites, für die vorhandenes Material zusammengestellt wird, eine Unabhängigkeit der Elemente vorliegen kann, verkennen dabei jedoch, dass dies die Mehrzahl der Websites betrifft.

[1471] Vgl. Kapitel 2 III. B. 2. b) (2).

[1472] Vgl. Kapitel 2 III. B. 2. b)

[1473] Z.B. mit einem Klick auf die rechte Maustaste eines PC können einzelne Bilder kopiert oder als neuer Hintergrund gesetzt werden; Teile des Textes können z.B. kopiert und in ein Textverarbeitungsprogramm geladen werden.

[1474] So wohl auch Völker/Lührig K&R 2000, 20, 24.

wird, um Elemente einfach entfernen und austauschen zu können. Abzugrenzen ist weiterhin der erhöhte Wert einer Kompilation aufgrund ihrer Auswahl und Anordnung von einem Schutz aufgrund ansprechender Gestaltung multimedialer Werke. Bei letzteren ergibt sich die Wirkung gerade aus der Abhängigkeit der Elemente, so dass ein Schutz als Sammelwerk nicht in Betracht kommt[1475].

Bei der Vielfalt von Webseiten lässt sich eine generelle Aussage nicht treffen; in vielen Fällen sind die Elemente jedoch unabhängig.

(1) „IMAGEMAP" Wie sieht es nun bei einer Webseite aus, die aus einem sogenannten „Map" besteht, bzw. mit dem Schutz des Maps selbst. Für den Nutzer stellt sich der Map als Bild dar. In Wahrheit liegt zwar auch nur ein Bild vor, dieses Bild vereinigt aber mehrere Links, d.h. durch einen Klick auf das Bild eröffnet sich der Weg zu verschiedenen Seiten, je nachdem, welcher Teil des Bildes angeklickt wird. Programmiertechnisch wird das wie folgt realisiert: Zunächst wird ein `<map>`-Tag definiert, dann ein Bild. Danach werden die Links ganz normal festgelegt, jedoch mit einer genauen Positionsangabe innerhalb der Koordinaten des Bildes. Am Ende wird der `<map>`-Tag geschlossen.

Die Webseite in Beispiel 5 zeigt ein Bild mit vier verschiedenen Links zu vier verschiedenen Webseiten. Die umrahmte kleine Anzeige im „Beispiel 2 – Link" ist eine temporäre Anzeige, die mit dem „ALT"-Attribut erzeugt werden kann. Der Pfad der verlinkten Datei, auf der der Mauszeiger steht, kann auch in der Statusleiste abgelesen werden.

Zum einen stellt sich hier die Frage, ob mehrere Elemente vorliegen, um die Einordnung der Webseite als Sammlung zu begründen, und zum anderen, ob diese Elemente auch unabhängig sind. Einerseits werden sie als Gesamtheit innerhalb des `<map>`-Tags definiert und erscheinen auch als einheitliches Bild, andererseits sind die Links, die definiert werden, in ihrer Funktion- und Gebrauchsfähigkeit isoliert zu betrachten und damit als einzelne Elemente anzusehen.

Bei diesem durch einen Map-Tag realisierten Gebilde kann nicht mehr von einem Sammel- oder Datenbankwerk ausgegangen werden. Zwar sind die Links unabhängig, aber in ihrer Gesamtheit verzahnt; sie können nicht einfach herausgelöst werden, ohne dass das Gesamtwerk zerstört wird, denn Maps werden gerade aufgrund des von ihnen vermittelten geschlossenen Eindrucks verwendet. Auch der Schutz als Bildwerk kommt in den seltensten Fällen vor, nämlich nur dann, wenn der Map tatsächlich die Gestaltungshöhe erreicht, da es sich um angewandte Kunst handelt. Der Map ist damit eines der Anwendungsgebiete, für den ein Schutz als Multimediawerk angemessen und erforderlich wäre.

(2) FLASH-TECHNIK Eine andere Technik der Webseiten-Erstellung bietet die mittlerweile sehr beliebte Flash-Technik, mit der Beispiel 4 erstellt wurde. Hierbei werden nicht einzelne Elemente aneinandergereiht, sondern vielmehr mit-

[1475] Im Ergebnis so auch Köhler/Arndt 128, der den Schutz mangels Schöpfungshöhe, die auf der Auswahl und Anordnung beruht, ablehnt.

einander verschmolzen, so dass sie untrennbar miteinander verbunden sind. Die Technik und die Hilfsmittel entsprechen dem Layout von Bildbearbeitungsprogrammen, in denen die Elemente dynamisch miteinander verschmelzen. Aufgrund der Darstellung von Beispiel 4 kann der Eindruck entstehen, dass es sich bei Flash-Seiten immer um mehrere Webseiten handelt, die miteinander wie bei einem Daumenkino verknüpft werden[1476]. Dieser Eindruck resultiert aber nur aus den dynamischen Eigenschaften dieser Seite; es handelt sich im Beispiel 4 nur um eine einzige Webseite. In vielen Fällen, in denen die Flashtechnik zum Einsatz kommt, wird gleichzeitig eine HTML-Version angeboten bzw. automatisch erkannt, ob der Browser Flash interpretieren kann, und entweder auf die HTML- oder auf die Flashseite weitergeleitet[1477]. Flash kann nicht von einem einfachen Browser interpretiert werden, es bedarf der Installation eines Zusatzmoduls, eines Flash-Plugins.

Bei Flash-Webseiten ist die Unabhängigkeit nicht so leicht festzustellen wie bei HTML-Webseiten. Sie werden zwar aus einzelnen Elementen konzipiert, aber diese werden wie ein Bild miteinander verschmolzen und sind als Gesamtwerk nicht trennbar. Ein einzelnes Anklicken, Abspeichern oder Verhindern der Anzeige der Elemente ist nicht mehr möglich: Entweder die gesamte Seite wird geladen oder nicht. Der Grund ist, dass das Flash-Plugin dies für Flash nicht vorsieht – im Gegensatz zum Browser für HTML. Grundsätzlich wird bei einer Flashseite – wie bei Maps – der Eindruck erzeugt, ein einheitliches Bild sei entstanden, das dem Schutz als Sammelwerk nicht zugänglich ist. Dieser Schutz kommt tatsächlich in vielen Fällen nicht in Betracht, denn Flash wird häufig verwendet, um den geschlossenen Eindruck zu vermitteln und die Elemente unauflöslich miteinander zu verbinden; zwingend ist dies jedoch nicht.

Eine andere, oft genutzte, Möglichkeit der Flashprogrammierung besteht in der Verwendung von bewegten Bildern, so dass die Erscheinungsform eher einem Computerspiel oder Film gleicht. Deshalb können diese auch wie ein Computerspiel, d.h. als Filmwerk, geschützt sein[1478]. Dafür spricht auch die Möglichkeit, ganze klassische Filme in Flash zu erstellen[1479]. Ein Schutz als Sammelwerk ist daneben ebenfalls möglich, denn grundsätzlich bestehen in Flash diesselben Darstellungsmöglichkeiten wie in HTML, sie werden nur überwiegend unterschiedlich genutzt.

(3) FAZIT Die Unabhängigkeit von Webseiten kann nur im Einzelfall betrachtet werden. In vielen Fällen beziehen sich die Elemente aufeinander und können deshalb als abhängige Elemente nicht dem Sammelwerksschutz unterfallen. In anderen Fällen stehen die einzelnen Elemente austauschbar nebeneinander. In jedem

---

[1476] Vgl. im Anhang III. D.

[1477] Vgl. z.B. die Seite des Deutschen Theaters in Berlin http://www.deutsches-theater.berlin.net/ (05.02.2002), wo sogar sichtbar angemerkt ist : „+flash auto detect (later)".

[1478] Vgl. Kapitel 1 III. H. 7. b).

[1479] In Hamburg gibt es bereits ein Flash-Kino: http://www.flash-kino.de/ (05.02.2002).

Fall besteht kein Zusammenhang zur verwendeten Technik, auch wenn die Masse der Flash-Websites zur Abhängigkeit der Elemente tendiert.

c) *Systematische und methodische Anordnung*

Bei der Frage nach der systematischen Anordnung bei Webseiten ist zunächst zu klären, ob dabei auf das Sichtbare auf dem Monitor oder auf die zugrunde liegende HTML-Datei[1480] abgestellt wird. Letztere Möglichkeit widerspricht aber der Trennung von Datenbanken und Computerprogrammen. Zwar sind reine HTML-Dateien keine Computerprogramme, es wäre aber verfehlt, sich bei der Frage nach der systematischen Anordnung von Elementen einer Webseite nach der technischen Erstellungsmethode zu richten. Die Webseite selbst – also die Benutzeroberfläche im Web – zeigt genügend Muster und Methodik, um die Anordnung zu bewerten[1481]. Wenn die Webseite als Gesamtheit betrachtet wird, kommen triviale Anordnungsprinzipien, z.B. alphabetische, praktisch nicht vor. Links können alphabetisch angeordnet sein, aber dann steht der Schutz der Linkliste und nicht der Schutz der Webseite im Vordergrund. Klassische Anordnungsprinzipien auf einer Webseite werden mit Frames erreicht. Auf der linken oder rechten Seite – wie im Beispiel 3 – kann eine schmale Leiste für das Inhaltsverzeichnis reserviert werden, und im großen Frame wird der entsprechende Inhalt der verlinkten Seite angezeigt. Grundsätzlich bestehen bereits bei der Frameanordnung so viele Möglichkeiten, dass über eine systematische Anordnung bei Webseiten keine spezifische Aussage getroffen werden kann, sondern der Einzelfall entscheidet. Grundsätzlich gelten die allgemeinen Anforderungen; ein gewisses Ordnungsprinzip muss vorhanden sein, wobei bereits einige wenige angeordnete Hyperlinks und Bilder wie in Beispiel 1 genügen.

d) *Persönliche geistige Schöpfung*

Um den Schutz gemäß § 4 Abs. 1 UrhG zu erlangen, muss eine Webseite auch eine persönliche geistige Schöpfung i.S.d. § 2 Abs. 2 UrhG darstellen. Erste Voraussetzung ist damit, dass sie Ausdruck eines bewussten gestalterischen Tätigwerden eines Menschen, eine Schöpfung, ist. Bei den meisten Websites bedarf dieser Punkt keiner näheren Erläuterung. Ausnahme bilden wie immer die computergenerierten Datenbanken, die durch ein Programm zusammengestellt werden[1482]. Diese sind jedoch bei der Websiteerstellung selten zu finden, da der Designer die Kriterien in der Regel genau festlegt und das Design im Vordergrund steht. Auswahl und Anordnung werden präzise, in der Regel durch genaue Pixelfestlegung, bestimmt. Spielraum bleibt allenfalls, wenn die Webseite an den Browser bzw. an die Bildschirmauflösung des Benutzers automatisch angepasst wird; diese Änderungen werden bereits durchgeplant und von Anfang an festgelegt, aber nicht vom

[1480] So Köhler/Arndt 131.

[1481] A.A. Köhler/Arndt 131.

[1482] Vgl. dazu in diesem Kapitel III.

Computer vorgegeben. Ebenso kann einer Webseite der geistige Gehalt nicht abgesprochen werden. Ihre wahrnehmbare Form erlangt sie durch die Interpretation des HTML-Dokuments über den Browser.

Die essentielle Frage ist, wann einer Webseite genügend Individualität zugesprochen werden kann. Hierüber ist in den letzten Jahren viel geschrieben und diskutiert worden[1483]. Teilweise wurde behauptet, dass eine Webseite als Ansammlung von HTML-Kürzeln niemals individuell sein kann, weil Auswahl und Anordnung durch einen ganz bestimmten Zweck – die Gestaltung der Webseite – bestimmt sind[1484]. Dieser Ansatz ist nicht nachvollziehbar, denn HTML-Befehle im digitalen Bereich ersetzen lediglich Befehle an das Gehirn im analogen Bereich. Wenn man mit Hilfe der eigenen Hand ein Bild rechts oben platzieren möchte, fehlt dann bereits die Individualität, weil die Hand sich dazu an die entsprechende Stelle bewegen müsste? Nichts anderes geschieht – digital – bei der HTML-Datei: Durch eine Anweisung an den Computer wird der Befehl zur Platzierung eines Bildes erteilt, wie der Befehl zum Bewegen der Hand an das Gehirn. Gerade im Geben der Anweisung liegt die geistige Schöpfung und nicht in ihrer „manuellen" Ausführung. Aus diesem Ansatz wird abgeleitet, dass das Finden der HTML-Befehle eine Kunst sei[1485]. Diese Annahme ist aber ebenso unverständlich, da HTML-Befehle festgelegt sind und die Syntax den einschlägigen Handbüchern entnommen werden kann. Die Kunst liegt vielmehr in der Kombination und Anordnung der einzelnen Elemente der Webseite, die zwar in HTML formatiert wird, in ihrer geistigen Schöpfung jedoch selbständig und demnach auch urheberrechtlich so zu behandeln ist. Die einzelnen Elemente sind dabei im Rahmen ihrer Funktion und ihres Zusammenspiels mit den anderen Elementen zu betrachten. Je komplexer eine Website aufgebaut wird, desto eher wird sie – im Regelfall – geschützt sein[1486]. Ob eine Webseite schutzfähig ist oder nicht, muss anhand eines Gesamtvergleichs entschieden werden[1487]. Zwar werden an die persönliche geistige Schöpfung keine hohen Anforderungen gestellt, dennoch ist erforderlich, dass die geschützte Webseite in ihrer Gestaltung über die Masse des Alltäglichen im Sinne der „kleinen Münze" hinausragt. Aufgrund der Vielzahl von Websites wird man hierbei zwischen einfachen Textseiten, den mit einem Generator bzw. in HTML, CSS bzw. Programmiersprachen erstellten Webseiten differenzieren müssen. Zwar können die technischen Arten der Herstellung ei-

[1483] Vgl. nur Büchele 27 ff.; Cichon ZUM 1998, 897, 898; Grunert/Ohst KUR 2001, 8, 10; Koch NJW-CoR 1997, 298, der, sobald Buttons hinzukommen, die Schutzvoraussetzungen als gegeben ansieht; Kreuzer in: Schwerdtfeger/Evertz 167, 193; Köhler/Arndt 127 f.; Leistner CR 2000, 187; Plaß WRP 2000, 599, 600, die den Schutz nur im Einzelfall annimmt und den Schutz als Werkverbund i.S.d. § 9 UrhG für evtl. gegeben ansieht, aber aufgrund der Buttons und Logos als Gesamtschutz verneint und für einen Schutz als wissenschaftliches Werk plädiert; Schulze ZUM 2000, 432, 434; Wiebe in: Spindler/Wiebe 131, 135, der den Schutz von Angebotsseiten bei Internet-Auktionen annimmt; Völker/Lühring K&R 2000, 20, 23.

[1484] Cichon ZUM 1998, 897, 898.

[1485] Cichon ZUM 1998, 897, 898, die dann die HTML-Datei als Computerprogramm schützen möchte.

[1486] Grunert/Ohst KUR 2001, 8, 10; OGH medien und recht 2001, 234, 236 - Websitelayout.

[1487] So auch Büchele 29.

ner Webseite nicht ausschlaggebend für die Urheberrechtsfähigkeit sein[1488], sie können jedoch helfen, die Individualität, mit der die Webseite erstellt wurde, zu klassifizieren.

(1) EINFACHE TEXTSEITEN Eine einfache Textseite besteht aus reinem Text, dazu meist dem Namen und der Adresse des Präsentierenden (dem Impressum), wie in Beispiel 1. Sie kann als ganz normaler Text in die HTML-Datei geschrieben oder mit einem Generator erstellt werden. Geschützt kann hier der Text als Sprachwerk i.S.d. § 2 Abs. 1 Nr. 1 UrhG sein[1489]. Ein Schutz der Textseite als Webseite, als Sammelwerk selbst kommt nicht in Betracht[1490]. Das scheitert schon daran, dass etwaige festgestellte Eigenheiten, die mit dem alltäglichen Schaffen verglichen werden könnten, im Text begründet liegen und nicht in der Webseite an sich. Teilweise wird beim Hinzufügen von Grafiken und der Gestaltung der Seite in einem bestimmten Schrifttyp bereits eine über die Anforderungen der „kleinen Münze" hinausgehende Individualität gesehen und damit die persönliche geistige Schöpfung angenommen[1491]. Dem ist jedoch zu widersprechen. Die Grafik kann zwar ein urheberrechtlich geschütztes Werk sein, und sogar der Font kann Schutz erlangen[1492], aber die Webseite als Zusammenstellung genießt dadurch noch keinen Schutz. Auch bestimmte Abstände oder Verkleinerungen auf die Seitenbreite (bestimmte Auflösung) der einzelnen Elemente müssen keine schöpferische Leistung darstellen[1493]. Bei einer reinen HTML-Seite sind diese Möglichkeiten ohnehin begrenzt.

Eine persönliche schöpferische Leistung und somit ein Schutz einer solchen Webseite als Sammelwerk scheidet eindeutig aus.

(2) EINFACHE WEBSEITEN, MIT EINEM GENERATOR ERSTELLT Es folgt die Betrachtung einer Webseite, die mit den Einstellungen eines Generators wie z.B. MS Frontpage entwickelt wurde. Unter dem Begriff der Generatoren sind jedoch keine Programme zu verstehen, die die Webseite selbsttätig erstellen, so dass die persönliche Schöpfung in Frage stünde, sondern in diesem Zusammenhang stellen diese lediglich Hilfsmittel dar, die den Prozess der Erstellung unterstützen. MS Frontpage hat z.B. gewisse Anordnungsmuster, und es ist für das geübte Auge meist auf den ersten Blick erkennbar, ob eine Webseite damit erzeugt wurde.

[1488] Plaß WRP 2000, 599, 600.

[1489] So auch Völker/Lührig K&R 2000, 20, 23, die jedoch davon ausgehen, dass zur Beurteilung der Gestaltungshöhe des Textes auch der HTML-Code beitragen kann; dieser ist jedoch unabhängig und separat zu sehen. Der Text kann zwar auch innerhalb des HTML-Textes geschützt sein, die Formatierungsanweisungen bleiben jedoch außen vor, es sei denn, dass durch die Gestaltung des Textes (Fettdruck, andere Farben etc.) dessen schöpferische Aussage unterstrichen werden soll.

[1490] So auch Koch GRUR 1997, 417, 420.

[1491] Koch GRUR 1997, 417, 420.

[1492] Vgl. Kapitel 1 III. H. 5.

[1493] Vgl. BGH GRUR 1990, 669, 673 - Bibelreproduktion: Für eine einheitliche Seitenbreite von 13,6 cm.

Die Frames sehen meist gleich aus, und die Anordnung der Objekte ähnelt sehr stark der klassischen Form; vorgegebene Bilder, Hintergründe und Icons werden verwendet. Vor allem orientiert sich der Ersteller verstärkt an Strukturen schon vorhandener Websites, was gegen eine individuelle Anordnung spricht[1494]. Übliche oder zweckmäßige Bildschirmaufteilungen können jedoch nicht geschützt sein[1495]. Aus diesem Grund lässt sich hier ebenfalls an der Individualität zweifeln. Die individuellen Eigenarten, die man bei einer derartig erstellten Webseite herausfinden mag, halten meist nicht den Vergleich mit dem Alltäglichen aus. Daraus ist leicht zu schlussfolgern, dass eine auf diese Weise standardmäßig erstellte Site mangels persönlicher geistiger Schöpfung nicht dem urheberrechtlichen Schutz des § 4 Abs. 1 und Abs. 2 UrhG unterfallen kann. Wie bereits erwähnt, kann diese Klassifizierung jedoch nur einen Anhaltspunkt geben; es sei damit jedoch nicht ausgeschlossen, dass es mit Frontpage programmierte Websites gibt, die unter Ausnutzung aller Funktionen und Möglichkeiten und durch der Einsatz der eigenen Kreativität eine derart individuelle Prägung aufweisen, dass der Schutz nach § 4 UrhG greift. Allerdings genügt z.B. die Verwendung von Frames nicht mehr zum Beweis der Individualität[1496]. Andere Web-Editoren wie z.B. Dreamweaver geben mehr Möglichkeiten, die einem geübten Ersteller von Websites zur Arbeitserleichterung dienen, die Kreation selbst aber nicht weitgehend den Vorgaben des Programms überlassen. In der Regel wird eine Site, die mit einem Standard-Generator erstellt wurde, nicht den Anforderungen an die persönliche geistige Schöpfung genügen, weil sie zwangsläufig nicht aus der Masse des Alltäglichen herausragt.

(3) „PROGRAMMIERTE" WEBSEITE Websites können auch vollständig programmiert bzw. formatiert werden. Die Basis wird mit der Dokumentenbeschreibungssprache HTML geschaffen. Der Stil kann mit den sogenannten Style Sheets individuell gestaltet werden. In JavaScript und Java können dynamische Elemente und Interaktionen programmiert, mit Perl oder PHP kann die Webseite z.B. mit einer Datenbank (im technischen Sinne) verbunden werden. Wird eine Webseite nur mittels dieser Möglichkeiten programmiert, ist es schwer, ihr die Individualität abzusprechen. Oft werden sogar die Bilder und andere Elemente digital verändert oder selbst erzeugt. Jede Codezeile, die zum Ganzen führt, wird einzeln aufgeschrieben, wodurch Übereinstimmungen mit anderen Websites so gut wie unmöglich werden. An Beispiel 1 wird deutlich, dass selbst für eine einfache Webseite mehrere Möglichkeiten zur Realisierung bestehen. Es gibt zwar gewisse Standards, aber in der Regel sieht jede so erstellte Webseite anders aus. Sicher werden bei Java oft einzelne sogenannte Klassen und Objekte übernommen, und der meist verfügbare Quellcode einer Webseite kann kopiert werden. Es bleibt jedoch immer – auch dann – die individuelle Integration in den eigenen Quellcode.

[1494]So wohl auch Plaß WRP 2000, 599, 600; OGH medien und recht 2001 234, 236 - Websitelayout.

[1495]So auch Schulze ZUM 2000, 432, 434.

[1496]So aber Kreuzer in: Schwerdtfeger/Evertz 167, 189.

Werden Websites ohne Generatoren „programmiert" und geht ihre Darstellung über die einer bloßen Textseite hinaus, spricht eine Vermutung für das Erreichen der „kleinen Münze".

(4) FLASH-WEBSEITEN Wie bereits oben dargelegt[1497], können nur wenige Flash-Webseiten als Sammelwerke geschützt werden. Ein Schutz als Bildwerk oder Filmwerk kommt in vielen Fällen in Betracht. Problematisch bei dieser Einordnung ist jedoch, dass von angewandter Kunst das Erreichen der Gestaltungshöhe verlangt wird[1498]. Dies hätte praktisch zur Folge, dass mit HTML erstellte Webseiten einfacher geschützt würden als Flash-Webseiten, d.h. die Schutzfähigkeit würde schließlich doch von der Art der verwendeten Technik abhängen. Ist dagegen der Schutz als Filmwerk möglich, so ist zwar auch die „kleine Münze" geschützt[1499], jedoch besteht für die Flash-Webseiten dann kein Schutz nach § 87 a ff. UrhG, der auch durch den Laufbilderschutz gemäß § 95 UrhG nicht ersetzt werden kann. Unterschiedliche Verwertungshandlungen und Schrankenregelungen führen zu unterschiedlichen Schutzstandards. Daher muss in Betracht gezogen werden, den Schutz zu vereinheitlichen[1500]. Bis dahin steht jedoch einem Schutz von Flash-Websites über die Bild- oder Filmwerke, aber auch über das Sammelwerk, nichts entgegen.

(5) FAZIT Der Schutz einer Webseite als Sammelwerk hängt in der Regel nicht nur vom Erreichen der „kleinen Münze", sondern auch im Einzelfall von der Unabhängigkeit der Elemente ab, die von Fall zu Fall betrachtet werden muss. Dies gilt sowohl für HTML als auch für Flash-Webseiten, obwohl gerade die gewählte Form der Flashprogrammierung gegen eine Unabhängigkeit spricht. Trotz der Bezeichnung Generatorenprogramm sind dessen Ergebnisse nicht computergeneriert, sondern nur computerunterstützt. Der Schutz einer Webseite als Computerprogramm ist nicht möglich.

3. Webseite als Datenbankwerk

Für den Schutz als Datenbankwerk besteht lediglich die zusätzliche Forderung, dass die Elemente einzeln zugänglich sind[1501]. Diese Voraussetzung wird teilweise verneint, da die Speicherung in unterschiedlichen Dateien nicht genügt, denn die Webseite präsentiert sich dem Nutzer einheitlich[1502]. Das könnte jedoch allenfalls die Unabhängigkeit beeinflussen. Die einzelnen Elemente einer Webseite stellen sich zwar oft einheitlich dar, in vielen Fällen durch die Verwendung von

[1497] Vgl. in diesem Kapitel VIII. A. 2. b) (2).

[1498] Vgl. Kapitel 2 III. C. 4.; speziell für Websites – allerdings für alle – als angewandte Kunst Kreuzer in: Schwerdtfeger/Evertz 167, 190.

[1499] Schricker/Loewenheim § 2 Rn. 188.

[1500] Vgl. dazu in diesem Kapitel VIII. A. 6.

[1501] Vgl. Kapitel 2 III. C. 2.

[1502] Schack MMR 2001, 9, 11.

Frames aber auch nicht. In jedem Fall sind sie wie die Elemente nichtelektronischer Datenbanken mit dem Auge einzeln erfassbar und getrennt wahrnehmbar und damit einzeln zugänglich. Eine Ausnahme ist hier wiederum bei Flash-Webseiten und ähnlich dynamischen Sites zu machen, die sich mehr als Film denn als Sammlung präsentieren. In der Regel wird dadurch die Einzelzugänglichkeit gewahrt und damit auch die einzige zusätzliche Voraussetzung für den Schutz als Datenbankwerk erfüllt.

4. Webseite als Datenbank

Teilweise wird versucht, die Webseite, die mangels persönlicher geistiger Schöpfung nicht dem urheberrechtlichen Schutz des § 4 UrhG unterfällt, als Datenbank zu klassifizieren[1503]. Bezüglich der Frage, ob eine Sammlung vorliegt, kann auf die obigen Ausführungen verwiesen werden[1504] mit der Konsequenz, dass mangels Unabhängigkeit einige Websites ungeschützt bleiben.

Es wird vertreten, dass jede Gestaltung von Websites das Mindestmaß an Arbeitsaufwand und wirtschaftlicher Investition regelmäßig erfülle[1505]. Dem ist zu widersprechen. Bei Beispiel 1 und 2 lagen die Erstellungszeiten inklusive Bilderzeugung bei 10 – 25 Minuten, eine Investition, die keinesfalls als wesentlich angesehen werden kann. Eine Webseite lässt sich auch mittels einfacher Generatoren schnell und unproblematisch erstellen. Ein noch einfacherer Weg ist die Erstellung einer Webseite durch Abspeichern einer Word- als HTML-Datei, was ohne Weiteres möglich ist. Solche Websites sind oft langsam beim Laden, und der Quellcode ist äußerst unsauber. Wird Beispiel 1 in MS Word geschrieben und dann in HTML abgespeichert, entsteht anstelle eines Quellcodes mit 12 Zeilen und einer Größe von 380 Bytes nun eine Datei mit 177 Zeilen und einer Größe von 4230 Bytes, obwohl in der Darstellung im Browser kein Unterschied besteht. In den meisten Fällen erfüllen auch diese Websites ihren Zweck. Die Investition in eine solche Datei ist aber nicht wesentlich. Bei einfachen Seiten kommt ein Schutz als einfache Datenbank demnach nicht in Betracht, da beim Schreiben eines normalen Textes in eine HTML-Datei wohl kaum die erforderliche Investitionshöhe erreicht wird. Selbstverständlich kann jedoch der Text als Sprachwerk i.S.d. § 2 Abs. 1 Nr. 1 UrhG geschützt sein[1506]. Bei anderen Websites wurde in der Regel ausreichend investiert. Eine Unterscheidung zwischen selbstformatierten und mit Standardsoftware generierten Websites kommt hier nicht mehr in Betracht. Für die Individualität ist die Webseite zwar aussagekräftig, über die Investition gibt sie hingegen keine Auskunft.

Bei Websites sind außer den eigentlichen Erstellungskosten, die zur Darstellung unabdingbar sind, die Domaingebühren bzw. die Providerkosten zu

[1503] Hoeren 131 nimmt einen Schutz der „meisten Zusammenstellungen von Informationen auf einer Website“ als Datenbank an.

[1504] Vgl. in diesem Kapitel VIII. A. 2.

[1505] Köhler ZUM 1999, 548, 554; Köhler/Arndt 133.

[1506] Koch GRUR 1997, 417, 420.

berücksichtigen. Im Gegensatz zu Datenbanken im technischen Sinne lässt sich bereits erkennen, ob eine wesentliche Investition erforderlich ist, da der Schwerpunkt der Investition oft auf der Darstellung liegt. Professionelle Internetagenturen verlangen mehrere Tausend Euro für einen Webauftritt[1507]. Daher erhebt sich die Frage, ob zur Bestimmung der Wesentlichkeit die gerade vorherrschenden Marktpreise dienen sollen und die Arbeitszeit in Geld umgerechnet wird, wenn eine Privatperson die Websiteerstellung übernimmt, denn gerade im Internet haben häufig Privatpersonen umfangreiche Datenbanken erstellt. Maßgeblich ist jedoch immer die tatsächliche Investition, ungeachtet dessen, ob die Investition unter wirtschaftlichen Gesichtspunkten effizient war[1508].

Ein wesentlicher Bestandteil für den wirtschaftlichen Erfolg einer Datenbank ist die entsprechende Werbung, z.B. in Form von Werbebannern oder Pop-up-Fenstern, aber auch als Fernseh- oder Radiowerbung[1509]. Zweifellos können Werbekosten sogar den größten Teil der Investition ausmachen und entscheidend zur Popularität und damit zum Erfolg der Datenbank beitragen. Dennoch sind diese Kriterien nicht von Belang, wenn es um die Wesentlichkeit der Investition geht, denn Profit entscheidet nicht über Schutzfähigkeit[1510]. Auch Investitionen in den guten Ruf eines Unternehmens können nicht zu den Investitionen gezählt werden[1511]. Werbung ist in der Regel nicht für die Beschaffung oder Überprüfung der Datenbank erforderlich. Eine Ausnahme könnte dann bestehen, wenn z.B. durch eine Werbemaßnahme aufgerufen wird, sich an der Erstellung der Datenbank zu beteiligen. Ein Beispiel dafür sind die Datenbanken von Dooyoo.de oder auch Ciao.de. Die Daten dieser Datenbanken stammen zum großen Teil von Internet-Usern, die ihre Meinungen oder Problemlösungen in die Datenbank einstellen und dafür Vergütung in Form von z.B. Webmiles erhalten. Da die Werbung und die Auszahlung der Webmiles erheblich zur Beschaffung der Daten beitragen, können diese Investitionen im Rahmen des § 87 a UrhG geltend gemacht werden. Wird der Nutzer hingegen nur als Konsument geworben, kann darin keine Investition in die Beschaffung oder Überprüfung gesehen werden. Auch zur Darstellung der Datenbank trägt Konsumentenwerbung nicht bei. Da die Gruppen Beschaffung, Überprüfung und Darstellung jedoch nur beispielhaft aufgeführt sind, könnte die Werbung außerhalb dieser Kriterien zur Investition beitragen. Werbung dient nur dem wirtschaftlichen Erfolg der Datenbank, und die Wirtschaftlichkeit der Datenbank ist für ihre Schutzwürdigkeit gemäß § 87 a ff. UrhG nicht von Belang[1512].

Damit kann Konsumentenwerbung nicht zur Investition i.S.d. § 87 a UrhG zählen. Werbung, die den Nutzer dazu anhält, selbst Informationen zu der Datenbank

[1507] Leistner/Bettinger Beilage CR 12/99 1, 20 Fn. 171; vgl. auch LG Stuttgart CR 2002, 376 - Vergütung für Website-Erstellung.

[1508] Vgl. Kapitel 2 III. B. 3. b) (6).

[1509] Man denke hier z.B. an die Werbungen für Fireball oder Lycos.

[1510] Vgl. Kapitel 2 III. B. 3. b) (6).

[1511] Panhaleux GRUR Int. 2000, 800, 803.

[1512] Vgl. Kapitel 2 III. B. 3. b) (6).

hinzuzufügen bzw. Informationen zur Verfügung zu stellen, die dann in die Datenbank eingehen, kann hingegen als Investition angesehen werden.

5. Webauftritt – Gesamtheit von Webseiten

Werden nun mehrere Webseiten untereinander mit Links verbunden, wird vielfach von einem Datenbankwerk gesprochen[1513]. Auch ein Sammelwerk[1514] oder eine einfache Datenbank[1515] können vorliegen, denn eine Webseite selbst kann aufgrund des „offenen Elementbegriffs" ein Element einer Datenbank sein; die Seiten sind unabhängig und einzeln aufrufbar. Allerdings ist dabei nicht zu übersehen, dass alle Webseiten weltweit durch Links zu einem Hypermedium miteinander verbunden sind und somit ein Datenbankwerk bilden würden. Um diesen Maßstab einzugrenzen, wird man hier verlangen müssen, dass die Dateien physikalisch auf demselben Server, in derselben Verwaltungseinheit, zu finden sind. Nur so kann eine Überdehnung des Gesetzeszwecks vermieden werden. Diese Anforderung wird auch durch die Definition der Sammlung gestützt, die ein planmäßiges Handeln verlangt und in der eine organisatorische Übersicht beim gesamten Datennetz nicht in einer oder wenigen Händen liegt. Zur Frage der persönlichen geistigen Schöpfung gelten für den Webauftritt entsprechende Kriterien wie für die einzelnen Webseite. Hier ist allerdings zusätzlich zu beachten, dass es die Webseiten sind, die individuell und nicht ausschließlich zweckmäßig angeordnet sein müssen. Angesichts der beliebigen Linkverknüpfungen und Anker bleibt für eine individuelle Anordnung allerdings genug Spielraum, einen Webauftritt sowohl zweckgerecht als auch originell und kreativ aufzubauen. Individualität und Zweckmäßigkeit schließen sich hier nicht aus.

6. Lösungsvorschlag – Multimediawerk?

Es wäre nun darüber nachzudenken, ob die Differenzierung nach den unterschiedlichen Techniken der Websiteerstellung, die de lege lata nötig ist, nicht de lege ferenda – wie schon oft vorgeschlagen wurde – unter dem Begriff des Multimediawerkes geregelt werden sollte, denn Websites können nicht derart unterschiedlich behandelt werden, z.B. danach, ob sie statisch oder dynamisch erstellt wurden, teils als Filmwerk, teils als Sammelwerk oder Datenbank, oder als Bildwerk oder gar nicht geschützt. Wenn eine solche Unterscheidung getroffen wird, kann sie nur aufgrund der unterschiedlichen Schöpfungshöhe einer Website, nicht aber aufgrund ihrer sonstigen Voraussetzungen erfolgen. Eine Möglichkeit bestünde darin, Websites allgemein als Multimediawerke bzw. speziell als Hypermediawerke zu schützen.

Zur Eingliederung des Multimediabegriffs wurden schon verschiedene Vor-

---

[1513] Boehme-Neßler 251; Möhring/Nicolini/Ahlberg § 4 Rn. 11; Koch NJW-CoR 1997, 298; Bechtold ZUM 1997, 427, 429; Cichon ZUM 1998, 897, 901; Zscherpe MMR 1998, 404, 405; OGH ZUM-RD 2002, 135, 137 - Internetauftritt.

[1514] Schack MMR 2001, 9, 11.

[1515] Vgl. nur Wandtke/Bullinger/Thum § 87 a Rn. 41.

schläge unterbreitet. Multimediawerke könnten jeweils der Werkart zugeschlagen werden, deren typisches Gepräge sie tragen. Dadurch würden aber Multimediawerke entstehen, deren Gestaltung nur darauf ausgerichtet ist, möglichst viele Rechte zu sichern, und dadurch zu Missbrauch führen[1516]. Außerdem ergibt sich aus dieser wechselhaften Einordnung in unterschiedliche Werkarten aufgrund der unterschiedlichen Anforderungen an die persönliche geistige Schöpfung ein ungleichmäßiger Schutz von Multimediawerken und auch Websites[1517]. Ferner wurde vorgeschlagen, Multimediawerke den Computerprogrammen zuzuordnen[1518], wobei aber spätestens mit der DBRL klar wurde, dass diese Einordnung einseitig und unzutreffend ist[1519]. Ein weiterer Vorschlag lautet, den Begriff des Multimediawerkes in § 2 Abs. 1 Nr. 6 UrhG aufzunehmen[1520] bzw. Multimediawerke zu den unbenannten Werkarten zu zählen[1521], wobei sich die Frage erhebt, was eigentlich unter einem Multimediawerk zu verstehen ist.

Viele verstehen unter Multimedia lediglich digitale Werke[1522]. Sollen analoge Kompilationen von mehreren Ausdrucksformen aber nur deshalb keine Multimediawerke sein, weil sie eben analog sind? Gegen diesen Ausschluss spricht die Einheitlichkeit der DBRL, die bei Datenbanken keinen Unterschied zwischen elektronischen und nichtelektronischen macht. Eine eher an traditionellen Mustern orientierte Betrachtungsweise sollte genügen, um auch neuen Techniken gerecht zu werden[1523], denn Multimedia bedeutet Vielfachmedien[1524]. Aus diesem Grund ist ein Multimediawerk nichts anderes als die Zusammenfassung verschiedener Medien zu einer Einheit, ein Begriff, der auch für analoge Medien gilt, aber zweifellos zu unbestimmt ist und zu unterschiedlich interpretiert wird, um in den Urheberrechtskatalog des § 2 UrhG aufgenommen zu werden[1525]. Auch die Vor-

---

1516 BT-Drucks. 13/8110, 12: Der Bericht zeigt am Beispiel des Filmwerks, dass dann dem Produzenten weitaus mehr Rechte zustünden als dies vom Investitionsrisiko her gedeckt wäre.

1517 So auch Schulze ZUM 2000, 432, 434.

1518 Koch GRUR 1995, 459, 462; Koch in: Brunnstein/Sint 323, 324 ff.

1519 Bereits Koch GRUR 1995, 459, 462 selbst räumt ein, dass es Multimediaanwendungen in Zukunft geben mag, auf die seine Einordnung nicht mehr zutrifft.

1520 Schricker in: Schricker 43; auch in anderen Staaten gab es ähnliche Ansätze, vgl. z.B. Australien, wo dies abgelehnt wurde mit der Begründung, alle in Frage kommenden Werke ließen sich der einen oder anderen Werkkategorie zuordnen (Christie EIPR 1995, 522, 524); vgl. auch Wandtke FS Rehbinder 389, 400 für eine Aufnahme der Multimediawerke im Internet in das UrhG.

1521 Aufgrund der Flexibilität des § 2 UrhG wäre dies ohne weiteres möglich (vgl. BT-Drucks. IV/270).

1522 Beutler ENT.LR 1996, 317, 318; Hance in: Brunnstein/Sint 309, 310; Koch in: Brunnstein/Sint 323, 324; Schardt GRUR 1996, 827; selbst der Brockhaus beschränkt sich auf digitale Medien.

1523 So auch Dreier GRUR 1997, 859, 861.

1524 Dass dieser Begriff nicht auf die Digitaltechnik beschränkt ist, zeigt auch der Begriff der Multimediakunst, die seit 1952 die Bezeichnung für eine Mischung verschiedener Kunstbereiche zu einer neuen Einheit im Sinne eines Gesamtkunstwerks anstrebt, was gleichbedeutend mit dem eigentlichen Multimediabegriff ist.

1525 Vgl. dazu auch Beutler ENT.LR 1996, 317, 318; Dreier GRUR 1997, 859, 861; darauf wurde auch von verschiedenen Seiten beim WIPO World Forum on the Protection of Intellectual Creations in the Information Society in Neapel 1995 hingewiesen (Dreier ZUM 1996, 69, 70 ff.); auch die Annahme eines „Rechtes der Multimediarechtes" als Nutzungsart ist aufgrund der Unbestimmtheit des Begriffs abgelehnt worden (vgl. Wandtke/Bullinger/Wandtke/Grunert § 31 Rn. 47).

aussetzung der Interaktivität eines Multimediawerkes kann sowohl bei analogen als auch digitalen Werken gegeben sein. Der Begriff steht viel mehr für einen Entwicklungsprozess des Verschmelzens von Medien[1526] als für eine neue Werkart; er ist ein Schlagwort zur Zusammenfassung von bisher nicht Erfassbarem. Bei einer positiv gesetzlichen Regelung zum Schutz von Websites muss vorzugsweise ein unbelasteter Begriff gewählt werden, um eine allgemeine Verwirrung nicht schon vorzuprogrammieren. Der Begriff des Multimediawerkes an sich ist zu weit und verführt zu einem übermäßigen Schutz.

Ein weiterer Vorschlag beinhaltet, § 2 UrhG um einen Absatz dahingehend zu erweitern, auch Sammlungen untrennbarer Elemente zu schützen[1527] oder aber dieselbe Regelung in § 4 a UrhG zu treffen[1528].

Die vorzugswürdige Lösung besteht darin, den Schutz von Websites aufzunehmen und nach den gleichen Kriterien zu behandeln wie Sprach- oder Bildwerke. Was alle Werkarten miteinander gemein haben, ist die Tatsache, dass sie – zumindest mittelbar – auf die Wahrnehmung durch die menschlichen Sinne gerichtet sind und dass ihr Wert in der Überbringung einer Botschaft oder Information liegt[1529]. Alle diese Voraussetzungen erfüllt die Website. Sicher kann nicht für jede neue Technik oder Kunst eine neue Werkkategorie eingeführt werden. Mit der Fülle von Werken, die weltweit existieren, hat die Website eine eigene Werkkategorie aber durchaus verdient. Im Übrigen werden vom Urheberrecht immer Arten der Präsentation geschützt, unabhängig von der Technik, und die Website ist eine neue Art der Darstellung wie die Pantomime oder die Bildkunst. Tatsächlich ist das Webdesign eine neue Kunstform, die mit einer eigenen Werkart gewürdigt werden sollte. Die Frage, wie die Website zu schützen ist – als Sammelwerk, Datenbankwerk, Datenbank, Computerprogramm, Sprachwerk wäre geklärt und einer Rechtsunsicherheit aufgrund neuer technischer Möglichkeiten der Herstellung von Websites somit begegnet. Eine urheberrechtliche Regelung mit einer Unterscheidung, die neuen technischen und gesellschaftskulturellen Möglichkeiten gegenüber nicht offen ist, bedarf einer Überarbeitung.

Auch in Hinblick darauf, dass die Notwendigkeit besteht, die Arbeit der Webdesigner zu schützen, ist eine Gesetzesänderung erforderlich[1530]. Dafür käme der noch unbelastete Begriff des Hypermediawerkes – der Verbindung von verschiedenen Medien durch Hyperlinks – in Betracht. Dieses Schutzbedürfnis besteht aber noch bei weiteren Erzeugnissen, z.B. Image-Maps, die eine einheitliche Darstellung von verschiedenen Elementen verkörpern. Die DBRL wollte zwar auch einen Schutz für Multimediawerke schaffen, hat aber diesbezüglich versagt, denn

[1526] Wandtke in: Adrian/Nordemann/Wandtke 113, 117.

[1527] Klett 46, der folgenden Wortlaut vorschlägt: „Werke im Sinne dieses Gesetzes sind auch solche Schöpfungen, die aus untrennbaren Teilen bestehen, welche sich verschiedenen Werkkategorien zuordnen lassen"; entsprechend möchte Klett auch 17 U.S.C. § 102 ändern.

[1528] Schricker in: Schricker 43.

[1529] Gordon EIPR 1998, 10.

[1530] So auch Ernst MMR 2001, 208, 213.

viele Multimediawerke verschmelzen eben zu einer Einheit, so dass ihre Elemente gerade nicht unabhängig sind und somit vom Datenbankschutz nicht umfasst. Folgerichtig muss § 4 UrhG in Absatz 3 dahingehend ergänzt werden, dass auch Datenbankwerke, deren Elemente nicht unabhängig sind, geschützt werden können. Die Einzelzugänglichkeit ist in Abgrenzung zu Bild- und Filmwerk hingegen zu fordern, da die zu schützenden Multimediawerke für den Nutzer weiterhin aus einzelnen Elementen bestehen müssen, die verschiedene Aussagen enthalten oder unterschiedliche Reaktionen auslösen. Der Standort in § 4 Abs. 3 UrhG ist auch systematisch vorteilhaft, da hier – wie beim Datenbankwerk – lediglich ein Bezug auf die Voraussetzungen des Sammel- bzw. Datenbankwerks mit einigen Änderungen erforderlich wäre.

Die selbe Problematik stellt sich auch bei Benutzeroberflächen, die als Webseiten außerhalb des WWW angesehen werden können. Auch bei der Frage nach der Schutzfähigkeit von Benutzeroberflächen geht es nicht um den Schutz eines Computerprogramms[1531], sondern um den Schutz einer Kompilation bzw. einer Datenbank[1532]. Die Website kann – bei entsprechender persönlicher geistiger Schöpfung – schutzfähig nach § 4 Abs. 1 und 2 UrhG und – bei entsprechender Investitionshöhe – nach § 87 a ff. UrhG sein. Das Gleiche könnte im Wege der Deduktion auch für die die Benutzeroberfläche zutreffen. Vereinfachend lässt sich subsumieren, dass das Benutzerdisplay aus einzeln zugänglichen Elementen besteht, die auf bestimmte, systematische Weise angeordnet sind[1533]; im Grunde ist es mit normalen Formularen zu vergleichen. Bei diesen wird eine Schutzfähigkeit grundsätzlich anerkannt[1534], ist aber wegen der mangelnden Individualität meist abzulehnen[1535]. Für Webseite und Benutzeroberfläche gilt, dass die Bildschirmdarstellung unabhängig vom darunterliegenden Computerprogramm[1536] geschützt wird. Für die urheberrechtliche Schutzfähigkeit kann es nicht relevant sein, ob die Bildschirmdarstellung nur auf einem lokalen Rechner oder weltweit im Internet zugänglich ist.

Diese oben genannten Voraussetzungen würden Webseiten, Maps und Benutzeroberflächen erfüllen, vorbehaltlich – wie immer – der persönlichen geistigen Schöpfung. Der Schutz einer Website kann nicht von der Herstellungstechnik abhängig gemacht werden, denn das Urheberrecht schützt die endgültige Ausdrucksform, und nicht die Art und Weise der Herstellung.

Der Schutz als einfache Datenbank muss bzw. sollte aber nicht auch auf ab-

---

1531 Vgl. Kapitel 1 III. H. 7. c).

1532 Hier ist auch wieder die enge Verknüpfung von Datenbanken und Computerprogrammen, die durch die juristischen Definitionen dieser Begriffe noch verstärkt wird, zu erkennen, denn eine Benutzeroberfläche würde im technischen Sinne keine Datenbank darstellen.

1533 So auch Lai EIPR 1998, 32, 35.

1534 RGZ 121, 357, 361 - Rechentabellen; RGZ 143, 412, 416; RGSt 43, 229, 230 - Vertragsformular; RGSt 48, 330, 333 - Bestellformular; OLG Nürnberg GRUR 1972, 435 - Standesamtliche Formulare.

1535 Vgl. Schricker/Loewenheim § 2 Rn. 97.

1536 Vgl. Kapitel 1 III. H. 7. c).

hängige Elementsammlungen ausweitet werden. Wären wesentliche und unter bestimmten Bedingungen auch unwesentliche Teile einer Webseite geschützt, würden Pull-Down-Menüs, Checkboxen und andere triviale Elemente, die frei bleiben müssen, monopolisiert werden. Besonders bei Bildschirmdisplays ist dieser Ausschluss umgehend festzulegen, da ihr Schutz gerade wegen des zu begrüßenden Trends zur Standardisierung der Oberflächen verheerende Folgen haben könnte, solange ein Investitionsschutz für Bildschirmdisplays besteht, insbesondere wegen der Schutzmöglichkeit für sogar unwesentliche Teile. Es gilt hier ebenfalls, rechtspolitisch zwischen den Interessen der Industrie und dem freien Zugang zu Informationen und Daten abzuwägen. Auch wird mit diesem Ausschluss dem Missbrauch der Schutzrechte vorgebeugt. Websites können dabei nur als Ganzes geschützt sein, nicht aber ihre einzelnen Elemente. Sofern hier ein Schutz erforderlich ist, ist dieser über den Werkkatalog des § 2 Abs. 1 UrhG möglich. Dann kann auch die Website beurteilt werden, ohne dass einzelne technische Details und Zusammenhänge für den Schutz ausschlaggebend sind.

7. Fazit

Derzeit können Websites als einfache Datenbanken, Datenbankwerke oder Sammelwerke geschützt werden. Problematisch ist dabei das Kriterium der Unabhängigkeit, dessen Vorliegen von Seite zu Seite variiert. Dann kommt aber der Schutz als Film- oder Bildwerk in Betracht, der allerdings nur ein urheberrechtlicher Schutz ist und deren unterschiedliche Schöpfungshöhe zu einem unterschiedlichen Schutzstandard von Webseiten und Multimediawerken führt.

B. Suchmaschine

Mit Hilfe von Suchmaschinen können die Datenbestände des WWW durchsucht werden. Es gibt Suchmaschinen, die alle Themenbereiche durchsuchen[1537], und fachspezifische Suchmaschinen[1538]. Dabei ist die Aussage, Suchmaschinen seien als Computerprogramme[1539] bzw. Datenbanken[1540] zu schützen, ungenau und unzutreffend, da eine Suchmaschine ein Zusammenspiel von mehreren Komponenten ist, die separat untersucht werden müssen. Es ist zunächst zwischen Suchmaschinen mit und ohne Index zu unterscheiden. Suchmaschinen mit Index bestehen im Wesentlichen aus einem Robot oder Spider, einem Indexierungssystem, dem eigentlichen Suchprogramm und der Benutzerschnittstelle. Der Robot ist ein Computerprogramm, das wie ein Nutzer WWW-Seiten durchsucht und herunterlädt. Einzelne Begriffe werden erfasst und mit ihren Fundstellen und wei-

[1537] Z.B. http://www.google.de/ (01.02.2002) (Google zählt zu den am meisten besuchten Seiten der Welt (vgl. http://209.249.142.16/nnpm/owa/Nrpublicreports.toppropertiesweekly (01.02.2002))); http://www.altavista.com/ (01.02.2002); http://www.fireball.de/ (01.02.2002).

[1538] Z.B. für alles, was mit amerikanischem Recht zu tun hat: http://lawcrawler.findlaw.com/ (01.02.2002).

[1539] Vgl. z.B. OLG Hamburg ZUM 2001, 512, 513 - Roche Online Lexikon.

[1540] Wandtke/Bullinger/Thum § 87 a Rn. 41.

teren Informationen im Indexierungssystem gespeichert[1541]. Das Suchprogramm durchsucht schließlich den Index nach dem eingegebenen Suchbegriff, führt dabei Relevanzberechnungen durch, wertet die Besucherzugriffe aus, so dass – bei guten Suchmaschinen – tatsächlich das gesuchte Dokument unter den ersten Suchergebnissen ist[1542]. Die Benutzerschnittstelle ist die Website, über die der Nutzer Zugang zur Suchmaske und zu den Ergebnissen erhält.

Suchmaschinen, die keinen Index anlegen, sind vor allem die Metasuchmaschinen[1543], die lediglich andere Suchmaschinen durchsuchen. Sie verfügen aber auch über die anderen Komponenten, den Robot, das Suchprogramm und die Benutzerschnittstelle. Der Robot durchsucht – im Gegensatz zu den Suchmaschinen mit Index – die Ergebnislisten anderer Suchmaschinen. Das Suchprogramm erzeugt dann eine Datenliste mit den Beschreibungen und Links der Treffer und analysiert und verschmilzt Mehrfachangaben von unterschiedlichen Suchmaschinen. Die Benutzerschnittstelle funktioniert in der bereits beschriebenen Weise.

Rein rechtlich werden Suchmaschinen teilweise als Computerprogramme[1544] bezeichnet. Unzweifelhaft ergibt die gesamte Suchmaschine ein komplexes Gebilde – ein Zusammenspiel aus Datenbanken und Computerprogrammen. Da ein einheitlicher Schutz nicht vorgesehen ist, müssen Suchmaschinen nach ihren Komponenten aufgeschlüsselt geschützt werden. Robot, Indexierungssystem, Suchprogramm und Benutzerschnittstelle sind separat zu schützen. Bei Verletzungen von Rechten an Suchmaschinen ist daher zu differenzieren.

1. Robot

Der Robot durchsucht sowohl bei Suchmaschinen mit Index als auch bei Suchmaschinen ohne Index, die im folgenden mit dem Begriff Metasuchmaschinen bezeichnet werden, andere Websites. Technisch gesehen handelt es sich um ein Computerprogramm. Im Sinne des § 69 a UrhG ist ein Computerprogramm eine Ansammlung von Befehlen, die nach Aufnahme auf einen maschinenlesbaren Träger bewirkt, dass eine informationsverarbeitende Maschine sowohl Eingaben als auch Ausgaben verarbeiten kann[1545]. Im Falle des Robot sind die Voraussetzungen unproblematisch anzunehmen.

2. Indexierungssystem

Ein Indexierungssystem existiert nur bei Suchmaschinen mit Index. Es besteht aus einer großen Menge, nach einer bestimmten Methodik angeordneten und von-

---

[1541] Google ist z.B. eine solche Suchmaschine mit Index; sie enthält z.Z. Informationen von mehr als drei Milliarden URLs (Quelle: http://www.google.com/technology/whyuse.html (01.06.2003)).

[1542] Altavista z.B. führt täglich ca. 50 Millionen Suchanfragen durch (Quelle: http://www.altavista.com/sites/about/ (03.03.2002)); zur Beeinflussung von Suchergebnissen und den daraus resultierenden marken- und wettbewerbsrechtlichen Verletzungen Varadinek GRUR 2000, 279.

[1543] Z.B. http://www.metacrawler.com/ (03.03.2002).

[1544] So Fromm/Nordemann/Nordemann/Vinck § 69 a Rn. 2.

[1545] Vgl. auch Kapitel 1 III. G.

einander unabhängigen Daten. Da diese zudem durch das Suchprogramm einzeln zugänglich sind, scheint es sich hier um eine Datenbank zu handeln. Dennoch liegt der Fall nicht so einfach wie dargestellt, da die Daten von einem Computerprogramm – dem Robot – ausgewählt und von einem Computerprogramm, das dem Indexierungssystem zugrunde liegt, angeordnet werden. Die Kriterien, die der Programmierer festgelegt hat, erlauben ihm nicht, das Ergebnis bereits vorher zu bestimmen. Die Informationen, die zu einer bestimmten Anordnung führen, werden auch erst beim Ablauf des Computerprogramms gesammelt, so daß der Programmierer sie nicht in dem erforderlichen Maße vorhersehen konnte. Hier liegt demnach der klassische Fall einer computergenerierten Datenbank vor, die nicht geschützt ist. Ein urheberrechtlicher Schutz ist jedoch unbedingt erforderlich, da Metasuchmaschinen auf das Indexierungssystem von anderen Suchmaschinen zugreifen können. In den bisher entschiedenen Fällen[1546] ging es selten wirklich um den Schutz von Websites oder Ergebnislisten, sondern um die zugrunde liegende Datenbank, hier in Form des Indexierungssystems. Bei umfangreichen Indexierungssystemen besteht noch der Schutz des § 87 a UrhG[1547]. Die Investitionshöhe muss im Einzelfall bestimmt werden; bei den Standardsuchmaschinen wie Google kann ohne weiteres von einem Erreichen der Investitionshöhe ausgegangen werden.

3. Suchprogramm

Bei den Suchmaschinen mit Index übernimmt das Suchprogramm die Aufgabe, die entsprechenden Positionen aus dem Index herauszufinden. Hierbei werden die einzelnen Dokumente nicht mehr analysiert, sondern nur noch zusammengestellt; die Auswahl hat bereits das Indexierungssystem übernommen. Das Suchprogramm führt demnach nur noch eine Routine aus, die die entsprechenden Positionen herausfiltert und dann an die Ausgabe weiterleitet. Diese einfache Funktion spricht für den Schutz als Computerprogramm. Wie bereits oben dargelegt, erfüllt das Suchprogramm in den meisten Fällen noch eine weitere Funktion: Es führt die Relevanzberechnungen durch, d.h. es ordnet die Angaben aus dem Datenhaufen nach Wichtigkeit, Besucherzahlen und allen anderen programmierten Kriterien. Trotz dieser anordnenden Funktion stellt das Suchprogramm keine Datenbank dar, sondern liefert nur die angeordneten Daten, denn im Suchprogramm selbst sind die Daten noch nicht angeordnet. Die Funktion ist vergleichbar mit dem Robot, der die Daten für die Indexierungssysteme sammelt. Das Suchprogramm ist demnach als Computerprogramm, nicht als Datenbank geschützt. Suchprogramme im Rahmen von Metasuchmaschinen übernehmen noch weitere Funktionen, z.B. erweiterte Relevanzberechnungen und Herausfiltern von Überschneidungen mehrerer gleichlautender Suchergebnisse; für die rechtliche Bewertung ändert sich dadurch nichts.

[1546] Vgl. z.B. OLG Hamburg ZUM 2001, 512, 513 - Roche Online Lexikon.

[1547] Die Suchmaschine Google umfasst z.Z. über drei Milliarden Sites; die aktuelle Zahl kann jeweils über die Hauptseite http://www.google.com/ abgerufen werden.

4. Ergebnisliste

Bei der Ergebnisliste stellt sich erneut die Frage nach der computergenerierten Datenbank. Ist der Computer hier lediglich ein Hilfsmittel zu ihrer Erstellung, oder ist er auch hier erneut der Protagonist wie beim Indexierungssystem. Eine menschliche Schöpfung und damit ein Schutz kann angenommen werden, wenn diese sich im Rechercheergebnis niederschlagen würde. Bei der Suchmaschine ist die Ergebnisliste die Aufzählung der gefundenen Websites aufgrund eines oder mehrerer Wörter, die der Suchende in die Suchmaske eingegeben hat. Eine einfache Suche beschränkt sich in der Regel auf ein bestimmtes Wort. In diesem Fall besteht keine nennenswerte Eigenleistung des Menschen, denn die Suche wird ausschließlich der Maschine überlassen. Komplexe Suchanfragen hingegen können bei den meisten Suchmaschinen durch eine sogenannte „Erweiterte Suche" durchgeführt werden[1548]. Bei diesen komplexeren Suchanfragen kommt eine schöpferische Leistung in Betracht[1549], da durch die Auswahl mehrerer verknüpfter Kriterien die Möglichkeiten der Suchmaschine derart begrenzt werden, dass ihre Funktion sich tatsächlich auf die reine Unterstützung reduziert. Der menschliche Wille dominiert[1550]. Bei einer derart komplexen Suche werden auch die anderen Anforderungen an die geistige Schöpfung vorliegen. Eine Investitionshöhe ist in jedem Fall zu verneinen, da selbst bei komplexen Suchanfragen kaum mehr als eine Minute Arbeitszeit investiert wird. Bei Metasuchmaschinen kann eine wesentliche Investition auch nicht in der Neuordnung fremder Links gesehen werden[1551]. Die Voraussetzungen des Datenbankbegriffs liegen aber unstreitig vor. Damit muss die Frage nach der Schutzfähigkeit einer Ergebnisliste folgendermaßen beantwortet werden: Die Liste ist gemäß § 4 Abs. 1 und Abs. 2 UrhG dann geschützt, wenn sie Folge einer komplexen Suchanfrage ist, die durch den menschlichen Willen maßgeblich bestimmt wurde. Liegt lediglich eine einfache Suche vor, so ist die Ergebnisliste computergeneriert und nicht geschützt. Die Recherche einer Datenbank ist bereits dann als rein maschinell anzusehen, wenn der Suchende lediglich durch Mausklick die Suche auslöst[1552]. Mangels persönlicher geistiger Schöpfung soll das Ergebnis der Recherche nicht geschützt sein[1553], da jeder Rechercheur dasselbe Ergebnis erzielt hätte[1554]. Ein Schutz als einfache Datenbank kommt mangels wesentlicher Investition allenfalls dann in Betracht, wenn die Ergebnisliste weiterverarbeitet wird[1555]. Glücklicherweise ist der Schutz von Ergebnislisten kaum praxisrelevant, da solche Aktivitäten in den

---

[1548] Dabei können Top-Level-Domains angegeben werden, Wörter, die auszusschließen sind; es kann zwischen „Und"- und „Oder"-Verknüpfungen gewählt oder bestimmt werden, dass zwei Wörter in der gesuchten Website nahe beieinander stehen müssen, u.v.a. abhängig von der Suchmaschine.

[1549] So auch Mehrings GRUR 1983, 275, 289.

[1550] Mehrings GRUR 1983, 275, 289.

[1551] So auch Stücke http://www.heise.de/tp/deutsch/inhalt/te/11758/1.html (03.03.2002).

[1552] Austin 30 L. Tech. 1997, 1, 18; Mehrings GRUR 1983, 275, 288.

[1553] So Mehrings GRUR 1983, 275, 288.

[1554] So Mehrings GRUR 1983, 275, 288.

[1555] So auch Koch 409.

meisten Fällen schnell von jedermann durchgeführt werden können. Die notwendige Unterscheidung zeigt jedoch erneut die Willkür bezüglich des Schutzes von computergenerierten Datenbanken.

5. Benutzerschnittstelle

Die Benutzerschnittstelle besteht im WWW aus Webseiten, d.h. sie ist kein Computerprogramm. Ein Schutz als Datenbankwerk oder Sammelwerk scheidet ebenfalls in den meisten Fällen aus, da bei einer Suchmaske oder der Ausgabe die Anordnung von der Notwendigkeit bestimmter Angaben beeinflusst wird und wenig Spielraum für Kreativität bleibt, d.h. die persönliche geistige Schöpfung ist i.d.R. nicht gegeben. Überwiegend besteht eine Suchmaske nur aus einem Feld; die Fortgeschrittenensuche ist zwar schon komplexer, aber immer noch streng nach Zweckmäßigkeitserwägungen aufgebaut. Auch ein Schutz als einfache Datenbank kommt nicht in Betracht.

6. Sonderfall: PersonalSearcher

Ein PersonalSearcher ist eine Art Suchmaschine. Sie ist auf einen bestimmten Nutzer zugeschnitten und lernt im Laufe der Zeit, sich an seine Gewohnheiten und Vorlieben anzupassen, so dass sie schließlich nur die Ergebnisse ausgibt, die diesen Nutzer tatsächlich interessieren. Der PersonalSearcher ist der künstlichen Intelligenz zuzurechnen[1556]. Vom Prinzip her, werden bei einer Suchanfrage an die gängigen Suchmaschinen die erzielten Ergebnisse mit einem Computerprogramm überprüft. Dabei werden die Ergebnisse gefiltert. Der durch den PersonalSearcher erstellte Filter erfüllt zwar grundsätzlich die Anforderungen an ein Computerprogramm, ebenso wie die Ergebnisliste ein Datenbankwerk darstellen könnte, ein Schutz bleibt jedoch beiden versagt, da sie als Ergebnis künstlicher Intelligenz computergeneriert sind.

7. Fazit

Suchmaschinen bestehen aus verschiedenen Komponenten, die urheberrechtlich verschieden geschützt werden. Bei einer Verletzung des Urheberrechts muss demnach zuerst analysiert werden, welche Komponenten überhaupt betroffen sind. Zwei wichtige Komponenten, das Indexierungssystem und die Ergebnisliste, sind u.a. mangels einer Regelung für computergenerierte Datenbanken urheberrechtlich nicht geschützt.

Suchmaschinen verletzen aber auch häufig Rechte, insbesondere die von Datenbankherstellern. Dabei werden unwesentliche Teile einer Datenbank – einzelne Daten oder Elemente – vervielfältigt. Die zusätzliche Voraussetzung nach § 87 b UrhG, dass eine solche Vervielfältigung einer normalen Auswertung zuwider-

---

[1556] Zur Funktionsweise Godoy/Amandi in: Monard/Sichman 43 ff.; der PersonalSearcher wurde von den Autoren auf einer Konferenz Ende 2000 vorgestellt; diese Möglichkeit ist bei weitem nicht die einzige zum Einsatz künstlicher Intelligenz im WWW (vgl. z.B. Freitas/Bittencourt in: Monard/Sichman 310 ff.).

laufen oder die Interessen des Datenbankherstellers unzumutbar beeinträchtigen muss, ist dabei nicht erfüllt, denn die normale Auswertung einer Internetdatenbank liegt auch in dem Finden durch Suchmaschinen[1557]. Eine Beschränkung der Funktionsfähigkeit von Suchmaschinen hätte einen negativen Effekt auf das Internet und die gesamte Datenbankindustrie[1558]. Außerdem ist das Benutzen einer Suchmaschine so alltäglich geworden wie das Lesen von Webseiten selbst. Eine Verletzung von Datenbankenrechten durch Metasuchmaschinen kann damit zwar vorliegen, wird aber in den meisten Fällen zu verneinen sein.

C. Wayback Machine

Wie oft ist ein Nutzer im Internet schon auf einen toten Link gestoßen, der vermutlich wichtige Informationen enthielt. Hier hilft die Wayback Machine. Sie stellt ein zeitlich geordnetes Archiv von Websites dar – eine Internet-Bibliothek – und enthält Webseiten, die schon lange nicht mehr online sind. Damit ist sie für den Wissenschaftler und jeden Informationsuchenden eine wahre Fundgrube, denn es kann nun nicht nur aus den aktuellen Informationen des Internet geschöpft werden, sondern auch aus dem Internet der Vergangenheit[1559]. Wie faszinierend die Möglichkeit aber auf den ersten Blick sein mag, so ist sie in rechtlicher Hinsicht äußerst bedenklich, denn betroffen sind unvermeidlich auch Daten, die nach dem Willen des Urhebers nicht mehr zugänglich sein sollen[1560]. Unabhängig davon könnte die Wayback Machine selbst geschützt sein. Ein Schutz als Sammel- oder Datenbankwerk kommt dabei nicht in Betracht, da die Internet-Bibliothek offensichtlich auf Vollständigkeit angelegt und computergeneriert ist und somit keine geistige Schöpfung darstellt, denn selbst die geniale Idee ist nicht schutzfähig. In Betracht kommt jedoch ein Schutz als Datenbank gemäß § 87 a UrhG. Die Elemente der Wayback Machine sind dabei die einzelnen Websites. Wie bei der Gesamtheit von Websites können auch hier bereits multimediale Werke bzw. Datenbanken selbst Bestandteile von Datenbanken sein. Auch bezüglich der Unabhängigkeit und Einzelzugänglichkeit bestehen keine Zweifel, denn die Elemente dieser Bibliothek sind so unabhängig und einzeln zugänglich wie die einzelnen Sites des Internet selbst. Die Auswahl und Anordnung ist hingegen genauer zu untersuchen. Auf den ersten Blick unterscheidet sich die Wayback Machine nicht von einer Suchmaschine mit Index: Eine URL kann eingegeben werden, dann wird gesucht und das Ergebnis ausgegeben. Während bei einer Suchmaschine der Index aber lediglich aus Links und einigen Zusatzinformationen besteht, die dann auf die entsprechende Site weiterleiten, führt der Link der Ergebnisliste auf ein Dokument der Internet-Bibliothek. Auch die URL, die in der Statuszeile erscheint,

---

[1557] Vgl. auch LG Berlin 16 O 792/00 - Newsclub; LG Berlin 16 O 835/00 - Newsclub II; LG München 21 O 9997/01 - sueddeutsche.de; a.A. LG München 7 O 6910/01 - Newsclub III.

[1558] WIPO-Dok. SCCR/7/6.

[1559] Zu finden unter http://www.archive.org/ (04.04.2002).

[1560] Vgl. dazu Bahr JurPC Web.-Dok. 29/2002; vgl. auch die Copyright Policy der Wayback Machine und die Löschoptionen unter http://www.archive.org/terms/index.html\#Copyright_Policy (04.04.2002).

verweist auf eine Site der Wayback-Machine. Die spezielle Kennzeichnung erhält eine Nummer, die sich aus dem Ursprungsjahr, -monat und -tag und anderen Ziffern zusammensetzt sowie der URL, unter der die Seite früher zu finden war. Das bedeutet, dass die Websites nach einem komplexen System angeordnet wurden und somit auch diese Datenbankvoraussetzung erfüllt ist. Weitere Voraussetzung ist, dass in die Internet-Bibliothek wesentlich investiert wurde. Sie archiviert fast alle Websites seit 1996, teilweise mit mehreren Kopien, um Unfällen und Zufällen vorzubeugen. Sie ist damit die weltgrößte Bibliothek und umfasst über 100 Terrabytes an Daten[1561]. An der wesentlichen Investition kann damit kein Zweifel bestehen. Allerdings kann sie trotzdem keinen Schutz in Deutschland beanspruchen, da das Prinzip der Inländergleichbehandlung für den Schutz nichtkreativer Datenbanken nicht gilt[1562].

D. Google Cache

Der Google Cache stellt einen besonderen Service dar: Alle Websites der vergangenen drei Wochen werden in einem Archiv gespeichert. Ein derartiges Vorgehen wird richtigerweise für urheberrechtlich zulässig gehalten[1563]. Das Archiv selbst könnte, sofern es sich um eine europäische Datenbank handeln würde, gemäß § 87 a UrhG geschützt werden, da es juristisch gesehen nach demselben Prinzip funktioniert wie die Wayback Machine, ausgenommen, dass die Webseiten nicht für Jahre, sondern nur für 3 Wochen gespeichert werden. An der rechtlichen Betrachtung ändert sich dadurch nichts.

E. Linkliste

Linksammlungen stellen eine Auflistung von Adressen mit unmittelbaren Verweisen auf Webseiten dar. Sie sind eine Art private Adressbücher, nur dass sie der Öffentlichkeit zugänglich sind. Vergleicht man das Internet mit dem menschlichen Gehirn, entsprechen die Links den Verbindungs- oder Verknüpfungspunkten, wodurch deutlich wird, dass Linksammlungen für die Leistungsfähigkeit des WWW in hohen Maße verantwortlich sind[1564]. Sie werden wie folgt in HTML erzeugt: `<a href="URL">Name des Links</a>`.

Unabhängig davon, ob Links bereits urheberrechtlich geschützt sind[1565] und schon eine zustimmungspflichtige Vervielfältigung darstellen, erhebt sich die Frage, ob die Linksammlung in ihrer Gesamtheit durch die Auswahl und Anordnung bereits als Datenbank geschützt sein kann[1566].

1561 Ein Vergleich unter http://www.archive.org/about/faq-wayback.html\#8 (04.04.2002) besagt Folgendes: Würden alle Daten auf Disketten gespeichert und aneinandergelegt, so würde diese Diskettenschlange von New York bis Los Angelos und den halben Weg bis Hawaii einnehmen.

1562 Vgl. Erwägungsgrund 56 DBRL.

1563 Bahr JurPC Web.-Dok. 29/2002.

1564 http://www.infoquelle.de/Marketing/Online_Marketing/Linklisten.cfm (03.03.2002).

1565 Zu dieser Frage vgl. auch Kapitel 1 III. H. 8. d).

1566 So LG Köln CI 2000, 6 - Linkliste; AG Rostock ZUM-RD 2002, 31 - Linksammlung.

1. Fallbeispiel - Linkliste

Im vorliegenden Fallbeispiel[1567] betreibt die Klägerin eine Website unter der Adresse http://www.kidnet.de/. Kidnet ist ein kostenloser Datenbankinformationsdienst rund um das Thema Eltern, Kinder, Familie etc., der eine umfangreiche relationale Datenbank anbietet. Streitfall ist eine Linksammlung, d.h. eine Sammlung von 251 Links, die alphabetisch geordnet sind. Zur gleichen Zeit hatte die Beklagte unter http://www.babynet.de/ einen ähnlichen Dateninformationsdienst aufgebaut. Auf dieser Seite – stellte die Klägerin fest – gab es eine nach Themen sortierte Linkliste mit 263 Links, die, bis auf die 12 zusätzlichen Links, inklusive der Rechtschreibfehler, mit der Linkliste der Klägerin übereinstimmte. Die Frage, die das LG Köln hier zu entscheiden hatte, war, ob die Linksammlung eine Datenbank im Sinne des § 87 a UrhG ist. Mit der Frage, ob sie u.U. sogar ein Werk darstellt, befasste sich das LG Köln nicht. Es erkannte die Linkliste als Sammlung von Daten, die systematisch, weil alphabetisch angeordnet, und einzeln zugänglich sind. Ferner sah das LG Köln auch keine Probleme bei der Annahme eines weiten Investitionsbegriffs. Da als Investition der Einsatz sowohl von Arbeit als auch Zeit und Energie angesehen wird, könne bereits die eingehende Überprüfung des Inhalts der Datenbank eine wesentliche Investition darstellen, denn sowohl die Linkliste als auch die relationale Datenbank würden regelmäßig überprüft. Das LG Köln erkannte, dass der Hauptteil der Arbeit dabei auf die Pflege der Datenbank entfällt, stellte jedoch fest, dass die Linksammlung durch die relationale Datenbank mittels Computerprogramm oder manuell gespeist wird und somit als Einheit mit dieser dem Datenbankschutz des § 87 a UrhG unterfällt.

2. Schutz als Datenbank

Die einzelnen Elemente einer Linksammlung sind die Links, die in keinem Fall ein Werk i.S.d. § 2 UrhG darstellen, aber dem „offenen Elementbegriff" genügen. Unproblematisch kann auch die Unabhängigkeit der Elemente festgestellt werden, denn die Links haben keinerlei Verbindung untereinander, weder technisch noch logisch. In jedem Fall sind sie einzeln zugänglich. Die bisher festgestellten Merkmale liegen in der Natur der Linkliste. Nicht einheitlich lässt sich die Frage nach der systematischen Auswahl und Anordnung beantworten; diese muss vom Einzelfall abhängig gemacht werden. Häufig werden Linklisten alphabetisch oder chronologisch angeordnet. Da selbst triviale Anordnungsprinzipien ausreichend sind, ist auch hier das Vorliegen einer Datenbank nicht auszuschließen. Das LG Köln hat richtig erkannt, dass eine systematische Ansammlung von Daten vorliegt, auch wenn die Nützlichkeit von alphabetisch sortierten Links bezweifelt werden darf[1568]. Wenn die Linkliste auf einer Webseite völlig unsortiert erscheint, fehlt es natürlich an der Voraussetzung der systematischen Anordnung.

[1567] LG Köln CI 2000, 6 - Linkliste.

[1568] So Fromm/Nordemann/Hertin § 87 a Rn. 4, der sich gegen den Schutz einfacher sequentieller Durchsuchungen ausspricht.

Vom LG Köln fehlerhaft gesehen wurde jedoch die Einheit von relationaler Datenbank und Linksammlung. Unbestritten ist der Datenbankschutz der relationalen Datenbank, da 3000 Einträge mit Sicherheit unter erheblichen Mühen zusammengetragen, verwaltet und gepflegt werden. Woraus sich der Zusammenhang zu der Linksammlung ergeben soll, ist aber unklar. Ein Vergleich mit einem analogen Vorgang ergibt folgende Überlegungen: Wenn Stichworte aus einem Buch abgeschrieben und alphabetisch sortiert werden, bilden dann die Stichworte eine Datenbank? Wurde mit 251 Stichworten eine wesentliche Investition getätigt? Für den Fall, dass die Linksammlung mit Hilfe eines Computerprogramms regelmäßig aus der relationalen Datenbank erstellt wird, ist der datenbankrechtliche Schutz der Linksammlung in jedem Fall zu verneinen. In diesem Fall lag die Zeit für das Schreiben einer solchen Datei bei ca. zehn Minuten. Es ist richtig, dass die relationale Datenbank den Schutz des § 87 a UrhG verdient. Auf die Linksammlung selbst muss dies allerdings nicht zutreffen.

a) Datenerschöpfung

Da eine Linkliste sehr einfach erstellt werden kann und die Anzahl der Links im WWW zwar groß, aber nicht unerschöpflich ist, sollte die Anzahl der Links für einen Schutz nach § 87 a UrhG nicht zu niedrig angesetzt werden, um den Begriff der wesentlichen Investition nicht auszuhöhlen. Es gibt zu jedem Thema nur eine begrenzte Anzahl von Links, und eine solche Linkliste darf nicht von einem einzigen Urheber okkupiert sein[1569]. Grundsätzlich ist eine Parallelschöpfung bei Linklisten zu demselben Thema sogar wahrscheinlich[1570], denn zu den meisten Spezialthemen gibt es nur einige Seiten, die auf einer Linkliste empfohlen werden können. Im Übrigen entspricht es auch gerade der Philosophie des Internet, das Rad nicht jedes Mal neu zu erfinden, sondern bis zu einer gewissen Grenze auf Vorhandenes zurückgreifen. Bei einfachen kurzen Linklisten ist diese Grenze noch nicht erreicht. Private Linklisten können daher im allgemeinen nicht dem Schutz des § 87 a UrhG unterfallen, auch deshalb, weil die gesammelten Daten an anderen Stellen des Internet ohne weiteres zugänglich sind[1571]. Es kann jedoch eine kurze Linkliste geschützt sein, wenn sie aus Links besteht, die schwer auffindbar und/oder von gängigen Suchmaschinen nicht erfasst sind[1572]. Außerdem kann eine wesentliche Investition dann bestehen, wenn die Links mit einem Kommentar versehen sind, z.B. zum Inhalt des Links und zu einer Bewertung. Ein kurzes Bewertungssystem mit Sternchen o.ä. dürfte jedoch nicht genügen.

1569 Strömer http://www.netlaw.de/newsletter/news0001/klauen.htm (03.03.2002) spricht in diesem Zusammenhang ebenso davon, dass es aufgrund der Spezialität einer Materie immer wahrscheinlicher ist, dass Linklisten einander ähneln und ein vermeintlicher Verletzer oft keiner ist.

1570 Vgl. auch Ulbricht/Meuss CR 2002, 162, 163.

1571 Büchele 42; vgl. auch Kapitel 2 III. B. 3. b) (2).

1572 Vgl. z.B. eine Linkliste, die zu allen online verfügbaren Fahrplänen dieser Welt verbindet: http://www.fahrplan-online.de/go/index.php3 (03.03.2002).

b) Bookmarks

Eine gängige Methode zum Erstellen von Linklisten sind Bookmarks. Durch den einfachen Befehl „Bookmark hinzufügen", kann die URL einer aktuellen Website in eine Liste gespeichert werden. Die Adressen werden in der Datei „bookmark.htm" im persönlichen Verzeichnis gespeichert. Da es sich dabei um eine HTML-Datei handelt, kann diese vom Browser interpretiert werden und sieht dann wie eine nach Themen aufgeschlüsselte Linkliste aus. Favoriten aus dem Internet Explorer müssen vorher exportiert werden. Auf diese Weise besitzt jeder Nutzer des WWW eine solche Linkliste. Der Aufwand zur Erstellung dieser Liste ist äußerst gering; das Hinzufügen einer URL bedarf nur eines Mausklicks. So können umfangreiche Linklisten schnell erstellt werden. Die Investition in die Darstellung einer Linkliste ist verschwindend gering, so dass die wesentliche Investition nur in der Beschaffung oder Überprüfung der Links liegen kann.

c) Webverzeichnisse

Als Beispiel für eine Linkliste in Form einer Datenbank kann http://www.yahoo.com/ genannt werden[1573]. Yahoo ist zwar auch eine Linkliste, kann wegen ihres Umfangs aber schon als Webverzeichnis gelten. Ein deutsches Beispiel ist z.B. Bellnet[1574], das mehr als 450 000 Einträge zum Recherchieren bereithält. Bei einer solchen Anzahl liegt eine Vermutung nahe, dass eine wesentliche Investition getätigt wurde. Webverzeichnisse werden demnach als einfache Datenbanken geschützt.

d) Kurze Linklisten

Bei Linklisten, die nur aus wenigen Links bestehen, kann von einer wesentlichen Investition nicht ausgegangen werden. Fast alle Webseiten sind von der einen oder anderen Suchmaschine erfasst, so dass das Auffinden der entsprechenden Seiten unproblematisch ist. Das Verhindern von toten Links[1575] kann durch entsprechende Programme erreicht werden. Bei der Bewertung, ob eine Linkliste den Sui-Generis-Schutz des § 87 a ff. UrhG verdient, sind noch andere Kriterien als nur die Anzahl der Links entscheidend. Gute Linklisten zeichnen sich dadurch aus, dass die Websites, auf die verlinkt wird, sich als nützlich erweisen, dass der Nutzer nicht vor endlosen Listen sitzt, die erst einmal komplett durchgelesen werden müssen, und dass keine bis wenige tote Links enthalten sind. Diese für eine gute Linkliste entscheidenden Kriterien[1576] sind für die Schutzfähigkeit mitbestimmend, denn in eine gut sortierte und regelmäßig überprüfte Linkliste, auch aus Links, die nicht sofort jeder Suchmaschine entnommen werden können, wurde in der Regel mehr Zeit und Energie investiert. Demnach können im Einzel-

[1573] So auch Schack MMR 2001, 9, 12.

[1574] http://www.bellnet.de/ (05.05.2002).

[1575] Links, die zu Seiten führen, die nicht mehr existieren und nicht mehr betrieben werden.

[1576] Siehe auch http://www.infoquelle.de/Marketing/Online_Marketing/Linklisten.cfm (03.03.2002).

fall auch kurze Linklisten als einfache Datenbank geschützt sein; eine Vermutung spricht jedoch nicht dafür.

3. Schutz als Sammel- bzw. Datenbankwerk

Das LG Köln hatte richtig erkannt, dass es sich bei der Linkliste nicht um ein Sammelwerk handeln kann, denn eine Auflistung von „Fundstellennachweisen" kann keine persönliche geistige Schöpfung sein[1577]. Die erforderliche persönliche geistige Schöpfung für den Schutz als Sammel- oder Datenbankwerk ist bei alphabetischer, chronologischer oder auch thematischer Anordnung nicht gegeben, da diese sich nicht aus der Masse des Alltäglichen heraushebt und damit für den Schutz der „kleinen Münze" zu trivial ist[1578]. Die gestalterischen Möglichkeiten einer solchen Liste sind allein von der Zweckmäßigkeit diktiert, auf Vollständigkeit angelegt und meist nach trivialen Anordnungsmethoden sortiert. Dennoch können im Einzelfall auch Linklisten urheberrechtlich geschützt sein, denn sie können zwar ausschließlich nur aus den aufgelisteten Links bestehen; müssen es aber nicht. In vielen Fällen werden die hinter den Links verborgenen Webseiten bewertet oder kommentiert. In dem Zusatz einer einfachen Bewertung (z.B. 1-5 Sterne) liegt noch keine persönliche geistige Schöpfung. Eine Linkliste, die über das Maß des Alltäglichen hinausgeht und die damit auch als Sammel- bzw. Datenbankwerk geschützt wird, zeichnet sich z.B. durch das Kommentieren der verlinkten Sites oder die Angabe der Gründe für deren Auswahl und Anordnung, der Mitteilung, auf welche besonderen Bedürfnisse die Website ausgerichtet ist, und welche Features sie bietet, gepaart mit einer Anordnung nach z.B. der „Güte" der Websites, oder ähnliche individuelle Merkmale, aus.

4. Fazit

Aufwendige Webverzeichnisse, die den Schutz des § 87 a UrhG erreichen, können aufgrund ihres Strebens nach Vollständigkeit urheberrechtlich nicht geschützt sein. Bei kleinen Linklisten entfällt in der Regel selbst der Investitionsschutz. Unter engen Voraussetzungen ist ein urheberrechtlicher Schutz von Linklisten dennoch möglich.

F. Die Wissensdatenbank

Im Internet wird Wissen zu allen Themen in Datenbanken angeboten. An diesen Datenbanken konnte die Rechtsprechung schon des öfteren die Voraussetzungen der §§ 4, 87 a und 69 a UrhG prüfen. In der Regel sind sie nach dem Relationenmodell aufgebaut. Sie illustrieren die Voraussetzungen und Schwierigkeiten bei der Abgrenzung zwischen Datenbank und Computerprogramm. Der Schutz der Wissensdatenbanken überschneidet sich häufig mit dem Schutz der Website an sich. Hier muss differenziert werden, ob auf eine bestimmte Seite oder auf

[1577] A.A. Koch 408; Schack MMR 2001, 9, 11.
[1578] Vgl. Kapitel 2 III. C. 4. c).

die Daten in der Datenbank zugegriffen wird. In den beiden folgenden Fallbeispielen wurde zwar die Webseite der Kläger vom Beklagten geframet, aber nicht die Vervielfältigung der Webseite war zu beurteilen, sondern die der klassischen Informationsdatenbank, die mit der Website leichter zugänglich gemacht werden sollte[1579]. In den Entscheidungen wird allerdings Beides vermischt.

1. Fallbeispiel – „Online-Lexikon"

Die Antragstellerin im Fall Online-Lexikon[1580] ist die Betreiberin der Online-Version eines medizinischen Lexikons, das sie auch als Buch und CD-ROM verlegt. Die Antragsgegnerin unterhält ebenfalls eine Website, auf der sie medizinische Informationen zur Verfügung stellt. Von dieser Website führt ein Link auf das Lexikon der Antragstellerin. Das LG Hamburg entschied, dass es sich bei der medizinischen Datenzusammenstellung um ein Datenbankwerk i.S.d. § 4 Abs. 2 UrhG handelt mit der Begründung, dass die individuelle schöpferische Leistung „in der unstreitigen Leichtigkeit und Benutzerfreundlichkeit des Abfragesystems begründet" liege und die komfortable Suchfunktion auch fehlerhaft eingegebene Suchbegriffe korrigiere. Der Schutz als Datenbank wurde nicht diskutiert. Das OLG Hamburg bestätigte das Urteil hinsichtlich des Vorliegens eines Datenbankwerks und stellte gleichzeitig den Schutz als Computerprogramm fest.

Zunächst soll die Qualifikation als Datenbankwerk betrachtet werden. Beide Kriterien, mit denen die persönliche geistige Schöpfung des Datenbankwerks begründet wurde, haben eigentlich gar nichts mit der Auswahl oder Anordnung der Daten zu tun, was aber für die Begründung des Schutzes als Datenbankwerk erforderlich wäre. Ob hier ein Datenbankwerk i.S.d. § 4 Abs. 2 UrhG vorliegt, hätte nicht anhand der technischen Umsetzung, sondern der Auswahl und Anordnung der Daten der medizinischen Datenzusammenstellung bestimmt werden müssen. Angesichts dessen, dass die medizinische Datenbank auf Vollständigkeit angelegt wurde, ist eine Schutzfähigkeit als Datenbankwerk zu verneinen. Die Abgrenzung zwischen Sammelwerk und Datenbankwerk wird im Urteil nach dem Medium entschieden, was keinerlei Stütze im Gesetz findet[1581]. Aus dem Sachverhalt geht aber hervor, welche Mittel die Antragstellerin aufgewendet hat[1582]. Diese Aufwendungen sind wesentlich i.S.d. § 87 a UrhG, wobei es hier insbesondere auf die Arbeitszeit externer Programmierer ankommen dürfte. Auch der Server, der ausschließlich für die Datenbank angeschafft wurde, trägt erheblich zur Wesentlichkeit bei. Damit liegt ein Schutz gemäß § 87 a ff. UrhG vor. Ein gleichzeitiger

[1579]Vgl. aber auch LG Köln 28 O 180/02 - Deutsche Bahn, in der – richtigerweise – lediglich über die Informationsdatenbank selbst entschieden wurde.

[1580]LG Hamburg MMR 2000, 761 - Zulässigkeit des Frame-Linking; OLG Hamburg ZUM 2001, 512, 513 - Roche Online Lexikon.

[1581]Vgl. Kapitel 2 III. C. 3.

[1582]Die Online-Datenbank der Antragstellerin erforderte folgende Investitionen: 400 Stunden externe Programmierung, 100 Stunden verlagsinterne Arbeit, einen Datenbankserver für 25.000 DM, monatliche Kosten für Standleitung und Wartung i.H.v. 3000 DM. Das Lexikon enthält 60000 Stichwörter und 40000 englische Übersetzungen.

Schutz der Medizindatenbank als Computerprogramm ist nicht möglich[1583], ein Schutz des Abfragesystems gemäß § 69 a UrhG schon. Die Ergebnisliste ist eine computergenerierte Datenbank, denn Auswahl und Auflistung wurden dem Abfragesystem überlassen, und ist damit nicht geschützt.

2. Fallbeispiel - Baumarkt.de

Dieser Fall[1584] war ähnlich gelagert und spielt statt in der Medizin- in der Baubranche. Die Klägerin unterhält eine Website für die Bau- und Heimwerkersparte mit werbendem Inhalt. Die Beklagte betreibt einen Online-Nachrichtendienst mit Informationen zu derselben Branche mit Suchfunktion, die Links u.a. zur Site der Klägerin erzeugt. Wird der Link aufgerufen, erscheint die Site der Klägerin im Frame der Beklagten. Diesen Vorgang möchte die Klägerin unterbinden.

Das LG Düsseldorf hat sich in seiner erstinstanzlichen Entscheidung darauf beschränkt festzustellen, dass sich die Website nicht aus der „Masse des Alltäglichen heraushebt und vom individuellen Geist dessen geprägt ist, der sie gestaltet hat“, und damit nicht geschützt ist. Das OLG Düsseldorf hat sich mit der Schutzfähigkeit der Website detaillierter auseinandergesetzt. Zunächst überprüfte es einen Schutz als Computerprogramm, lehnte diesen aber richtigerweise mit der Begründung ab, dass die Website Ergebnis und nicht Ausdruck eines Computerprogramms ist. Als nächstes wurde ein Schutz als Datenbankwerk diskutiert. Wie bei der erstinstanzlichen Entscheidung wurde ein „gewisses, aus der Alltäglichkeit herausragendes Maß an Individualität und Originalität“ gefordert[1585]. Da die Darstellung hier auf Vollständigkeit angelegt war, konnte ein solches individuelles Schaffen bei der Auswahl nicht angenommen werden. Bei der Anordnung verneinte das OLG die Individualität, weil diese bei digitalisierten Daten systembedingt nicht wahrgenommen werden könne. Auch die Abfragemöglichkeiten durch serverinterne Suchmaschinen und Navigationsleisten hielt das OLG nicht für neu oder individuell. Damit lehnte es den Schutz gemäß § 4 Abs. 2 UrhG ab. Des Weiteren wurde ein Schutz gemäß § 87 a UrhG untersucht. Begrüßenswert ist dabei die Feststellung, dass die Beschäftigung von 15 Mitarbeitern allein nicht genügt. Hätte die Klägerin vortragen können, dass diese 15 Mitarbeiter ihre Zeit ausschließlich der Erstellung und Pflege der Datenbank widmen, hätte eine wesentliche Investition kaum verneint werden können. Da die Aufgabenfelder der Mitarbeiter aber nicht bestimmt waren, hat das OLG richtigerweise entschieden, dass allein in der Beschäftigung der Mitarbeiter keine Investition in die Datenbank zu sehen ist. Weiteren Aufwand hatte die Klägerin nicht geltend gemacht bzw. wurde den Werbekunden zugeschlagen.

Sowohl das LG als auch das OLG stellen in diesem Fall hohe Ansprüche an die persönliche geistige Schöpfung im Rahmen des § 4 Abs. 2 UrhG. Auffallend ist,

[1583] Vgl. in diesem Kapitel II. D.

[1584] LG Düsseldorf ZUM-RD 1999, 25 - Links zu Web-Sites Dritter; OLG Düsseldorf MMR 1999, 729, 732 - Baumarkt.de.

[1585] OLG Düsseldorf MMR 1999 729,730 - Baumarkt.de.

dass ein Schutz als Sammelwerk nicht diskutiert wird, obwohl ein Sammelwerk sogar ein „Weniger" an Voraussetzungen verlangt. Das beruht auf der Annahme, dass Sammelwerke nicht elektronisch seien und darin die Abgrenzung zu den Datenbankwerken bestünde. Die Annahme trifft jedoch nicht zu, da die Abgrenzung über die Einzelzugänglichkeit erfolgt[1586]. Der Ablehnung des Schutzes als Computerprogramm ist dagegen zuzustimmen.

Das OLG Düsseldorf will, wie das OLG Hamburg, die Schutzwürdigkeit der Datenbank mit den Abfragesystemen begründen[1587] und beruft sich dabei auf Erwägungsgrund 20 DBRL und darauf, dass die Anordnung bei Datenbankwerken systembedingt nicht wahrgenommen werden kann. Das Problem der systembedingten Nichtwahrnehmbarkeit wurde schon an anderer Stelle besprochen[1588]. Einerseits zeigen die Argumente bezüglich der Abfragesysteme ein besseres Verständnis für die Problematik, andererseits geht Erwägungsgrund 20 von Abfragesystemen in Form von Indexierungssystemen oder einem Thesaurus aus, d.h. von einer bestimmten Anordnung, nicht aber von einem Abfragesystem in Form einer Suchfunktion, die sich stark von einem Indexierungssystem unterscheidet und außer der Funktion nichts mit ihm gemein hat. Die Suchfunktion wird hier durch ein Computerprogramm realisiert, das bekanntlich von der Frage der Schutzfähigkeit der Datenbank zu trennen ist. Für die Frage nach der Investitionshöhe kann es jedoch berücksichtigt werden[1589].

G. Der Anzeigenmarkt

Mit Zunahme der Präsenz von Onlinezeitungen hat sich auch die Anzahl von Onlineanzeigenmärkten stark erhöht[1590]. Kaum eine Tages- oder Wochenzeitschrift beschränkt sich darauf, ihre Anzeigen nur auf dem Papier zu präsentieren, seien es nun Immobilien- oder Stellenanzeigen. Die Frage nach dem Schutz der Anzeigenmärkte im World Wide Web stellt sich vor allem, wenn Dritte diese Anzeigenmärkte nach Art einer Metasuchmaschine durchsuchen lassen und dann auf einer eigenen Seite die Ergebnisse darstellen. Die Erstellung eines Anzeigenmarktes wurde zum besseren Verständnis bereits beschrieben.

1. Fallbeispiel - Anzeigenmarkt

In diesem Beispiel[1591] betreibt die Antragstellerin im Internet einen Kleinanzeigenmarkt, in dem sie die Anzeigen, die in der Printausgabe ihrer Tageszeitung veröffentlicht werden, auch online zur Verfügung stellt. Der Export der Anzeigen erfolgt über ein Text-Exportprogramm. Finanziert wird dieser Anzeigenmarkt durch die auf der Website geschalteten Werbebanner.

[1586] Vgl. Kapitel 2 III. C. 3.

[1587] OLG Düsseldorf MMR 1999 729,730 - Baumarkt.de.

[1588] Vgl. Kapitel 2 III. B. 2. c) (5).

[1589] Vgl. in diesem Kapitel III. F. 3.

[1590] Vgl. auch Katzenberger AfP 1997, 434.

[1591] LG Berlin NJW-RR 1999, 1273 - Anzeigenmarkt.

Die Antragsgegnerin betreibt eine Metasuchmaschine[1592], die andere Zeitungen und auch das Angebot der Antragstellerin durchsucht und die gefundenen Angebote je nach den Suchkriterien der Nutzer per E-Mail an diese weiterleitet. Die Antragsgegnerin hebt in ihrer Eigenwerbung u.a. hervor, dass sie in vielen Zeitungen etc. recherchiert und dass die Online-Datenbanken der Zeitung zwar bequemer seien, aber ihre Eigenarten hätten, die sie nachfolgend mit langen Wartezeiten, unterschiedlichen Suchmasken und komplizierten Anmeldungen beschreibt[1593]. Die Antragstellerin hält dies für eine Verletzung ihrer Rechte als Datenbankherstellerin. Die Antragsgegnerin bestreitet den Schutz als Datenbank, da bei dieser zweiten Veröffentlichung nur eine einfache Überspielung stattfindet und weder aufwendige Technik noch hoher sonstiger Aufwand erforderlich sind; deshalb sei die Datenbank nicht schutzfähig. Das LG Berlin gibt dem Antrag der Antragstellerin statt. Es sieht bereits in der regelmäßigen Überprüfung und in der Pflege und Aktualisierung der Datenbestände eine wesentliche Investition, denn das erfordere finanzielle Mittel und Personalaufwand[1594]. Sowohl die Entgegennahme der Anzeigen und deren Aufbereitung als auch die Übernahme in die Online-Datenbank stellen eine wesentliche Investition dar.

2. Fallbeispiel - Rubrikanzeigenangebot

Der Fall des LG Köln[1595] war ganz ähnlich gelagert wie der des LG Berlin[1596]. Das LG Köln begründet zunächst das Vorliegen einer Datensammlung durch die methodische und systematisch angeordnete Darstellung. Danach stellt es fest, dass eine persönliche geistige Schöpfung nicht erforderlich ist. Bezüglich der Wesentlichkeit der Investition fasst sich auch das LG Köln kurz: „Die fortlaufende Entgegennahme, Aufbereitung und redaktionelle Verarbeitung der Anzeigen ist mit einem erheblichen Sach- und Personalaufwand verbunden".

3. Anzeigenmarkt – Datenbank oder Computerprogramm

Wie bei den Suchmaschinen hängt der Schutz auch bei den Anzeigenmärkten davon ab, welcher Bestandteil des Gesamtsystem geschützt und im Einzelfall verletzt ist. Wird die Investition zur Akquirierung der Daten und zur redaktionellen Bearbeitung betrachtet, so fällt es zunächst leicht, die wesentliche Investition zu sehen. Die Datenbank, auf die hier abgestellt wurde, ist jedoch die Online-Datenbank und die Überspielung der Daten findet mittels eines Exportprogramms

[1592] Zum Begriff vgl. in diesem Kapitel VIII. B.

[1593] Die Seite der Antragsgegnerin (http://www.suche-was.de/ (03.03.2002)) wurde von der Antragstellerin aufgerufen, wobei diese einen Suchauftrag für Wohnungen in Berlin-Hellersdorf aufgab, der 15 Ergebnisse brachte, wobei 13 dieser Ergebnisse aus der Datenbank der Antragstellerin stammten.

[1594] Im Ergebnis zustimmend Schmidt AfP 1999, 146, 147.

[1595] LG Köln AfP 1999, 95 - Rubrikanzeigenmarkt.

[1596] Der einzige Unterschied besteht im Verfügungskläger; sogar die Verfügungsbeklagte ist wieder die Betreiberin von http://www.suche-was.de/ (03.03.2002).

speziell für Anzeigen statt[1597]. An dieser Stelle wird deutlich, dass nur die Investition zur Erstellung der Online-Datenbank zählen kann und nicht die Investition zur Erstellung der Daten für die Zeitung an sich. Es wäre im Fall Anzeigenmarkt jedoch möglich gewesen, auf die Offline-Datenbank abzustellen, sofern auch hier die anderen Voraussetzungen erfüllt wären, denn die Offline-Datenbank kann genau wie eine Onlinedatenbank i.S.d. § 87 a UrhG schutzfähig sein[1598]. Auch das LG Köln verkennt, dass die Entgegennahme der Anzeigen für die Printausgabe und nicht für die Onlinedatenbank erfolgt. Dass der Datenbestand in beiden Datenbanken weitgehend identisch ist, kann nicht dazu führen, den für die eine Datenbank geleisteten Aufwand auch für die andere zu zählen, denn Schutzgegenstand des Datenbankrechts sind nicht die Daten oder der Inhalt der Datenbank, sondern die konkrete Auswahl und Anordnung, die eine wesentliche Investition erfordern. Aus diesem Grund liegen zwei unterschiedliche Datenbanken mit unterschiedlichen Investitionen vor. Für die hier zu klärende Frage nach der Schutzwürdigkeit der Onlinedatenbank kommt es daher nur auf die Investitionen an, die auch tatsächlich zu ihrer Erstellung getätigt wurden, d.h. die Kosten für das Computerprogramm oder gegebenenfalls für die manuelle Übertragung bzw. Korrektur und Überwachung, für die Darstellung im WWW etc.

Am Anzeigenmarkt lässt sich demnach die Abgrenzung von Datenbank und Computerprogramm gut verdeutlichen. Dem Grunde nach können hier die Ausführungen zu den relationalen Datenbanken konkretisiert werden[1599]. Von urheberrechtlicher Relevanz könnten folgende Komponenten sein: Die Dokumenten- und Datenbankbeschreibungs- und Programmiersprachen selbst, die Programme, die mit deren Hilfe geschrieben wurden, die Tabellen und die Website, auf der die Daten dargestellt sind. Die Sprachen, z.B. MySQL, können urheberrechtlich nicht geschützt werden; die Anwendungsprogramme können gemäß § 69 a ff. UrhG geschützt sein. Das betrifft hier die CGI-Programme, denn nur sie sind Ausdruck eines Computerprogramms und haben die Fähigkeit, Eingaben

[1597] Aber das Urteil krankt noch an einem anderen Mangel. Die Beeinträchtigung der Interessen des Datenbankherstellers liegt nicht vor. Wie von der Antragsgegnerin zutreffend dargelegt, kommt es nicht darauf an, wie viele natürliche Personen vor ihrem Monitor sitzen und den Bildschirm und damit die Werbung betrachten. Es wird von einem Zähler festgestellt, wie oft die Seite des Werbefläche zur Verfügung Stellenden aufgerufen wird. Diese Seite wird jedoch auch durch die Suchmaschine der Antragsgegnerin aufgerufen – der Zähler wird erhöht – die Werbeeinnahmen der Antragstellerin steigen. Den erzielbaren Werbepreis der Antragstellerin verringert diese Methode auf keinen Fall. Richtig ist, dass damit die Wahrscheinlichkeit besteht, dass die werbenden Firmen evtl. einen geringeren Werbeeffekt haben, was jedoch nicht zu einem Schaden für den Anzeigenmarkt führt. Der evtl. Schaden von Dritten kann keinen Einfluss auf die urheberrechtliche Verletzung haben. Man kann nur raten, wie in der analogen Welt auch, die Werbung besser zu platzieren, so dass sie auch von der Suchmaschine des Suchenden miterfasst wird; vgl. zur Frage, ob die Benutzung einer Suchmaschine der normalen Auswertung einer Datenbank entgegenläuft LG Berlin 16 O 792/00 - Newsclub und LG Berlin 16 O 835/00 - Newsclub II.

[1598] Vgl. BGH GRUR 1999, 923 - Tele-Info-CD; Voraussetzung wäre hier jedoch, dass auch die entsprechenden Teile der Offline-Datenbank übernommen wurden; vgl. auch Segal Ayers 22 Hastings Comm/Ent L.J. 1999, 29, 39.

[1599] Vgl. in diesem Kapitel V. B.

und Ausgaben zu verarbeiten. Die leeren Tabellen sind als Elemente einer Datenbank nicht als solche geschützt, da sie abhängig voneinander sind. Die Datensätze in den Tabellen sind hingegen Elemente einer Datenbank, sie sind unabhängig voneinander und systematisch angeordnet. Die Webseite selbst stellt wieder eine Datenbank dar, die im Falle des Anzeigenmarktes computergeneriert ist, denn die Daten werden mittels Computerprogramm aus den Datensätzen der Tabellen herausgelesen und so angeordnet, dass sie für den Endnutzer sinnvoll sind. Ein Anzeigenmarkt besteht damit aus einer Reihe von Computerprogrammen, einer „statischen" Datenbank und einer „dynamischen" computergenerierten Datenbank. Ob diese nach den §§ 4, 69 a oder 87 a UrhG auch tatsächlich geschützt werden, hängt im Einzelfall von der persönlichen geistigen Schöpfung bzw. der Investition ab.

H. Online-Auktionshäuser

Online-Auktionshäuser wie eBay und Ricardo arbeiten ebenfalls mit Datenbanken. Die Eintragung der Datensätze erfolgt dabei durch die Benutzer selbst, die als Verkäufer ihre Daten (Kaufgegenstand, Startpreis, Artikelbeschreibung etc.) selbst in vorgefertigte Formulare eintragen, die dann automatisch in der Datenbank erscheinen. Die Datenbank von eBay ist international, d.h. ein Käufer in Deutschland kann unter demselben Mitgliedsnamen wie in den USA bieten und umgekehrt. In den USA, die einen Schutz für nicht kreative Datenbanken spätestens seit der Feist-Entscheidung nicht mehr kennen[1600], erging bereits eine Entscheidung zum Schutz einer Auktionshausdatenbank. In der Entscheidung eBay Inc. v. Bidder's Edge Inc.[1601] musste das US-amerikanische Gericht auf zweifelhafte Argumentationen zurückgreifen, um dem – auch in Deutschland bekannten – Auktionshaus eBay zu seinem Recht zu verhelfen.

Der Sachverhalt ähnelt den oben besprochenen Entscheidungen des LG Berlin und LG Köln[1602]. Bidder's Edge durchsuchte die Datenbanken von eBay im Rahmen einer Metasuche, allerdings nicht nur im Rahmen einer Realzeitsuche, mit der E-Bay einverstanden war, sondern zum Aufbau einer eigenen Datenbasis. Mangels eines geeigneten urheberrechtlichen Schutzinstruments befand der kalifornische District Court, dass durch Zugriff des Beklagten Bidder's Edge auf die eBay-Datenbank Rechenkapazitäten verloren gegangen seien und eine Art Hausfriedensbruch[1603] vorliegen würde.

Dieses Urteil kann zweifellos als ergebnisorientiert betrachtet werden. Wäre ein Schutz von nichtkreativen Datenbanken in den USA noch möglich, hätte wohl nicht auf solch fragwürdige Argumente zurückgegriffen werden müssen[1604]. Nach

[1600] Vgl. Kapitel 2 II. B. 2.

[1601] N.D. Cal. No. C-99-21200 RMW. 5 24 00, http://pub.bna.com/lw/21200.htm (02.04.2002).

[1602] LG Berlin NJW-RR 1999, 1273 - Anzeigenmarkt; LG Köln AfP 1999, 95 - Rubrikanzeigenmarkt.

[1603] Trespass to chattels.

[1604] Vgl. auch kritisch Keck/Goode Business Lawyer 2001, 513, 526 mit der Vermutung, dass der Ausgang des Rechtsstreits eher aufgrund der Sympathie des Gerichts für den Kläger eBay als aufgrund von Rechtsnormen entschieden wurde; Kochinke/Geiger K&R 2000, 594, 597; Valente TCL 7/2000, 20, 21.

deutschem Recht wäre die zentrale Frage gewesen, ob die Sammlung von eBay eine Datenbank i.S.d. § 87 a ff. UrhG ist. Elemente der Datenbank sind die einzelnen Datensätze mit den bereits erwähnten Daten wie z.B. der Artikelbeschreibung. Diese Datensätze können je nach Wunsch der Verkäufers aus Texten, Bildern und Musik bestehen. Da auch einzelne Artikel versteigert bzw. zum Kauf gegen Höchstgebot angeboten werden, sind die Artikel auch unabhängig und einzeln zugänglich. Die Auswahl und Anordnung erfolgt nach Kategorien, z.B. auf der deutschen Site von „Auto & Motorrad“ bis „Uhren & Schmuck“. Fraglich ist, ob bereits die Sammlung an sich ausgeschlossen ist, denn die Nutzer bringen ihre Beiträge individuell ein[1605]. Nichtsdestoweniger verbleibt die Kontrolle bei dem Auktionshaus, denn es erstellt die Kategorien und gibt diese eng begrenzt vor und kontrolliert die eingestellten Angebote auf Verletzungen der AGB. Damit liegt die sammelnde Tätigkeit weiterhin beim Auktionshaus[1606]. Ein urheberrechtlicher Schutz gemäß 4 UrhG könnte dennoch scheitern, da die Auswahl der Datensätze nicht durch eBay selbst, sondern durch die Verkäufer erfolgt, die die Artikel einstellen. Dennoch verbleibt für das Auktionshaus die Anordnung, die sich allerdings auf das Sortieren beschränkt, das zwar für den Sammlungsbegriff ausreichend ist, nicht aber für eine nichtalltägliche, geistige Schöpfung. Die einzelnen Präsentationsseiten der Auktionshäuser sind entweder als Webverzeichnisse oder – für den Falls des Gebrauchs einer Suchmaschine – wie Ergebnislisten bei Suchmaschinen geschützt bzw. nicht geschützt[1607]. Für die Investition sind vor allem folgende Zahlen von Interesse: 4300 Kategorien; täglich 5 Millionen Datensätze weltweit, eine Million davon in Deutschland; Computersysteme, die mehrere hundert Gigabyte an Daten speichern können; Mitarbeiter für den Service und die Pflege der Datenbank[1608]. Bei derartigen Investitionen kann ein Schutz gemäß § 87 a UrhG nicht verweigert werden.

I. E-Mail-Datenbanken

Unter dem Begriff der E-Mail-Datenbanken sollen hier Phänomene zusammengefasst werden, bei denen E-Mails einzeln oder als Zusammenstellungen von E-Mails geschützt sein können.

1. Newsletter

Eine für den Verbraucher sehr praktische Einrichtung ist der Newsletter. Er fasst Artikel, Informationen und Anzeigen zu einem bestimmten Thema zusammen und verschickt diese als E-Mail, vergleichbar mit einer Zeitung und einem elektronischen Pressespiegel. Es geht darum, aus einer Informationsflut die Elemente – seien es nun Bilder, Texte o.ä. – in eine Form zu bringen, die einen schnellen, un-

---

[1605] Bensinger 151.

[1606] So auch so Wiebe in: Spindler/Wiebe 131, 134 f.

[1607] Vgl. in diesem Kapitel VIII. B. 4.

[1608] Vgl. u.a. http://pages.ebay.de/community/aboutebay/overview/index.html (05.05.2002); Klageschrift von eBay vom 10. Dezember 1999 http://legal.web.aol.com/decisions/dldecen/EBAY.pdf (05.05.2002).

problematischen Überblick bietet. Die Newsletters werden manuell ausgewählt. Vergleichen lässt sich das mit der Website, die mit diesen Artikeln nicht per E-Mail zugeschickt, sondern als neue Website zur Verfügung gestellt wird[1609]. Davon zu unterscheiden sind Suchdienste, die nach eingegebenen Suchparametern die Ergebnisse via E-Mail zusenden[1610]. Oft sind die Informationen in Newsletters nicht selbst recherchiert worden, sondern stammen aus anderen Online- oder Printmedien. Ist also auch der Newsletter als Sammelwerk oder Datenbank oder gar Computerprogramm urheberrechtlich geschützt[1611]?

Zum Newsletter gab es bisher keine Entscheidung eines deutschen Gerichts[1612]. Möglich wäre folgender Streitfall: Der Betreiber einer Website mit Wirtschaftsinformationen verschickt u.a. auch regelmäßig einen Newsletter mit den neuesten Informationen zur Börse und zum aktuellen Wirtschaftsgeschehen. Er finanziert diesen Service über Anzeigen, die auch im Newsletter enthalten sind und zu den entsprechenden Seiten der Werbenden verweisen. Ein anderer Betreiber möchte auch einen solchen Newsletter verschicken und meldet sich zwecks Informationsbeschaffung bei verschiedenen Newsletters als Kunde an – u.a. auch bei dem des ersten Betreibers – und setzt aus mehreren Newsletters einen neuen zusammen und verschickt diesen an seine Kunden mit der Werbung, durch die er sich finanziert. Nachweislich finden Abmeldungen beim Newsletter des ersten Betreibers und Anmeldungen beim zweiten Betreiber statt. Der erste Betreiber verlangt Unterlassung und Schadensersatz für die ausbleibenden Werbekunden.

Die einzelnen Texte können gemäß § 2 Abs. 1 Nr. 1 UrhG als Sprachwerke geschützt sein, wenn die erforderliche persönliche geistige Schöpfung vorliegt. Der Newsletter könnte auch als Gesamtwerk geschützt sein. Der Schutz als Computerprogramm gemäß § 69 a UrhG kommt eindeutig nicht in Betracht. Entweder werden Newsletters im Textformat verschickt, dann kommt nur ein Schutz als einfaches Sprachwerk in Betracht, oder im HTML-Format, das an der urheberrechtlichen Bewertung nichts zu ändern vermag. Bei den einzelnen Beiträgen im Newsletter, sowohl den Informationsbeiträgen als auch den Werbeanzeigen, handelt es sich aber um Elemente, die unabhängig voneinander und einzeln zugänglich sind. Sie werden systematisch und methodisch angeordnet, entweder nach dem Sinnzusammenhang, nach der Neuheit der Nachrichten oder nach den Quellen. In den meisten Newsletters sind sie nach Themen geordnet und enthalten ein Inhaltsverzeichnis. Ein Schutz der gesamten Texte als Sammelwerk und als Datenbankwerk ist auf den ersten Blick aber nicht gegeben, da in der Aneinanderreihung von Informationen keine persönliche geistige Schöpfung liegt. Die Aus-

---

[1609] Ein ähnlicher Vergleich wurde in OLG Köln MMR 2001, 387 - Paperboy bestätigt.

[1610] Vgl. OLG Köln MMR 2001, 387 - Paperboy; LG München 21 O 9997/01 - sueddeutsche.de.

[1611] Zum Nachfolgeproblem der Schrankenregelung des § 49 UrhG für elektronische Pressespiegel vgl. Grunert/Ohst KUR 2001, 25; BGH I ZR 255/00 und zu § 53 Abs. 4 Nr. 2 a UrhG OLG Köln CR 2001, 14 - Recherchedatenbank.

[1612] Ein ähnlicher Fall wurde jedoch vom OLG Köln MMR 2001, 387 - Paperboy entschieden, in dem es um die Zusendung von Links per E-Mail ging.

wahl ist jedoch schöpferisch, da zwar alle aktuellen Informationen erfasst werden sollen, bei der Fülle an Wirtschaftsinformationen aber eine Auswahl getroffen werden muss. Ein Newsletter über alle Entwicklungen des aktuellen Wirtschaftsgeschehens würde den Umfang jedes Newsletters sprengen. Die Auswahl erfolgt im Weiteren nach Relevanzkriterien für die Nutzergruppe. Dass selbst beim aktuellen Tagesgeschehen eine individuelle Auswahlmöglichkeit besteht, lässt sich durch einen Vergleich zwischen den Nachrichten von z.B. FAZ und BILD desselben Tages leicht erkennen.

Die Anordnung bei Newsletters ist hingegen meist gleich: Es erfolgt zunächst eine Begrüßung, dann das Inhaltsverzeichnis, die Nachrichten selbst, die Anzeigen, das Impressum und ein Link, wie der Newsletter abbestellt werden kann. Diese Anordnung ist zweckgebunden; eine individuelle Anordnung kann aber noch bei der Reihenfolge der Nachrichten und der Platzierung der Anzeigen wahlweise am Ende oder an jeder beliebigen Stelle mit Bezug zu den Nachrichten erfolgen. Ein Schutz als Datenbank- bzw. Sammelwerk wird demnach anzunehmen sein. Vorliegen könnte auch eine einfache Datenbank, deren wesentliche Investition, vom Einzelfall abhängig, hier nicht näher betrachtet werden soll.

2. Mailinglisten

Eine Mailingliste ist ähnlich wie ein Newsletter zu betrachten. Der Unterschied besteht darin, dass hier die Informationen nicht von einer Person zentral ausgesucht und verschickt, sondern per E-Mail von einer beliebigen Person an die Adresse der Mailingliste und weiter mit E-Mail an die anderen Teilnehmer der Mailingliste gesendet werden. Die Anmeldung der Teilnehmer und die Weiterleitung wird von einem Computerprogramm übernommen. Die einzelnen Texte können als Sprachwerke i.S.d. § 2 Abs. 1 Nr. 1 UrhG geschützt sein. Dass es sich hierbei um E-Mails handelt, ist dabei nicht von Bedeutung. Ist eine solche Mailingliste aber in ihrer Gesamtheit geschützt? Ein Anwendungsbeispiel für den Schutz von Mailinglisten ist deren Veröffentlichung in anderen Medien, z.B. auf CD-ROM. Bei einer Mailingliste werden E-Mails zu einem bestimmten Thema zusammengefasst, so dass eine Schutzfähigkeit als Datenbank oder als Datenbankwerk[1613] möglich wäre. Um die Mailingliste als Ganzes zu betrachten, ist die Einordnung einzelner E-Mails erforderlich. In dieser Hinsicht gibt es zunächst keine Schwierigkeiten. Rein sprachlich abgefasste E-Mails können gemäß § 2 Abs. 1 Nr. 1 UrhG schutzfähig sein[1614]. Werden Fotos, Musik etc. verschickt, gelten für diese auch die urheberrechtlichen Bestimmungen[1615]. Die einzelnen E-Mails sind demnach sammelwerksfähig, ihre Unabhängigkeit und Einzelzugänglichkeit steht nicht in Frage. Für das Problem der Auswahl und Anordnung muss hingegen differenziert werden.

[1613]So wohl auch Möhring/Nicolini/Ahlberg § 4 Rn. 11.

[1614]Wobei die meisten nicht die nötige Gestaltungshöhe erreichen dürften; vgl. Heermann MMR 1999, 3.

[1615]Vgl. Kapitel 1 III. H. 8. e).

a) *Nichtmoderierte Listen*

Bei nichtmoderierten Listen werden die E-Mails (Postings) von den Teilnehmern nach deren Geschmack an die anderen Teilnehmer verschickt. Eine Sammlung wird dadurch nicht hergestellt[1616], denn die Teilnehmer werden nur von anderen Teilnehmern aufgefordert, ihre Beiträge zu beantworten. Ein Prinzip für eine Auswahl und Anordnung ist darin nicht zu erkennen, es handelt sich nur um vollständige Sammlungen aller Postings aller Teilnehmer. Bei nichtmoderierten Mailinglisten sind sowohl Werbung als auch andere kommerzielle Inhalte zwar meist verboten, werden aber nicht geahndet; hier könnten allenfalls Urheberpersönlichkeitsrechte verletzt sein, die nicht Gegenstand dieser Untersuchung sind. Ein Schutz als Sammelwerk oder Datenbankwerk kommt demnach nicht in Betracht, da die Sammlungen unorganisiert entstanden sind.

b) *Moderierte Listen*

Anders kann der Fall bei den moderierten Mailinglisten liegen. Zwar erfolgt die Beisteuerung der Inhalte auch hier individuell von den Nutzern, aber die Postings werden im nachhinein zentral angeordnet, so dass der Schutz als Datenbank grundsätzlich möglich, aber vom Einzelfall abhängig ist. Bei einer moderierten Mailingliste ist daher zu differenzieren[1617]. Werden Spams[1618] und andere unerwünschte Inhalte lediglich herausgefiltert, was oft auch durch ein Computerprogramm übernommen wird, könnte eine Auswahl und Anordnung vorliegen, die jedoch nach reinen Zweckmäßigkeitserwägungen erfolgt und demnach nicht die notwendige persönliche geistige Schöpfung für ein Sammel- oder Datenbankwerk erreicht[1619]. Im Übrigen wird hier die Auswahl von einem Computerprogramm übernommen, so dass allenfalls eine nicht urheberrechtlich schutzfähige computergenerierte Datenbank entstehen kann. Übernimmt der Moderator nicht nur die Funktion des Herausfilterns von Spams, sondern beendet z.B. auch Diskussionen, die inhaltlich in eine Sackgasse führen, weist auf die Netiquette hin, löscht bestimmte Teilnehmer bei Verstößen, dann liegt eine Auswahl und Anordnung vor, die im Einzelfall auch den Schutz der „kleinen Münze" erreicht.

c) *Sonderfall: Digest*

Einige Mailinglisten bieten einen sogenannten Digest an. Der Digest mancher Mailinglisten besteht aus einer unsortierten Aneinanderreihung aller Postings. Diese Form ist zwar nützlich, um die E-Mails nicht über den Tag verteilt zu erhalten, sondern nur einmal am Tag, kann aber nicht mehr urheberrechtlichen Schutz genießen als die Mailingliste selbst. Ein Digest kann aber eine Zusammenstel-

[1616] A.A. Hilty in: Hilty 437, 446 Fn. 30.

[1617] Vgl. dazu auch Möhring/Nicolini/Ahlberg § 4 Rn. 11.

[1618] Unerwünschte Werbe-E-Mail.

[1619] Hier liegt im Übrigen trotz Beteiligung eines Computerprogramms keine computergenerierte Datenbank vor, da die Kriterien bereits vom Programmierer starr festgelegt wurden: z.B. keine HTML-Mails oder keine Mails von einer bestimmten Absenderadresse.

lung aus den wichtigsten – subjektiv vom Moderator ausgewählten – Postings des Tages sein. Ein solcher Digest ist dann mit einem Newsletter vergleichbar und ebenso geschützt.

3. Newsgroups und Diskussionsforen

Newsgroups[1620] – das Usenet – sind mit einem schwarzen Bretterwald vergleichbar, wobei jede Newsgroup einen Themenbereich behandelt. Weltweit gibt es über 50.000 Newsgroups. Zwischen Usenet und WWW ist zu differenzieren, auch wenn beide sich heutzutage teilweise überschneiden. Sie verwenden aber unterschiedliche Protokolle. Um am Usenet teilzunehmen, wird lediglich ein Newsreader benötigt, der einen Zugang zum entsprechenden Newsserver hat. Nachrichten werden nur für eine bestimmte Zeitspanne aufbewahrt. Grundsätzlich funktioniert das Usenet so, dass alle Nachrichten eines Servers an den nächsten weitergeleitet werden und somit die Daten weltweit verfügbar sind. Der Weg der Daten verläuft dabei nicht linear, und der Weg, den eine Nachricht nehmen wird, ist nicht voraussehbar. Um das Datenaufkommen zu begrenzen, werden die Nachrichten nach bestimmten Gruppen sortiert, u.a. nach Themenbereichen. Dabei ist „Comp" z.B. die Hauptgruppe Hard- und Software. Nach geographischen Gebieten sortiert, ist „De" die Beschränkung auf den deutschen Raum. Gruppen sind auch kombinierbar. Innerhalb einer Gruppe können die Nachrichten aufeinander bezogen sein, sogenannte Threads bilden. Grundsätzlich ist die rechtliche Behandlung von Newsgroups noch weitgehend ungeklärt. Vereinzelt wird die Kommunikation über Newsgroups bei ernsthafter Auseinandersetzung mit politischen, wissenschaftlichen und anderen Themen als urheberschutzfähig betrachtet[1621]. Zunächst kann das Usenet als Gesamtheit ebenso wenig als urheberrechtlich geschützt betrachtet werden wie das Internet. Es bestünde auch die Möglichkeit, einzelne Gruppen bzw. Untergruppen zu schützen. Das könnte dann relevant werden, wenn eine Gruppe auf CD-ROM gespeichert verkauft oder anderweitig weitergegeben würde[1622].

Bei Newsgroups kann wie bei Mailinglisten zwischen moderierten und nicht moderierten Gruppen unterschieden werden. Der Unterschied zu den Mailinglisten besteht darin, dass in Newsgroups über die Regeln abgestimmt wird. Eine Newsgroup hat üblicherweise eine Charta, in der bestimmt wird, welche Themen hier angesprochen werden können, ob bestimmte Fragen und Antworten oder Werbung erlaubt sind. In juristischen Newsgroups wird meist zusätzlich darauf hingewiesen, dass eine konkrete Rechtsberatung nach dem Rechtsberatungsgesetz nicht zulässig ist. Diese Charta wird vorgeschlagen und zur Abstimmung in die

[1620] Beispiele für Newsgroups: de.soc.recht.datennetze, de.soc.recht.marken+urheber, alt.sports.badminton.

[1621] So Bensinger 151; Boehme-Neßler 232 für die Schutzfähigkeit der einzelnen Beiträge; Zscherpe MMR 1998, 404, 405.

[1622] Vgl. Frage in der Newsgroup de.soc.recht.marken+urheber, ⟨aarttc$dgnav$1@ID-99734.news.dfncis.de⟩, bzgl. der Urheberrechtsschutzfähigkeit in einem WWW-Forum.

Newsgroup gestellt[1623]. Die Moderation wird häufig durch Programme übernommen, die in der Lage sind, ungültige Nachrichten, d.h. Nachrichten, die lediglich der Werbung etc. dienen, herauszufiltern, wobei damit ein Schutz mangels persönlicher Schöpfung entfällt. Problematisch bleibt, dass vollständige Sammlungen nicht geschützt sind, weil keine eigenschöpferische Auswahltätigkeit vorliegt[1624]. Das ist der Fall bei der Speicherung aller Nachrichten einer Nachrichtenagentur oder bei Threads – der Speicherung einer Folge von Newsgroupbeiträgen[1625]. In der Regel sind Newsgroups damit nicht geschützt. Anders sieht es aus, wenn es darum geht, eine Auswahl unter den Newsgroupbeiträgen zu treffen, d.h. wenn die subjektiv wichtigsten Daten einer bestimmten Gruppe oder aller DE-Gruppen herausgesucht werden. Das ist bei einigen moderierten Newsgroups der Fall, z.B. bei „de.alt.netdigest". Hier wird dem Moderator „das Beste" aus allen de-Newsgroups zugeschickt, und er entscheidet dann, welche Postings der Gruppe hinzugefügt werden. Diese Newsgroup ist als Sammel- bzw. Datenbankwerk geschützt; auch ein Schutz als Datenbank kommt in Betracht.

Diskussionsforen basieren im Gegensatz zu Newsgroups auf HTML-Seiten im Internet, die Beiträge der Nutzer sammeln und fortlaufend veröffentlichen. Auf die Diskussionsbeiträge kann mittels Links zugegriffen werden. Ergänzt werden die Verzeichnisse automatisch durch CGI-Skripte. Urheberrechtlich ergeben sich dadurch keine Besonderheiten; lediglich bei moderierten Foren kann, wenn eine Auswahl getroffen wird, ein Schutz bestehen.

J. Fazit

Die „neuen" Internetphänomene werfen mannigfaltige Probleme für den Schutz als Datenbanken oder Computerprogramme auf. Besonders häufig sind computergenerierte Datenbanken anzutreffen, die mangels persönlicher Schöpfung ungeschützt bleiben. Auch andere Hypermediawerke sind nicht oder uneinheitlich geschützt. Eine Anpassung ist für die Fortentwicklung der Informationsgesellschaft aber unerlässlich.

1623 In de.soc.recht wurde am 10.04.2002 z.B. ein solcher Rechtsberatungsabsatz für die Charta zur Umfrage gestellt (⟨Strawpoll-Rechtsberatungsabsatz-2002-04-10@dana.de⟩).

1624 Dannecker K&R 1999, 529, 534; Kappes 121 f.

1625 Büchele 38; Zscherpe MMR 1998 404, 406.

IX. Kapitelzusammenfassung

Die Untersuchung der Phänomene in diesem Kapitel ergibt folgendes Bild. Dabei steht das Symbol (+) für die grundsätzliche Schutzfähigkeit in Abhängigkeit vom Einzelfall; das Symbol (-) steht dafür, dass eine Schutzmöglichkeit nicht besteht:

Phänomen	*Schutz als Computerprogramm*	*Schutz als Sammel/ Datenbankwerk*	*Schutz als Datenbank*	*Kein Schutz als Computerprogramm oder Datenbank*
Computerunterstützte Datenbank	*Unterstützungsprogramm, z.B. Textverarbeitung*	*(+)*	*(+)*	
Computergenerierte Datenbank	*Generierungsprogramm*	*(-)*	*(+)*	
Abfragesystem	*(+)*	*(-)*	*(-)*	
Indexierungssystem	*(-)*	*(+)*	*(+)*	
Thesaurus	*(-)*	*(+)*	*(+)*	
Relationale Datenbank	*Anwendungsprogramme, Implementierung für Programmiersprachen*	*Benutzeroberfläche, Datensätze in den Tabellen als Gesamtheit*	*Benutzeroberfläche, Datensätze in den Tabellen als Gesamtheit*	*Programmiersprachen, Tabellen*
Stored Procedure	*(+)*	*(-)*	*(-)*	*Programmiersprachen*
Expertensystem	*Shell*	*Wissensbasis*	*Wissensbasis*	
Neuronales Netz	*Simulationsprogramm, neuronales Netz*	*(-)*	*(-)*	*Neuron*
Website	*(-)*	*(+)*	*(+)*	
Suchmaschine	*Robot, Suchprogramm*		*Indexierungssystem*	*Benutzerschnittstelle, Ergebnisliste*
Wayback Machine, Google Cache	*(-)*	*(-)*	*(+)*	
Linkliste	*(-)*	*(+)*	*Webverzeichnis*	
Wissensdatenbank	*(-)*	*(+)*	*(+)*	
Anzeigendatenbank	*Anwendungsprogramme*	*Website, Datensätze in den Tabellen*	*Website, Datensätze in den Tabellen*	
Online-Auktionshaus		*(-)*	*(+)*	
Newsletter	*(-)*	*(+)*	*(+)*	
Mailingliste	*(-)*	*Moderierte Liste, Digest*	*Moderierte Liste, Digest*	*Nichtmoderierte Listen*
Newsgroup und Diskussionsforum	*(-)*	*Moderiert, Digest*	*Moderiert, Digest*	*Nicht moderiert*

Zusammenfassung und Ausblick

„Squeezing today's innovations into yesterday's system simply won't work.“[1626]

Computerprogramme und Datenbanken spielen eine zentrale Rolle bei der Entwicklung der Informationsgesellschaft. Eine gleichrangige Analyse der beiden Begriffe und ihrer Schutzmöglichkeiten, insbesondere unter dem Aspekt der wechselseitigen Beeinflussung, brachte folgende Ergebnisse:

A. Gemeinsame Prämissen für den Schutz

1. Die juristischen Begriffe von Computerprogramm und Datenbank entsprechen weder der technischen noch der allgemeinen Auffassung. Gerade deshalb müssen die technischen Realitäten bei der Auslegung der juristischen Definitionen beachtet werden.

2. Elektronische Datenbanken und Computerprogramme sind schwer voneinander zu trennen, sowohl technisch als auch juristisch. Eine Regelung für jeden Einzelfall ist aber uneffektiv. Um der technischen Natur der Mischformen juristisch gerecht zu werden, müssen die Bestandteile getrennt und einzeln analysiert werden.

3. Durch die Digitalisierung verlieren die Werkarten des § 2 UrhG nicht ihre Existenzberechtigung. Dass fast alle Werkarten in Bits und Bytes ausgedrückt werden können, ähnelt der Möglichkeit, die meisten Werkarten auf Papier auszudrücken. Die binäre Ausdrucksform als Fortsetzung der Papierform ist somit nur ein weiteres Medium zum Ausdruck von künstlerischen und wissenschaftlichen Werken und für die urheber- und leistungsschutzrechtliche Betrachtung nicht von Bedeutung.

4. Ein zunehmender Einbruch der technischen Werke in das Urheberrecht ist hinzunehmen, da es sich dabei um eine natürliche Entwicklung im Informationszeitalter handelt. Das Urheberrecht wird sich wie ehedem an die technische Entwicklung anpassen, wobei aufgrund der Bedürfnisse der Informationsgesellschaft besonders der Erhalt der Freiheit der Informationen zu berücksichtigen ist und sowohl bei Datenbanken als auch bei Computerprogrammen besonders darauf zu achten ist, dass tatsächlich nur die konkrete Ausgestaltung, aber keine zugrundeliegenden Ideen, geschützt werden.

[1626] Thurow Harvard Business Rev. Sept.-Oct. 1997, 95.

B. Computerprogramm

1. Für den Begriff des Computerprogramms ergab sich eine präzisierte Definition: Ein Computerprogramm ist eine Ansammlung von Befehlen, die nach Aufnahme auf einen maschinenlesbaren Träger bewirkt, dass eine informationsverarbeitende Maschine sowohl Eingaben als auch Ausgaben verarbeiten kann.

2. Das Urheberrecht ist geeignet, Computerprogramme adäquat zu schützen, da diese trotz ihres technischen Charakters eine künstlerische Betätigung beinhalten. Eine Änderung des Patentgesetzes, um auch „Computerprogramme als solche“ patentrechtlich zu schützen, ist zur Zeit weder erforderlich noch rechtspolitisch wünschenswert.

3. Algorithmen sind nicht urheberrechtsschutzfähig. Sobald sie einen konkreten Ausdruck mit Hilfe einer Programmiersprache gefunden haben, sind sie als Computerprogramm geschützt. Sie sind dann jedoch definitionsgemäß keine Algorithmen mehr. Eine Programmiersprache selbst ist in der Form eines Regelsystems nicht als Computerprogramm i.S.d. § 69 a UrhG geschützt, anders aber ihr Compiler bzw. Interpreter.

4. Quellcode und Objektcode sind als zwei verschiedene Ausdrucksformen desselben Computerprogramms geschützt.

5. Mit Ausnahme von ausführbaren Dateien lösen Dateien, z.B. Musik- und Graphikdateien, keine unmittelbaren Reaktionen im Computer aus und können damit keine Programme darstellen.

6. Fonts - als graphische Gestaltung - werden mittels eines Computerprogramms hergestellt, sind jedoch selbst kein Programme. Fontdateien können Computerprogramme darstellen, wenn sie „Hints“ enthalten. Beim Autohinting werden sie von einem Computer generiert und sind nicht schutzfähig.

7. HTML-Dateien sind keine Computerprogramme und nicht gemäß § 69 a ff. UrhG schutzfähig. DHMTL-Dateien - als Schlagwort für dynamisches HTML in Verbindung mit z.B. Javascript - hingegen sind es.

8. Die sogenannten „freien Programme“ werden urheberrechtlich nicht anders geschützt als andere Programme. Die Begriffe Open-Source, Public Domain, Freeware, Shareware drücken lediglich bestimmte Vertragsmodelle aus.

C. Datenbanken

1. Der Sammlungs- und Datenbankbegriff der §§ 4, 87 a UrhG wurde einheitlich geschaffen und ist einheitlich auszulegen.

2. Für die Datenbanken gilt ein „offener Elementbegriff", d.h. bezüglich der Bestandteile bestehen keinerlei Einschränkungen. Lediglich ein geringer geistiger Gehalt der Elemente weit unterhalb der „kleinen Münze" ist erforderlich. Zusammenstellungen amtlicher Werke sind nicht geschützt.

3. Für die Bestimmung der Unabhängigkeit werden die Bestandteile der Datenbank anhand ihrer kleinsten Sinneinheiten in ein Raster eingeordnet. Danach wird überprüft, ob die Funktionsfähigkeit der Datenbank in Frage gestellt ist, wenn ein beliebiges Element entfernt wird, bzw. ob aus einem Element Rückschluss auf ein weiteres gezogen werden kann. Ist einer dieser beiden Tests positiv, kann nicht mehr von Unabhängigkeit gesprochen werden.

4. Das Kriterium der „Auswahl" ist auch bei den Datenbankwerken und den Datenbanken zu beachten. Erforderlich ist eine planvolle und nicht zufällige Anordnung, dennoch kann auch nach subjektiven Kriterien ausgewählt werden. In jedem Fall muss die Anordnung permanent sein; eine flüchtige Festlegung genügt nicht.

5. Auf das Kriterium der Einzelzugänglichkeit kann nicht verzichtet werden, da es den unmittelbaren Zugriff auf die einzelnen Daten sichern soll. Außerdem erfolgt die Abgrenzung zwischen Sammel- und Datenbankwerk über dieses Merkmal. Bei nichtelektronischen Datenbanken liegt Einzelzugänglichkeit bereits vor, wenn die Elemente mit dem Auge einzeln wahrgenommen werden können. Bei elektronischen Datenbanken ist das Kriterium meist durch die Verwendung von Abfragesystemen erfüllt. Die Unabhängigkeit betrifft den inneren, die Einzelzugänglichkeit den äußeren Zusammenhang der Elemente.

6. Um Informationsfreiheit und Innovation zu erhalten und zu fördern, dürfen die Anforderungen an den einfachen Datenbankschutz nicht niedrig angesetzt werden. Der Begriff der Wesentlichkeit beim Sui-generis-Leistungsschutz ist nicht so weit auszulegen wie bisher oft von der Rechtsprechung angenommen; die Investition sollte dabei ein tatsächlich wesentliches Ausmaß angenommen haben, d.h. von substantiellem Gewicht sein. Die Wesentlichkeit muss für jede Datenbank objektiv auf der Basis der Addition aller Investitionen zur Erstellung des Gesamtwerks und Abwägung im Rahmen einer Einzelfallbetrachtung festgestellt werden, unabhängig davon, ob sie zu privaten oder wirtschaftlichen Zwecken erstellt wurde.

7. Der Begriff der „persönlichen geistigen Schöpfung" ist durch die DBRL nicht verändert worden. Vielmehr bestand schon seit längerem ein allgemeiner Trend, die Schöpfungshöhe der Sammelwerke wieder herabzusetzen; die Umsetzung der europäischen Richtlinien folgt somit nur einer langjährigen

Tendenz. Bei Sammel- und Datenbankwerken ist daher die „kleine Münze“ zu schützen.

8. Eine internationale Harmonisierung bzgl. des Schutzes von Datenbanken ist insbesondere wegen des Internets unbedingt erforderlich. Ein Modell dafür kann die DBRL bieten, wenn berechtigte Interessen der Entwicklungsländer angemessen berücksichtigt werden und die Freiheit der Information stärker in den Vordergrund gestellt wird, d.h. die Schrankenregelungen großzügiger gestaltet werden.

D. Differenzierung und optimale Ausgestaltung der Schutzbereiche

1. Die einzige direkte rechtliche Verbindung von Computerprogrammen und Datenbanken liegt darin, dass auch Computerprogramme Elemente von Datenbanken sein können. Beispiele hierfür sind Treiberdatenbanken und Klassenbibliotheken. Betriebssysteme hingegen sind nur als Computerprogramme geschützt, mangels systematischer oder methodischer Anordnung aber nicht als Datenbanken.

2. Das Problem der computergenerierten Datenbanken wird von der DBRL bewusst nicht erfasst. Computerunterstützte Datenbanken sind geschützt, computergenerierte nicht. Der Begriff des Urhebers ist daher nach dem Vorbild von Sec. 9 (3) CDPA zu erweitern.

3. Hilfsmittel der Datenbank, wie der Thesaurus, Abfrage- und Indexierungssysteme, sind selbständig geschützt. Ein Abfragesystem ist ein Computerprogramm, ein Thesaurus ein bibliographisches Werkzeug und ein Indexierungssystem eine - in vielen Fällen computergenerierte - Datenbank. Diese Hilfsmittel können als Investition die Schutzfähigkeit der Datenbank mitbegründen, nicht aber die geistige Leistung. Technische Schutzmaßnahmen sind ebenfalls nicht in den Datenbankschutzbereich einbezogen. Die Investitionen dafür sind nicht geeignet, den Datenbankschutz sui generis herbeizuführen.

4. Bei relationalen Datenbanken unterfallen die Tabellen einzeln und ihrem Zusammenhang nicht dem Datenbankschutz. Sie können aber als Hilfsmittel der daraus erstellten Datenbank mitgeschützt sein. Die in der Tabelle angeordneten Datensätze in ihrer Gesamtheit sind dem Datenbankschutz zuzuordnen. Die Anwendungs- und Mittlerprogramme sind als Computerprogramme geschützt.

5. SQL-Anweisungen erfüllen zwar grundsätzlich die Voraussetzungen an ein Computerprogramm i.S.d. § 69 a UrhG, sind aber aufgrund ihrer Trivialität oder einzigartigen Lösungsmöglichkeit mangels Individualität oftmals nicht geschützt. Stored Procedures hingegen sind „erweiterte bzw. erweiterbare

SQL-Anweisungen" und in vielen Fällen als Computerprogramme schützbar, aber trotz ihrer technischen Integration in die Datenbank sind sie weder deren Element noch als Hilfsmittel mitgeschützt.

6. Bei den Expertensystemen ist die Wissensbasis eine computerunterstützte Datenbank, die Shell ein Computerprogramm. Bei den neuronalen Netzen ist das Simulationsprogramm als Computerprogramm schutzfähig. Ebenso kann das gesamte Netz als Computerprogramm geschützt sein, nicht aber das einzelne Neuron. Das Ergebnis beider Gruppen ist computergeneriert und nicht urheberrechtlich schutzfähig.

7. Webseiten können bei individueller Programmierung unter Zuhilfenahme von Java, Javascript und CGI-Skripten dem Schutz von Sammelwerken und Datenbankwerken unterfallen; ein zusätzlicher Schutz sui generis ist möglich. Der Schutz einer Website als Sammelwerk hängt in der Regel nicht nur vom Erreichen der „kleinen Münze", sondern im Einzelfall insbesondere von der Unabhängigkeit der Elemente ab. Dies gilt sowohl für HTML als auch für Flash-Websites, obwohl gerade die gewählte Form der Flash-Programmierung gegen eine Unabhängigkeit spricht. Auf die gleiche Weise wie Webseiten können Benutzeroberflächen im allgemeinen geschützt werden.

8. Um Unterschiede beim Schutz von Webseiten zu vermeiden und einen umfassenden Schutz von Multi- und Hypermediawerken zu gewährleisten, wird es erforderlich sein, auch die Sammlung von untrennbaren, aber einzeln zugänglichen Elementen in § 4 Abs. 3 UrhG zu schützen.

9. Suchmaschinen bestehen aus verschiedenen Komponenten, die urheberrechtlich verschieden geschützt werden. Zwei wichtige Komponenten, das Indexierungssystem und die Ergebnisliste, sind mangels einer Regelung für computergenerierte Datenbanken urheberrechtlich nicht geschützt. Der Robot und das Suchprogramm können als Computerprogramme geschützt sein.

10. Linklisten sind gemäß § 87 a ff. UrhG schutzfähig, in der Regel aber nicht gemäß § 87 a UrhG zu schützen, da die getätigte Investition bei Linklisten i.d.R. äußerst gering, ähnlich einem privaten Adressbuch, ist; im Einzelfall – bei Webverzeichnissen – können sie jedoch geschützt sein. Links selbst sind nicht geschützt.

11. Newsletters, moderierte Mailinglisten und moderierte Newsgroups können in ihrer Gesamtheit ebenfalls als Datenbanken geschützt sein. Das trifft auch auf den entsprechenden Digest zu.

E. Ausblick

Die Technik hat das Urheberrecht vor schwierige Aufgaben gestellt. Neue Entwicklungen bedeuten immer wieder neue Herausforderungen und warten mit neuen Überraschungen auf, z.B. UMTS und XML. Informatiker behaupten, eine Prognose sei im Höchstfall für die nächsten fünf Jahre möglich. Einen Weg zur technischen Lösung der dadurch entstehenden urheberrechtlichen Probleme bieten Verschlüsselung, Wasserzeichen oder Digital Rights Management. Dass technische Lösungen das Urheberrecht im digitalen Bereich nie vollständig ersetzen werden, zeigt der Vergleich mit analogen Vorgängen. Diebstahlssicherungen an Sachen sind möglich, der strafrechtliche Schutz vor Diebstahl ist jedoch noch lange nicht überflüssig. Im Übrigen ist es wichtig, den Standpunkt zur neuen Technik zu überdenken, denn sie ist weder geheimnisvoll noch unkontrollierbar, nur vielleicht noch etwas unbekannt. Sicher wird es nötig sein, Urheberrechtsverstöße mit technischen Mitteln zu verhindern. Allerdings werden immer Möglichkeiten bestehen, die Technik mittels anderer Technik „zu überlisten". An dieser Stelle wird das Gesetz gebraucht, im Wege der General- und der Spezialprävention Zuwiderhandlungen zu verhindern und im Falle der Verletzung einen gerechten Ausgleich zwischen den Parteien und einen Ersatz der Schäden zu erreichen. Eine sinnvolle rechtliche Unterstützung der technischen Schutzmaßnahmen stellen bereits die §§ 95 a UrhG dar, sofern durch die ausreichende Wahrung der Schrankenregelungen die Informations- und Wissenschaftsfreiheit sichergestellt bleibt. In jedem Fall werden diese Regelungen das Abgrenzungsproblem von Computerprogrammen und Datenbanken weiter verschärfen, da sie nur für Datenbanken, nicht aber für Computerprogramme, gelten. Wie auch in der analogen Welt, ist der optimale Schutz von Rechten erst durch das Zusammenwirken von Technik und Recht zufriedenstellend gewährleistet. Neue Gesetze können nicht alle Probleme lösen, und eine überstürzte Gesetzgebung schadet mehr als sie nützt. Die erste Frage sollte daher immer sein, ob tatsächlich Schutzlücken im Gesetz bestehen, die zweite, ob das Urheberrecht in seiner gegenwärtigen Fassung genügend Flexibilität besitzt, um die erforderlichen Korrekturen aufzunehmen. Erst wenn danach eine Revision erforderlich ist, sollten neue Regelungen geschaffen werden, denn es ist abzusehen, dass sich angepasste Normen nach ihrer Schaffung schon bald wieder überlebt haben und erneut anzupassen sind. Aus diesem Grund ist auch zu überlegen, generell formulierten Rechten wie „Fair use" den Vorzug geben, da diese nicht so schnell veralten.

Zur Überwindung der nationalen Grenzen des Urheberrechts, die aufgrund der technischen Entwicklung immer mehr aufgehoben werden, sollten zentrale Werkregister und internationale Organisationen geschaffen und gestärkt werden. Sicher sind die Ziele auch nicht zu hoch zu stecken, sondern der Realität anzupassen, denn ein Urhebergemeinschaftsrecht ist noch Zukunftsmusik. Wie eine europäische Harmonisierung des Urheberrechts für den europäischen Binnenmarkt essentiell war und ist, so ist auch eine internationale Harmonisierung auf lange Sicht erforderlich, da eine Fülle von unterschiedlichen nationalen Regelungen im Internetzeitalter untragbar wird. Einerseits sind die Vorstellungen von der unantastbaren Informationsgesellschaft zu bekämpfen, andererseits darf der Schutz von Urhebern und Leistungsschutzberechtigten nicht dazu führen, unterschiedslos alles zu schützen oder gar Inhalte zu zensieren bzw. eine „Abschottung" vom Internet zu bewirken. Die Information gerät einerseits immer mehr zum Wirtschaftsgut, andererseits gebietet das Freihaltebedürfnis im Interesse des Fortschritts die Restriktion des Schutzes. Eine Neukonzipierung des Urheberrechts ist nicht erforderlich, aber eine Anpassung an die wirtschaftlichen und technischen Gegebenheiten und an neue Verwertungsformen zwingend notwendig. Die Lösung dieses Problems wird für die Urhebergemeinschaft auch künftig eine Herausforderung darstellen.

> *„Overprotecting intellectual property is as harmful as underprotecting it. Creativity is impossible without a rich public domain. Nothing today, likely nothing since we tamed fire, is genuinely new: Culture, like science and technology, grows by accretion, each new creator building on the works of those who came before. Overprotection stifles the very creative forces it's supposed to nurture."*[1627]

[1627] Alex Kozinsky, Circuit Court Judge, Vanna White v. Samsung Electronics America Inc., 989 F.2d 1512 (9th Circuit 1993).

Anhang

I. Programme

A. Java

„Hello-World"-Programm

```
class Hello World {
        public static void main (String[] args) {
                System.out.println ("Hello, world");
        }
}
```

B. Gleichzeitige Veränderung zweier Frames mit Javascript

Es werden folgende Funktionen im Head einer HTML-Datei definiert:

```
<script type="text/javascript">
<!--
 function ZweiFrames(URI1,F1,URI2,F2) {
  Frame1=eval("parent."+F1);
  Frame2=eval("parent."+F2);
  Frame1.location.href = URI1;
  Frame2.location.href = URI2;
 }
 function ZweiFramesBack(F1,F2) {
  Frame1=eval("parent."+F1);
  Frame2=eval("parent."+F2);
  Frame1.history.back();
  if (!window.opera)
     window.setTimeout("Frame2.history.back()",10);
 }
 function ZweiFramesForward(F1,F2) {
  Frame1=eval("parent."+F1);
  Frame2=eval("parent."+F2);
  Frame1.history.forward();
  if (!window.opera)
     window.setTimeout("Frame2.history.forward()",10);
 }
//-->
</script>
```

Diese Funktionen werden dann im Body der HTML-Datei aufgerufen[1628]

[1628] Beispiel aus http://selfhtml.teamone.de/javascript/beispiele/zweiframes.htm (27.3.2002)

C. Beispiel für ein Programm in einer funktionalen Programmiersprache - OPAL

Die Berechnung der Summe der ganzen Zahlen zwischen 0 und n:

```
FUN sum: nat -> nat
DEF sum(n) ==
        IF n = 0 THEN 0
        IF n > 0 THEN n + sum(n-1)
        FI
```

II. Relationale Datenbank

Hier folgen noch einige Ergänzungen zur relationalen Datenbank, die die Ausführungen ergänzen.

A. Eingabeformular

1. Ansicht im Browser

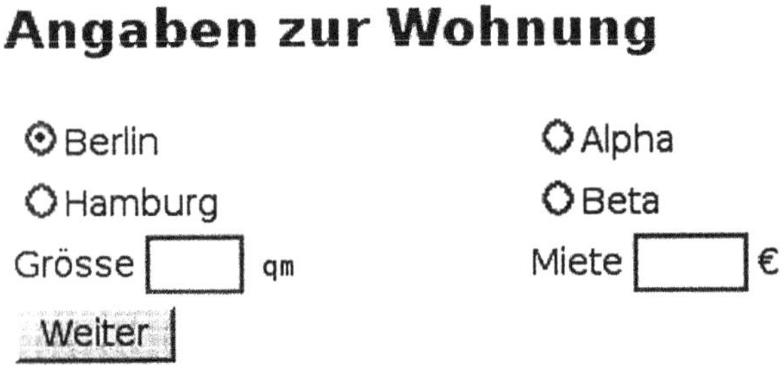

2. HTML-Datei

```
<!DOCTYPE html PUBLIC "-//W3C//DTD HTML 4.01//EN">

<html>
  <head>
    <title>Eingabeformular</title>
  </head>
  <body>
    <h2>Angaben zur Wohnung</h2>
    <form name="Formular" action="Eingabe.php3" method="post"
    onsubmit="return chkFormular()">
      <table width="40%" summary="Ausgabe">
        <tr>
          <td><input type="radio" name="stadt[]" checked value=
          "1">Berlin</td>
          <td><input type="radio" name="anbieter[]" value=
          "2">Alpha</td>
        </tr>
        <tr>
          <td><input type="radio" name="stadt[]" value=
          "3">Hamburg</td>
          <td><input type="radio" name="anbieter[]" value=
          "4">Beta</td>
        </tr>
        <tr>
          <td>Gr&ouml;sse <tt><input type="text" name="groesse"
          size="3"> qm</tt></td>
          <td>Miete <input type="text" name="miete" size="4">
          &euro;</td>
        </tr>
        <tr>
          <td><input type="submit" name="weiter" value=
          "Weiter"></td>
        </tr>
      </table>
    </form>
  </body>
</html>
```

B. Ausgabeformular

1. Ansicht im Browser

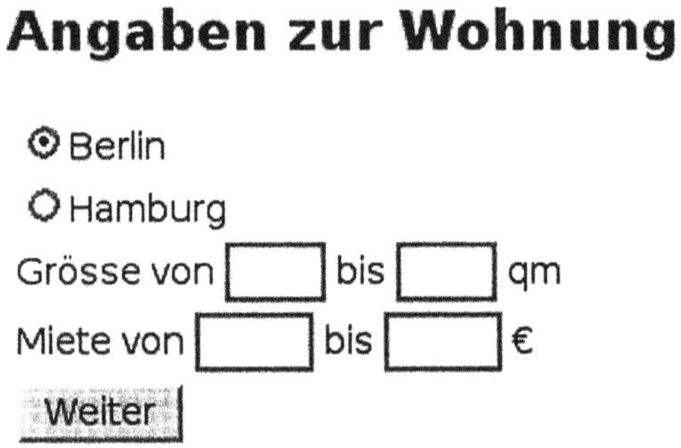

2. HTML-Datei

```
<!DOCTYPE html PUBLIC "-//W3C//DTD HTML 4.01//EN">

<html>
  <head>
    <title>Ausgabeformular</title>
  </head>
  <body>
    <h2>Angaben zur Wohnung</h2>
    <form name="Formular" action="Abfrage.php3" method="post"
    onsubmit="return chkFormular()">
      <table width="40%" summary="Ausgabe">
        <tr>
          <td><input type="radio" name="stadt" value=
          "1">Berlin</td>
        </tr>
        <tr>
          <td><input type="radio" name="stadt" value=
          "2">Hamburg</td>
        </tr>
        <tr>
          <td>Gr&ouml;sse von <input type="text" name="groesse"
          size="3"> bis <input type="text" name="groesse2" size=
          "3"> qm</td>
        </tr>
        <tr>
          <td>Miete von <input type="text" name="miete" size="4">
          bis <input type="text" name="miete2" size="4">
          &euro;</td>
        </tr>
        <tr>
          <td><input type="submit" name="weiter" value=
          "Weiter"></td>
        </tr>
      </table>
    </form>
  </body>
</html>
```

C. Abfrage der Datenbank

1. Quelltext

```
<?
echo '<!DOCTYPE html PUBLIC "-//W3C//DTD HTML 4.01//EN">';
echo "\n\n";
echo "<html><head>";
echo "<title>Ausgabe</title>";
echo "</head><body>";
mysql_connect($hostname,$username,$passwort);
mysql_select_db($dbname);
if (!(isset($stadt))) {
  echo "<h2>Keine Wohnung gefunden!</h2>";
} else {
  $wohnliste=mysql_query("select * from nummerstadt ".
                         "where nostadt='$stadt';");
  $wohnanz=mysql_num_rows($wohnliste);
  echo "<h2>".$wohnanz;
  if (1==$wohnanz) {
    echo " Wohnung";
  } else {
    echo " Wohnungen";
  }
  echo " gefunden... </h2>";
  /* Ausgabe Wohnungen + Anbieter */
  echo "<table width=100%>";
  for ($i=0;$i<$wohnanz;$i++) {
    $wohnid=mysql_result($wohnliste,$i,"nummer");
    $wohn_list=
      mysql_query("select miete, groesse from wohnung ".
                  "where nummer='$wohnid';");
    $anb_list=
      mysql_query("select anbieter from nummeranbieter,anbieter ".
                  "where anbieter.noanbieter=".
                  "nummeranbieter.noanbieter ".
                  "and nummer='$wohnid';");
    if ((mysql_num_rows($anb_list)>0) and
        (mysql_num_rows($wohn_list)>0)) {
      echo "<tr>";
      echo "<td>Anbieter: ".
        mysql_result($anb_list,0,"anbieter").
        "</td>";
      echo "<td>Gr&ouml;sse: ".
        mysql_result($wohn_list,0,"groesse").
        " qm</td>";
      echo "<td>Miete: ".
        mysql_result($wohn_list,0,"miete").
        " &euro;</td>";
      echo "</tr>";
    }
  }
  echo "</table></body></html>";
?>
```

2. Ansicht im Browser

2 Wohnungen gefunden...

Anbieter: Beta	Grösse: 135 qm	Miete: 1476 €
Anbieter: Beta	Grösse: 45 qm	Miete: 355 €

III. Websites

Im folgenden werden einige Beispiele für Websites vorgestellt, anhand derer das Vorliegen der urheberrechtlichen Voraussetzungen besser illustriert werden kann. Es werden nur HTML-Formatierungen benutzt.

A. Beispiel 1 – Die einfache Website

1. Ansicht im Browser

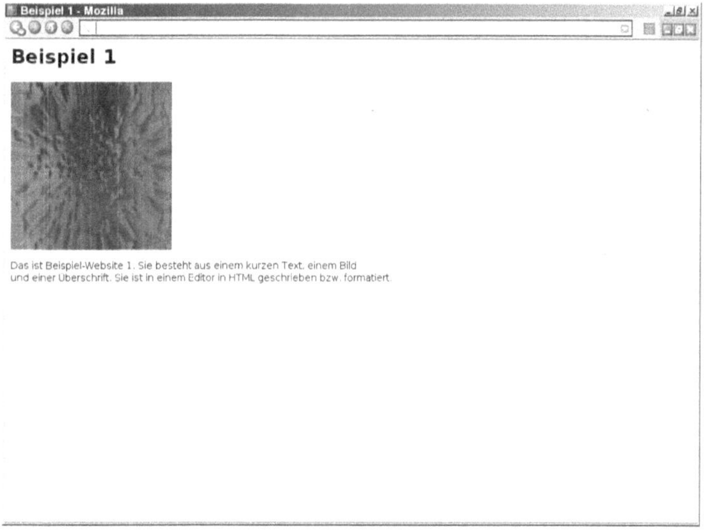

2. HTML-Datei 1

```
<!DOCTYPE html PUBLIC "-//W3C//DTD HTML 3.2//EN">

<html>
  <head>
    <title>Beispiel 1</title>
  </head>

  <body>
    <h1>Beispiel 1</h1>
    <img src="beispiel1.jpg" alt="Beispiel 1">
    <p>
    Das ist Beispiel–Website 1. Sie besteht aus einem kurzen
    Text, einem Bild<br>
    und einer &Uuml;berschrift. Sie ist in einem Editor in HTML
    geschrieben bzw. formatiert.
    </p>
  </body>
</html>
```

3. HTML-Datei 2

```
<!DOCTYPE html PUBLIC "-//W3C//DTD HTML 4.01//EN">

<html>
  <head>
    <title>Beispiel 1</title>
  </head>

  <body>
    <table summary="Beispiel 1">
      <tr align="left">
        <td>
          <h1>Beispiel 1</h1>
        </td>
      </tr>

      <tr>
        <td><img src="beispiel1.jpg" alt="Beispiel 1"></td>
      </tr>

      <tr>
        <td>Das ist Beispiel-Website 1. Sie besteht aus einem
        kurzen Text, einem Bild<br>
         und einer &Uuml;berschrift. Sie ist in einem Editor in
        HTML geschrieben bzw. formatiert.</td>
      </tr>
    </table>
  </body>
</html>
```

4. Erläuterungen

Der Zeitaufwand inklusive Erstellung des Bildes für diese Website betrug 10 Minuten. Die Formatierungsanweisungen wurden in HTML geschrieben. Beide Quellcodes ergeben bei Interpretation durch den Browser die gleiche Ausgabe. Quellcode 1 ist die einfachere, kürzere Version. Die zusätzliche Formatierung in Tabellenform in Quellcode 2 ist überflüssig und verbraucht nur Speicherplatz. Während Quellcode 1 nur 380 Bytes groß ist, hat Quellcode 2 schon eine Größe von 486 Bytes.

B. Beispiel 2 – Website mit Anordnungen

1. Ansicht im Browser

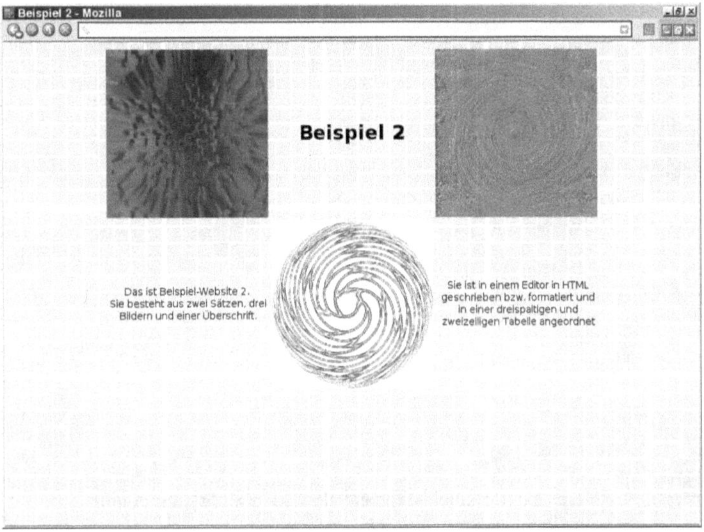

2. HTML-Datei

```
<!DOCTYPE html PUBLIC "-//W3C//DTD HTML 3.2//EN">

<html>
  <head>
    <title>Beispiel 2</title>
  </head>
  <body background="beispiel22.jpg">
    <table width="600" align="center">
      <tr align="center">
        <td>
          <img src="beispiel1.jpg" alt="Beispiel 1">
        </td>
        <td>
          <h1>Beispiel 2</h1>
        </td>
        <td colspan="2">
          <img src="beispiel21.jpg" alt="Beispiel 2">
        </td>
      </tr>
      <tr align="center">
        <td>
          Das ist Beispiel-Website 2.<br>
          Sie besteht aus zwei S&auml;tzen, drei Bildern
          und einer &Uuml;berschrift.
        </td>
        <td>
           <img src="beispiel2.jpg" alt="Beispiel 2">
        </td>
        <td> </td>
        <td>
          Sie ist in einem Editor in HTML geschrieben bzw.
          formatiert und in einer dreispaltigen und
          zweizeiligen Tabelle angeordnet
        </td>
      </tr>
    </table>
  </body>
</html>
```

3. Erläuterungen

Die Website zeigt eine Anordnung von sechs Elementen: Drei Bildern und drei Texten. Zusätzlich wurde ein sich wiederholendes Hintergrundbild eingebaut. Inklusive der Bilder beträgt die Erstellungszeit ca. 25 Minuten. Die Datei, beispiel2.htm, in der der Quellcode gespeichert ist und die der Browser interpretiert, ist bereits 743 Bytes groß.

C. Beispiel 3 – Website mit Frames

1. Ansicht im Browser

a) *Bild - 1*

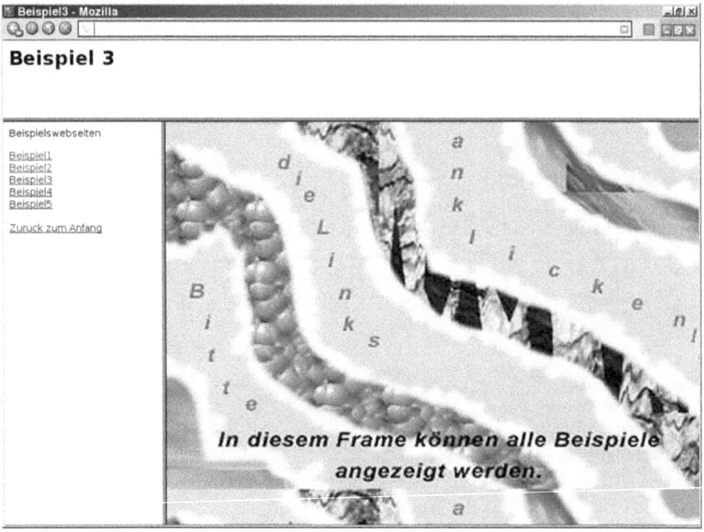

b) *Bild - 2*

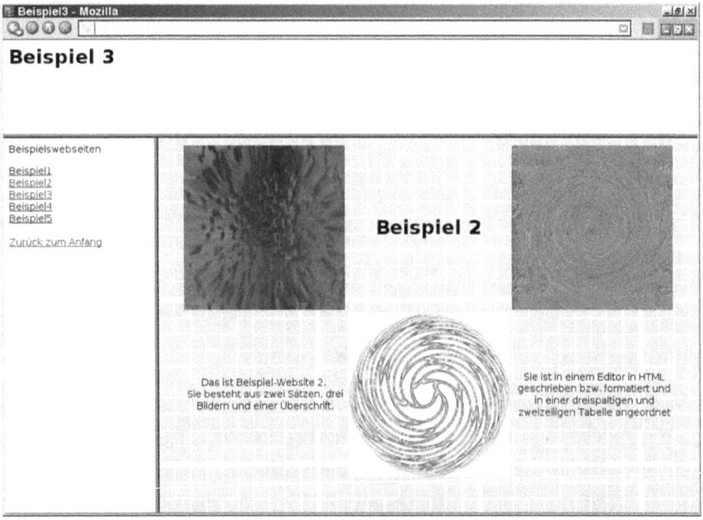

2. HTML-Dateien

a) Datei, die die Einteilung in Frames vornimmt

```
<!DOCTYPE html PUBLIC "-//W3C//DTD HTML 4.01//EN">

<html>
  <head>
    <title>Beispiel3</title>
  </head>

  <frameset rows="20%,*">
    <frame src="Titelframe.htm" name="frame1">
    <frameset cols="220,*">
      <frame src="Inhaltframe.htm" name="frame2">
      <frame src="Textframe.htm" name="frame3">
    </frameset>
    <noframes>
      <body>
        Ihr Browser unterst&uuml;tzt leider keine Frames.
      </body>
    </noframes>
  </frameset>
</html>
```

b) Datei - Titelframe.htm

```
<html>
  <head>
    <title>Titelframe Beispiel 3</title>
  </head>

  <body>
    <div align="right">
      Beispiel 3
    </div>
  </body>
</html>
```

c) Datei - Inhaltframe.htm

```
<!DOCTYPE html PUBLIC "-//W3C//DTD HTML 4.01//EN">

<html>
  <head>
    <title>Inhaltframe Beispiel 3</title>
  </head>

  <body>
    <p>Beispielswebseiten</p>
    <a href="beispiel1.htm"
       target="frame3">Beispiel1</a><br>
    <a href="beispiel2.htm"
       target="frame3">Beispiel2</a><br>
    <a href="beispiel3.htm"
       target="frame3">Beispiel3</a><br>
    <a href="beispiel4.htm"
       target="frame3">Beispiel4</a><br>
    <a href="beispiel5.htm"
       target="frame3">Beispiel5</a><br>
    <br>
    <a href="Textframe.htm"
       target="frame3">Zur&uuml;ck zum Anfang</a>
  </body>
</html>
```

d) Datei - Textframe.htm

```
<!DOCTYPE html PUBLIC "-//IETF//DTD HTML 2.0//EN">

<html>
  <head>
    <title>Textframe Beispiel3</title>
  </head>

  <body background="beispiel31.jpg">
  </body>
</html>
```

3. Erläuterungen

Bild 1 stellt die Seite beim Aufruf der HTML-Datei dar. Die Seite ist klassisch in drei Frames eingeteilt. Der obere Frame enthält nur eine Überschrift, während der linke Frame Links enthält, die den rechten Frame verändern können. Eine solche Veränderung stellt Bild 2 dar, in dem durch einen Link das Beispiel 2 in den rechten Frame geladen wurde.

In der ersten HTML-Datei erfolgt die Einteilung der Frames mit der Angabe der Dateinamen für die Inhalte der Frames, die durch die nachfolgenden HTML-Dateien näher definiert werden. Zu bemerken ist noch, dass - ersichtlich aus der Textframe.htm - der Inhalt des rechten Frames vom Bild 1 keine HTML-Darstellung ist, sondern nur ein Bild, das in die HTML-Datei eingebunden wurde.

D. Beispiel 4 – Flash-Website

Mit Hilfe der Flash-Technik werden meist dynamische Inhalte erzeugt, die sich in diesem Rahmen nicht darstellen lassen. Es besteht jedoch auch die Möglichkeit, statische Inhalte darzustellen. Die drei Bilder stellen drei Ausschnitte eines dynamischen Bildes dar.

1. Bild 1

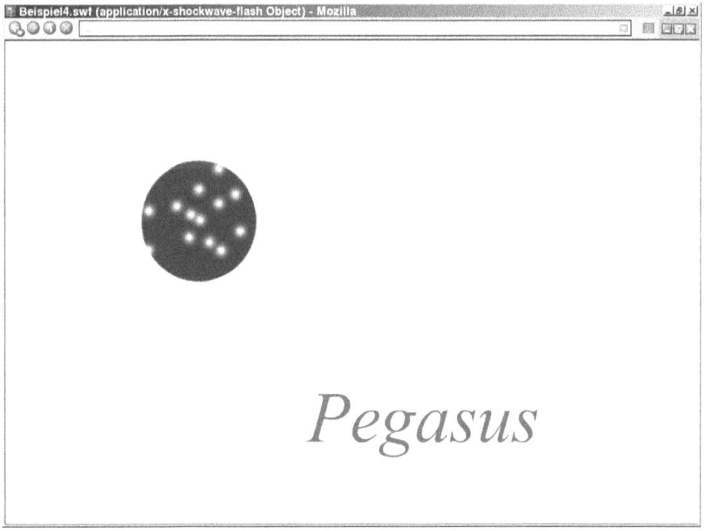

2. Bild 2

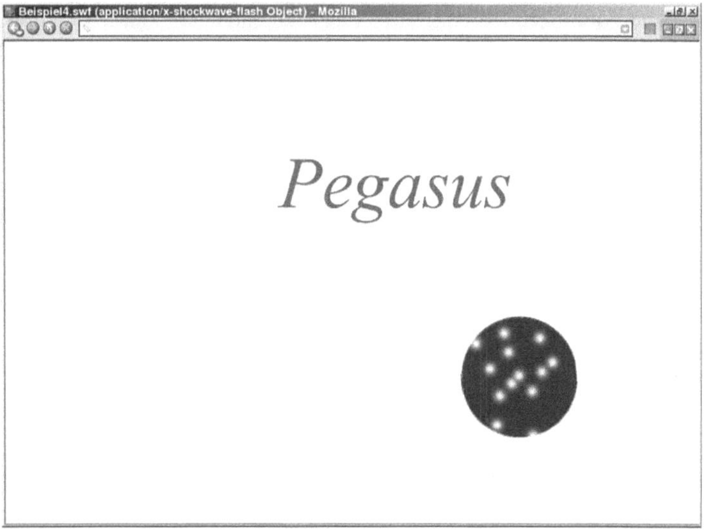

3. Bild 3

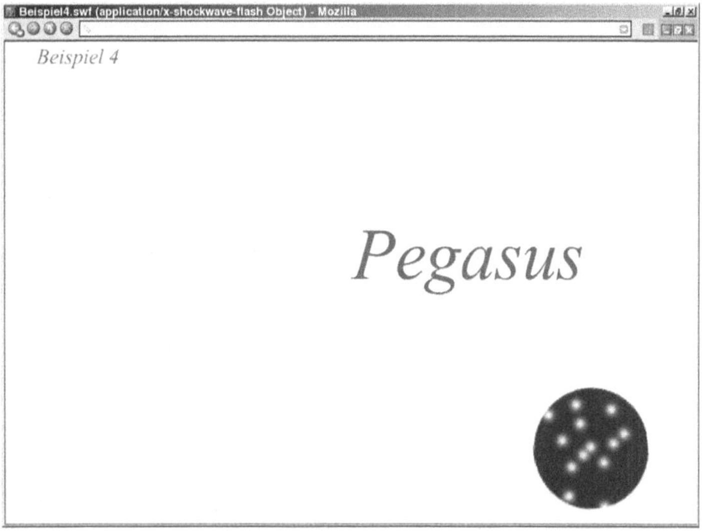

4. HTML-Datei

```
<!DOCTYPE html PUBLIC "-//W3C//DTD HTML 4.01//EN">

<html>
  <head>
    <title>Movie4</title>
  </head>

  <body bgcolor="#FFFFFF">
    <!-- URL's used in the movie-->
    <!-- text used in the movie-->
    <!--Pegasus Beispiel 4 --><object classid=
    "clsid:D27CDB6E-AE6D-11cf-96B8-444553540000"
    codebase=
    "http://active.macromedia.com/flash5/cabs/
                    swflash.cab#version=5,0,0,0"
     width="900" height="600">
      <param name="movie" value="Beispiel4.swf">
      <param name="quality" value="high">
      <param name="bgcolor" value="#FFFFFF">
    </object>
  </body>
</html>
```

So sieht die zugehörige HTML-Datei aus. Die „SWF“-Datei wird lediglich eingebunden.

E. Beispiel 5 – Imagemap

1. Ansicht im Browser

2. HTML-Datei

```
<!DOCTYPE html PUBLIC "-//W3C//DTD HTML 3.2//EN">

<html>
  <head>
    <title>Beispiel5</title>
    <style type="text/css">
        body {margin:3cm 7cm;}
    </style>
  </head>

  <body>
    <map name="beispiel5">
      <area shape="rect" coords="74,34,404,99"
      href="Beispiel1.htm" alt="Beispiel1">
      <area shape="circle" coords="309,174,71"
      href="Beispiel2.htm" alt="Beispiel2">
      <area shape="poly" coords=
      "21,41,15,383,107,386,114,343,72,321,72,202,88,
           144,63,107,59,36,21,42"
       href="Beispiel3.htm" alt="Beispiel3">
      <area shape="poly" coords=
      "93,268,87,318,155,339,387,332,397,257,139,260,
           93,268"
       href="Beispiel4.htm" alt="Beispiel4">
    </map>
    <img src="beispiel5.jpg" width="413" height="413"
    border="0" ismap usemap="#beispiel5" alt="Beispiel 5">
  </body>
</html>
```

3. Erläuterungen

In dieser Datei sind die Links graphisch voneinander getrennt, was teilweise bei unregelmäßigen Formen wie Polygonen zu umfangreichen Berechnungen führt, die allerdings auch von speziellen Programmen durchgeführt werden können. Um den Map mittig zu platzieren, wurde hier im Head-Bereich ein wenig CSS eingefügt, denn im aktuellen HTML ist dies nicht möglich.

Literaturverzeichnis

ADLOFF, THOMAS, Rechtsschutz von Computerprogrammen - Grundfragen der gesellschaftlichen Auseinandersetzung, Frankfurt a.M. 1989.

AHN, HYO-JIL, Der urheberrechtliche Schutz von Computerprogrammen im Recht der Bundesrepublik Deutschland und der Republik Korea, Baden-Baden 1999.

ANGEL, JOHN/QUINN, TAMARA, Database Law, CLSR 1998, 34.

ARNOLD, KEN/GOSLING, JAMES, Java - Die Programmiersprache, Reading u.a. 1996.

ARNOLD, RICHARD, Infringement of Copyright in Computer Software by Non-textual Copying: First decision at Trial by an English Court, EIPR 1993, 250.

AUSTIN, WESLEY L., A thoughtful and practical analysis of databases, 30 L. Tech. 1997, 1.

AXSTER, HERBERT/AXSTER, OLIVER, Die Urheberrechtsschutzfähigkeit für Rechenprogramme, BB 1967, 606.

BAHR, MARTIN, The Wayback Machine und Google Cache - eine Verletzung deutschen Urheberrechts?, JurPC Web-Dok. 29/2002.

BAIL, CHRISTOPH, Geistiges Eigentum in der Uruguay-Runde des GATT - Generelle Aspekte, Hilf, Meinhard/Oehler, Wolfgang (Hrsg.), Der Schutz des geistigen Eigentums in Europa, Baden-Baden 1991, 139 (zitiert: Bail in: Hilf/Oehler).

BAND, JONATHAN/GOWDY, JONATHAN S., Sui Generis Database Protection - Has its time come?, http://www.dlib.org/dlib/june97/06band.html (3.4.2002).

BARTA, JANUSZ /MARKIEWICZ, RYSZARD, Datenbank als schutzfähiges Werk im Urheberrecht, Strauss, Joseph (Hrsg.), Aktuelle Herausforderungen des geistigen Eigentums - Festgabe von Freunden und Mitarbeitern für Friedrich-Karl Beier zum 70. Geburtstag, Köln 1996, 343 (zitiert: Barta/Markiewicz FS Beier).

BARTHEL, THOMAS, Arbeitnehmerurheberrechte in Arbeitsverträgen, Tarifverträgen und Betriebsvereinbarungen - Zugleich ein Reformvorschlag zum Arbeitnehmerurheberrecht - Frankfurt a.M. u.a. 2002.

BARTL, HARALD, Rechtliche Problematik der Softwareverträge, BB 1988, 2122.

BAUER, KLAUS ALBERT, Urheberrechtsschutz von Computerprogrammen in den USA, GRUR Int. 1984, 136.

- Rechtsschutz von Computerprogrammen in der Bundesrepublik Deutschland - eine Bestandsaufnahme nach dem Urteil des Bundesgerichtshofs vom 9. Mai 1985, CR 1985, 5.

BAUMANN, HANS, Urheberrechtsschutz für Texthandbücher? - Zugleich Besprechung des Urteils des Oberlandesgerichts Stuttgart vom 3. November 1982, GRUR 1983, 628.

BAUMBACH, ADOLF/HEFERMEHL, WOLFGANG, Wettbewerbsrecht, Kommentar, 22. Auflage, München 2001 (zitiert: Baumbach/Hefermehl/Bearbeiter).

BECHTOLD, STEFAN, Schutz des Anbieters von Information - Urheberrecht und Gewerblicher Rechtsschutz im Internet, ZUM 1997, 427.

- Multimedia und Urheberrecht - einige grundsätzliche Anmerkungen, GRUR 1998, 18.

BECKER, CORNELIUS, Der Rechtsschutz von Datenbanken, Aachen 1999.

BENDEKGEY, LEE, Copyright Protection for Computer Software Visual Displays: Protecting a Program's Look and Feel, UFITA 114 (1990) 73.

BENDER, DAVID, Protection of computer programs: The Copyright/Trade secret interface, 47 Pittsburgh L. Rev. 1986, 907.

BENKARD, GEORG, Patentgesetz, Gebrauchsmustergesetz, Kommentar, 9. Auflage München 1993 (zitiert: Benkard/Bearbeiter).

BENKLER, YOCHAI, Constitutional Bounds of Database Protection: The Role of Judicial Review in the Creation and Definition of Private Rights in Information, Berkeley L. Rev., http://www.law.berkeley.edu/journals/btlj/articles/15_2/benkler/benkler.htm (5.6.2002).

BENSINGER, VIOLA, Sui-generis Schutz für Datenbanken - Die EG-Datenbankrichtlinie vor dem Hintergrund des nordischen Rechts, München 1999.

BENTLY, LIONEL/BURRELL, ROBERT, Copyright and the information society in Europe: a matter of timing as well as content, CML Rev. 1997, 1197.

BERGE, FRANZISKA, Die CD-ROM auf der Festplatte, NJW-CoR 1997, 34.

BERGER, CHRISTIAN, Der Schutz elektronischer Datenbanken nach der EG-Richtlinie vom 11.3.1996, GRUR 1997, 169.

BERTRAND, ANDRÉ, Protections juridiques du logiciel, Paris 1984.

BEUTLER, STEPHAN, The protection of multimedia products through the European Community's directive on the legal protection of databases, ENT.LR 1996, 317.

- The protection of multimedia products under international copyright law - Part II, CLSR 1997, 319.

BEYER, HANS, Der Begriff der Information als Grundlage für die Beurteilung des technischen Charakters von programmbezogenen Erfindungen, GRUR 1990, 399.

BIRKINSHAW, PATRICK J., Freedom of Information in the U.K.: A Progress Report, Gov. Inf. Quarterly 2000, 419.

BLASER, ALBRECHT/JARKE, MATTHIAS U.A., Datenbanksprachen und Datenbankbenutzung, Lockemann, P.C./Schmidt, J.W. (Hrsg.), Datenbank-Handbuch, Berlin u.a. 1987, 563 (zitiert: Blaser/Jarke in: Lockemann/Schmidt).

BLEVINS, MIKE, A Letter from the Database Data Coalition, http://www.arl.org/info/letters/db_blevins.html (3.3.2002).

BOEHME-NEßLER, VOLKER, Cyberlaw, München 2001.

BOGSCH, ARPAD, Urheberrechts- und Musterschutz in den Vereinigten Staaten, GRUR Int. 1959, 2.

BOND, ROBERT, Successful Business Strategies on the Internet: Are there black holes in Cyberspace, IRLCT 1996, 301.

- European Union directive on the legal protection of databases, CLSR 1997, 401.

BORMANN, FRIEDRICH/BORMANN, MICHAEL, Rechtsnatur und Rechtsschutz der Software, DB 1991, 2641.

BOTTO, FRANCIS, Dictionary of Multimedia and Internet applications - a guide for developers and users, Chichester u.a. 1998.

BOYLE, JAMES, Sold out, http://www.law.duke.edu/boylesite/sold_out.htm (2.5.2002).

- Conservatives and Intellectual Property, http://www.law.duke.edu/boylesite/Federalist.htm (20.7.2002).

- A Politics of Intellectual Property: Environmentalism for the net?, http://www.law.duke.edu/boylesite/intprop.htm (20.7.2002).

BRANDNER, HANS ERICH, Zur Rechtsstellung eines angestellten Programmierers, GRUR 2001, 883.

BRAUN, BERND, Rechtsschutz für Rechenprogramme, BB 1971, 1343.

BRINKHOFF, SUSANNE, Computerschriftzeichenschutz - Der Schutz typographischer Schriftzeichen - insbesondere Computerschriften - durch das Schriftzeichengesetz und andere Vorschriften, Marburg 1995.

BROCKHAUS, Enzyklopädie, Deutsches Wörterbuch 19. Auflage Mannheim 1995.

BROWN, JACK E., Proposed International Protection of Electronic Databases, TCL 1/1997, 17.

- Obscenity, Anonymity, and Database Protection: Emerging Internet Issues, TCL 10/1997, 1.

BROY, MANFRED, Informatik - Ein grundlegende Einführung, Berlin u.a. 1998.

BROY, MANFRED/LEHMANN, MICHAEL, Die Schutzfähigkeit von Computerprogrammen nach dem neuen europäischen und deutschen Urheberrecht - eine interdisziplinäre Stellungnahme, GRUR 1992, 419.

BÜCHELE, MANFRED, Urheberrecht im World Wide Web, Wien 2002.

BÜHL, ACHIM, Die virtuelle Gesellschaft - Ökonomie, Kultur und Politik im Zeichen des Cyberspace, Opladen u.a. 1997.

BULL, GILLIAN, John Richardson Computers Ltd. v. Flanders and Chemtec Ltd., CLSR 1993, 105.

- Database Law - How will the EU database directive and the UK regulations impact on database use? - Part I, CLSR 1998, 295.

V. BÜREN, BRUNO, Über das Verhältnis des geistig-gewerblichen Rechtsschutzes zum Wettbewerbsrecht, ZSR 66 (1947) 83.

BURMEISTER, KAI, Urheberrechtsschutz gegen Framing im Internet - Eine rechtsvergleichende Untersuchung des deutschen und US-amerikanischen Urheberrechts, Köln 2000.

BUSCHE, JAN, Der Schutz von Computerprogrammen - Eine Ordnungsaufgabe für Urheberrecht und Patentrecht?, Mitt. 2000, 164.

CARY, GEORGE D., Copyright registration and computer programs, Bull. Copyright Soc. U.S.A. 1963/64, 362.

- Copyright-Eintragung und Rechenprogramme, GRUR Ausl. 1964, 623.

CAVANAUGH, SEAN, Type Design, Zürich 1997.

CERINA, PAOLO, The Originality requirement in the protection of databases in Europe and the United States, 24 IIC 1993, 579.

CERQUEIRA, TARCISIO Q., Computer Generated Products, http://nacoes.melim.com/br/tarcisio/artigos/generated.html (21.03.2002).

CHALTON, SIMON, Implementation of the Software Directive in the United Kingdom: The effects of the copyright (computer programs) regulations 1992, EIPR 1993, 138.

- The Amended Database Directive Proposal: A Commentary and Synopsis, EIPR 1994, 94.
- The legal protection of databases in Europe - The common position on the proposal for a directive, CLSR 1995, 295.
- The Effect of the E.C. Database Directive on United Kingdom Copyright Law in Relation to Databases: A comparison of Features, EIPR 1997, 278.
- The Copyright and rights in databases regulations 1997: some outstanding issues on implementation of the database directive, EIPR 1998, 178.
- Database Right: Stronger than it looks?, EIPR 2001, 296.

CHENGSI, ZHENG, The Protection of Computer Programs under the Chinese Copyright Law, EIPR 1995, 344.

CHERPILLOD, IVAN, Protection de logiciels et des bases de données: la révision du droit d'auteur en Suisse, SMI 1993, 49.

CHRISTIE, ANDREW, Designing appropriate protection for computer programs, EIPR 1994, 486.

- Reconceptualising Copyright in the Digital Era, EIPR 1995, 522.

CHISUM, DONALD S., The Patentability of Algorithms, 47 Pittsburgh L. Rev. 1986, 959.

CICHON, CAROLINE, Urheberrechte an Webseiten, ZUM 1998, 897.

CLARK, CHARLES, The Publisher in the digital world, Brunnstein, Klaus/Sint, Peter Paul (Hrsg.), Intellectual Property rights and new technologies, Wien u.a. 1995, 85 (Clark in: Brunnstein/Sint).

CLARK, ROBERT, Ireland, Jongen, Herald D.J./Meijboom, Alfred P. (Hrsg.), Copyright Software Protection in the EC, Deventer-Boston 1993, 115 (Clark in: Jongen/Meijboom).

CLAYTON, KENT M., Halting the Spread of Sega: The Unreasonableness of the European Model in the U.S. Software Industry, TICL 2/1994, 10.

COBLE, HOWARD, Statement of Rep. Howard Coble (R-NC) in Congressional Record, Re: HR 354 IH (106th), the Collections of Information Antipiracy Act, http://www.techlawjournal.com/cong106/database/19990119.htm (3.3.2002).

COCHRANE, NATHAN, Melbourne man patents the wheel, http://www.theage.com.au/news/state/2001/07/02/FFX0ADFPLOC.html (13.08.2001).

COHEN JEHORAM, HERMAN, Freedom of expression in copyright Law, EIPR 1984, 3.

- Kritische Überlegungen zur wirtschaftlichen Bedeutung des Urheberrechts, GRUR Int. 1989, 23.
- The EC copyright directives, economics and authors' rights, 25 IIC 1994, 821.

COHLER, CHARLES B./PEARSON, HILARY E., Software Interfaces, Intellectual Property and Competition Policy, EIPR 1994, 434.

COMBEAU, JACQUES, La protection des bases des données, RIPIA 1996, 158.

COMPUTER-FACHLEXIKON, Unterschleißheim 2001.

COOK, TREVOR M., Copyright in the European Community, EuZW 1994, 7.

CONNELL, CHARLES, It's not about lines of code, http://softwaredev.earthweb.com/sdtech/print/0,,12065_988641,00.html (3.7.2002).

CORNISH, W.R., The Canker of Reciprocity, EIPR 1988, 99.

- Protection of and vis-à-vis databases, ALAI 1996, 435.

CORREA, CARLOS M., TRIPs Agreement: Copyright and related rights, 25 IIC 1994, 543.

DANNECKER, GERHARD, Rechtsschutz nach der Datenbank-Richtlinie: Einführung „geeigneter Sanktionen", K&R 1999, 529.

DATE, C.J., An Introduction to Database Systems, Reading u.a. 2000.

DAVIDSON, DUNCAN M., Common Law, uncommon software, 47 Pittsburgh L. Rev. 1986, 1037.

DE VISSCHER, FERNAND, Belgium, Jongen, Herald D.J./Meijboom, Alfred P. (Hrsg.), Copyright Software Protection in the EC, Deventer-Boston 1993, 19 (De Visscher in: Jongen/Meijboom).

DERCLAYE, ESTELLE, Software Copyright Protection: Can Europe learn from American Case Law? Part 1, EIPR 2000, 7.

- Software Copyright Protection: Can Europe learn from American Case Law? Part 2 EIPR 2000, 56.

DETERMANN, LOTHAR, Kommunikationsfreiheit im Internet - Freiheitsrechte und gesetzliche Beschränkungen, Baden-Baden 1999.

DITTRICH, KLAUS, Datenbanksysteme, Rechenberg, Peter/Pomberger, Gustav (Hrsg.), Informatik-Handbuch, München, Wien 1999, 885 (zitiert: Dittrich in: Rechenberg/Pomberger).

DIXON, ALLEN N./HANSEN, MARTIN F., The Berne convention enters the digital age, EIPR 1996, 604.

DIXON, ALLEN N./SELF, LAURIE C., Copyright protection for the Information superhighway, EIPR 1994, 465.

DOWNING, ROBERT, Online Services and the EU Database Directive, IRLCT 1996, 41.

DREBEN, RON N./WERBACH, JOHANNA L., Top 10 Things to consider in developing an electronic Commerce Web Site, TCL 5/1999, 17.

DREIER, THOMAS, Der Urheberrechtsschutz von Computerprogrammen im Ausland - Rechtsfragen und Tendenzen in Rechtsprechung und Gesetzgebung, GRUR Int. 1988, 476.

- Rechtsschutz von Computerprogrammen - Die Richtlinie des Rates der EG vom 14. Mai 1991, CR 1991, 577.
- Die Harmonisierung des Rechtsschutzes von Datenbanken in der EG, GRUR Int. 1992, 739.
- Copyright in the Age of digital technology, 24 IIC 1993, 481.
- Die internationale Entwicklung des Rechtsschutzes von Computerprogrammen, Lehmann, Michael (Hrsg.), Rechtsschutz und Verwertung von Computerprogrammen, 2. Auflage Köln 1993, 31 (zitiert: Dreier in: Lehmann).
- Verletzung urheberrechtlich geschützter Software nach der Umsetzung der EG-Richtlinie, GRUR 1993, 781.
- Perspektiven einer Entwicklung des Urheberrechts, Becker, Jürgen/Dreier, Thomas (Hrsg.), Urheberrecht und digitale Technologie, Baden-Baden 1994, 123 (zitiert: Dreier in: Becker/Dreier).
- Urheberrecht, Dreier, Thomas/Krasser, Rudolf (Hrsg.), Das französische Gesetzbuch des geistigen Eigentums/Code de la propriété intellectuelle, Weinheim 1994, 14 (zitiert: Dreier in: Dreier/Krasser).
- Der französische „Rapport Sirinelli" zum Urheberrecht und den neuen Technologien, GRUR Int. 1995, 840.
- Harmonisierung des Urheberrechts in der Informationsgesellschaft, ZUM 1996, 69.
- Urheberrecht auf dem Weg zur Informationsgesellschaft - Anpassung des Urheberrechts an die Bedürfnisse der Informationsgesellschaft, GRUR 1997, 859.
- Urheberrecht an der Schwelle des 3. Jahrtausends. Einige Gedanken zur Zukunft des Urheberrechts CR 2000, 45.

DREIER, THOMAS/GOLDRIAN, HANS/BETTEN, JÜRGEN, Schutz der Computerprogramme - Berichte der deutschen Landesgruppe für die Tagung des geschäftsführenden Ausschusses vom 10. bis 15. April 1988 in Sydney, GRUR Int. 1988, 42.

DREIER, THOMAS/GOLDRIAN, HANS/BETTEN, JÜRGEN, Schutz von Computer-Software - Berichte der Deutschen Landesgruppe für den XXXIV. Kongreß der AIPPI in Amsterdam vom 4. bis 10. Juni 1989, GRUR Int. 1989, 200.

DREXL, JOSEF, Nach „GATT und WIPO“: Das TRIPs-Abkommen und seine Anwendung in der Europäischen Gemeinschaft, GRUR Int. 1994, 777.

- What is protected in a computer program? - Copyright Protection in the United States and Europe, Weinheim u.a. 1994.

DUDEK, MITCH/MAGIDA, DANIEL, How to protect your brand in C, IILR Dec 2000/Jan 2001, 38.

DURIE, ROBIN, Der englische Copyright, Designs and Patents Act von 1988, GRUR Int. 1990, 832.

EBINGER, THOMAS, Höchstrichterliche Umwege - Bundesgerichtshof ebnet den Weg für Softwarepatente, C't 25/2000, 264.

EICHMANN, HELMUT, Technizität von Erfindungen - Technische Bedingtheit von Marken und Mustern, GRUR 2000, 751.

EIDING, LUTZ, Strafrechtlicher Schutz elektronischer Datenbanken, Darmstadt 1997.

ELLINS, JULIA, Copyright Law, Urheberrecht und ihre Harmonisierung in der Europäischen Gemeinschaft - Von den Anfängen bis ins Informationszeitalter, Berlin 1997.

ENGEL, FRIEDRICH-WILHELM, Zum Begriff der technischen Erfindung nach der Rechtsprechung des Bundesgerichtshofes, GRUR 1978, 201.

- Über „Computerprogramme als solche“, GRUR 1993, 194.

ENGEL-FLECHSIG, STEFAN/MAENNEL, FRITHJOF/TETTENBORN, ALEXANDER (HRSG.), Beck'scher IuKDG-Kommentar, München 2001 (zitiert: IuKDG-Komm/Bearbeiter).

ENGEL-FLECHSIG, STEFAN/MAENNEL, FRITHJOF/TETTENBORN, ALEXANDER, Das neue Informations- und Kommunikationsdienstegesetz, NJW 1997, 2981.

ENSTHALER, JÜRGEN, Urheberrechtsschutz von Computerprogrammen - Zur Kritik an der Rechtssprechung des BGH, GRUR 1991, 881.

ERDMANN, WILLI, Möglichkeiten und Grenzen des Urheberrechts, CR 1986, 249.

- Schutz der Kunst im Urheberrecht, Erdmann, Willi u.a., Festschrift für Otto-Friedrich Frhr. v. Gamm, Köln u.a. 1990, 389 (zitiert: Erdmann FS v. Gamm).

ERDMANN, WILLI/BORNKAMM, JOACHIM, Schutz von Computerprogrammen - Rechtslage nach der EG-Richtlinie, GRUR 1991, 877.

ERNST, STEFAN, Rechtebeschaffung für Websites, ITRB 2001, 116.

- Die Verfügbarkeit des Source-Codes - Rechtlicher Know-how-Schutz bei Software und Webdesign, MMR 2001, 208.

ESSLINGER, ALEXANDER/BETTEN, JÜRGEN, Patentschutz im Internet, CR 2000, 18.

EZOR, JONATHAN I., Representing the new Media Company: Advertising on the Web, TCL 5/1998, 6.

FABIANI, MARIO, Sind Apparate geistige Schöpfer?, GRUR Ausl. 1965, 422.

V. FALCKENSTEIN, ROLAND, Der Schutz von Computerprogrammen nach dem Gebrauchsmusterrecht und Geschmacksmusterrecht, Lehmann, Michael (Hrsg.), Rechtsschutz und Verwertung von Computerprogrammen, 2. Auflage Köln 1993, 319 (zitiert: v. Falckenstein in: Lehmann).

FARR, EVAN H., Copyrightability of computer-created works, Rutgers Comp. & Tech. L. J. 1989, 63.

FEDERRATH, HANNES, Multimediale Inhalte und technischer Urheberrechtsschutz im Internet, ZUM 2000, 804.

FITZGERALD, BRIAN, Software as Discourse? The Challenge for Information Law, EIPR 2000, 47.

FLECHSIG, NORBERT, Der rechtliche Rahmen der europäischen Richtlinie zum Schutz von Datenbanken, ZUM 1997, 577.

FREITAG, ANDREAS, Urheberrecht und verwandte Schutzrechte im Internet, Kröger, Detlef/Gimmy, Marc A. (Hrsg.), Handbuch zum Internetrecht: Electronic Commerce - Informations-, Kommunikations-, und Mediendienste, Berlin u.a. 2000, 289 (zitiert: Freitag in: Kröger/Gimmy).

FREITAS, FREDERICO L. G./BITTENCOURT, GUILHERME, Cognitive Multi-agent systems for integrated information retrieval and extraction over the Web, Monard, Maria Carolina/Sichmann, Jaime Simao (Hrsg.), Advances in Artificial Intelligence - International Joint Conference on AI 15th Brazilian Symposium on AI IBERAMIA-SBIA 2000, Berlin u.a. 2000, 310 (zitiert: Freitas/Bittencourt in: Monard/Sichmann).

FROMM, FRIEDRICH KARL, Der Apparat als geistiger Schöpfer, GRUR 1964, 304.

FROMM, FRIEDRICH KARL/NORDEMANN, WILHELM, Urheberrecht, Kommentar zum Urheberrechtsgesetz und zum Urheberrechtswahrnehmungsgesetz, 9. Auflage Stuttgart u.a. 1998 (zitiert: Fromm/Nordemann/Bearbeiter).

- Urheberrecht, Kommentar zum Urheberrechtsgesetz und zum Urheberrechtswahrnehmungsgesetz, 8. Auflage Stuttgart u.a. 1994 (zitiert: Fromm/Nordemann/Bearbeiter 8. Auflage).

FURONG, TIAN/PUN, K.H., Patent protection for computer software: an under-explored avenue in China, CTLR 1999, 172.

V. GAMM, OTTO FRIEDRICH, Urheberrechtsgesetz, München 1968.

- Der urheber- und wettbewerbsrechtliche Schutz von Rechenprogrammen, WRP 1969, 96.
- Rechtsfragen bei Datenbanken - Zum Richtlinienvorschlag der EG-Kommission, GRUR 1993, 203.

GAO, LINGHAN, Zur Durchführung der Berner Übereinkunft in der Volksrepublik China, GRUR Int. 1993, 120.

- Rules for the Implementation of the Berne Convention in the People's Republic of China 24 IIC 1993, 475.

GARRIGUES, CRISTINA, Databases: A subject-matter for Copyright or for a neighboring rights regime?, EIPR 1997, 3.

GASTER, JENS-LIENHARD, Urheberrecht und verwandte Schutzrechte in der Informationsgesellschaft - Anmerkungen zum Grünbuch der Europäischen Kommission, ZUM 1995, 740.

- Author's right and neighboring rights in the information society, Brunnstein, Klaus/Sint, Peter Paul (Hrsg.), Intellectual Property Rights and New technologies, Wien u.a. 1995, 11 (Gaster in: Brunnstein/Sint).
- La protection juridique des bases de données dans l'Union européenne, RMUE, 4/1996, 55.
- Der Rechtsschutz von Datenbanken im Lichte der Diskussion zu den urheberrechtlichen Aspekten der Informationsgesellschaft, Dittrich, Robert (Hrsg.), ÖSGRUM Beiträge zum Urheberrecht IV, Wien 1996, 15 (zitiert: Gaster in: Dittrich).
- Zur anstehenden Umsetzung der EG-Datenbankrichtlinie (I), CR 1997, 669.
- Zur anstehenden Umsetzung der EG-Datenbankrichtlinie (II), CR 1997, 717.
- Die draft U.S. database legislation und die EU-Datenbankrichtlinie - ein Ver-

gleich, CR 1999, 669.

- Anmerkung zum Urteil OLG Düsseldorf MMR 1999, 729 - Zulässigkeit von Frames, MMR 1999, 733.
- Die einzelstaatliche Umsetzung der Datenbank-Richtlinie - ein Rechtsvergleich, Weber, Rolf H./Hilty, Reto M. (Hrsg.), Daten und Datenbanken - Rechtsfragen zu Schutz und Nutzung, Zürich 1999, 35 (zitiert: Gaster in: Weber/Hilty).
- Der Rechtsschutz von Datenbanken: Kommentar zur Richtlinie 96/9/EG; mit Erläuterungen zur Umsetzung in das deutsche und österreichische Recht, Köln u.a. 1999 (zitiert: Gaster Rn.).
- Der Erfahrungsbericht zur EG-Computerprogramm-Richtlinie, CRi 2000, 11.
- Zwei Jahre Sui-generis-Recht: Europäischer Datenbankschutz in der Praxis der EG-Mitgliedstaaten, CRi 2000, 38.

GAVRILOV, EDUARD P., Die neuere Entwicklung des sowjetischen Urheberrechts, GRUR Int. 1991, 338.

- Einige Fragen des Urheberrechts in der Russischen Föderation, GRUR Int. 1995, 686.

GAZE, BETH, Copyright protection of computer programs, Sydney 1989.

GERVAIS, DANIEL J., The Protection under international copyright Law of works created with or by computers, 22 IIC 1991, 628.

- The TRIPS Agreement - Drafting History and Analysis, London 1998.

GHIRON, MARIO, Grundsätzliche Betrachtungen über die Urheberrechte, UFITA 5 (1932) 34.

GINSBURG, JANE C., Die Rolle des nationalen Urheberrechts im Zeitalter der internationalen Urheberrechtsnormen, GRUR Int. 2000, 97.

GIPE, GEORGE A., Nearer to the Dust - Copyright and the machine, Baltimore 1967.

GLENN, MICHAEL A., Symposium Presentation: Business and Patents and Business Patents, 22 Hastings Comm/Ent L.J. 2000, 203.

GLOY, WOLFGANG, Handbuch des Wettbewerbsrechts, München 1986 (zitiert: Gloy/Bearbeiter).

GODOY, DANIELA/AMANDI, ANALÍA, PersonalSearcher: An intelligent agent for searching Web Pages, Monard, Maria Carolina/Sichmann, Jaime Simao (Hrsg.), Advances in Artificial Intelligence - International Joint Conference on AI 15th Brazilian Symposium on AI IBERAMIA-SBIA 2000, Berlin u.a. 2000, 43 (zitiert: Godoy/Amandi in: Monard/Sichmann).

GOLDSTEIN, PAUL, Infringement of Copyright in computer programs, 47 Pittsburgh L. Rev. 1986, 1119.

GORDON, SEAN E., The very idea!: Why Copyright Law is an inappropriate way to protect computer programs, EIPR 1998, 10.

GORDON-PULLAR, CHRISTIAN/WARD, CONOR, A Common Position reached on the database directive, CTLR 1995, 201.

GOVONI, CARLO/GASSER, CHRISTOPH, Die internationalen Urheberrechts- und leistungsschutzrechtlichen Abkommen im Lichte des Information Highway, Hilty, Reto M. (Hrsg.), Information Highway, Bern u.a. 1996, 235 (zitiert: Govoni/Gasser in: Hilty).

GREWAL, MANENDER, Copyright protection of computer software, EIPR 1996, 454.

GROß, MICHAEL, Aktuelle Lizenzgebühren in Patentlizenz-, Know-how- und Computerprogrammlizenz-Verträgen: 1998/1999, Suppl. CP&R 2000, 24.

GROVES, PETER J, Databases: The EC Directive, Business L. Rev. 1997, 59.

- Database Right, Business L. Rev. 1998, 255.

GRUNERT, EIKE WILHELM/OHST, CLAUDIA, Grundprobleme der kommerziellen und privaten Nutzung künstlerischer Leistungen im Internet Teil I, KUR 2001, 8.

- Grundprobleme der kommerziellen und privaten Nutzung künstlerischer Leistungen im Internet Teil II, KUR 2001, 25.

GRÜTZMACHER, MALTE, Urheber-, Leistungs- und Sui-generis-Schutz von Datenbanken - Eine Untersuchung des europäischen, deutschen und britischen Rechts, Baden-Baden 1999.

- Application Service Providing - Urhebervertragsrechtliche Aspekte, ITRB 2001, 59.

GRZESZICK, BERND, Freie Software: Eine Widerlegung der Urheberrechtstheorie?, MMR 2000, 412.

GUETHER, THOMAS, Urheberrechtsschutz für Schriftfonts, http://www.advokat.de/journal/urheberr/index.phtml?jID=9 (3.8.2002).

GÜNTHER, ANDREAS, Anmerkung zum Urteil OLG Karlsruhe CR 1994, 607 - Bildschirmmaske, CR 1994, 611.

GUO, SHOUKANG, New Chinese Copyright Act, 31 IIC 2000, 526.

- Schutz von Urheberrechten im Cyberspace - Neueste Entwicklungen in der Volksrepublik China, GRUR Int. 2001, 1011.

GYERTYÁNFY, PÉTER, Author's rights protection of computer software in Central and Eastern Europe, Becker, Jürgen, Wanderer zwischen Musik, Politik und Recht: Festschrift für Reinhold Kreile, Baden-Baden 1994, 257 (zitiert: Gyertyánfy FS Kreile).

HABERSTUMPF, HELMUT, Zur urheberrechtlichen Beurteilung von Programmen für Datenverarbeitungsanlagen, GRUR 1982, 142.

- Grundsätzliches zum Urheberrechtsschutz von Computerprogrammen nach dem Urteil des Bundesgerichtshofes vom 9.Mai 1985, GRUR 1986, 222.
- Die Zulässigkeit des Reverse Engineering, CR 1991, 129.
- Neue Entwicklungen im Software-Urheberrecht, NJW 1991, 2109.
- Das Software-Urhebervertragsrecht im Lichte der bevorstehenden Umsetzung der EG-Richtlinie über den Rechtsschutz von Computerprogrammen, GRUR Int. 1992, 715.
- Der urheberrechtliche Schutz von Computerprogrammen, Lehmann, Michael (Hrsg.), Rechtsschutz und Verwertung von Computerprogrammen, 2. Auflage Köln 1993, 69 (zitiert: Haberstumpf in: Lehmann).
- Handbuch des Urheberrechts, Neuwied u.a. 1996 (zitiert: Haberstumpf Rn.).

HACKEMANN, MARTIN, Urheberrechtlicher Schutz von Datenbanken - rechtsvergleichend und nach internationalem Recht, ZUM 1987, 269.

- Rechtlicher Schutz von Datenbanken - Anmerkung zu einem Hearing der EG-Kommission, CR 1991, 305.
- Schutz multimedialer Datenbanken - Das Zusammenspiel von Urheber- und Wettbewerbsrecht, CR 1998, 510.
- Der Schutz elektronischer Datenbanken nach dem Urheberrechtsgesetz, GRUR 2003, 14.

HALL, ALAN, Applying neural networks in real applications, Taylor J.G. (Hrsg.), Neural networks, Orchards u.a. 1995, 39 (zitiert: Hall in: Taylor).

HALL, P.A.V., Software reuse, reverse engineering and re-engineering, Hall, P.A.V. (Hrsg.), Software Reuse and Reverse Engineering in Practice, London u.a. 1992, 3 (zitiert: Hall in: Hall).

HALLER, ALBRECHT, Amtliche Werke und Internet - urheberrechtliche Schlaglichter, Tades, Helmuth/Danzl, Karl-Heinz/Graninger, Gernot (Hrsg.), Ein Leben für Rechtskultur, Festschrift für Robert Dittrich, Wien 2000, 163 (zitiert: Haller FS Dittrich).

HANCE, OLIVIER, European intellectual property law and multimedia: presentation of a status in evolution, Brunnstein, Klaus/Sint, Peter Paul (Hrsg.), Intellectual Property rights and new technologies, Wien u.a. 1995, 309 (zitiert: Hance in: Brunnstein/Sint).

HÄNEL, FREDERIKE, Napster und Gnutella - Probleme bei der Übertragung von MP3-Dateien nach deutschem Urheberrecht (1), JurPC Web-Dok. 245/2000.

HARDY, I. TROTTER, Project Looking Forward - Sketching the Future of Copyright in a Networked World - Final Report - Prepared for the U.S. Copyright Office, Washington 1998.

HAUDE, RAINER, The European Commission Proposal for a Directive on the Protection of Databases, Brunnstein, Klaus/Sint, Peter Paul (Hrsg.), Intellectual Property Rights and New Technologies, Wien u.a. 1995, 139 (zitiert: Haude in: Brunnstein/Sint).

HAYES, DAVID L., Internet Copyright - Advanced Copyright Issues on the Internet, CLSR 2000, 363.

- Application of Copyright rights to specific acts on the Internet, TCL 8/1998, 1.

HEATH, CHRISTOPHER, Multimedia und Urheberrecht in Japan, GRUR Int. 1995, 843.

- Bedeutet TRIPs wirklich eine Schlechterstellung von Entwicklungsländern?, GRUR Int. 1996, 1169.

HEERMANN, PETER W., Urheberrechtliche Probleme bei der Nutzung von E-Mail, MMR 1999, 3.

HEINRICH, MICHAEL, Der rechtliche Schutz von Datenbanken, WRP 1997, 275.

HEINZ, KARL ECKHART, Die europäische Richtlinie über den Schutz von Datenbanken in verfassungsrechtlicher und rechtstheoretischer Sicht, GRUR 1996, 455.

HEYMANN, THOMAS, Softwareschutz nach dem EG-Richtlinienentwurf, CR 1990, 9.

HIGMAN, B., Programmiersprachen - Eine vergleichende Studie, München 1972.

HILL, K./MONK, A.F., Electronic mail versus printed text: the effects on recipients, Interact. Comp., 13 (2000) 253.

HILLIG, HANS-PETER, Der Schutz von Datenbanken aus der Sicht des deutschen Rechts, ZUM 1992, 325.

HILTY, RETO M., Die Leistungsschutzrechte im schweizerischen Urheberrechtsgesetz, UFITA 124 (1994), 85.

- Die Rechtsbeziehungen rund um den Information Highway, Hilty, Reto M. (Hrsg.), Information Highway, Bern u.a. 1996, 437 (zitiert: Hilty in: Hilty).
- Rechtsfragen kommerzieller Nutzung von Daten, Weber, Rolf H./Hilty, Reto M. (Hrsg.), Daten und Datenbanken - Rechtsfragen zu Schutz und Nutzung, Zürich 1999, 81 (zitiert: Hilty in: Weber/Hilty).

HOEBBEL, CHRISTOPH FRIEDRICH, Anmerkung zum Urteil des U.S. Supreme Court GRUR Int. 1991, 933 - Feist Publications Inc. v. Rural Telephone Service Company, Inc., GRUR Int. 1991, 936.

- EG-Richtlinienentwurf über den Rechtsschutz von Datenbanken, CR 1993, 12.
- Der Schutz von Sammelwerken, Sachprosa und Datenbanken im deutschen und amerikanischen Urheberrecht, München 1994.

- Der Schutz von elektronischen Datenbanken nach deutschem und kommenden europäischen Recht, Lehmann, Michael (Hrsg.), Rechtsschutz und Verwertung von Computerprogrammen, 2. Auflage Köln 1993, 1015 (zitiert: Hoebbel in: Lehmann).

HOEREN, THOMAS, Germany, Jongen, Herald D.J./Meijboom, Alfred P. (Hrsg.), Copyright Software Protection in the EC, Deventer-Boston 1993, 73 (zitiert; Hoeren in: Jongen/Meijboom).

- Urheberrechtsfähigkeit von Software - Die EG-Richtlinie zum Softwareschutz und die Rechtsprechung des Bundesgerichtshofes, CR 1991, 463.
- Revidierte Berner Übereinkunft und Softwareschutz - Zu den Überlegungen der WIPO für ein ergänzendes Protokoll zur RBÜ, CR 1992, 243.
- Multimedia = Multilegia - Die immaterialgüterrechtliche Stellung des Multimediaherstellers, CR 1994, 390.
- Urheberrecht in der Informationsgesellschaft, GRUR 1997, 866.
- Grundzüge des Internetrechts: E-Commerce/Domains/Urheberrecht, München 2001.

HOFFMANN, WALTER, Imageverbesserung statt Beamtenwitz - Das Amt kommt via Internet zum Bürger, Datacom, 6/2001, 24.

HOHAGEN, GISBERT, WIPO-Sitzung zum zukünftigen internationalen Schutz von Datenbanken (Genf, 17.-19. September 1997), GRUR Int. 1998, 54.

HÖLLER, JOHANN, The shadows of software - the grey areas in the definition of software and computer program in law, Brunnstein, Klaus/Sint, Peter Paul (Hrsg.), Intellectual property rights and new technologies, Wien u.a. 1995, 229 (zitiert: Höller in: Brunnstein/Sint).

HOLTZINGER, ERNST, Können Objektprogramme urheberrechtlich geschützt sein?, GRUR 1991, 366.

HOLYAK, JON/TORREMANS, PAUL, Intellectual Property Law, 2. Auflage London u.a. 1998.

HORNS, AXEL H., Anmerkungen zu begrifflichen Fragen des Softwareschutzes, GRUR 2001, 1.

HORNUNG, OLIVER, Die EU-Datenbank-Richtlinie und ihre Umsetzung in das deutsche Recht - Eine Untersuchung unter besonderer Berücksichtigung des Schutzrechts sui generis nach der EU-Datenbank-Richtlinie, Baden-Baden 1998.

HOROWITZ, ELLIS/SAHNI, SARTAJ, Algorithmen - Entwurf und Analyse, Berlin u.a. 1981.

HÜBENETT, CAROLIN, Zur Zulässigkeit der Vervielfältigung und Verbreitung von Datenbankausdrucken, GRUR 1992, 664.

HÜBNER, CLAUDIA, Zum Schutz für software-bezogene Erfindungen in Deutschland, GRUR 1994, 883.

HUFNAGEL, FRANK-ERICH, Multimedia und Telekommunikation, AfP 1999, 44.

HUGHES, JEAN/WEIGHTMAN, ELIZABETH, EC Database Protection: Fine Tuning the Commission's Proposal, EIPR 1992, 147.

IMMENGA, ULRICH/MESTMÄCKER, ERNST-JOACHIM, EG-Wettbewerbsrecht, Kommentar Band I, München 1997 (zitiert; Immenga/Mestmäcker/Bearbeiter).

JAEGER, TILL/KOGLIN, OLAF, Der rechtliche Schutz von Fonts, CR 2002, 169.

JANDACH, THOMAS, Juristische Expertensysteme - Methodische Grundlagen ihrer Entwicklung, Berlin u.a. 1993.

JONES, LUCINDA, An Artist's entry into cyberspace: Intellectual Property on the Internet, EIPR 2000, 79.

JONQUÈRES, JEAN, Zum Schutz von Computerprogrammen, GRUR Int. 1986, 455.

JUNKER, ABBO, Die Entwicklung des Computerrechts in den Jahren 1991 und 1992, NJW 1993, 824.

KAPPES, FLORIAN, Rechtsschutz computergestützter Informationssammlungen - Gesetzliche und vertragliche Schutzmöglichkeiten für CD-Rom- und Online-Datenbanken einschließlich Multimedia-Anwendungen, Augsburg 1996.

- Gesetzliche Vergütungsansprüche bei der privaten Nutzung von computergestützten Informationssammlungen, GRUR 1997, 338.
- Die EG-Datenbankrichtlinie und ihre Umsetzung in das deutsche Urheberrechtsgesetz, ZEuP 1997, 654.

KARJALA, DENNIS S., The relative roles of patent and copyright in the protection of computer programs, 17 Marshall J. Comp. & Inf. Law 1998, 41.

KARNELL, GUNNAR, § 49 des schwedischen Urheberrechtsgesetzes ein EG-rechtswidriger „Wolpertinger“, GRUR Int. 1999, 329.

KATZENBERGER, PAUL, Urheberrecht und Datenbanken, GRUR 1990, 94.

- Internationalrechtliche Aspekte des Schutzes von Datenbanken, ZUM 1992, 332.
- TRIPS und das Urheberrecht, GRUR Int. 1995, 447.
- Elektronische Printmedien und Urheberrecht - Urheberrechtliche und urhebervertragsrechtliche Fragen der elektronischen Nutzung von Zeitungen und Zeitschriften, AfP 1997, 434.

KAYE, LAURENCE, The Proposed EU Directive for the Legal Protection of Databases: A Cornerstone of the Information Society?, EIPR 1995, 583.

KECK, RICHARD/GOODE, DAMON, Of misappropriated manure heaps, rude robots and broken promises: The (D)evolving Law of Database Protection, Business Law. 2001, 513.

KEMPER, KURT, Die Weltorganisation für geistiges Eigentum (WIPO) und der Rechtsschutz für Informationssammlungen, Weber, Rolf H./Hilty, Reto M. (Hrsg.), Daten und Datenbanken - Rechtsfragen zu Schutz und Nutzung, Zürich 1999, 27 (zitiert: Kemper in: Weber/Hilty).

KERVÉGANT, CHRISTOPHER, Are Copyright and Droit d'auteur viable in the light of Information Technology?, IRLCT 1996, 55.

KIESEWETTER-KÖRBINGER, SWEN, Über die Patentprüfung von Programmen für Datenverarbeitungsanlagen, GRUR 2001, 185.

KILIAN, WOLFGANG/HEUSSEN, BENNO, Computerrechtshandbuch - Computertechnologie in der Rechts- und Wirtschaftspraxis, München Stand: Januar 2001 (zitiert: Kilian/Heussen/Bearbeiter Nummer Rn.).

KINDERMANN, MANFRED, Vertrieb und Nutzung von Computersoftware aus urheberrechtlicher Sicht, GRUR 1983, 150.

- Was ist Computer-Software?, ZUM 1985, 2.
- Softwarepatentierung (II) - Stand der Rechtsprechung des BPatG, Rechtsprechungsvergleich und Schlussfolgerungen, CR 1992, 658.

KINDLER, PETER, Leistungsschutz für Datenbanken ohne Werkcharakter - Eine Zwischenbilanz, K&R 2000, 265.

KIRSCH, GREGORY J., Software Patents and copyrights from a practitioner's perspective, Brunnstein, Klaus/Sint, Peter Paul (Hrsg.), Intellectual property rights and new technologies, Wien u.a. 1995, 195 (zitiert: Kirsch in: Brunnstein/Sint).

KITAGAWA, ZENTARO, Allgemeiner Urheberrechtsschutz oder Sonderrecht für Computerprogramme in Japan? - Ein Zwischenbericht, GRUR Int. 1985, 173.

KLETT, ALEXANDER, Urheberrecht im Internet aus deutscher und amerikanischer Sicht, Baden-Baden 1998.

KLINGNER, NORBERT, Die EU-Datenbankrichtlinie und ihre Umsetzung in deutsches Recht und die Diplomatische Konferenz der WIPO zum Urheberrecht - Diskussionsbericht der gleichlautenden Arbeitstagung des Instituts für Urheber- und Medienrecht am 21. März 1997, ZUM 1997, 649.

KLOEPFER, MICHAEL, Informationsrecht, München 2002.

KNUTH, DONALD E., The Art of Computer Programming, 12. Auflage Reading, Mass. u.a. 1973 (zitiert: Knuth).

- The Texbook, 6. Auflage Reading u.a. 1986 (zitiert: Knuth, Texbook).
- Digital Typography, Stanford 1999 (zitiert: Knuth, Digital Typography).

KOCH, FRANK A., Rechtsschutz für Benutzeroberflächen von Software, GRUR 1991, 180.

- Software-Urheberrechtsschutz für Multimedia-Anwendungen, GRUR 1995, 459.
- Software Copyright Protection for multimedia applications - The approach of the EC Council Directive, Brunnstein, Klaus/Sint, Peter Paul (Hrsg.), Intellectual property rights and new technologies, Wien u.a. 1995, 323 (zitiert: Koch in: Brunnstein/Sint).
- Braucht die Softwarenutzung auf dem „Internet-PC“ neue Lizenzformen?, NJW-CoR 1996, 252.
- Rechte an Webseiten, NJW-CoR 1997, 298.
- Grundlagen des Urheberrechtsschutzes im Internet und in Online-Diensten, GRUR 1997, 417.
- Internet-Recht, München 1998.
- Begründung und Grenzen des urheberrechtlichen Schutzes objektorientierter Software, GRUR 2000, 191.
- Urheber- und kartellrechtliche Aspekte der Nutzung von Open-Source-Software (I), CR 2000, 273.
- Rechtsschutz für Datenbanken - Sind nichtschöpferische Datenbanken weltweit im Web zu verwerten?, ITRB 2001, 22.
- Zur Regelung der Online-Übermittlung von Datenbanken und Datenbankwerken im Diskussionsentwurf zum Fünften Urheberrechtsänderungsgesetz, ZUM 2001, 839.

KOCH, FRANK A./SCHNUPP, PETER, Expertensystemen als Gegenstand von Entwicklungsverträgen und Schutzrechten (III), CR 1989, 975.

KOCHINKE, CLEMENS/ERNESTUS, JUSTUS, Urheberrechtsschutz für die Bildschirmgestaltung in den Vereinigten Staaten, CR 1990, 753.

KOCHINKE, CLEMENS/GEIGER, MATTHIAS, Trends im US-Computer- und Internetrecht, K&R 2000, 594.

KOHLER, JOSEF, Urheberrecht an Schriftwerken und Verlagsrecht, Stuttgart 1907.

KÖHLER, MARKUS, Der Schutz von Websites gemäß §§ 87 a ff. UrhG, ZUM 1999, 548.

KÖHLER, MARKUS/ARNDT, HANS-WOLFGANG, Recht des Internet, 3. Auflage Heidelberg 2001.

KÖHLER, REIMAR, Der urheberrechtliche Schutz der Rechenprogramme, München 1968.

KÖNIG, MICHAEL M., Können Objektprogramme urheberrechtlich geschützt sein?, Zugleich eine Kritik an Kullmann, Berlin 1988, GRUR 1989, 559.

- Urheberrechtsschutz von Computerprogrammen, CR 1991, 584.

KONZELMANN, ALEXANDER, Vorträge zum Urheberrecht auf dem 10. EDV-Gerichtstag in Saarbrücken 2001, Jur-PC Web-Dok. 225/2001.

KORN, GOTTFRIED, Die Zeitung als Sammelwerk, Tades, Helmuth/Danzl, Karl-Heinz/Graninger, Gernot (Hrsg.), Ein Leben für Rechtskultur, Festschrift für Robert Dittrich, Wien 2000, 187 (zitiert: Korn FS Dittrich).

KORTAS, WOLFGANG, Ideen und Urheberrecht in Australien im Vergleich zum Englischen und Deutschen Recht, München 1996.

KORTSIK, ROLAND, Der urheberrechtliche Schutz von Computersoftware - Zugleich ein Beitrag zum urheberrechtlichen Inhaltsschutz wissenschaftlicher Werke, Mainz 1993.

KOUMANTOS, GEORGES, Les bases de données dans la directive communautaire, RIDA 171 (1997) 79.

KRÄHN, JOSEF, Der Rechtsschutz elektronischer Datenbanken: unter besonderer Berücksichtigung des sui-generis-Rechts, München 2000.

KRASSER, RUDOLF, Erweiterung des patentrechtlichen Erfindungsbegriffs?, GRUR 2001, 959.

KREILE, REINHOLD, Bericht über die WIPO-Sitzungen zum möglichen Protokoll zur Berner Konvention und zum „Neuen Instrument" vom 1. bis 9. Februar 1996, ZUM 1996, 564.

KREUZER, PHILIPP AMADEUS, Urheberrecht im Internet, Schwerdtfeger, Armin/Evertz, Stephan u.a. (Hrsg.), Cyberlaw, Wiesbaden 1999, 167 (zitiert: Kreuzer in: Schwerdtfeger/Evertz).

KRÖGER, DETLEF, Die Urheberrechtsrichtlinie für die Informationsgesellschaft - Bestandsaufnahme und kritische Bewertung, CR 2001, 316.

- Informationsfreiheit und Urheberrecht, München 2002.

KROKER, ERIK RICHARD, The Computer Directive and the Balance of Rights, EIPR 1997, 247.

KÜBLER, PHILIP, Rechtsschutz von Datenbanken (EU - USA - Schweiz), Zürich 1999.

KULLMANN, WALBURGA, Der Schutz von Computerprogrammen und -chips in der Bundesrepublik Deutschland und in den USA, Berlin 1988.

KUMMER, MAX, Das urheberrechtlich schützbare Werk, Bern 1968.

LADDIE, HUGH, Copyright: Over-strength, Over-regulated, Over-rated?, EIPR 1996, 253.

LADDIE, HUGH/PRESCOTT, PETER/VITORIA, MARY, The Modern Law of Copyright, London 1980.

LAI, STANLEY, Database protection in the United Kingdom: The new deal and its effects on software protection, EIPR 1998, 32.

LARSEN, TOR J./LEVINE, LINDA, Database Special Issue - Information Systems: Current Issues and future changes, DBAIS 2/1999, 7.

LAUER, JÖRG, Verträge über Software-Leistungen in der Praxis, BB 1982, 1758.

LAWLOR, REED C., Copyright aspects of computer usage, Bull. Copyright Soc. U.S.A. 1963/64, 380.

LE GOUEFF, STEPHAN/MENCHETTI, PATRIZIO, Intellectual Property Rights and treatment of media, CLSR 1996, 287.

LEA, GARY, Software Protection Trends in the 1990s, ENT.LR 1995, 276.

LEAFFER, M.A., United States of America, ALAI Study Days, Copyright in Cyberspace, Amsterdam 1996, 501 (zitiert: Leaffer ALAI 1996).

LEE, MATTHEW K.O., Neural networks and symbolic A.I., Fogelman Soulié, Francoise/Hérault, Jeanny, Neurocomputing - Algorithms, Architectures and Applications, Berlin u.a. 1990, 117 (zitiert: Lee in: Fogelman Soulié/Hérault).

LEHMANN, MICHAEL, Die Europäische Richtlinie über den Schutz von Computerprogrammen, Lehmann, Michael (Hrsg.), Rechtsschutz und Verwertung von Computerprogrammen, 2. Auflage Köln 1993, 1 (zitiert: Lehmann in: Lehmann).

- The legal protection of computer programs in Germany: A summary of the present situation, 19 IIC 1988, 473.
- Erwiderung - Reverse Engineering ist keine Vervielfältigung i.S.d. §§ 16, 53 UrhG, CR 1990, 94.
- Anmerkung zu BGH CR 1991, 80 - Betriebssystem, CR 1991, 150.
- Die Europäische Richtlinie über den Schutz von Computerprogrammen, GRUR Int. 1991, 327.
- TRIPs/WTO und der internationale Schutz von Computerprogrammen, CR 1996, 2.
- Die neue Datenbankrichtlinie und Multimedia, NJW-CoR 1996, 249.
- The European Database Directive and its implementation into German Law, 29 IIC 1998, 776.

LEHMANN, MICHAEL/VON TUCHER, TOBIAS, Urheberrechtlicher Schutz von multimedialen Webseiten, CR 1999, 700.

LEISTNER, MATTHIAS, Neuer Rechtsschutz für Datenbanken, CI 1999, 141.

- Der neue Rechtsschutz des Datenbankherstellers - Überlegungen zu Anwendungsbereich, Schutzvoraussetzungen, Schutzumfang sowie zur zeitlichen Dauer des Datenbankherstellerrechts gemäß §§ 87 a ff. UrhG, GRUR Int. 1999, 819.
- Der Schutz von Telefonverzeichnissen und das neue Datenbankherstellerrecht, MMR 1999, 636.
- Anmerkung zum Urteil OLG Düsseldorf CR 2000, 184 - Baumarkt.de, CR 2000, 187.
- The Legal protection of Telephone Directories Relating to the New Database Maker's Right, 31 IIC 2000, 950.
- Der Rechtsschutz von Datenbanken im deutschen und europäischen Recht - Eine Untersuchung zur Richtlinie 96/6/EG und zu ihrer Umsetzung in das deutsche Urheberrechtsgesetz, München 2000.

LEISTNER, MATTHIAS/BETTINGER, TORSTEN, Creating Cyberspace - Immaterialgüterrechtlicher und wettbewerbsrechtlicher Schutz des Web-Designers, Beilage CR 12/1999, 1.

LESSHAFFT, KARL/ULMER, DETLEF, Urheberrechtsschutz von Computerprogrammen nach der Europäischen Richtlinie, CR 1991, 519.

- Urheberrechtliche Schutzwürdigkeit und tatsächliche Schutzwürdigkeit von Software, CR 1993, 607.

V. LEWINSKI, SILKE, Germany, ALAI 1996, 480.

- Die WIPO-Verträge zum Urheberrecht und zu verwandten Schutzrechten vom Dezember 1996, CR 1997, 438.

v. LEWINSKI, SILKE/GASTER, JENS, Die diplomatische Konferenz der WIPO 1996 zum Urheberrecht und zu verwandten Schutzrechten, ZUM 1997, 607.

LIESEGANG, EVA, Software Patents in Europe, CTLR 1999, 48.

LIN, ZHOU, Copyright Law and Internet in China, MMR 2000, 405.

LIPTON, JACQUELINE, Databases as Intellectual Property: New Legal Approaches, EIPR 2003, 139.

LIU, XIAOHAI, Durchsetzung von Rechten des geistigen Eigentums in der Volksrepublik China, GRUR Int. 1999, 488.

LLOYD, IAN J, Information Technology Law, 2. Auflage, London u.a. 1997.

LOCKE, JOHN, Two Treatises of Government, 1690, Ausgabe: Cambridge 1967.

LOEWENHEIM, ULRICH, Multimedia and the European Copyright Law, 27 IIC 1996, 41.

- Harmonisierung des Urheberrechts in Europa, GRUR Int. 1997, 285.
- Urheberrecht, Loewenheim, Ulrich/Koch, Frank A. (Hrsg.), Praxis des Online-Rechts, Weinheim u.a. 1998, 269 (zitiert: Loewenheim in: Loewenheim/Koch).

LONGDIN, LOUISE, Copyright Protection for Computerized Compilations: A Cautionary Tale from New Zealand, Int. J. L. & Inf. Tech. 1997, 249.

LOUDEN, KENNETH C., Programmiersprachen, Boston 1994.

MACCIACCHINI, SANDRO, Urheberrecht und Meinungsfreiheit - Untersucht am Gegenstand der Verwendung urheberrechtlich geschützter Werke in der Berichterstattung der Medien, Zürich 2000.

MAIER, GREGORY J./MATTSON, ROBERT C., State Street Bank ist kein Ausreißer: Die Geschichte der Softwarepatentierung im US-amerikanischen Recht, GRUR Int. 2001, 677.

MAKEEN, MAKEEN FOUAD, Copyright in a Global Information Society - The Scope of Copyright Protection under International, US, UK and French Law, The Hague u.a. 2000.

MANZ, FRIEDERIKE, Die Haftung für Urheberrechtsverletzungen im Internet nach deutschem und amerikanischem Recht, München 1999.

MARLY, JOCHEN, Urheberrechtsschutz für Computersoftware in der Europäischen Union - Abschied vom überkommenen Urheberrechtsverständnis, München 1995 (zitiert: Marly)

- Softwareüberlassungsverträge, 3. Auflage München 2000 (zitiert: Marly, Softwareüberlassungsverträge Rn.).

MAUHS, ANGELA, Copyright des Produzenten, ZUM 1990, 62.

MAYER, FRANZ C., Recht und Cyberspace - Eine Einführung in einige rechtliche Aspekte des Internets, HFR 1997, Beitrag 3.

MACQUEEN, HECTOR L, Copyright and the Internet, Edwards, Lilian/Waedle, Charlotte (Hrsg.), Law & the Internet - a framework for electronic commerce, Oxford-Portland, Oregon 2000, 181 (zitiert: MacQueen in: Edwards/Waedle).

MEEKER, HEATHER, Changing the software frog into a multimedia prince, TCL 10/1997, 10.

MEHRINGS, JOSEF, Der Rechtsschutz computergestützter Fachinformationen, Baden-Baden 1990.

- Information und Dokumentation - Ein Stiefkind der Urheberrechtsnovelle?, GRUR 1983, 275.

MEIJBOOM, ALFRED P., The EC Directive on Software Copyright Protection, Jongen, Herald D.J./Meijboom, Alfred P. (Hrsg.), Copyright Software Protection in the EC, Deventer-Boston 1993, 1 (zitiert: Meijboom in: Jongen/Meijboom).

MELICHAR, FERDINAND, Virtuelle Bibliotheken und Urheberrecht, CR 1995, 756.

MELLULIS, KLAUS-J., Zur Patentfähigkeit von Programmen für Datenverarbeitungsanlagen, GRUR 1998, 843.

MERKIN, ROBERT, Copyright, designs and patents: The new Law, London 1989.

MESSINEO, MARC C., Anmerkung zum Urteil Lotus Development Corp. v. Borland International Inc. ENT.LR 1995, E-90.

METAXAS, GEORGE, Protection of Databases: Quietly steering in the wrong direction?, EIPR 1990, 227.

METZGER, AXEL, Kollision in Echtzeit, LINUX-Magazin, 7/2001, 74.

METZGER, AXEL/JAEGER, TILL, Open Source Software und deutsches Urheberrecht, GRUR Int. 1999, 839.

MEYER, STUART P., Internet Law - I - Intellectual Property Rights on the Internet, CLSR 1998, 14.

MEZRICH, JONATHAN L., Extension of Copyright to Fonts - Can the Alphabet be far behind?, Comp. L. Rev. & Tech. J., Summer 1998, 61.

MILBRADT, CLAUDIA, Urheberrechtsschutz von Datenbanken - Im Spannungsverhältnis zwischen Informationsfreiheit und Schutz des Datenbankherstellers, CR 2002, 710.

MICHAU, EMMANNUEL, France, Jongen, Herald D.J./Meijboom, Alfred P. (Hrsg.), Copyright Software Protection in the EC, Deventer-Boston 1993, 59 (zitiert: Michau in: Jongen/Meijboom).

MILDE, KARL F., Can a computer be an „author" or an „inventor"?, J. Pat. Off. Soc. 1969, 378.

MILLARD, CHRISTOPHER J., United Kingdom, Jongen, Herald D.J./Meijboom, Alfred P. (Hrsg.), Copyright Software Protection in the EC, Deventer-Boston 1993, 217 (zitiert: Millard in: Jongen/Meijboom).

MINISTÈRE DE LA CULTURE ET DE LA FRANCOPHONIE (HRSG.), Industries culturelles et nouvelles techniques - Rapport de la commission présidée par Pierre Sirinelli professeur à l'université de Paris-XI, Paris 1994 (zitiert: Rapport Sirinelli).

MÖHRING, PHILIPP, Können technische, insbesondere Computer-Erzeugnisse Werke der Literatur, Musik und Malerei sein?, UFITA 50 (1967) 835.

- Die Schutzfähigkeit von Programmen für Datenverarbeitungsanlagen, GRUR 1967, 269.

MÖHRING, PHILIPP/NICOLINI, KÄTHE (HRSG.), Urheberrechtsgesetz, Kommentar, 2. Auflage München 2000 (zitiert: Möhring/Nicolini/Bearbeiter).

MÖLLER, MARGRET, Urheberrecht oder Copyright?, ZUM 1990, 65.

MORGAN, GLYN, Copyright as an International Right: The EC Green Paper, CTLR 1995, 179.

MORITZ, HANS-WERNER, Die EG-Richtlinie vom 14. Mai 1991 über den Rechtsschutz von Computerprogrammen im Lichte der Bestrebungen zur Harmonisierung des Urheberrechts , GRUR Int. 1991, 697.

- Vervielfältigungsstück eines Programms und seine berechtigte Verwendung - § 69 d UrhG und die neueste BGH-Rechtsprechung, MMR 2001, 94.

MORITZ, HANS-WERNER/HÜTIG, STEFAN, Fortbildung des Computerrechts von 1998 bis heute, Suppl. CP&R, 2000 (1), 2.

MÜLLER, BERNHARD, Künftige EG-Richtlinie über Patentierbarkeit von Computerprogrammen, CRi 2000, 17.

MURRAY, ANGUS/GODDARD, THEODORE, Revised proposal for the protection of databases,

EIPR 1993, D-292.

NACK, RALPH, Sind jetzt computerimplementierte Geschäftsmethoden patentfähig? - Analyse der Bundesgerichtshof-Entscheidung „Sprachanalyseeinrichtung“, GRUR Int. 2000, 853.

NAGEL, TREVOR W./SCHUSTER, TODD H., Urheberrechtsschutz von Datensammlungen und Computerprogrammen in den USA, CR 1994, 133.

NEGROPONTE, NICHOLAS, Total digital - Die Welt zwischen 0 und 1 oder die Zukunft der Kommunikation, 4. Auflage München 1995.

NIKIFOROV, ILYA V., Legal protection of computer programs and databases, RRR 1994, http: //www.spb.su/rulesreg/3/legal.htm (zitiert: Nikiforov RRR Punkt).

- Information Law in Russia: International Aspects, Brunnstein, Klaus/Sint, Peter Paul (Hrsg.), Intellectual property rights and new technologies, Wien u.a. 1995, 214 (zitiert: Nikiforov in: Brunnstein/Sint).

NIRK, RUDOLF, Gewerblicher Rechtsschutz, Stuttgart u.a. 1981.

NOISHIKI, ISAO, The scope of the copyright holder's right to adapt computer programs, 24 IIC 1993, 200.

NORDEMANN, A./GODDAR, H./TÖNHARDT, M./CZYCHOWSKI, C., Gewerb-licher Rechtsschutz und Urheberrecht im Internet, CR 1996, 645.

NORDEMANN, AXEL/HEISE, FRIEDRICH NICOLAUS, Urheberrechtlicher Schutz für Designleistungen in Deutschland und auf europäischer Ebene, ZUM 2001, 128.

NYCUM, SUSAN H., Protection of Electronic Databases, TCL 8/1997, 12.

OLLMERT, HANS JOACHIM, Datenstrukturen und Datenorganisationen, München u.a. 1989.

OMAN, RALPH, Urheberrechtsschutz für Computerprogramme - Neue Entwicklungen in den U.S.A., GRUR Int. 1988, 467.

ORATZ, LISA T., User Interfaces: Copyright vs. Trade Dress Protection, TCL 1/1996, 1.

PACÓN, ANA MARÍA, Was bringt TRIPS den Entwicklungsländern?, GRUR Int. 1995, 875.

PAEFGEN, THOMAS CHRISTIAN, Datenbankmarketing als Führungsinstrument - Fokussierung von Zielgruppen durch Datenbankeinsatz, CR 1994, 65.

PANHALEUX, LOIC, Anmerkung zum Urteil S.a. Groupe Moniteur et S.A.R.L. Action Municipale ./. Sté O.M.P. Observatoire des Marchés Publics, GRUR Int. 2000, 800.

PARFOMAK, ANDREW N., The Karmarkar Algorithm - „New“ Patentable subject matters?, 21 IIC 1990, 31.

PASCHKE, MARIAN/KERFACK, RALF, Wie klein ist die „kleine Münze“? - Der Schutz von Computerprogrammen nach der Urheberrechtsnovelle 1993, ZUM 1996, 498.

PATTISON, MICHAEL, The European Commission's proposal on the protection of computer databases, EIPR 1992, 113.

PENDLETON, MICHAEL D., Intellectual property and the national interest: what developing countries can learn from the Hong Kong experience, EIPR 1998, 325.

PERKINS, AMANDA, United States still no closer to database legislation, EIPR 2000, 366.

PERRITT, HENRY H./RUSTAD, ZACHARY, Freedom of Information spreads to Europe, Gov. Inf. Quarterly 2000, 403.

PFEFFER, SABINE, Expertensysteme in der Medizin, JurPC Web-Dok. 91/2002.

PIATTINI, MARIO/CALERO, CORAL/GENERO, MARCELA, Table oriented metrics for relational databases, SQJ 9/2001, 79.

PIERSON, MATTHIAS, Der Schutz der Programme für die Datenverarbeitung, im System der

Immaterialgüterrechte, Marburg 1991.

PIETTE-COUDOL, THIERRY/BERTRAND, ANDRÉ, Internet et la loi, Paris 1997.

PILNY, KARL H., Die Registrierung von Computer-Software in Japan - Ein neues Gesetz und seine Praxis, GRUR Int. 1988, 26.

- Schnittstellen in Computerprogrammen - Zum Rechtsschutz in Deutschland, den USA und Japan, GRUR Int. 1990, 431.
- Legal Aspects of Interfaces and Reverse Engineering - Protection in Germany, the United States and Japan, 23 IIC 1992, 196.
- Multimedia in Germany: Potentials and problems, CTLR 1995, 88.

PLAß, GUNDA, Hyperlinks im Spannungsfeld von Urheber-, Wettbewerbs- und Haftungsrecht, WRP 2000, 599.

POHLER, ULRIKE, Urheberrecht und Multimedia - ein unauflöslicher Konflikt? - Aktuelle Rechtsfragen, Bielefeld 1998.

POWELL, MARK, The EC Draft Database Directive: A Revolutionary Means of protecting Databases, TICL 3/1994, 11.

PRINS, CORIEN, New marvels of technology. The position of computer programs, databases and semiconductor chips under the Russian intellectual property rights system, Elst, Michiel/Malfliet, Katlijn (Hrsg.), Intellectual Property in the Russian Federation - A system in transition, Brüssel 1994, 159 (zitiert: Prins in: Elst/Malfliet).

PUN, K.H., Five years since the software regulations - China's recent developments in software copyright, 28 IIC 1997, 347.

PUPPE, FRANK, Einführung in Expertensysteme, Berlin u.a. 1988.

RAHN, GUNTRAM, Sonderschutzgesetz für Computerprogramme in Japan?, GRUR Int. 1984, 217.

RAUBENHEIMER, ANDREAS, Database protection under German and future European Law, TICL 8/1994, 10.

- Softwareschutz nach dem neuen Urheberrecht, CR 1994, 69.
- Implementation of the EC Software directive in Germany - special provisions for protection of computer programs, 27 IIC 1996, 609.

RAUE, PETER/BENSINGER, VIOLA, Umsetzung des sui-generis-Rechts an Datenbanken in den §§ 87a ff. UrhG, MMR 1998, 507.

RAYMOND, ERIC STEVEN, The Cathedral and the Bazaar, http://tuxedo.org/~esr/writings/cathedral-bazaar/cathedral-bazaar/index.html#CATB (3.3.2002).

REBEIRO, MICHAEL, Compton's Multimedia Patent: Should the Patent System be used to protect software, CTLR 1995, 81.

REBER, NIKOLAUS, Digitale Verwertungstechniken - neue Nutzungsarten: Hält das Urheberrecht der technischen Entwicklung noch stand?, GRUR 1998, 792.

REDECKER, HELMUT, Der Rechtsbegriff des Mangels beim Erwerb von Software, CR 1993, 193.

REHBINDER, MANFRED, Urheberrecht, 12. Auflage München 2002 (zitiert: Rehbinder Rn.)

REICHMAN, J.H., Legal Hybrids between the Patents and Copyright paradigms, 94 Columbia L. Rev. 1994, 2432.

REICHMAN, J.H./SAMUELSON, PAMELA, Intellectual Property Rights in Data?, 50 Vand. L. Rev. 1997, 51.

REILING, RON, Intellectual Property Regimes for the Information Age: Policies of the United States, the European Union and the World Intellectual Property Organization, B. U. J. Sci. & Tech. L. 3/1997, 1.

REIMER, DIETRICH, Zum Urheberrechtsschutz von Darstellungen wissenschaftlicher oder technischer Art , GRUR 1980, 572.

REINBOTHE, JÖRG, Geistiges Eigentum in der Uruguay-Runde des GATT: Materiellrechtliche Aspekte aus der Sicht der EG, Hilf, Meinhard; Oehler, Wolfgang (Hrsg.), Der Schutz des geistigen Eigentums in Europa, Baden-Baden 1991, 149 (zitiert: Reinbothe in: Hilf/Oehler).

- Der Schutz des Urheberrechts und der Leistungsschutzrechte im Abkommensentwurf GATT/TRIPs, GRUR Int. 1992, 707.
- TRIPs und die Folgen für das Urheberrecht, ZUM 1996, 735.

REINBOTHE, JÖRG/MARTIN-PRAT, MARIA/V. LEWINSKI, SILKE, The new WIPO Treaties: A first Résumé, EIPR 1997, 171.

RICHARDSON, MEGAN, Intellectual property protection and the Internet - Trumpet Software Pty Ltd v. OzEmail Pty Ltd., EIPR 1996, 669.

RIEDER, CHRISTIAN, Copyrightverletzungen in der Online-Kommunikation nach US-amerikanischem Recht , Köln u.a. 2000.

ROJAHN, SABINE, Anmerkung zu BGH GRUR 1984, 659 - Ausschreibungsunterlagen, GRUR 1984, 662.

ROSENBLATT, HEATHER, Protocol to the Berne Convention - The WIPO Diplomatic Conference - The birth of two new treaties, CLSR 1997, 307.

ROSLER, DEBRA B., The European Union's proposed directive for the legal protection of databases: a new threat to the free flow of information, 10 High Tech. L. J. 1995, 105.

ROßNAGEL, ALEXANDER, Recht der Multimedia-Dienste, Kommentar zu IuKDG und zu MDStV, München 1999 (zitiert: Roßnagel/Bearbeiter Gesetz Rn.).

RÖTTINGER, MORITZ, Der Rechtsschutz von Datenbanken nach EG-Recht, ZUM 1992, 594.

- Vom „Urheber ohne Urheberrecht" zur „Währung des Informationszeitalters": Das Urheberrecht in Rechtspolitik und Rechtsetzung der Europäischen Gemeinschaft, Tades, Helmuth/Danzl, Karl-Heinz/Graninger, Gernot (Hrsg.), Ein Leben für Rechtskultur, Festschrift für Robert Dittrich, Wien 2000, 269 (zitiert: Röttinger FS Dittrich).

RUDISILL, STEPHEN/AUCHTERLONIE, RICHARD C./IRFAN, KAREEM M., Patentschutz von Software, insbesondere von Expertensystemen in den USA, Mitt. 1988, 148.

SAMBUC, THOMAS, Der UWG-Nachahmungsschutz, München 1996 (zitiert: Sambuc Rn.).

SAMSON, BENVENUTO, Die moderne Kunst, die Computer-„Kunst" und das Urheberrecht, UFITA 56 (1970) 117.

SAMUELSON, PAMELA, Allocating ownership rights in computer-generated works, 47 Pittsburgh L. Rev. 1986, 1185.

- To representative Howard Coble: re: Tyson/Sherry Report, 23. October 1997, http://www.arl.org/info/frn/copy/psamlet.html (23.5.2002).
- A Manifesto concerning the legal protection of computer programs: why existing laws fail to provide adequate protection, Brunnstein, Klaus/Sint, Peter Paul (Hrsg.), Intellectual property rights and new technologies, Wien u.a. 1995, 105 (zitiert: Samuelson in: Brunnstein/Sint).

SAVELSON, ROBERT STEPHEN, Electronic Music and the Copyright Law, Bull. Copyright

Soc. U.S.A. 1963/64, 144.

SAVELYEVA, I.V., Die zweite Geburt des Urheberrechts in Russland, GRUR Int. 1993, 799.

SAYAL, MEENA, Copyright and Freedom of the Media: A Balance Exercise?, ENT.LR 1995, 263.

SCHACK, HAIMO, Wem gehört das Urheberrecht, dem Schöpfer oder dem Produzenten?, ZUM 1990, 59.

- Urheberrechtliche Gestaltung von Webseiten unter Einsatz von Links und Frames, MMR 2001, 9.
- Urheber- und Urhebervertragsrecht, 2. Auflage Tübingen 2001 (zitiert: Schack Rn.).

SCHARDT, ANDREAS, Multimedia - Fakten und Rechtsfragen, GRUR 1996, 827.

SCHIFFER, GEORGE, Computer and Copyright Law revision, Bull. Copyright Soc. U.S.A. 1963/64, 404.

SCHIPPAN, MARTIN, Die Harmonisierung des Urheberrechts in Europa im Zeitalter von Internet und digitaler Technologie - Eine Betrachtung aus deutscher Sicht, Baden-Baden 1999.

SCHIUMA, DANIELE, TRIPs und daß Patentierungsverbot von Software als „solcher", GRUR Int. 1998, 852.

SCHLATTER, SYBILLE, Der Rechtsschutz von Computerspielen, Benutzeroberflächen und Computerkunst, Lehmann, Michael (Hrsg.), Rechtsschutz und Verwertung von Computerprogrammen, 2. Auflage Köln 1993, 169 (zitiert: Schlatter in: Lehmann).

SCHMIDT, CHRISTIAN ERNST/STOLZ, EKKEHARD, Zur Ausbeutung von Datenbanken im Internet, insbesondere durch Recherchedienste, Suchmaschinen und Hyperlinks, AfP 1999, 146.

SCHMIDT, LUIS C., Mexiko: Internet Copyright, CRi 2001, 31.

SCHMIEDEL, RALF, Beraterhinweis zum LG Köln CI 2000, 104, CI 2000, 105.

SCHMITZ, DIRK, Vertragliche Haftung bei unentgeltlichem Informationserwerb via Internet, MMR 2000, 396.

SCHNEIDER, JOCHEN, Praxis des EDV-Rechts, Köln 1990.

SCHÖLCH, GÜNTHER, Softwarepatente ohne Grenzen, GRUR 2001, 16.

SCHÖNING, UWE, Theoretische Informatik, 3. Auflage Heidelberg, Berlin 1997.

SCHRICKER, GERHARD, Urheberrecht zwischen Industrie- und Kulturpolitik, GRUR 1992, 242.

- Abschied von der Gestaltungshöhe im Urheberrecht?, Becker, Jürgen, Wanderer zwischen Musik, Politik und Recht: Festschrift für Reinhold Kreile, Baden-Baden 1994, 715 (zitiert: Schricker FS Kreile).
- Multiforme Werke - Urheberrecht in einer sich wandelnden Medienwelt, Festskrift till Stig Strömholm, Uppsala 1997, 755 (zitiert: Schricker FS Strömholm).
- Der Werkbegriff, Schricker, Gerhard (Hrsg.), Urheberrecht auf dem Weg zur Informationsgesellschaft, Baden-Baden 1997, 19 (zitiert: Schricker in: Schricker).

SCHRICKER, GERHARD (HRSG.), Urheberrecht, 2. Auflage München 1999 (zitiert: Schricker/Bearbeiter).

SCHULMAN, JOHN, The Copyright Law - is it a roadblock to information retrieval, Bull. Copyright Soc. U.S.A. 1963/64, 369.

SCHULTE, DIETER, Der Referentenentwurf eines Zweiten Gesetzes zur Änderung des Urheberrechtsgesetzes, CR 1992, 588.

- Der Referentenentwurf eines Zweiten Gesetzes zur Änderung des Urheberrechtsgesetzes - Ausgewählte Auslegungsfragen der EG-Richtlinie über den Rechtsschutz von Computerprogrammen, CR 1992, 648.

SCHULZE, GERNOT, Können Objektprogramme urheberrechtlich geschützt sein? - Kritische Bemerkung zu König, GRUR 1989, 559, GRUR 1990, 103.

- Rechtsfragen von Printmedien im Internet, ZUM 2000, 432.

SCHWARZ, WINFRIED, Database Law - Austria, CLSR 1999, 101.

SCHWEIGHOFER, ERICH, Legal problems of information filtering techniques, Brunnstein, Klaus/Sint, Peter Paul (Hrsg.), Intellectual property rights and new technologies, Wien u.a. 1995, 117 (zitiert: Schweighofer in: Brunnstein/Sint).

SEDGEWICK, ROBERT, Algorithms, Reading, Mass. u.a. 1983.

SEGAL AYERS, IRENE, International Copyright Law and the electronic media rights of authors and publishers, 22 Hastings Comm/Ent L.J. 1999, 29.

SHERRY EDWARD F./TYSON, LAURA D'ANDREA, Information Industry Association Statutory protection for databases: economic & public policy issues, http://www.house.gov/judiciary/41118.htm (13.10.2001).

V. SIMSON, CHARLES Feist or Famine: American Database Copyright as an Economic Model for the European Union, 20 Brooklyn J. Intl. L. 1994, 729.

SINGER, MARK T., USA: Datenbankschutz durch den Collections of Information Antipiracy Act?, MMR 10/2000, VI.

SKAUPY, WALTHER, Die Schutzfähigkeit von elektronischen Rechenprogrammen, BB 1967, 945.

SCHMITZ, PETER, Schlechte Karten für deutsche Entwickler? - Software-Patentierung: geht nicht, geht doch, C't 16/1999, 72.

SOLTYSINSKI, STANISLAW, Protection of computer programs: comparative and international aspects, 21 IIC 1990, 1.

SOMMER, ROBERT, Die Schutzfähigkeit von Computerprogrammen nach japanischem Recht, GRUR Int. 1994, 383.

SOMMERLAD, KLAUS W., Intellectual property protection for software in Germany, CTLR 1997, 12.

SOOKMAN, BARRY B., International differences in copyright protection for Software, CTLR 1995, 142.

SPORN, STEFAN, Das Grundrecht der Meinungs- und Informationsfreiheit in einer Europäischen Grundrechtscharta, ZUM 2000, 537.

SPRINGORUM, HARALD, The protection of neural networks according to German and European Law, Brunnstein, Klaus/Sint, Peter Paul (Hrsg.), Intellectual property rights and new technologies, Wien u.a. 1995, 204 (Springorum in: Brunnstein/Sint).

SREBALL, GÜNTHER, Sicherheit und Schutzmöglichkeiten im Internet, RDV 1996, 181.

STALLMAN, RICHARD M., Reevaluating Copyright: The Public must prevail, 75 Oregon L. Rev. 1996, 291.

- The GNU-Manifest, http://www.gnu.org/gnu/initial-announcement.html (3.3.2002).

STECKLER, BRUNHILDE, Legal Protection of Computer Programs under German Law, EIPR 1994, 293.

STERN, RICHARD H., The Bundle of rights suited to new technology, 47 Pittsburgh L. Rev.

1986, 1229.

- Patenting Algorithms: The Gordian Knot retwisted (Part I), CTLR 1995, 12.

STONE, RICHARD L./PERNICK, JOHN D., Protecting Databases: Copyright? We don't need no stinkin' Copyright, TCL 2/1999, 17.

STONES, PETER/GROVES, PETER, Filtering the functional out of Computer programms Business L. Rev. 1997, 26.

STRAUB, WOLFGANG, Individualität als Schlüsselkriterium des Urheberrechts, GRUR Int. 2001, 1.

STRÖMER, TOBIAS H., Ideen-Klau im Internet, http://www.netlaw.de/newsletter/news0001/klauen.htm (3.3.2002).

STRÖMHOLM, STIG, Was bleibt vom Erbe übrig? - Überlegungen zur Entwicklung des heutigen Urheberrechts, GRUR Int. 1989, 15.

STÜCKE, CHRISTIAN, Metasuchmaschinen, http://www.heise.de/tp/deutsch/inhalt/te/11758/1.html ((03.03.2002).

SUCKER, MICHAEL, EG-Richtlinie über den Rechtsschutz von Computerprogrammen, CR 1990, 811.

TANENBAUM, WILLIAM, The Challenge of Cyberspace Intellectual Property, TCL 2/1998, 14.

TAPPER, COLIN, Computer Law, 3. Auflage London u.a. 1989.

TAYLOR J.G., The promise of neural networks, Taylor J.G., Neural Networks, Orchards u.a. 1995, 1 (zitiert: Taylor in: Taylor).

TEUFEL, FRITZ, Schutz von Software durch Patent- und Urheberrecht, Mitt. 1993, 73.

THRONSON, MARK J./BUCKLEY, PATRICK J., Design Patents and Computer-Generated Icons, TCL 11/1996, 1.

THUROW, LESTER C., Needed: A new system of intellectual property rights, Harvard Business Rev. Sept.-Oct. 1997, 95.

TONNINGER, BERNHARD, Copyright und Urheberrecht im Internet, Graz 1998.

TOUNTOPOULOS, VASSILIOS, Das private Handelsregister und die Datenbankrichtlinie, CR 1998, 129.

TOWNLEY, HELEN M./GEE, RALPH D., Thesaurus-Making - Grow your own word-stock, London 1980.

TROLLER, ALOIS, Immaterialgüterrechte, Band I, 3. Auflage Basel u.a. 1983.

TÜRSCHER, GABI, PL/SQL, Berlin u.a. 1997.

UBERTAZZI, LUIGI CARLO, Der urheberrechtliche Schutz von elektronischen Datenbanken in Italien, GRUR Int. 1985, 294.

UCHTENHAGEN, ULRICH, Haben die Zwangslizenzen im Urheberrecht ausgedient?, Becker, Jürgen, Wanderer zwischen Musik, Politik und Recht: Festschrift für Reinhold Kreile, Baden-Baden 1994, 779 (zitiert: Uchtenhagen FS Kreile).

ULBRICHT, JOHANNES/MEUSS, HOLGER, Juristische Aspekte von Extended Links und Smart Tags, CR 2002, 162.

ULLMAN, JEFFREY D., Principles of database and knowledge - base systems, Band I, Rockville, Maryland 1988.

ULLMANN, EIKE, Die Einbindung der elektronischen Datenbanken in den Immaterialgüterschutz, Festschrift für Hans Erich Brandner zum 70. Geburtstag, Köln 1996, 507 (zitiert: Ullmann FS Brandner).

- Urheberrechtlicher und patentrechtlicher Schutz von Computerprogrammen - Aufgaben der Rechtsprechung, CR 1992, 641.
- Schutz der Elemente - elementarer Schutz der immaterialen Güter?, GRUR 1993, 334.

ULMER, EUGEN, Der Schutz der industriellen Formgebung, GRUR Int. 1959, 1.
- Der urheberrechtliche Werkbegriff und die moderne Kunst, GRUR 1968, 527.
- Der Urheberschutz wissenschaftlicher Werke unter besonderer Berücksichtigung der Programme elektronischer Rechenanlagen, München 1967 (zitiert: Ulmer, Programme).
- Elektronische Datenbanken und Urheberrecht, München 1971 (zitiert: Ulmer, Datenbanken).
- Urheber- und Verlagsrecht, 3. Auflage Berlin u.a. 1980.

ULMER, EUGEN/KOLLE, GERT, Der Urheberrechtsschutz von Computerprogrammen, GRUR Int. 1982, 489.

US PATENT AND TRADEMARK OFFICE, Department of Commerce Washington D.C., Patent and Trademark Office Report on Recommendations from the April 1998 Conference on Database Protection and Access Issues, http://www.uspto.gov/web/offices/dcom/olia/dbconf/dbase498.htm (3.3.2002) (zitiert: US Patent and Trademark Office Report).

VALENTE, DANIEL R., Feist Overruled? Database protection in the next century, TCL 7/2000, 20.

VARADINEK, BRIGITTA, Trefferlisten von Suchmaschinen im Internet als Werbeplatz für Wettbewerber - Zugleich ein Beitrag zum Erfordernis des kennzeichenmäßigen Gebrauchs nach neuem Markenrecht - GRUR 2000, 279.

VINJE, THOMAS C., Harmonising Intellectual Property laws in the European Union: Past, Present and Future, EIPR 1995, 361.

VIVANT, MICHEL, Entre droit d'auteur et Copyright - L'Europe au carrefour des logiques, Cahiers prop. int. 1997, 41.

VOGEL, MARTIN, Die Umsetzung der Richtlinie 96/9/EG über den rechtlichen Schutz von Datenbanken in Art. 7 des Regierungsentwurfs eines Informations- und Kommunkationsdienstegesetzes, ZUM 1997, 592.

VÖLKER, STEFAN/LÜHRIG, NICOLAS, Abwehr unerwünschter Inline-Links, K&R 2000, 20.

VOLNA, EVA, Using neural network in Cryptography, Sincak, Peter/Vascak, Jan u.a. (Hrsg.), The State of the Art in computational Intelligence, Heidelberg u.a. 2000 (zitiert: Volna in: Sincak/Vascak).

VOSSEN, GOTTFRIED, Datenmodelle, Datenbanksprachen und Datenbankmanagementsysteme, München 2000.

WACHTER, THOMAS, Multimedia und Recht, GRUR Int. 1995, 860.

WALTER, MICHEL M. (HRSG.), Europäisches Urheberrecht, Kommentar, Wien 2001 (zitiert: Walter/Bearbeiter).

WALTL, PETER, Geschützte und nicht geschützte Computerprogramme, Berlin 1990.

WAND, PETER, Technische Schutzmaßnahmen und Urheberrecht - Vergleich des internationalen, europäischen, deutschen und US-amerikanischen Rechts, München 2001.

WANDTKE, ARTUR-AXEL, Zur kulturellen und sozialen Dimension des Urheberrechts, UFITA 123 (1993) 5.
- Die Kommerzialisierung der Kunst und die Entwicklung des Urheberrechts im Lichte der Immaterialgüterrechtslehre von Josef Kohler, Adrian, Johann/Nordemann, Wil-

helm/Wandtke, Artur (Hrsg.), Josef Kohler und der Schutz des geistigen Eigentums in Europa, Berlin 1996, 113 (zitiert: Wandtke in: Adrian/Nordemann/Wandtke).

- Copyright und virtueller Markt in der Informationsgesellschaft oder das Verschwinden des Urhebers im Nebel der Postmoderne?, GRUR 2002, 1.
- Copyright oder Droit d'auteur im technologischen Zeitalter, Recht im Wandel seines sozialen und technologischen Umfeldes, Festschrift für Manfred Rehbinder, München 2002, 389 (zitiert: Wandtke FS Rehbinder).

WANDTKE, ARTUR-AXEL/BULLINGER, WINFRIED (HRSG.), Praxiskommentar zum Urheberrecht, München 2002 (zitiert: Wandtke/Bullinger/Bearbeiter).

WATKIN, TIMOTHY/RAU, ALBRECHT, Intellectual property in artificial neural networks - in particular under the European Patent Convention, 27 IIC 1996, 447.

WATSON, ANDREW, The European Commission Green Paper on Intellectual property rights, CTLR 1995, 170.

WATTS, JUSTIN/BLAKEMORE, FRED, Protection of Software Fonts in UK Law, EIPR 1995, 133.

WEBER, ROLF H., Schutz von Datenbanken - Ein neues Immaterialgüterrecht, UFITA 132 (1996) 5.

WEBER-STEINHAUS, ULRICH, Computerprogramme im deutschen Urheberrechtssystem, Köln u.a. 1993.

WEIGEL, ALEXANDER, Von Hunden getreten - Zum 200. Geburtstag Albert Lortzings, FAZ 23. Oktober 2001, BS6.

WEIZENBAUM, JOSEPH, Die Macht der Computer und die Ohnmacht der Vernunft, Frankfurt a.M. 1978.

WENZEL, KARL EGBERT, Problematik des Schutzes von Computer-Programmen, GRUR 1991, 105.

WIEBE, ANDREAS, Rechtsschutz für Software in den neunziger Jahren, BB 1993, 1094.

- Know-how-Schutz von Computersoftware - Eine rechtsvergleichende Untersuchung der wettbewerbsrechtlichen Schutzmöglichkeiten in Deutschland und den USA, München 1993.
- Information als Naturkraft - Immaterialgüterrecht in der Informationsgesellschaft, GRUR 1994, 233.
- Rechtsschutz von Datenbanken und europäische Harmonisierung, CR 1996, 198.
- Perspectives of European Intellectual Property Law, Int. J. L. & Inf. Tech. 2000, 139.
- Gewerblicher Rechtsschutz und Urheberrecht, Spindler, Gerald/Wiebe, Andreas (Hrsg.), Internet-Auktionen - Rechtliche Rahmenbedingungen, München 2001, 131 (zitiert: Wiebe in: Spindler/Wiebe).

WIEBE, ANDREAS/FUNKAT, DÖRTE, Multimedia-Anwendungen als urheberrechtlicher Schutzgegenstand, MMR 1998, 69.

WIEDERHOLD, GIO, Datenorganisation in Datenbanken, Hamburg u.a. 1989.

WINDISCH, ERNST, Beziehungen zwischen Urheber-, Erfinder-, Programmier- und Tonaufnahme-Leistungen, GRUR 1980, 587.

WISSENSCHAFTLICHER BEIRAT beim Bundesministerium für Wirtschaft, Stellungnahme zum Weißbuch der EG-Kommission über den Binnenmarkt, 1986 (zitiert: Stellungnahme zum Weißbuch).

WITTGENSTEIN, PHILIPP, Über die negativen Auswirkungen einer Verstärkung des Urheberrechts auf die Entwicklung des Internet, UFITA 2000/I, 39.

WORTHY, JOHN, Intellectual Property protection after GATT, EIPR 1994, 195.

WORTHY, JOHN/WEIGHTMAN, ELIZABETH, Exploiting commercial information: A legal status report, CLSR 1996, 95.

WUERMELING, ULRICH, Neue U.S.-Entscheidungen zum Softwareschutz - Vorbild für Deutschland?, CR 1993, 665.

- Anmerkung zu LG Mannheim CR 1996, 411 - D-Info 2.0, CR 1996, 414.
- Neuer Rechtsschutz für Datenbanken, NJW-CoR 1996, 183.

ZAHRNT, CHRISTOPH, Die schöpferische Leistung als Voraussetzung für den Urheberrechtsschutz von DV-Programmen, GRUR 1988, 598.

ZAHRT, MICHAEL, Der urheberrechtliche Schutz elektronischer Printmedien: unter besonderer Berücksichtigung der Privilegierungstatbestände §§ 49, 53 UrhG, Frankfurt a.M. 1999.

ZAND, MANSOUR/COLLINS, VAL/CAVINESS, DALE, A Survey of current object-orientated Databases, DBAIS 1/1995, 14.

ZILAHI-SZABO, MIKLOS GEZA, Kleines Lexikon der Informatik und Wirtschaftsinformatik, München 1995.

ZIPSE, ERICH, Technische Verfahrensschritte und Anweisungen an den menschlichen Geistes unter Berücksichtigung der neueren Rechtsprechung und neurophysiologischer Erkenntnisse, Mitt. 1974, 246.

ZSCHERPE, KERSTIN, Urheberrechtsschutz digitalisierter Werke im Internet, MMR 1998, 404.

Materialienverzeichnis

Deutschland

Entwurf eines Gesetzes über Urheberrecht und verwandte Schutzrechte (Urheberrechtsgesetz) BT-Drucks. IV/270 (zitiert: BT-Drucks. IV/270).

Beschlussempfehlung und Bericht des Rechtsausschusses (6. Ausschuss) zu dem von der Bundesregierung eingebrachten Entwurf eines Gesetzes zu Änderungen auf dem Gebiet des Urheberrechts - Drucksache 10/837 - BT-Drucks. 10/3360 (zitiert: BT-Drucks. 10/3360).

Bericht über die Auswirkungen der Urheberrechtsnovelle und Fragen des Urheber- und Leistungsschutzrechts BT-Drucks. 11/4929 (zitiert: BT-Drucks. 11/4929).

Gesetzesentwurf der Bundesregierung - Entwurf eines Zweiten Gesetzes zur Änderung des Urheberrechtsgesetzes BT-Drucks. 12/4022 (zitiert: RegE BT-Drucks. 12/4022).

Gesetzesentwurf der Bundesregierung - Entwurf eines Zweiten Gesetzes zur Änderung des Urheberrechtsgesetzes BT-Drucks. 12/4022 (zitiert: RegE BT-Drucks. 12/4022); BR-Drucks. 629/92 (zitiert: RegE BR-Drucks. 629/92).

Gesetzesentwurf der Bundesregierung - Entwurf eines Zweiten Gesetzes zur Änderung des Urheberrechtsgesetzes - Stellungnahme des Bundesrates BR-Drucks. 629/92 (Beschluß) (zitiert: BR-Drucks. 629/92 (Beschluß)).

Gesetzesentwurf der Bundesregierung - Entwurf eines Gesetzes zur Regelung der Rahmenbedingungen für Informations- und Kommunikationsdienste (Informations- und Kommunikationsdienste-Gesetz - IuKDG) BT-Drucks. 13/7385 (zitiert: RegE BT-Drucks. 13/7385).

Gesetzesentwurf der Bundesregierung - Entwurf eines Gesetzes zur Regelung der Rahmenbedingungen für Informations- und Kommunikationsdienste (Informations- und Kommunikationsdienste-Gesetz - IuKDG) BT-Drucks. 13/7385 (zitiert: RegE BT-Drucks. 13/7385); BR-Drucks. 966/96 (zitiert: RegE BR-Drucks. 966/96).

Beschlussempfehlung und Bericht des Ausschusses für Bildung, Wissenschaft, Forschung, Technologie und Technikfolgenabschätzung (19. Ausschuss) zu dem Gesetzesentwurf der Bundesregierung - Drucksache 13/7385 - Entwurf (zitiert: BT-Drucks. 13/7934).

Zweiter Zwischenbericht der Enquête-Kommission Zukunft der Medien in Wirtschaft und Gesellschaft - Deutschlands Weg in die Informationsgesellschaft zum Thema Neue Medien und Urheberrecht BT-Drucks. 13/8110 (zitiert: BT-Drucks. 13/8110).

Antwort der Bundesregierung auf die Kleine Anfrage der Abgeordneten Dr. Martin Mayer (Sigertsbrunn), Dr. Martina Krogmann, Matthias Wissmann, weiterer Abgeordneter und der Fraktion der CDU/CSU - Drucksache 14/9039 (zitiert: BT-Drucks. 14/9174).

Referentenentwurf für ein Gesetz zur Regelung des Urheberrechts in der Informationsgesellschaft vom 18. März 2002, http://www.urheberrecht.org/topic/Info-RiLi/ent/RefEntw_Infoges_18_3_02.pdf (19.3.2002), (zitiert: ReferentenE).

Entwurf eines Gesetzes zur Regelung des Urheberrechts in der Informationsgesellschaft - Regierungsentwurf BT-Drucks. 15/38 (zitiert: UrhGE).

Endbericht „Mikro- und makroökonomische Implikationen der Patentierbarkeit von Softwareinnovationen: Geistige Eigentumsrechte in der Informationstechnologie im Spannungsfeld von Wettbewerb und Innovation“ des Max-Planck- und des Fraunhofer-Instituts von 2001, http://www.bmwi.de/textonly/Homepage/download/technologie/Softwarepatentstudie.pdf (03.04.2002) (zitiert: Max-Planck/Fraunhofer-Institut, Endbericht Softwarepatentierung 2001).

Europa

Weißbuch der Kommission an den Europäischen Rat zur Vollendung des Binnenmarktes KOM (85) 310 endg. (zitiert: Weißbuch KOM (85) 310 endg.).

Grünbuch über Urheberrecht und die technologische Herausforderung - Urheberrechtsfragen, die sofortiges Handeln erfordern vom 23. August 1988 - KOM (88) 172 endg. (zitiert: Grünbuch 1988 KOM (88) 172 endg.).

Vorschlag für eine Richtlinie des Rates über den Rechtsschutz von Computerprogrammen KOM (88) 816 endg. (zitiert: KOM (88) 816 endg.).

Stellungnahme zu dem Vorschlag für eine Richtlinie des Rates über den Rechtsschutz von Computerprogrammen ABl. Nr. C 329 vom 30.12.1989, 4 (zitiert: ABl. C 329/4).

Entschließung des Europäischen Parlaments zum Vorschlag für eine Richtlinie des Rates über den Rechtsschutz von Computerprogrammen ABl. Nr. C 231 vom 17.9.1990, 78 (zitiert: ABl. C 231/78).

Initiativen zum Grünbuch - Arbeitsprogramm der Kommission auf dem Gebiet des Urheberrechts und der verwandten Schutzrechte KOM (90) 584 endg. (zitiert: Initiativen zum Grünbuch 1988 KOM (90) 584 endg.).

Geänderter Vorschlag für eine Richtlinie des Rates über den Rechtsschutz von Computerprogrammen KOM (90) 509 endg. (zitiert: KOM (90) 509 endg.).

Vorschlag für eine Richtlinie des Rates über den rechtlichen Schutz von Datenbanken KOM (92) 24 endg. (zitiert: KOM (92) 24 endg.).

Entschließung des Europäischen Parlaments zum Vorschlag für eine Richtlinie des Rates über den rechtlichen Schutz von Datenbanken ABl. Nr. C 194 vom 19.7.1993, 144 (zitiert: ABl. C 194/144).

Geänderter Vorschlag für eine Richtlinie des Rates über den rechtlichen Schutz von Datenbanken KOM (93) 464 endg., 5 (zitiert: KOM (93) 464 endg.).

Gemeinsamer Standpunkt (EG) Nr. 20/95 vom Rat festgelegt am 10. Juli 1995 im Hinblick auf den Erlass der Richtlinie 95/.../EG des Europäischen Parlaments und des Rates vom ... über den rechtlichen Schutz von Datenbanken, ABl. Nr. C 288 vom 30.10.1995, 14 (zitiert: ABl. C 288/14).

Grünbuch über Urheberrecht und verwandte Schutzrechte in der Informationsgesellschaft vom 19.Juli 1995 - KOM (95) 382 endg. (zitiert: Grünbuch 1995 KOM (95) 382 endg.).

Stellungnahme der Kommission gemäß Art. 189 b, Absatz 2, Buchstabe d) des EG-Vertrages, zu den Abänderungen des Europäischen Parlaments des gemeinsamen Standpunkts des Rates betreffend den Vorschlag für eine Richtlinie des Europäischen Parlaments und des Rates über den Rechtsschutz von Datenbanken KOM (96) 2 endg. (zitiert: KOM (96) 2 endg.).

Initiativen zum Grünbuch über Urheberrecht und verwandte Schutzrechte in der Informationsgesellschaft - KOM (96) 568 endg. (zitiert: Initiativen zum Grünbuch 1995 KOM (96) 568 endg.).

Bericht der Kommission an den Rat, das Europäische Parlament und den Wirtschafts- und Sozialausschuss über die Umsetzung und die Auswirkungen der Richtlinie 91/250/EWG über den Rechtsschutz von Computerprogrammen KOM (2000) 199 endg. (zitiert: KOM (00) 199 endg.).

Vorschlag für eine Richtlinie des Europäischen Parlaments und des Rates über die Patentierbarkeit computerimplementierter Erfindungen KOM (2002) 92 endg. (zitiert: RvPcE KOM (02) 92 endg.).

Nationale Gesetze und Gesetzesentwürfe (außer Deutschland)

Australien

Copyright Act 1968 (as last amended by the Copyright (World Trade Organization Amendments) Act 1994 (No. 149 of 1994)) (zitiert: austral.CA).

Brasilien

Brazil Software Bill 1998 - Law No. 9609 (zitiert: Brazil S.B. 1998).

China

Urheberrechtsgesetz erlassen am 7.9.1990 auf der 15. Sitzung des Ständigen Ausschusses des VII. Nationalen Volkskongresses, abgedruckt in: GRUR Int. 1990, 940 (zitiert: chin.UrhG).

Durchführungsverordnung zum Urheberrechtsgesetz, abgedruckt in: GRUR Int. 1991, 723 (zitiert: chin.DVO).

Verordnung über den Schutz von Computersoftware, abgedruckt in: GRUR Int. 1991, 727 (zitiert: chin.SoftwareschutzVO).

Frankreich

Code de la propriété intellectuelle (zitiert: CPI).

Loi relative aux droits d'auteur et aux droits des artistes-interprètes, des producteurs de phonogrammes et de vidéogrammes et des entreprises de communication audiovisuelle, no 85-660, du 3 juillet 1985, J. O. R. F. du 1er décembre 1990 (zitiert: J. O. R. F. no. 85-660).

Décret no 96-103 du 2 février 1996 pris pour l'application de la loi no 94-361 du 10 mai 1994 concernant la protection juridique des programmes d'ordinateur et modifiant le code de la propriété intellectuelle, J. O. R. F. du 9 février 1996 (zitiert: J.O.R.F. no. 94-361).

Großbritannien

Copyright (Computer Software) Amendment Act 1985 (zitiert: CCSA 1985).

Copyright Designs and Patents Act 1988 (zitiert: CDPA).

Amendments to the CDPA 1988 made by The Copyright (Computer Programs) Regulations 1992 (zitiert: CCPR 1992).

The Copyright and Rights in Databases Regulations 1997 No. 3032 (zitiert: CRDR 1997).

Indien

The Indian Copyright Act, 1957 (zitiert: ind.CA).

Japan

Copyright Law (Translation by the Agency for Cultural Affairs, Copyright Division, of Japan) (zitiert: jap.CL).

Mexiko

Federal Law on Copyright vom 05/12/1996 (Mexiko) (Translation by the International Bureau of WIPO) (zitiert: mex.CL).

Russland

Об авторском праве и смежных правах vom 9.7.1993 № 5351-1 (zitiert: russ.UrhG).

Закон о правовой охране программ для электронных вычислительных машин и баз данных abgedruckt in: IS 3-6/1992, 3 ff. (zitiert: russ.CDG).

Патентный закон Российской Федерации vom 23.9.1992 № 3517-1 (zitiert: russ.PatG).

USA

Titel 17 US Code Collection, Copyright Law of 1976 (zitiert : 17 U.S.C.).

37 C.F.R. Title 37, Code of federal regulations patents, trademarks, and copyrights (zitiert: 37 C.F.R.).

104. Kongressperiode - Database Investment and Intellectual Property Antipiracy Act of 1996 - H.R. 3551 (zitiert: H.R. 3551).

105. Kongressperiode - Collections of Information Antipiracy Act - H.R. 2652 (zitiert: H.R. 2652).

106. Kongressperiode - Collections of Information Antipiracy Act - H.R. 354 (zitiert: H.R. 354).

106. Kongressperiode - Consumer and Investor Access to Information Act of 1999 - H.R. 1858 (zitiert: H.R. 1858).

WIPO

Diplomatic Conference on certain Copyright and Neighboring Rights Questions - Basic proposal for the substantive provisions of the treaty on intellectual property in respect of databases to be considered by the Diplomatic Conference (zitiert: WIPO-Dok. CRNR/DC/6).

Diplomatic Conference on certain Copyright and Neighboring Rights Questions - Recommendation concerning databases (zitiert: WIPO-Dok. CRNR/DC/100).

Information Meeting on intellectual property in databases - Existing national and regional legislation concerning intellectual property in databases (zitiert: WIPO-Dok. DB/IM/2).

Information Meeting on intellectual property in databases - Information received from member states of WIPO concerning intellectual property in databases (zitiert: WIPO-Dok. DB/IM/3).

Information Meeting on intellectual property in databases - Information received from member states of WIPO and from the European Community and its member states (zitiert: WIPO-Dok. DB/IM/3 Add.).

Information Meeting on intellectual property in databases - Observations submitted by the World Meteorological Organization (WMO) (zitiert: WIPO-Dok. DB/IM/4).

Information Meeting on intellectual property in databases - Observations presented by the United Nations Educational, Scientific and Cultural Organizations (UNESCO) (zitiert: WIPO-Dok. DB/IM/5).

Information Meeting on intellectual property in databases - Report adopted by the Information Meeting (zitiert: WIPO-Dok. DB/IM/6).

Information Meeting on intellectual property in databases - Analytic table of questions raised prepared by the International Bureau (zitiert: WIPO-Dok. DB/IM/7).

SCCR - First Session - Protection of Databases - Information received from member states of WIPO and from the European Community (zitiert: WIPO-Dok. SCCR/1/INF/2).

SCCR - First Session - Protection of Databases - Information received from intergovernmental and non-governmental organizations (zitiert: WIPO-Dok. SCCR/1/INF/3).

SCCR - Second Session - Protection of Databases - Information from the Republic of Ghana on the protection of databases (zitiert: WIPO-Dok. SCCR/2/INF/2).

SCCR - 7th Session - Economic impact of database protection in developing countries and countries in Transition (zitiert: WIPO-Dok. SCCR/7/2).

SCCR - 7th Session - Study on the protection of unoriginal databases (zitiert: WIPO-Dok. SCCR/7/3).

SCCR - 7th Session - Economic impact of the protection of unoriginal databases in developing countries and countries in Transition (zitiert: WIPO-Dok. SCCR/7/4).

SCCR - 7th Session - A study on the impact of protection of unoriginal databases on developing countries: Indian Experience (zitiert: WIPO-Dok. SCCR/7/5).

SCCR - 7th Session - The Economic impact of the protection of database in China (zitiert: WIPO-Dok. SCCR/7/6).

SCCR - 7th Session - Report adopted by the Standing Committee (zitiert: WIPO-Dok. SCCR/7/10).

SCCR - 8th Session - Summary on existing legislation concerning intellectual property in non-original databases (zitiert: WIPO-Dok. SCCR/8/3).

SCCR - 8th Session - The legal protection of databases (zitiert: WIPO-Dok. SCCR/8/8).

FSC
www.fsc.org
MIX
Papier | Fördert
gute Waldnutzung
FSC® C083411

Kolibri 360 GmbH
Ferdinand-Jühlke-Straße 7
99095 Erfurt, Deutschland
produktsicherheit@kolibri360.de

Druck:
CPI Druckdienstleistungen GmbH
im Auftrag der
Kolibri 360 GmbH
Ferdinand-Jühlke-Str. 7
99095 Erfurt